TESI GREGORIANA
Serie Diritto Canonico

———— 6 ————

ANDRZEJ KAKAREKO

La riforma della vita del clero nella diocesi di Vilna dopo il Concilio di Trento (1564-1796)

EDITRICE PONTIFICIA UNIVERSITÀ GREGORIANA
Roma 1996

Vidimus et approbamus ad normam Statutorum Universitatis

Romae, ex Pontificia Universitate Gregoriana
die 15 mensis aprilis anni 1996

R. Mons. Prof. ANTONI STANKIEWICZ
R. Mons. Prof. BRIAN FERME

ISBN 88-7652-712-5
© Iura editionis et versionis reservantur
PRINTED IN ITALY

GREGORIAN UNIVERSITY PRESS
Piazza della Pilotta, 35 – 00187 Rome, Italy

INTRODUZIONE

Nella sua storia, la Chiesa ha avuto e ha sempre il dovere proprio ed esclusivo di formare e di riformare coloro che sono destinati al ministero sacro. Tale dovere di riforma fu proposto dal Concilio di Trento in rapporto all'attacco dei protestanti che contestarono tanto la giustificazione dell'esistenza dello stato clericale distinto e separato dai «secolari», quanto quella di un sacerdozio ministeriale istituito per via dell'ordinazione. La posizione dei promotori della riforma protestante, che affermavano l'uguaglianza dei battezzati e il rifiuto di ogni idea di sacerdozio gerarchico, venne decisamente scartata dal Concilio di Trento.

Il Concilio, riaffermando la distinzione «chierici-laici» per diritto divino e richiamandosi alla normativa medievale sulla vita del clero, rielaborò le norme canoniche che regolavano lo stile di vita dei chierici alle quali essi potessero ispirarsi.

La riforma del clero fu di carattere pastorale. I curati, amministratori dei sacramenti, dovevano essere sostituiti dai pastori, guide dei loro greggi. Per i padri del Concilio, che cercavano di riformare la Chiesa, era ovvio che l'esempio personale di vita dei pastori d'anime fosse uno dei più forti richiami alla santità di vita per tutti i fedeli.

Per poter realizzare questa nuova missione pastorale e per rispondere alle esigenze dell'epoca postridentina, si doveva riformare il clero parrocchiale. L'attuazione della riforma dipendeva, allora, in modo notevole dalla testimonianza di fede di questi pastori e dal loro zelo apostolico. Questi sono gli argomenti che noi affrontiamo a livello diocesano, preoccupati di conoscere lo sviluppo delle norme canoniche e tutto ciò che i documenti della prassi ci fecero conoscere della vita del clero d'allora.

La riforma della vita del clero voluta dal Concilio di Trento, nonostante le difficoltà, cominciò relativamente presto a trovare pratica attuazione nella vita delle diocesi del multinazionale Regno di Polonia. Nelle singole Chiese locali vennero elaborati specifici programmi di riforma che prendevano in considerazione accanto alla normativa tridentina o a quella della provincia, anche questioni specifiche di ciascuna regione. Il processo d'accoglienza e di adeguamento delle nuove leggi universali alle esigenze delle singole diocesi, oltre ad elementi comuni, aveva anche notevoli differenze, condizionate dal carattere specifico di ogni diocesi.

La nostra ricerca concerne solo un aspetto della riforma tridentina, cioè la riforma della vita del clero nella diocesi di Vilna. Questo tema finora è stato studiato poco. Mancano non soltanto opere che riguardino i personaggi principali, ma soprattutto in ordine al problema della formazione e della disciplina del clero. La letteratura in questione non è abbastanza ampia ed è piuttosto di carattere storico. Fra i vari studi dedicati alla storia della diocesi di Vilna e al suo clero i più importanti sono: *Biskupstwo wileńskie* (Wilno 1912) e *Kościół zamkowy czyli katedra wileńska w jej dziejowym liturgicznym, architektonicznym i ekonomicznym rozwoju* (voll. 1-3, Wilno 1908, 1910, 1912) di J. Kurczewski e l'articolo del medesimo intitolato *Wileńskie biskupstwo* in *Encyklopedia kościelna* (ed. M. Nowodworski, vol. 31, Płock 1911, 271-275). Per lo studio della disciplina del clero molto importanti sono le biografie dei singoli vescovi elaborate da W. Przyałgowski nell'opera *Żywoty biskupów wileńskich*, voll. 1-3, Petersburg 1860. Tra le opere più recenti possiamo enumerare la posizione di J. Ochmański *Biskupstwo wileńskie w średniowieczu* (Poznań 1972) e gli articoli contenuti nella rivista *Studia Teologiczne*, Białystok-Łomża-Drohiczyn, nn. 5-6 degli anni 1987-88, riguardanti diversi aspetti della storia della diocesi di Vilna. Uno studio arricchito degli elementi giuridici è presente nel secondo volume di *Concilia Poloniae* di J. Sawicki (Warszawa 1948) che fa parte delle opere più importanti in materia di attività sinodale nella diocesi di Vilna, fondamentale per la riforma del clero.

Per quanto riguarda il periodo trattato nello studio, esso sarà esaminato dalla chiusura del Concilio di Trento fino all'estinzione della diocesi di Vilna nel 1796, dopo le ripartizioni della Polonia. La catastrofe dello smembramento della Polonia degli anni 1772, 1793 e 1795 interruppe definitivamente, per un periodo di oltre cento anni, l'esistenza dello stato polacco-lituano negli antichi confini. Il sostanziale cambiamento politico che colpì la Polonia comportò anche mutamenti nella situazione della Chiesa. In tutte e tre le zone occupate, la Chiesa perse la posizione che possedeva. Il clero nel suo complesso perse la posizione privilegiata. Venne interrotto anche il collegamento diretto con la Sede Apostolica. L'imperatrice di Russia, Caterina II, nel 1796 soppresse la diocesi di Vilna. Essa è stata riattivata nel 1798 con un territorio notevolmente limitato e ha perso, però, l'appartenenza alla provincia ecclesiastica di

Gniezno.

Nel nostro studio dedicato alla riforma del clero della diocesi di Vilna, una speciale spiegazione richiede il problema dei termini «Polonia» e «la Chiesa in Polonia», usati spesso in questo lavoro. Nel 1569, nella dieta comune polacco-lituana tenuta a Lublin, quella che fino ad allora era stata un'unione personale, fu modificata in un'unione effettiva fra Polonia (Corona) e Lituania (Granducato) sulla base di parità. Lo stato così unificato, nonostante il regime monarchico chiamato *Rzeczpospolita - Res Publica*, veniva denominato, anche nelle scritture apostoliche, «il Regno di Polonia» o «Polonia». La diocesi di Vilna inizialmente fu sottoposta direttamente all'autorità della Santa Sede come una delle diocesi esenti ma, nel primo ventennio del XV secolo, venne annessa alla sede metropolitana di Gniezno. D'allora in poi essa condivise la storia delle diocesi del Regno di Polonia, perciò il parlare della Chiesa in Polonia, compresa anche la diocesi di Vilna, sembra trovare giustificazione.

Nella linea dell'indagine storico-giuridica sulla riforma della vita del clero dopo il Concilio di Trento, intendo tracciare una breve sintesi dell'evoluzione della dottrina ecclesiale medievale che venne trasmessa alla normativa disciplinare tridentina, per entrare poi in un'analisi più dettagliata dell'attualizzazione di queste idee nell'ambito della diocesi di Vilna. Va precisato che nel presente lavoro non s'intende rilevare l'aspetto puramente pastorale della riforma del clero, cioè l'amministrazione dei sacramenti e dei sacramentali, nonché la predicazione della parola di Dio.

L'analisi giuridico-storica e l'elaborazione di una sintesi organica si basa sulla critica delle fonti storiche conservate, riguardanti la riforma della vita degli ecclesiastici. Per quanto riguarda le fonti del nostro lavoro, oltre alle normative di diritto canonico universale, in genere quello inserito nel *Corpus Iuris Canonici* e nei decreti di riforma del Concilio di Trento, sono stati esaminati alcune norme dei concili provinciali in Polonia e soprattutto gli atti sinodali della diocesi di Vilna promulgati come statuti dei singoli sinodi (1527/28, 1602, 1669, 1685, 1717 e 1744) o come collezioni degli statuti (1613, 1633), oppure tramite delle lettere pastorali dei vescovi (1582, 1682 e 1710). Oltre a ciò fonti utili per la nostra ricerca erano le relazioni sullo stato della diocesi di Vilna (ed. P. Rabikauskas, Roma 1971 - Fontes Historiae Lituaniae), gli atti della Nunziatura Apostolica in Polonia (ed. M. Korolko, H.D. Wojtyska, vol. 9/1, Roma 1994) e i decreti e le lettere emanati dalla Congregazione del Concilio, conservati nell'Archivio della Congregazione per il Clero. Vennero presi in considerazione anche gli atti delle visite pastorali generali e decanali conservati nell'Archivio dell'Accademia Lituana delle

Scienze, nell'Archivio Storico della Lituania e nella Biblioteca dell'Università di Vilna. Molto utile sarà per il nostro studio il riassunto degli atti del capitolo cattedrale di Vilna di J. Kurczewski (*Kościół zamkowy czyli katedra wileńska w jej dziejowym liturgicznym, architektonicznym i ekonomicznym rozwoju*, vol. 3, Wilno 1912).

Per realizzare il tema della seguente dissertazione il lavoro è stato articolato in quattro capitoli.

Il primo tratta la questione della disciplina del clero nel suo contesto storico: la normativa della Chiesa universale pretridentina e il problema della *vita et honestas clericorum* nel Concilio di Trento. Alla fine del capitolo è stato esaminato il ruolo dei sinodi diocesani nel promuovere la riforma della vita del clero.

Il secondo capitolo prende in considerazione lo sviluppo storico della riforma tridentina della vita del clero parrocchiale nella diocesi di Vilna mettendo in rilievo il ruolo dei vescovi, del capitolo cattedrale e dell'istituto dei sinodi diocesani. E' stato anche esaminato il ruolo della Congregazione del Concilio e dei rappresentanti della Santa Sede in Polonia nel promuovere la riforma.

Nel terzo capitolo si concentra in particolare sul contenuto della legislazione sinodale diocesana che fu, infatti, fonte particolare del diritto riformatorio della vita dei chierici; gli statuti dei sinodi diocesani, che giungevano al clero, costituivano una sorta di manuale di carattere pratico che facilitava la conoscenza e l'osservanza delle norme ecclesiastiche. Questo capitolo in particolare parla della figura del sacerdote negli atti sinodali, della condotta del clero parrocchiale e del problema dei chierici girovaghi.

Il quarto capitolo considera gli strumenti del rinnovamento di vita e di costumi del clero, cioè l'educazione dei candidati allo stato clericale, la formazione del clero dopo il seminario, il problema della provvisione agli uffici parrocchiali e il ruolo delle visite pastorali.

Presentando questa dissertazione per il dottorato vorrei ringraziare tutti i Professori e Docenti della Facoltà di Diritto Canonico della Pontificia Università Gregoriana per la loro competenza scientifica. In modo del tutto particolare vorrei esprimere la mia gratitudine al direttore della mia tesi Professore Antoni Stankiewicz per il suo gentile e prezioso aiuto nella preparazione di questa ricerca.

Capitolo I

La normativa della Chiesa universale sulla disciplina per il clero

La dottrina tridentina nel suo insieme di norme sulla vita e sui costumi del clero trae le sue radici dalle prescrizioni canoniche ad esso relative formulate nel periodo medievale. I legislatori del Concilio di Trento hanno definito lo statuto del chierico, le strutture dell'ordine clericale e la dottrina dell'ordinazione servendosi del sistema completo del diritto medievale. E' dunque utile, dal punto di vista del metodo, far luce sulla normativa canonica in questione e sulla scienza canonistica, presentando l'origine della dottrina sulla disciplina del clero, che poi venne trasmessa alla normativa disciplinare tridentina.

1. Lo sviluppo della disciplina per i chierici nel diritto canonico medievale

La dottrina canonica medievale è molto vasta. Essa contiene tutta la tradizione della Chiesa che già dall'inizio del IV secolo forniva norme abbondanti relative al clero, che in seguito vennero raccolte e coordinate in collezioni[1]. La parte più importante in questo campo fu svolta dall'attività legislativa dei concilî e dei papi[2]. Essa venne poi approfondita e commentata grazie all'attività delle diverse scuole di diritto.

---

[1] Le collezioni canoniche non hanno mai raccolto in ordine perfetto i testi relativi al clero. Cf. G. LE BRAS, *Le istituzioni ecclesiastiche*, 121.

[2] Oltre numerosi canoni e decreti emanati dai concilî e dai papi durante l'impero cristiano, le chiese particolari dell'epoca barbarica aggiungono le proprie norme: alcuni concilî della Gallia dal 314 al 511 e la maggior parte dei concilî della Spagna, dopo il concilio di Elvira svolto verso il 300. Cf. F. CLAEYS-BOUUAERT, «Clerc», 830-831.

1.1 *La legislazione del Corpus Iuris Canonici*

La Chiesa antica parlava di *status* dei laici, mentre i membri dello stato clericale appartenevano all'*ordo*. Questa distinzione venne presa dall'ordinamento sociale romano. Allo *status* dei cittadini romani con i diritti e gli obblighi generali ad esso legati, era contrapposto l'*ordo*, uno stato qualificato di ordinamento superiore, il quale, in seguito all'ufficio o alla posizione di privilegio, comportava dei diritti superiori e degli obblighi particolari. In egual modo la Chiesa primitiva definiva gli appartenenti allo stato ecclesiastico come appartenenti all'*ordo clericalis*[3]. Quest'idea di classificare e di distinguere i fedeli divenne predominante nella Chiesa e rimase attuale per tutto il periodo medievale[4].

Il termine *clerus* deriva dal sostantivo greco *kléros* e significa lo stato di coloro che sono stati consacrati a Dio e al culto divino[5]. Il chierico veniva così contrapposto al *laicós*, che indicava un appartenente al popolo credente non chiamato alle funzioni di culto[6].

Proprio perché l'appartenenza allo stato clericale comportava una partecipazione ad un titolo speciale alla gerarchia di ordine, il chierico non poteva che tenere uno stile di vita che fosse conforme all'osservanza dei consigli evangelici, come espressione della sua missione. Era tenuto ad astenersi da tutto ciò che era sconveniente alla sua condizione, secondo le disposizioni del diritto canonico universale e particolare.

Le norme che riguardavano la vita e i costumi del clero e che distinguevano e separavano i chierici dai laici, di solito erano poste sotto le rubriche che s'intitolavano *de vita et honestate clericorum*[7].

---

[3] W.M. PLÖCHL, *Storia del diritto*, vol. 1, 58. Cf. A. LONGHITANO, «La recente riflessione», 429-433.

[4] Essa si riflette chiaramente nel noto testo del Decreto di Graziano: «Duo sunt genera Christianorum [...] clerici et Deo devoti, videlicet conversi [...] Aliud vero est genus Christianorum, ut sunt laici» (C.12, q.1, c.7). Cf. Y. CONGAR, «Status Ecclesiae», 1-31; J. FORNÉS, *La noción*, 87.110.175-212.275.

[5] Per definire il carattere particolare dello stato clericale, Graziano cita S. Isidoro: D.21, c.1, spiegando l'etimologia del termine *clerus*: «kléros enim grece, latine sors vel hereditas dicitur. Propterea ergo dicti sunt clerici, quia de sorte sunt Domini, vel quia Domini partem habent». Cf. J.B. SÄGMÜLLER, *Lehrbuch*, 170-172; A. FAIVRE, *Naissance*, 201-203.

[6] Cf. A. LONGHITANO, «La recente riflessione», 420-421.

[7] Un particolare aspetto della vita del clero, cioè la continenza dei chierici, era regolato dalle rubriche intitolate *de cohabitatione clericorum et mulierum*.

Il termine *honestas* proviene dal diritto romano. Aveva origine dalla parola *honor* ed indicava dignità, decoro, convenienza, civiltà e come tale veniva collocato accanto alla *virtus et pudor*, al *decus*, alla *laus* e alla *dignitas*[8]. Il contrapposto di *honestas* era *turpitudo* che significava tutto ciò che era sconveniente, indecoroso, contrario alle basi essenziali dell'ordinamento sociale[9].

Il diritto romano generalmente prendeva in considerazione la valutazione sociale di *honestas*, non identificabile con quella etica. Invece nell'epoca cristiana l'antico *praeceptum iuris* della *honestas* assunse altro valore e portata più vasta: un significato morale. Il termine *vita et honestas* non indicava nient'altro che la *vita honesta*, cioè la vita vissuta in modo conforme alla fede cristiana e alla legge della Chiesa[10]. Questo concetto venne poi sviluppato dalla tradizione, dalla patristica e dalle deliberazioni conciliari[11].

L'aggregazione allo stato clericale non era legata all'ordinazione sacerdotale, ma si compiva con il semplice rito della tonsura[12]. Questo atto simbolico-giuridico non significava un grado qualsiasi di ordinazione, ma esprimeva l'appartenenza al clero con tutte le conseguenze giuridiche che

---

[8] Cf. B. BIONDI, *Il diritto romano*, 53.

[9] Sul significato di *turpitudo* vedi: W. OSUCHOWSKI, *Rzymskie prawo*, 180-181.

[10] Alla parola *vita* fu contrapposto il termine *doctrina*: «doctrina sine vita ecclesiastica doctorem arrogantem reddit, vita sine doctrina inutilem facit». Cf. F.X. WERNZ, *Ius decretalium*, vol. 2/1, 265.

[11] Cf. B. BIONDI, *Il diritto romano*, 61-67. Vedi anche S. KUTNER, *Harmony*, 45-46; W. ULLMAN, *A Medieval Idea*, 18.

[12] La tonsura s'incontra dal IV secolo (in Occidente apparve un secolo più tardi), ma non aveva l'importanza di una propria cerimonia di assunzione allo stato clericale. In parte essa veniva conferita immediatamente prima dell'amministrazione di un ordine minore, in parte era una cerimonia con funzione di preparazione allo stato clericale, che però si raggiungeva solo con il conferimento di un ordine minore. Il Concilio di Toledo (527) dispose che i candidati per lo stato clericale dovevano ricevere prima la tonsura, alla quale seguiva l'ingresso in una casa di studio, e solo dopo l'esame della loro libera volontà da parte del vescovo, si potevano intraprendere ulteriori passi per l'assunzione allo stato ecclesiastico con l'impartizione di un ordine minore. Dal momento della separazione della tonsura dal conferimento degli ordini fece la sua apparizione anche una legislazione particolare, che stabiliva l'obbligo per il clero di portare la tonsura: tuttavia per questo periodo non si può ancora affermare che di per sé essa significava l'assunzione allo stato clericale. In seguito alla separazione della tonsura dall'ordine, che venne fissata per via giuridica generale nel 1210 da Innocenzo III, essa divenne atto giuridicamente importante per l'assunzione allo stato clericale. Cf. X,I,14,11. Cf. anche W.M. PLÖCHL, *Storia del diritto*, vol. 1, 182 e vol. 2, 170; F. CLAEYS-BOUUAERT, «Clerc», 826-827; L. TRICHET, *La tonsure*, 53.

ne derivavano. Con la tonsura il tonsurato acquistava il complesso dei privilegi dell'ordine ecclesiastico e doveva accettare alcuni doveri[13]. Nella prassi molti chierici si fermavano alla tonsura perché li faceva beneficiare di privilegi giudiziali e fiscali che le leggi e le consuetudini locali riconoscevano loro[14].

L'ascesa agli ordini si compiva secondo i gradi che dovevano essere percorsi senza omissione di alcuno[15]. I singoli ministeri, disposti secondo un ordine gerarchico, erano considerati come tappe necessarie di un *cursus* che doveva percorrere chi voleva accedere al sacerdozio.

Per essere ammessi allo stato clericale doveva essere accertata l'idoneità personale e morale, attraverso un esame richiesto con insistenza sempre più crescente[16]. In questa idoneità rientrava la buona prova del candidato nella fede e nella vita morale. L'esame dell'idoneità dei candidati era riservato al vescovo[17]. Alla base dell'esame stavano particolarmente l'età canonica, l'idoneità di persona e di carattere, la necessaria istruzione e l'assenza di impedimenti. Il candidato allo stato clericale doveva godere di una reputazione indiscussa.

Le condizioni sviluppate nel corso del tempo che si opponevano alla ricezione della tonsura o di un grado di ordine o che rendevano illecito l'esercizio dell'ordine ricevuto erano chiamate *impedimenta* ed *irregularitates*. Queste espressioni, per la prima volta, vennero messe in rilievo nel

---

[13] Era quindi capace di ricevere legittimamente dei benefici nella misura in cui questi non esigessero l'ordinazione strettamente sacerdotale, come ad es. la carica del parroco o quella di celebrare la messa; ma anche in questi casi non era esclusa la supplenza.

[14] G. LE BRAS, *Le istituzioni ecclesiastiche*, 98.

[15] Cf. D.48, c.2: «Ordinate ergo ad ordines ascendendum est». Cf. D.59, c.2. Era condannata la promozione direttamente dal laicato (D.61, cc.1, 3; D.77, cc.2,3,9). Invece nelle Decretali compare la sola prescrizione per cui al vescovo colpevole di aver conferito il diaconato e il presbiterato in un giorno, sarebbe stato revocato il potere di ordinare (X,I,11,13).

[16] Il compendio di queste esigenze si trovava nelle *Pastorali* (1Tim 3,1-7 e Tit 1,6-9) che hanno ispirato la legislazione della Chiesa, ad es. il ritratto del vescovo in suddette lettere pastorali ispirò Sant'Isidoro e venne poi riprodotto in *Corpus Iuris Canonici*: D.23, c.3; X,III,50,1. Cf. G. LE BRAS, *Le istituzioni ecclesiastiche*, 72.208; H. CROUZEL, «Le célibat», 333-352.

[17] D.24, c.2 (*C. Cartaghinense III*, c. 22): «Nullus ordinetur clericus, nisi probatus vel episcoporum examine, vel populi testimonio». Cf. D.25, c.1.

significato qui adottato con Innocenzo III[18]. A lui risale probabilmente la divisione sulle irregolarità *ex defectu* ed *ex delicto*.

Tra le irregolarità *ex defectu* erano annoverati i difetti che comportavano pregiudizio all'idoneità, alla dignità e al decoro del clero:

- *Defectus corporis*. In conformità a questo principio generale, il diritto della Chiesa escludeva i pazzi o gli indemoniati, gli epilettici, i paralitici, i lebbrosi, i ciechi, i monocoli, i mutilati della mano o delle dita[19].
- *Defectus aetatis*. Il Concilio di Vienne (1311-1312) fissava il limite di età per il presbiterato a 25 anni, per il diaconato a 20 anni e per il suddiaconato a 18 anni[20]. La tonsura non doveva essere conferita prima dei 7 anni.
- *Defectus scientiae*. Nonostante non esistesse un determinato programma generale degli studi, la legge ecclesiastica presupponeva, per la tonsura, una conoscenza elementare delle verità religiose e, per ogni grado dell'ordine, una sufficiente cultura teologica e conoscenza delle prescrizioni canoniche[21].
- *Defectus perfectae lenitatis*. In questa irregolarità si incorreva quando, nell'esercizio di una professione, si provocava la morte di un uomo o il versamento di sangue[22]. L'irregolarità riguardava i soldati volontari e coloro che partecipavano all'amministrazione della giustizia penale secolare, in quanto da essa derivavano mutilazione o pena di morte[23]. Altrettanto si deve affermare dell'esercizio dell'arte medica, dell'avvocatura e della procura in certe circostanze[24].

---

[18] Cf. W.M. PLÖCHL, *Storia del diritto*, vol. 2, 269; J. GAUDEMET, *Histoire du droit*, 478-481.

[19] Cf. D.33, cc.3-5; D.55; C.7, q.2; X,I,20; X,III,6; X,V,38,10; VI°,III,5. Molti di questi testi si riferiscono alle incapacità che sopravvenivano dopo l'ordinazione.

[20] Clem. I,6,3 (*Clemens V in concilio Viennensi*).

[21] D.36-38. Il testo fondamentale per l'ordine sacerdotale era X,I,14,14 (*C. Lateranense IV*, c. 27): «Quum sit ars artium regimen districte praecipimus, ut episcopi promovendos in sacerdotes diligenter instruant et informent vel per se ipsos vel per alios viros idoneos super divinis officiis et ecclesiasticis sacramentis, qualiter ea rite valeant celebrare».

[22] Cf. D.53, c.1; D.54, cc.1-7; X,I,14,14.

[23] D.51, c.1; D.53, c.1.

[24] Cf. D.51, c.1; D.53, c.1; D.54; X,I,18; X,I,19, c. un. (*C. Cartaghinense 348*); X,III,32. Gli *Statuta ecclesiae antiqua* nel c. 55 stabilivano che anche gli usurai e i sobillatori restassero esclusi dall'ordinazione: «Seditionarios nunquam ordinandos clericos, sicut nec usurarios nec inuriarium suarum ultores» (*Les statuta antiqua*, 89).

Le irregolarità *ex delicto* derivavano generalmente da gravi trasgressioni del diritto penale canonico[25], in particolare nei seguenti casi: omicidio, aborto, bigamia simulata, mutilazione, eresia e apostasia[26].

All'ambito dei doveri particolari del clero appartenevano la tonsura e la veste ecclesiastica[27].

La tonsura fu prescritta come segno distintivo esteriore dello stato clericale e le leggi la descrivevano *congruens*[28]. Inoltre, per eliminare ogni tipo di somiglianza con i laici, la legislazione della Chiesa proibì ai chierici di portare la barba e i capelli lunghi[29]. Nel caso di disubbidienza, erano previste sanzioni penali[30].

Oltre la tonsura, il chierico era obbligato a portare un abito onesto che fosse «proprio congruens ordini». Esso doveva differenziarsi da quello dei laici, senza che per altro si conoscesse ancora un vero e proprio abito ecclesiastico[31]. Nonostante il diritto non avesse sviluppato alcuna prescrizione unitaria per una determinata veste di stato, tuttavia aumentarono i divieti contro l'eccessivo lusso delle vesti, che erano sfoggiate soprattutto dal clero più elevato. Quest'idea fu inculcata in parecchi concili provin-

---

[25] Si era generalmente dell'idea che non dimostravano alcuna tendenza allo stato ecclesiastico coloro che erano sottoposti alla disciplina della penitenza pubblica. SIRICIUS, *Ep. ad Himerium Episcopum Tarraconensem*, c. 8, in *PL* 13, 1141-1142; *C. Toletanum I*, c. 2, in MANSI, vol. 3, 998-999; INNOCENTIUS I, *Ep. ad Victricium episcopum*, c. 2, in MANSI, vol. 3, 1034; *Statuta ecclesiae antiqua*, c. 84, in C. MUNIER, 93-94. Cf. H. JEDIN, *Storia della Chiesa*, vol. 2, 300.

[26] X,V,12,20 (omicidio e aborto); C.27, q.1, c.24 (bigamia); VI°,V,2,15 (eresia); VI°,V,2,13 (apostasia).

[27] *Dictum* ante c.1, D.41; *C. Lateranense IV*, c. 16, in *COD*, 243. Vedi Clem. III,1,2: «Idem quoque censemus de clericis aliis vestem talem simul et tonsuram publice deferentibus clericalem». Cf. anche W.M. PLÖCHL, *Storia del diritto*, vol. 2, 170; J. GAUDEMET, *Histoire du droit*, 484-485.

[28] Le Decretali la descrivevano: «coronam et tonsuram habent congruentem» (X,III,1,15). Cf. VI°,III,2,1.

[29] *C. Cartaghinense IV*, c. 44: «Clericus nec comam nutriat, nec barbam», in MANSI, vol. 3, 955; D.23, c.20: «Clerici comam nutrire prohibentur, quorum caput desuper in modum spherae rasum esse debet». Cf. L. THOMASSIN, *Vetus et nova ecclesiae disciplina*, Pars I, Lib. II, cc. 37ss; L. TRICHET, *La tonsure*, 111.128-129.

[30] *C. Lateranense II*, c. 4, in *COD*, 197; X,V,33,27; VI°,V,11,12. Cf. J. DESHUSSES, *Costume ecclésiastique*, in *DDC*, III, 704; L. TRICHET, *La tonsure*, 159.

[31] In pratica, fino a tutto il IV secolo, il clero usava vestiti comuni. Cf. J.B. SÄGMÜLLER, *Lehrbuch*, 225; L. TRICHET, *Le costume*, 21-52. Nella legislazione giustinianea però la funzione sacerdotale era tenuta in così alta considerazione che si proibiva agli attori di servirsi sulla scena di abiti ecclesiastici (Nov. 123,44). Cf. B. BIONDI, *Il diritto romano*, vol. 1, 152.

ciali, che denunziarono molti abusi al riguardo, finché venne universalmente sancita dal Concilio Lateranense IV (1215) e recepita dalle collezioni del *Corpus Iuris Canonici*[32].

Era altresì vietato ai chierici di portare armi e, a questo riguardo, il diritto particolare e papale emanarono severe disposizioni penali. Il c. 5 del Concilio di Auxerre (circa 581) prevedeva come sanzione la reclusione per 30 giorni con pane ed acqua[33], invece, in base al c. 45 del Concilio di Toledo del 633 i trasgressori erano puniti con la privazione dell'ordine ricevuto e la penitenza nel monastero[34]. Il divieto del uso delle armi iniziò ad essere presente nella legge canonica in modo particolare dall'epoca di Bonifacio VI, anche se tale legge non poté pervenire ad una totale applicazione[35]. Questo divieto venne mantenuto nelle Decretali di Gregorio IX che proibivano al clero di portare armi, sotto la pena di scomunica[36]. Però, qualche volta le leggi le ammettevano esplicitamente: in zone malsicure[37] e in caso di legittima difesa[38].

La perfezione del chierico consisteva nella rinuncia personale e nel servizio alla Chiesa. L'ecclesiastico doveva liberare il suo ministero dalle cose temporali ed evitare situazioni che avrebbero scandalizzato il popolo, soprattutto la ricchezza[39]. Egli poteva percepire solo il necessario per il

---

[32] X,III,1,15 (*C. Lateranense IV*, c. 16): «Pannis rubeis aut viridibus, necnon manicis aut sotularibus consutitiis seu rostratis, frenis, sellis, pectoralibus et calcaribus deauratis, aut aliam superfluitatem gerentibus, non utantur. [...] Fibulas omnino non ferant, neque corrigias auri vel argenti ornatum habens, sed nec annulos, nisi quibus competit ex officio dignitatis». Vedi anche *dictum* post c.8, D.41; C.21, q.4, c.1; Clem. III,1,2. Cf. L. THOMASSIN, Pars I, Lib. II, c. 43; J. DESHUSSES, *Costume ecclésiastique*, 703; L. TRICHET, *Le costume*, 53ss.

[33] *C. Matisconense*, c. 5, in *CCSL*, vol. 148a, 224: «Quod si [...] clericus [...] cum arma inventus fuerit, a senioribus ita cohaerceatur, ut triginta dierum conclusione detentus aquam tantum et modeci panis usu diebus singulis sustentetur».

[34] *C. Toletanum IV*, c. 45, in MANSI, vol. 10, 630: «Clerici qui in quacumque seditione arma volentes sumpserint, vel sumpserunt, reperti, amisso ordinis sui gradu, in monasterium poenitentiae contradantur».

[35] W.M. PLÖCHL, *Storia del diritto*, vol. 1, 387-388. Vedi anche L. THOMASSIN, Pars III, Lib. III, c. 46, n. 14.

[36] X,III,1,2: «Clerici arma portantes et usurarii excommunicentur». Cf. anche X,III,37,5; X,III,39,25.

[37] Cf. VI°,V,11,6.

[38] *C. Neapolitanum*, c. 20, in MANSI, vol. 21, 265: «Si clericus causa defensionis arma detulerit, culpa non teneatur». Cf. J. GAUDEMET, *Histoire du droit*, 499.

[39] *C. Lateranense II*, c. 4, in *COD*, 197: «Praecipimus etiam quod tam episcopi quam clerici in statu mentis, in habitu corporis, Deo et hominibus placere studeant, et

suo onesto sostentamento; il sovrappiù apparteneva alla Chiesa[40]. Al disprezzo delle ricchezze corrispondevano il dovere della carità, della generosità e della sollecitudine all'ospitalità, quali virtù degne del clero[41].

Poiché l'occupazione propria del clero era il servizio di Dio, con l'andare del tempo si sviluppò il divieto delle professioni e occupazioni non adatte o contrarie alle esigenze della vocazione e alle virtù proprie dello stato clericale[42]. Benché nella Chiesa primitiva i chierici esercitassero professioni secolari, si faceva già sentire la tendenza ad esonerare i sacerdoti dalla preoccupazione di doversi guadagnare il necessario alla vita con un'attività professionale secolare. A poco a poco la legislazione romana non solo esentò il chierico dalla prestazione di servizi pubblici, ma mirò anche a provvedere che i sacerdoti non fossero distolti dai loro veri e propri doveri spirituali con l'esercizio permanente di affari secolari[43]. Il principio posto da San Paolo che chi serve la Chiesa deve astenersi da ogni affare del secolo, subì un ampliamento in seguito alla legislazione generale e particolare della Chiesa contenuta in gran parte nel *Corpus Iuris Canonici*.

In genere i sacerdoti dovevano astenersi dall'attività nei pubblici uffici[44]. Ai sacerdoti era vietata l'amministrazione di beni e di case[45], come pure l'esercizio dell'avvocatura[46]. I chierici potevano agire in giudizio

---

nec in superfluitate, scissura aut colore vestium nec in tonsura, intventium, quorum forma et exemplum esse debent, offendant aspectum, sed potius, quae eos deceat, sanctitatem prae se ferant». Cf. A. FLICHTE - CH. THOUZELLIER - Y. AZAÏS, *La cristianità*, 187-190.

[40] C.12, q.1. I primi diciasette canoni di questa questione dimostrano «quod clericis nullo modo licet habere quid proprium».

[41] Cf. D.42, c.2.

[42] I soli compiti di cui potevano e dovevano occuparsi i chierici, erano quelli della Chiesa e delle «miserabiles personae» (D.88, c.1). Cf. C.21, q.3, cc.4-7. Sulla stessa linea si muovono le Decretali: X,III,50,2,4,6,8. Cf. anche J.B. SÄGMÜLLER, *Lehrbuch*, 229-233.

[43] Cf. B. BIONDI, *Il diritto romano*, vol. 1, 419; W.M. PLÖCHL, *Storia del diritto*, vol. 1, 187.

[44] Cf. X,III,50,5: «Iubemus etiam sub interminatione anathematis, ne quis sacerdos officium habeat vicecomitis aut praepositi saecularis».

[45] X,III,50,1. In questo caso i colpevoli potevano essere sospesi dall'ufficio e dal beneficio oppure deposti: «Sed nec procurationes villarum aut iurisdictiones etiam saeculares sub aliquibus principibus et saecularibus viris, ut iustitiarius eorum fiat, clericorum quisquam exercere praesumat. Si quis autem adversus haec venire tentaverit [...] ab ecclesiastico fiat ministerio alienus» (X,III,50,4).

[46] Cf. X,III,50,2,4,8.

solo a difesa dei diritti propri, delle loro chiese e dei poveri[47]. A diverse prescrizioni canoniche era soggetto il pubblico patrocinio, come la funzione di tutore degli orfani delle vedove[48]. Le Decretali proibivano al clero di esercitare la professione di soldato, chirurgo e medico[49]. In particolare fu proibita, sotto pena di scomunica, la mercatura fatta disonestamente o per lucro[50]. I sacerdoti non potevano né possedere alberghi né esercitare un servizio in essi, sotto pena di perdita dei loro privilegi di stato, dopo la triplice ammonizione inefficace da parte del loro superiore[51].

Si faceva divieto ai chierici di esercitare professioni in contrasto con il loro stato. In conformità ad una prescrizione del Concilio Lateranense IV (1215), i chierici non potevano apparire come giocolieri e istrioni[52]. Poiché questa norma sembrava insufficiente, Bonifacio VIII privò quelli che esercitavano tali professioni di tutti i diritti e dei privilegi dello stato clericale[53].

Per quanto riguarda la caccia, il diritto canonico sviluppò principi abbastanza miti. La legislazione ecclesiastica era diretta solamente contro gli eccessi, per impedire con ciò la negligenza dei doveri di cura delle

---

[47] *C. Lateranense III*, c. 12, in *COD*, 218: «Clerici in subdiaconatu et supra et in minoribus quoque ordinibus, si stipendiis ecclesiasticis sustentantur, coram iudice saeculari advocati in negotiis fieri non praesumant, nisi propriam vel ecclesiae suae causam fuerint prosecuti aut pro miserabilibus forte personis, quae proprias causas administrare non possunt».

[48] X,III,50,1. Cf. A. GARCIA Y GARCIA, *Historia del derecho*, 119.

[49] X,V,37,5 (soldati), X,III,50,5,9; VI°,III,24,3 (chirurghi e medici). Cf. W.M. PLÖCHL, *Storia del diritto*, vol. 1, 388-389; J. GAUDEMET, *Histoire du droit*, 500.

[50] X,III,1,15 (*C. Lateranense IV*, c. 16); X,III,50,6: «secundum instituta praedecessorum nostrorum, sub interminatione anathematis prohibemus, ne monachi vel clerici causa lucri negotientur». Cf. D.88, c.2; D.91, cc.3-4.
Non fu mai proibita ogni forma di mercatura: «Fornicari hominibus semper non licet, negotiari vero aliquando licet aliquando non licet; antequam enim ecclesiasticus quis sit, licet ei negotiari: facto iam non licet» (D.88, c.10).

[51] Clem. III,1,1: «Dioecesanis locorum districte praecipimus, ut clericos carnificum seu macellariorum aut tabernariorum officium publice et personaliter exercentes, nominatim et tertio moneant [...] Qui si taliter moniti ab his non destiterint [...] in personis privilegium clericale, quamdiu praemissis institerint, eo ipso amittant». Cf. W.M. PLÖCHL, *Storia del diritto*, vol. 2, 175.

[52] X,III,1,15 (*C. Lateranense IV*, c. 16). Cf. X,III,1,12.

[53] VI°,III,1, c. unic. (Ioann. Andr.): «Clericus ioculatoriam artem per annum exercens, si tertio monitus desistat, ipso iure perdit privilegium clericale». Cf. il canone stesso in VI°,III,1. Già il Concilio di Trullo del 692 (c. 51) puniva analogamente i chierici attori, buffi e goliardi.

anime[54]. Erano proibite senza eccezione cacce con mute di cani, come ogni tipo di caccia collegata a prodigalità o effettuata in quaresima. Non così invece se compiuta in forma semplice a scopo di utilità.

Questa prassi indulgente si riferiva anche alle visite alle osterie. Nelle decretali s'incontra soltanto una prescrizione del Concilio Lateranense IV che raccomandava ai chierici di evitare taverne, salvo i casi di necessità durante i viaggi[55]. Fra le occupazioni illecite vennero annoverati i giochi d'azzardo[56]. Vennero sconsigliati banchetti e balli[57], l'abuso delle bevande e dei cibi[58].

Quanto alla partecipazione a rappresentazioni di diverso tipo erano vietati teatri, feste popolari e tornei. Questo divieto derivava dal dovere di un condotta di vita esemplare che risaliva a Isidoro di Siviglia[59]. Entravano in questa considerazione anche divertimenti spirituali e misteri, ai quali i chierici non potevano partecipare come attori.

Sulla base accertata dalla prassi della Chiesa antica, la Chiesa latina stabilì le leggi sul celibato e sulla continenza dei chierici. Nei primi quattro secoli la Chiesa non conosceva ancora un obbligo generale del

---

[54] D.86; X,V,24,1. Cf. L. THOMASSIN, Pars III, Lib. III, c. 46, n. 8.
[55] X,III,1,15. Cf. anche D.44, cc.2,3,4.
[56] X,III,1,15. L'azzardo fu proibito già dai Canoni degli Apostoli (cf. D.35, c.1). La stessa norma venne ribadita dal Trullano nel c. 50: «Nullum omnium, sive clericorum sive laicorum, ab hoc deinceps tempore alea ludere; si quis autem hoc facere deprehensus fuerit, si sit quidem clericus, deponatur, si vero laicus, segregetur», in *Fonti*, vol. 1/1, 188. In uguale modo proibì ai chierici i giochi d'azzardo Giustiniano. Cf. C.3,43. Innocenzo III proibì anche di prendervi parte: «[Clerici] ad aleas et taxillos ne ludant, nec huiusmodi ludis intersint» (X,III,1,15 - *C. Lateranense IV*, c. 16). Le forme lecite dello svago erano considerate ammissibili: «Ludos voluptuosos [...] convivii causa modicum ludere licet» (X,III,1,14). Cf. L. THOMASSIN, Pars III, Lib. III, c. 46, n. 2.
[57] D.34, c.19 (*C. Agatense* 506, c. 39): «nec his cetibus misceantur, ubi amatoria cantantur et turpia, aut obsceni motus corporum choris et saltacionibus efferuntur».
[58] D.35, c.6: «Sacerdotes, qui ministrant in templo Dei, prohibentur uinum et siceram bibere, ne in crapula et ebrietate aggrauentur corda eorum». In caso di violazione della legge il chierico degli ordini maggiori incorreva nella pena di deposizione, invece il chierico degli ordini minori nella scomunica. Cf. D.35, c.1 (*Canones Apostolorum*, cc. 42-43); il *dictum* ante c.1, D.44 e il canone stesso.
[59] D.23, c.3. Anche il Concilio di Trullo del 692 proibì ai sacerdoti la partecipazione a gare ippiche e a rappresentazioni teatrali equivoche: «Ne cui licet eorum qui in sacerdotali ordine enumerantur vel monacho, ad hippodromii certamina ascendere vel scenicos ludos sustinere». *C. Trullanum*, c. 24, in *Fonti*, vol. 1/1, 155.

celibato per gli uomini chiamati agli uffici ecclesiastici. Esso veniva osservato volontariamente soprattutto in Occidente[60].

La prima prescrizione sulla continenza per la Chiesa latina a noi nota venne formulata verso il 300 dal Concilio di Elvira. Il canone 33 di questo concilio stabiliva la legge della continenza per tutti i chierici istituiti nel ministero, per cui essi dovevano astenersi dai rapporti coniugali e non generare figli; la sanzione in caso di inosservanza era quella della deposizione[61]. In Oriente la prima limitazione giuridica si ebbe con il canone 10 del Concilio di Ancira del 314 che proibiva il matrimonio ai diaconi dopo l'ordinazione[62]. Il c. 1 del Concilio di Neocesarea (314-325) minacciava di destituzione il sacerdote che si fosse sposato[63].

I concili del IV secolo si attennero a questo spirito, in parte con norme analoghe, in parte con raccomandazioni. Il Concilio di Roma del 386 ribadì la prescrizione del Concilio di Elvira sotto forma di consiglio e il Concilio di Cartagine del 390 sotto forma non strettamente imperativa[64]. Invece i papi Siricio (386) e Innocenzo I (404) affermarono la legge della continenza in forma imperativa; Siricio annesse la scomunica per coloro

---

[60] Infatti ci risulta dalla stessa Sacra Scrittura che l'ordinazione di uomini sposati era una cosa normale nella prassi della Chiesa primitiva (1Tm 3,2; 3,12; Tt 1,6). La motivazione teologica per la castità perfetta dei chierici era quella per il regno dei cieli (Mt 19,12). Per la necessità della continenza dei ministri sacri di solito venivano invocate le parole di S. Paolo (1Cor 7,7; 7,25). Cf. E. JOMBART, «Célibat des clercs», 133.138; R. GRYSON, *Les origines du célibat*.

[61] *C. Eliberitanum*, c. 33, in MANSI, vol. 2, 11: «Placuit in totum prohibere episcopis, presbyteris et diaconibus (vel omnibus clericis) positis in ministerio abstinere se a coniugibus suis, et non generare filios. Quicumque vero fecerit, ab honore clericatus exterminetur». Cf. A.M. STICKLER, *Il celibato ecclesiastico*, 14-15.

[62] *C. Ancyranum*, c. 10, in MANSI, vol. 2, 518: «Quicumque diaconi constituti, in ipsa constitutione testificati sunt et dixerunt, oportere se uxores ducere, cum non possint sic manere, ii si uxorem postea duxerint, sint in ministerio, eo quod autem hoc silentio praeterito, et in ordinatione, ut ita manerent, suscepti sunt, postea autem ad matrimonium venerunt, ii a diaconatu cessent». Cf. E. HERMAN, «Célibat des clercs», 147; W.M. PLÖCHL, *Storia del diritto*, vol. 1, 65.

[63] *C. Neocaesareense*, c. 1, in *Fonti*, vol. 1/2, 75: «Presbyter, si uxorem duxerit, ab ordine deponatur. Si vero fornicatus fuerit aut adulterium perpetravit, expellatur amplius et ad poenitentiam deducatur». Il significato di questa norma sembra stare nella perdita, per pena, dei diritti di appartenenza allo stato clericale. Cf. W.M. PLÖCHL, *Storia del diritto*, vol. 1, 184; H. JEDIN, *Storia della Chiesa*, vol. 1, 444-445; P.B. KURTSCHEID, *Historia iuris canonici*, 73-75; J. GAUDEMET, *Histoire du droit*, 83.

[64] Cf. E. JOMBART, «Célibat des clercs», 133.

che non l'accettavano[65]. Leone Magno estese l'impegno del celibato anche ai suddiaconi[66]. La nuova legislazione proposta da Roma venne accolta in Spagna e in Gallia già dal Concilio di Orange del 441[67].

Praticamente dal V secolo il clero con ordini maggiori era tenuto ad osservare le leggi sul celibato e sulla continenza. Tuttavia non si può affermare che questo dovere giuridico fosse in pratica osservato da tutti. La legge della continenza era violata da molti, sebbene dal VII secolo all'XI secolo molti concili regionali avessero stabilito censure per coloro che non osservavano tale obbligo, come l'interdizione ad ascendere ai gradi superiori, la deposizione dall'ufficio, o la scomunica[68].

Dopo il fallimento delle riforme regionali, i papi cominciarono a occuparsi di questa situazione nella Chiesa su base europea. Gregorio VII al Concilio Romano del 1074 stabilì la legge della continenza per tutti i chierici e l'interruzione della coabitazione con la moglie, come condizione per ricevere gli ordini sacri[69]. Anche Callisto II fece un tentativo, nel Concilio Lateranense I (1123), di introdurre un impedimento dirimente per il matrimonio[70].

Il dibattito sulla continenza dei chierici degli ordini maggiori fu concluso da papa Innocenzo II che introdusse l'impedimento dirimente dell'*ordo sacer* nel Concilio Lateranense II del 1139[71]. Sulla base di questa

---

[65] Il papa Siricio spiega che i chierici degli ordini maggiori devono prestare il loro sacro servizio ogni giorno e pertanto dal momento della loro ordinazione devono vivere continuamente nella continenza. Vedi *Ep. ad Himerium Episcopum Tarraconensem*, c. 7, in *PL* 13, 1138-1139. Cf. anche A.M. STICKLER, *Il celibato ecclesiastico*, 20; R. GRYSON, *Les origines du célibat*, 136ss.

[66] Vedi *Ep. ad Anastasium*, c. 4, in *PL* 54, 672: «Nec subdiaconis quidem connubium carnalem conceditur»; D. 32, c. 1. Cf. E. JOMBART, «Célibat des clercs», 134; J. GAUDEMET, *Histoire du droit*, 83; L. TRICHET, *La tonsure*, 139.

[67] *C. Arausicanum*, c. 21, in *CCSL*, vol. 148, 84: «Sedit praeterea ut deinceps non ordinentur diacones coniugati nisi prius conversionis proposito professi fuerint castitatem». Cf. *C. Agatense*, c. 16, in *CCSL*, vol. 148, 201 e *C. Aurelianense*, c. 13, in *CCSL*, vol. 148a, 8. Cf. anche F. HINSCHIUS, *System des katholischen Kirchenrechts*, 144-156; E. JOMBART, «Célibat des clercs», 134-135.

[68] Cf. J. GAUDEMET, *Histoire du droit*, 205.289-290.447.491-492; J. LAUDAGE, *Priesterbild*, 244.

[69] Cf. *C. Romanum*, cc. 11-13, in MANSI, vol. 20, 413ss.

[70] *C. Lateranense I*, c. 21, in *COD*, 194: «Presbyteris, diaconibus, subdiaconibus et monachis concubinas habere seu matrimonia contrahere penitus interdicimus, contracta quoque matrimonia ab huiusmodi personis disiungi et personas ad poenitentiam debere redigi, iuxta sacrorum canonum diffinitionem iudicamus».

disposizione i matrimoni contratti dai chierici non solo erano illeciti, ma anche invalidi.

Nel Decreto di Graziano il canone fondamentale rimane fissato nel *dictum* ante c.1, D.28: la condizione essenziale per essere ammessi al suddiaconato, diaconato e presbiterato era la professione del voto di continenza[72]. La consacrazione dell'ordinando seguiva l'espressa professione di continenza[73].

La prescrizione del Concilio Lateranense II venne rinnovata da Alessandro III (1159-1181)[74], il quale tuttavia permise al vescovo della Chiesa di Uppsala di dissimulare i matrimoni dei suddiaconi per evitare scandali più grandi[75]. Invece il papa Celestino III (1191-1198) ordinò la separazione dei suddiaconi dalle mogli anche dopo molti anni di matrimonio e anche nel caso in cui avessero più figli[76].

Un'altra disposizione che si dovette continuamente ricordare e rinnovare era il divieto di coabitazione tra i chierici degli ordini maggiori e le donne che vivevano al servizio del clero e non davano pieno affidamento riguardo all'osservanza di continenza. In questo campo i concili particolari si richiamavano in genere alle disposizioni del Concilio di Nicea (325). La prescrizione nicena permetteva come coinquiline la madre, la sorella, la zia o donne tali, che non potessero arrecare pregiudizio al buon nome del sacerdote[77]. Talvolta in questi casi le decisioni conciliari miravano ad

---

[71] *C. Lateranense II*, c. 7, in *COD*, 198: «Huiusmodi namque copulationem, quam contra ecclesiasticam regulam constat esse contractam, matrimonium non esse censemus». Cf. il canone 6 di questo concilio.

[72] «nolentes continentiam, nec ad subdiaconatum, nec ad superiores gradus conscendere possunt. Unde ad subdiaconatum accedens, non sine voto castitatis iubentur admitti». Cf. anche D. 26-34, 81-84. Sul problema del celibato nel Decreto di Graziano vedi: J. GAUDEMET, «Gratien et le célibat», 351-369. Una assai ampia analisi dello sviluppo dell'istituzione della continenza degli ecclesiastici nell'età classica si trova in F. LIOTTA, *La continenza dei chierici*. Cf. anche A.M. STICKLER, *Il celibato ecclesiastico*, 30-33; J. GAUDEMET, *Histoire du droit*, 492.

[73] *Dictum* post c.8, D.27: «post votum accedit benedictio consecrationis, vel propositum religionis».

[74] X,III,3,1.

[75] Comp. I. 4,6,5: «Si vero subdiaconi contraxerint matrimonia, eos dummodo ante tales fuerint, quod timendum sit, ne una pro pluribus abutantur, dissimulare poteris cum suis mulieribus remanere; quia tollerandum est malum ut peiora vitentur». Cf. anche J. JOMBART, «Célibat des clercs», 136.

[76] Cf. E. JOMBART, «Célibat des clercs», 136.

[77] *C. Nicaenum*, c. 3, in *COD*, 7: «Interdixit per omnia sancta Synodus non episcopo, non praesbytero, non diacono, vel alicui omnino, qui in clero est, licere subintroductam habere mulierem, nisi forte aut matrem, aut sororem, aut amitam, aut etiam

inculcare le disposizioni notevolmente rigorose del Concilio di Elvira: gli ecclesiastici potevano tenere con sé solo la sorella o la figlia consacrata vergine, ma per nessun motivo una donna estranea[78].

Il chierico, una volta ammesso allo stato clericale, diventava suddito esclusivo del vescovo che l'assumeva. Il Concilio Calcedonense (451) proibì le ordinazioni assolute stabilendo che fossero considerate irrite, nel senso che l'ordinato non poteva esercitare il ministero ricevuto[79]. Per essere ordinati si doveva avere un titolo di ordinazione, come ascrizione ad una determinata chiesa[80]. Così il papa Alessandro III nel Concilio Lateranense III emanò un decreto, in base al quale il vescovo che avesse conferito a un chierico il diaconato o il presbiterato, senza titolo di ordinazione, doveva mantenere l'ordinato, salvo che questi avesse sufficienti beni propri o eredità paterna per il suo sostentamento[81]. Lo scopo di questa norma canonica era di limitare l'ordinazione assoluta, ma ottenne l'effetto contrario, dal momento che dall'eccezione di entrate proprie, all'inizio del XIII secolo si sviluppò un nuovo titolo di ordinazione, il *titulus patrimonii*. Tali chierici non avevano un beneficio, ma erano sostanzialmente più indipendenti per questo, dal momento che il *titulus*

---

eas idoneas personas, quae fugiant suspiciones». Questa norma venne riconosciuta dal Concilio di Toledo nel c. 42, in MANSI, vol. 10, 630: «Cum clericus extraneae feminae nullatenus habitent; nisi tantum mater, et soror, filia vel amita; in quibus personis nihil sceleris extimari foedus naturae permittit: id enim et constitutio antiquorum patrum contradantur» e dal Concilio Lateranense I del 1123 (c. 7, in *COD*, 191). Cf. E. JOMBART, «Cohabitation», 970-976; W.M. PLÖCHL, *Storia del diritto*, vol. 2, 172-173; H. JEDIN, *Storia della Chiesa*, vol. 3, 276.

[78] *C. Eliberitanum*, c. 27, in MANSI, vol. 2, 10: «Episcopus, vel quilibet alius clericus, aut sororem, aut filiam verginem dictam Deo, tantum secum habeat; extraneam nequaqam habere placuit». Cf. W.M. PLÖCHL, *Storia del diritto*, vol. 1, 185.

[79] *C. Chalcedonense*, c. 6, in *COD*, 90: «Nullum absolute ordinari debere presbyterum aut diaconum nec quemlibet in gradu ecclesiastico, nisi specialiter ecclesiae civitatis aut possessionis aut martyrii aut monasterii qui ordinandus est pronuntietur. Qui vero absolute ordinantur, decrevit sancta synodus, irritam esse huiusce modi manus inpositionem, et nusquam posse ministrare, ad ordinantis iniuriam». Cf. D.70, c.1.

[80] Cf. J. GAUDEMET, *Histoire du droit*, 75.482; V. DE PAOLIS, *I beni temporali*, 129. Sul problema del *titulus* vedi anche: F. CLAEYS-BOUUAERT, «Clerc», 831.

[81] X,III,5,4 (*C. Lateranense III*, c. 5): «Episcopus si aliquem sine certo titulo, de quo necessaria vitae percipiat, in diaconum vel presbyterum ordinaverit, tamdiu necessaria ei subministret, donec in aliqua ei ecclesia convenientia stipendia militiae clericalis assignet; nisi forte talis qui ordinatur existerit, qui de sua vel paterna hereditate subsidium vitae possit habere». Cf. G. LE BRAS, *Le istituzioni ecclesiastiche*, 277-278; J. GAUDEMET, *Histoire du droit*, 484.

patrimonii lasciava al vescovo praticamente solo il diritto di ordinazione[82].

La Chiesa antica fu di per sé ostile al concetto di trasferimento del clero e lo proibì con i numerosi divieti delle legislazioni dei concili. I canoni 15-16 del Concilio di Nicea proibivano ai chierici di trasferirsi da una città all'altra senza l'approvazione vescovile. Tale atto era dichiarato nullo e inoltre era disposto il ritorno al luogo di origine[83]. Sulla base di queste prescrizioni, il Concilio di Calcedonia vietò il passaggio dei chierici da una chiesa ad un'altra, eccetto i casi di necessità, e stabilì delle pene per le trasgressioni[84]. Inoltre proibì ai chierici forestieri di compiere un servizio liturgico in un'altra città senza le lettere commendatizie del proprio vescovo[85].

Tuttavia tale rigida disciplina, pur confermata da molti concili particolari, spesso non veniva osservata, infatti erano frequenti le ordinazioni assolute e il passaggio di chierici da una chiesa all'altra[86]. Anche i vescovi stessi contribuirono ad incrementare il vagabondaggio dei chierici, in quanto rilasciavano le lettere di raccomandazione senza accertarsi se fosse assicurata al chierico presentato l'assunzione e l'occupazione in un'altra diocesi[87].

La legge ecclesiastica proibiva per il clero il cumulo dei benefici ed esigeva la residenza personale nella chiesa parrocchiale. La pratica del cumulo dei benefici ebbe inizio nel V secolo, quando alcuni chierici tentarono di appropriarsi di un certo numero di chiese[88]. Per eliminare gli abusi i concili reagirono, ma senza riuscire perfettamente allo scopo[89].

---

[82] Cf. W.M. PLÖCHL, *Storia del diritto*, vol. 2, 174.

[83] Cf. in *Fonti*, vol. 1/1, 36-38. Il Trullano aggiungeva la sanzione penale della destituzione del chierico e del vescovo se il trasferimento era avvenuto illegittimamente (*C. Trullanum*, c. 17), in *Fonti*, vol. 1/1, 148-149. Pure la normativa imperiale cristiana intervenne, vietando il vagare di chierici senza fissa dimora (C.1,3,42; Nov. 58,151, c.8). Cf. F. CLAEYS-BOUUAERT, «Clerc», 830-831.

[84] Cf. *C. Chalcedonense*, c. 20, in *COD*, 96; D.71, c.4.

[85] C. 13, in *COD*, 93: «Peregrinos clericos et lectores in alia civitate praeter commendaticias litteras sui episcopi nusquam penitus ministrare debere». Cf. D.71, c.7. Vedi anche F.X. WERNZ, *Ius decretalium*, vol. 2/1, 234.

[86] W.M. PLÖCHL, *Storia del diritto*, vol. 2, 173-174.

[87] Cf. W.M. PLÖCHL, *Storia del diritto*, vol. 1, 186-187.387.

[88] Cf. A. GARCIA Y GARCIA, *Historia del derecho*, 382-386.

[89] Cf. *C. Chalcedonense*, c. 10, in *COD*, 92; *C. Agatense*, c. 57, in MANSI, vol. 8, 8; *C. Nicaenum II*, c. 15, in *COD*, 150.

Nonostante ciò, la pratica si diffuse ed ottenne massimo sviluppo ed importanza nei secoli XII-XIII.

Il Decreto di Graziano, nell'assegnazione di un ufficio ecclesiastico, poneva come norma il conferimento dei singoli uffici a singole persone[90]. Nel caso del cumulo di due chiese, ammetteva la possibilità del cumulo *sub commendatione*: il beneficiario era obbligato a tenere in *ecclesia commendata* un vicario[91]. Il motivo del cumulo non si estendeva anche alle chiese di campagna, a causa della scarsità dei redditi.

Le Decretali di Gregorio IX proibivano il cumulo di benefici che esigevano la residenza personale[92]. Nessuno poteva avere due benefici con i quali fosse connessa la *cura animarum*[93].

Il Concilio Lateranense V permetteva che una stessa persona potesse, con dispensa pontificia, cumulare fino a quattro benefici incompatibili[94].

1.2 *La dottrina dei canonisti*

La tradizione canonica medievale prevedeva le norme della condotta per tutti i membri della comunità cristiana. Le leggi della Chiesa costituivano *sacri canones* per il *Populus Christianus*[95]. Secondo l'opinione comune di quel tempo le collezioni dei canoni erano non solo una prudenza umana creata dall'autorità ecclesiastica, ma un messaggio autentico dello Spirito Santo e una continuazione della parola di Dio data al suo popolo[96]. In effetti i canoni diventarono un'ispirazione per tutte le esigenze pratiche della vita dei cristiani[97].

---

[90] D.89, c.1: «Singula ecclesiastici iuris officia singulis quibusque personis singillatim committi iubemus»; C.21, q.1, c.1: «Clericus ab instanti tempore non connumeretur in duabus ecclesiis».

[91] C.21, q.1, c.4. Il cumulo dei benefici *sub commendatione* nei secoli XII-XIII costituì uno degli abusi più frequenti.

[92] X,III,4,3; X,III,5,5 (*C. Lateranense III*, cc. 13-14).

[93] X,III,5,28 (*C. Lateranense IV*, c. 29); VI°,III,4,18: «Eum, qui beneficium, cui animarum cura imminet, vi occupat, seu scienter iniuste intrudit in eo, decernimus ipso iure fore privatum beneficio, quod cum cura simili primitus obtinebat».

[94] Cf. *C. Lateranense V*, sess. 9, in *COD*, 617.

[95] C. GALLAGHER, *Canon Law*, 165.

[96] Le norme canoniche e i florilegi patristici erano chiamati *sacra eloquentia, sacra pagina, sacra scriptura*, ect. Cf. C. GALLAGHER, *Canon Law*, 165.

[97] HOSTIENSIS, *Summa Aurea*, Lib. III, tit. *De vita et honestate clericorum*, n. 1, fol. 149r: «Sed honestate vitae vacabitis, ut non solum verbo sed exemplo vestro, qualiter in domo domini conversari oporteat, laicos instruatis. Igitur et si tractatu iudiciorum finito edocti sitis, qualiter vos debeatis habere circa iudicia, tamen et nunc

La preoccupazione di dare una guida per la vita cristiana venne palesemente espressa da Ivo di Chartres nel prologo al suo *Decretum*, che accanto alla funzione protettiva del diritto riguardo ai sacramenti e a quella che si riferiva alle questioni processuali, ne incluse un'altra, cioè «ad instruendos [instituendos] vel corrigendos mores»[98].

Con la parola *clericus* i commentatori non intendevano parlare solo dei sacerdoti, ma anche di quelli che avevano ricevuto gli ordini maggiori e minori, o almeno la tonsura, e portavano la veste dei chierici. Con la tonsura e col cambiamento dell'abito si entrava a far parte dello stato clericale; questi infatti erano elementi che distinguevano il chierico[99]. Alcuni canonisti, tramite un'interpretazione estensiva del termine *clericus*, contribuirono a rendere meno perspicua questa distinzione giuridica dello stato clericale. Il concetto di stato clericale si ampliò nel XIII secolo, in quanto si parlava di una partecipazione allo stato clericale *in materia favorabili* a differenza della esenzione in *odiosis*, cioè dalle sanzioni del diritto penale ecclesiastico. Tenendo presente questa interpretazione, i privilegi dello stato clericale furono applicati persino a laici, i quali senza aver emesso voti convivevano in comunità simili a quelle degli ordini religiosi, dei quali portavano la veste. Tra questi furono annoverati anche gli eremiti e anche gli altri membri non consacrati degli ordini religiosi maschili e femminili[100].

La dottrina canonistica evidenziava decisamente la dignità dei chierici[101] e particolarmente l'elevata posizione dei sacerdoti come ministri dei

---

instruendi estis, qualiter vivere debeatis, vel aliter. Indicabo tibi, homo, quid sit bonum, aut quid Deus requirat a te, utique facere iudicium et iustitiam, de quibus praemissum est in superiori libro, et sollicite ambulare cum domino Deo tuo, per vitae sanctitatem, et morum honestatem, quae et si in omnibus hominibus, in clericis tamen potissime requiruntur».

[98] IVO CARNUTENSIS, *Prologus in Decretum*, in *PL* 161, 47. Cf. D.3, cc.1-2.

[99] Il conferimento della tonsura costituiva un atto giuridicamente efficace per l'assunzione nello stato clericale. Cf. GUILIELMI PARISIENSIS, *Tractatus de collatione beneficiorum*, cap. 5, 255: «religio clericalis est unusquisque in susceptione primae tonsurae dicuntur assumere».

[100] Sul contenuto del termine *clerus* vedi: L. FERRARIS, *Prompta bibliotheca canonica*, 289-291. Cf. F. CLAEYS-BOUUAERT, «Clerc», 829-830.

[101] «Magna ergo est et praecipua dignitas clericorum, quae nimirum sic inter Deum et populum media collocatur, ut Deo subdita populo praeferatur». FILIPPI DE HARVENG, *De institutione clericorum*, cap. 69 *De continentia clericorum*, in *PL* 203, 758B. Cf. M. VETRI, *L'ideale di vita sacerdotale*, 21-24.188-189; Y. CONGAR, *Modéle monastique*, 156-157.

divini misteri[102]. Il chierico, scelto da Dio, partecipava della sacralità di tutto quello che apparteneva a Dio e a Dio si riferiva[103]. Il testo principale che giustificava questa opinione era del 1 Cor. 4,1: «ministri Christi et dispensatores mysteriorum Dei».

Il più grande dovere dei chierici era anzitutto quello di uniformarsi a Dio. I canonisti erano convinti della necessità che la dignità riconosciuta al chierico avesse una corrispondente santità[104].

Il riferimento alla dottrina medievale sui beni superflui servì come argomento per giustificare l'obbligo di condurre una vita santa e semplice. Tutti i beni erano considerati come proprietà di Cristo e dovevano essere devoluti al mantenimento dei poveri[105]. Se un chierico destinava il superfluo al proprio uso, il suo gesto era equiparato al furto[106].

La posizione particolare dei chierici implicava uno stile di vita adeguato. La vita del chierico, per la sua posizione che lo poneva come esempio

---

[102] I chierici «segregati a populo, et praelati populo, Deum et populum suo interventu conciliant» in FILIPPI DE HARVENG, *De institutione clericorum*, cap. 2, *De dignitate clericorum*, 669C. Vedi anche RABANUS MAURUS, *De institutione clericorum*, Lib. I, cap. 2, *De tribus ordinibus ecclesiae*, 7-8: «Sicut enim in veteri testamento tribus Levi prae ceteris tribubus peculiariter a domo electa est ad serviendum illi per diversa officia in tabernaculo, ita et clericus ordo speciali modo electus est ad ministrandum deo in vero dei tabernaculo, quod est ecclesia praesens, ut serviat ei die ac nocte in templo sancto eius, ut praesint populo in his, quae ad deum pertinent».

[103] Cf. M. VETRI, *L'ideale di vita sacerdotale*, 24.

[104] Cf. FILIPPI DE HARVENG, *De institutione clericorum*, cap. 2 *De dignitate clericorum*, 669D: «clericalis non sufficit praerogativa dignitatis, nisi dignitati adiungatur cumulus sanctitatis: voluit Deus eosdem clericis tam sanctis moribus informari, ut vitae merito sibi, non saeculo valeant conformari [...] Privati quippe cuiuslibet opera, si perversa fuerint, vel forte delitescunt, vel paucis innotescunt; qui vero praeeminet dignitate, nullum invenit latibulum operibus arguendis, quia ipsa dignitas praeferit lucem pudendis».

[105] Tutto «quod residuum est eis a moderata et praecisa sustentatione erogant pauperibus» perché «omnia enim haec [bona ecclesiastica] sanctificata Domino sunt et oblata pia devotione fidelium». GUILIELMI PARISIENSIS, *Tractatus de collatione beneficiorum*, cap. 5, 257. Vedi anche HOSTIENSIS, *Summa Aurea*, tit. De vita et honestate clericorum, n. 2d, fol. 149v; PANORMITANUS, *Commentaria*, tit. 1 De vita et honestate clericorum, cap. *Qum ab omni*, fol. 7r. Cf. L. THOMASSIN, Pars III, Lib. III, c. 41, n. 5.

[106] DIONISIUS CARTUSIANUS, *De vita canonicorum*, art. 11, 84: «Quod ergo unus in suum usum convertit superflue, seu quod sibi reservat avare; item quod sibi acquirit immoderare, hoc subtrahit aliis, praesertim egenis et furti seu rapinae incurrit peccatum, imo et gravem crudelitatem».

CAP. I: LA NORMATIVA DELLA CHIESA UNIVERSALE

davanti agli occhi di tutti[107] e per il compito dell'insegnamento che gli era attribuito, doveva essere più perfetta di quella dei laici[108]. L'opinione che il chierico doveva dare buon esempio ai fedeli, era giustificata nella legislazione e nella dottrina canonica medievale con la famosa frase di Giovanni Crisostomo che venne poi riportata nel Decreto di Graziano: «Bene vivendo et bene docendo populum instruis»[109].

E' stata già accennata nel paragrafo precedente l'attenzione con la quale le norme canoniche medievali regolavano gli obblighi del clero. La prima parte del Decreto di Graziano e il libro terzo delle Decretali di Gregorio IX espongono per lo più quali sono le virtù che gli ecclesiastici devono possedere. Queste tendenze si manifestano nella dottrina dei canonisti medievali.

La *honestas*, proveniente dal termine *honor* («honestas ab honore derivatur»), definiva largamente uno stile di vita onesto[110], non identico, però, per i chierici secolari e per i religiosi[111].

---

[107] Ad es. S. Raimondo di Pennaforte cita S. Gregorio: «Scire debent praelati quod, si perversa umquam perpetrant, tot mortibus digni sunt, quot ad subditos suos perditionis exempla transmittunt», in ID., *Summa de iure canonico*, Pars II, tit. *De ornatu ordinandorum*, n. 1, 80-81. Cf. C.11, q.3, c.3.

[108] DIONISIUS CARTUSIANUS, *De vita canonicorum*, art. 3, 15-16: «Porro quo aliquis in altiori est gradu aut statu, quo plura aut maiora fortitus [sic!] est dona; eo ad virtuosiorem obligatus est vitam. Etenim, cui plus datum est, plus requiretur ab eo. Qui ergo Canonicus est, non solum ad praetacta tenetur Evangelicae legis praecepta, sed etiam ad ea quae Canonicis specialiter iniunguntur. Qui vero non solum extat Canonicus, sed insuper in aliquo sacro constitutus est ordine, ultra praedicta obligatur ad ea quae constitutis in ordine illo praecipiuntur. Quia si praelatus pastorve fuerit, seu curam assumpserit animarum, ad multo maiora ac sublimiora tenetur».

[109] D.40, c.12 (*Joannes Crisostomus*). Il valore di un buon esempio di vita cristiana per i laici da parte dei chierici venne elevato come principale dal Concilio di Trento. Cf. J. FIJAŁEK, «Życie i obyczaje kleru», 182-183.

[110] JOANNIS ANDREAE, *In sextum Decretalium librum*, Lib. III, tit. *De vita et honestate clericorum*, n. 1, 92.

[111] JOANNIS ANDREAE, *In sextum Decretalium librum*, Lib. III, tit. *De vita et honestate clericorum*, n. 1, 92: «duas speciales honestates ponit [Hostiensis], quarum prima respicit sacerdotes curatos, ut talem habeant clericum, qui secum celebrare, et filios parochianorum possit instruere et docere. Secunda circa religiosos diversi habitus missos ad praedicandum de nouo conuersis ad fidem, qui se possunt in unum superiorem honestum habitum conformare». L'autore non esclude dei laici: «nam honeste vivere spectat ad laicos».

Il clero doveva mostrare una certa perfezione interna ed esterna[112]. La dottrina canonistica trattava la vita dei chierici (*vita et honestas clericorum*) sotto i due aspetti; e cioè quale doveva essere la loro vita e in che cosa consisteva la loro *honestas*[113].

Il primo aspetto del problema, la perfezione interna, si riferiva alla rettitudine dell'intenzione e alla castità del cuore (*rectitudo intentionis et munditia cordis*)[114] ed era materia per la teologia morale, importante però anche dal punto di vista giuridico[115]. I commentatori lamentavano la triste situazione del clero ai loro tempi e la sua poca efficacia presso i fedeli, specie per quel che riguardava il magistero, ed esponevano il valore della retta intenzione di servire Dio ed «aedificare domum Domino»[116]. Per conservare la perfezione dello spirito i chierici erano obbligati a vivere «caste et continenter, etiam ab uxoribus abstinendo, nisi sint Orientales»[117]. La castità era voluta come base per la perfetta vita clericale: «castitas sit primum clerici principium et est fundamentum»[118]. Con la

---

[112] RAIMUNDUS DE PENNAFORTE, *Summa de iure canonico*, Pars II, tit. *De ornatu ordinandorum*, n. 1: «Debet enim ordinandus esse ornatus duplici ornamento: interiori et exteriori»; ID., *Summa de paenitentia*, Lib. II, *De ornatu ordinandorum*, n. 1.

[113] Il cardinale Ostiense divise il primo titolo del libro terzo della *Summa Aurea* — *De vita et honestate clericorum* — in due parti: la prima fu intitolata *clerici qualiter vivere debeant* e la seconda *clericorum honestas in quibus consistit*, fol. 149r. Vedi anche JOANNIS ANDREAE, *In sextum Decretalium librum*, tit. *De vita et honestate clericorum*, nn. 1-2, 92. Cf. C. GALLAGHER, *Canon Law*, 171.

[114] Cf. c. 14 del Concilio Lateranense IV: «quatenus in conspectu omnipotentis Dei puro corde ac mundo corpore valeant ministrare»; RAIMUNDUS DE PENNAFORTE, *Summa de iure canonico*, Pars II, tit. *De ornatu ordinandorum*, 82: «Et breviter oculos, linguam et omnia membra debent sub freno castitatis et modestiae coercere». Vedi anche JOANNIS ANDREAE, *In sextum Decretalium librum*, tit. *De vita et honestate clericorum*, n. 1, 92.

[115] S. Raimondo spiega che la *honestas interna* consiste nelle virtù: «Interius ornamentum consistit in virtutibus. Debent enim clerici, et praecipue sacerdotes et praelati, esse ornati virtutibus, ut per eos dignitas honoretur ecclesiastica» (ID., *Summa de iure canonico*, Pars II, tit. *De ornatu ordinandorum*, n. 1). Cf. F.X. WERNZ, *Ius decretalium*, vol. 2/1, 275-276; J. FIJAŁEK, «Życie i obyczaje kleru», 186.

[116] Cf. GUILIELMI PARISIENSIS, *Tractatus de collatione beneficiorum*, cap. 1 *De officiis Patris, Architecti et Ducis quae Praelato conveniunt*, 249-252.

[117] HOSTIENSIS, *Summa Aurea*, tit. *De vita et honestate clericorum*, n. 1b, fol. 149r; JOANNIS ANDREAE, *In sextum Decretalium librum*, tit. *De vita et honestate clericorum*, n. 1a, 92.

[118] HOSTIENSIS, *Summa Aurea*, tit. *De vita et honestate clericorum*, n. 1c, fol. 149r. Cf. JOANNIS ANDREAE, *In sextum Decretalium librum*, tit. *De vita et honestate clericorum*, n. 1, 92: «sed stricte sumitur [honestas] pro castitate corporis, de qua dicit lex nihil sic in sacris ordinationibus diligimus, quam cum castitate viventes».

castitas corporis era collegata la castità della mente, poiché «ab immunda cognitione corporis quandoque fugit castitas ipsa de moribus»[119]. Per proteggere la castità era sconsigliata l'ebrietà[120]. Il chierico doveva comportarsi in modo non eccessivo e conservare la temperanza «in cibis et potibus»[121].

Il problema «in quibus clericorum honestas consistit» nel senso stretto, non significava nient'altro che la *honestas externa* e si riferiva a una perfezione esterna. Essa comprendeva l'abito ecclesiastico (*habitus, cultus corporis*)[122] e la condotta degli ecclesiastici (*honestas morum, vita, conversatio*), cioè tutti gli aspetti dell' *honeste vivere*[123]. In tutti questi elementi il clero doveva differenziarsi dai laici «quia sunt diversae professionis»[124].

La tonsura del chierico doveva essere congruente[125]. Nella terminologia medievale la tonsura *competens* o *congrua (congruens)* indicava la differenza tra la *corona (clerica)* dei chierici e la tonsura dei monaci[126]. La tonsura non solo metteva in vista la differenza fra lo stato clericale e

---

[119] Joannes Andreae cita San Bernardo: «Castitas sine charitate lampas est sine oleo. Subtrahe oleum, lampas non lucet, tolle charitatem, castitas non placet» (ID., *In sextum Decretalium librum*, tit. *De vita et honestate clericorum*, 92).

[120] HOSTIENSIS, *Summa Aurea*, tit. *De vita et honestate clericorum*, n. 1c, fol. 149r: «Et ideo debent cavere ab ebrietate, quia fomes omnium vitiorum est, quare clericus ebrius abstinere debet per 30. dies a communione hominum, vel subiiciatur supplicio corporali et si commonitus hanc satisfactionem non facit, suspendit ab officio et beneficio».

[121] HOSTIENSIS, *Summa Aurea*, tit. *De vita et honestate clericorum*, n. 1c, fol. 149r.

[122] Il significato dell'*habitus* non sempre si limitava all'abito esterno. Cf. RAIMUNDUS DE PENNAFORTE, *Summa de iure canonico*, Pars II, tit. *De ornatu ordinandorum*, 82: «Item sub habitu potest comprehendi etiam tonsura, quia comam et barbam debet deponere».

[123] Cf. F.X. WERNZ, *Ius decretalium*, vol. 2/1, 266; J. FIJAŁEK, «Życie i obyczaje kleru», 183.186.

[124] HOSTIENSIS, *Summa Aurea*, tit. *De vita et honestate clericorum*, n. 2a, fol. 149v.

[125] Cf. JOANNIS TEUTONICI, *Apparatus*, ad can. 16, 206: «*Coronam et tonsuram habeant congruentem*: quia si habuit nimis magnam coronam, signum est quod sit conversus».

[126] Cf. PANORMITANUS, *Commentaria*, tit. *De vita et honestate clericorum*, cap. *Si quis ex clericis*, fol. 4v-5r; *Additio*, fol. 10v. Sull'origine, il significato e il modo di portare la tonsura vedi L. FERRARIS, *Prompta bibliotheca canonica*, 293-295. Cf. anche la nota storica: F.X. WERNZ, *Ius decretalium*, vol. 2/1, 272ss; J. FIJAŁEK, «Życie i obyczaje kleru», 188-189; L. TRICHET, *La tonsure*, 109-154.

laicale, ma simbolizzava anche la dignità reale dello stato sacerdotale. Questa opinione formulata da S. Isidoro di Siviglia († 636) fu poi richiamata dai canonisti del periodo medievale[127].

La dottrina dei canonisti, seguendo le leggi d'allora, non precisava lo stile della veste ecclesiastica[128]. Raccomandava l'abito decente[129], non raffinato, che fosse il segno della perfezione dei costumi dei chierici[130]. Le vesti troppo ricche ed eccessive erano decisamente sconsigliate al clero, che doveva condurre vita esemplare ed onesta anche nel vestirsi, perché «omnis iactania et ornatura aliena est ab ordine sacro»[131].

Il vestito secolare, penitenziale o un altro simile era previsto solo in caso di necessità[132], oppure soltanto in circostanze particolari ma sempre

---

[127] SANCTI ISIDORI EPISCOPI HISPANENSI, *De ecclesiasticis officiis*. Lib. II, c. 4 *De tonsura*, in *CCSL* 113, 55: «Quod vero detenso capite superius, inferius circuli corona relinquitur, sacerdotium regnumque Ecclesiae in eis existimo figurari»; HOSTIENSIS, *Summa Aurea*, *De vita et honestate clericorum*, n. 2a, fol. 149v: «corona quam habent de capillis circa caput in signum regni, quod a Deo expectant»; S. THOMAE AQUINATIS, *Summa theologica* IV, q.40, art.1: «Servire Deo regnare est. Sed corona est signum regni. Ergo illis qui ad divinum ministerium applicantur corona competit [...] quia corona est signum regni et perfectionis cum sit circularis; illi autem, qui divinis ministeriis applicantur, adipiscuntur regiam dignitatem et perfecti in virtute esse debent».

[128] JOANNIS ANDREAE, *In sextum Decretalium librum*, tit. *De vita et honestate clericorum*, n. 1a, 92: «Requirit etiam ipsorum [clericorum] honestas, quod certam formam vestium ferant». Cf. JOANNIS TEUTONICI *Apparatus*, ad can. 16: «Tamen in vestibus conformabunt se consuetudini, ne videatur hypocritae», 207; HOSTIENSIS, *Summa Aurea*, tit. *De vita et honestate clericorum*, n. 2c, fol. 149v.

[129] JOANNIS ANDREAE, *In sextum Decretalium librum*, tit. *De vita et honestate clericorum*, n. 1a, 92: «Item requirit honestas quod evitent [...] superfluitates in sellis, frenis, pectoralibus, calcaribus, vel corrigiis, abstineant a fibulis et annulis». Cf. RAIMUNDUS DE PENNAFORTE, *Summa de iure canonico*, Pars II, tit. *De ornatu ordinandorum*, n. 3: «Item in habitu debent se clerici conformare aliis inter quos vivunt in quantum, salvando tamen in omnibus honestatem». Cf. anche VINCENTII HISPANI *Apparatus*, ad can. 16, 311.

[130] Cf. Clem. 2,III,1: «per decentiam habitus extrinseci morum intrinsecam honestatem ostendant». Vedi anche DIONISIUS CARTUSIANUS, *De vita canonicorum*, art. 5, 27: «clerici iubentur esse ornati tam interiori quam exteriori virtutum ornatu, ut corda eorum decorentur sapientia atque virtutibus, forinsecus quoque resplendeant moribus, ita ut modeste incedant, et in visu omnique sensu sint custoditi».

[131] Cf. DIONISIUS CARTUSIANUS, *De vita canonicorum*, art. 11, 80.

[132] JOANNIS TEUTONICI, *Apparatus*, ad can. 16: «nisi iusta causa timoris exegerit habitum transformari», 207.

lecite, come ad es. «ex causa peregrinationi»[133]. Il chierico degli ordini minori, se non aveva un beneficio ecclesiastico o il diritto ad esso, non era obbligato a portare la tonsura e la veste clericale «nisi causative», in quanto voleva godere dei privilegi dello stato clericale[134].

A causa della dignità dei ministri sacri nei commentari si parlava del divieto di portare armi al di fuori delle circostanze previste dalla legge della Chiesa. L'uso delle armi fu ammesso nel caso della lecita difesa di se stesso, dei propri beni oppure del prossimo[135]. Si proibiva ai chierici di spargere il sangue degli altri, anzi essi dovevano essere disposti ad offrire a Cristo la propria vita[136]. I chierici dovevano usare i mezzi spirituali per combattere per una giusta causa e in questo modo dare buon esempio ai laici[137].

I commentatori rimproveravano l'ebrietà del clero[138], il frequentare le taverne, l'esercizio del mestiere di taverniere e delle altre professioni sconvenienti al clero[139]. Erano ammesse solamente professioni oneste e compiute per causa di carità, di pietà, dell'ufficio e di necessità, «quia

---

[133] RAIMUNDUS DE PENNAFORTE, *Summa de iure canonico*, Pars II, tit. 9 *De ornatu ordinandorum*, n. 3. Dionisius Cartusianus dice che «sacerdotes sine operimento euntes, deturpant sacerdotium suum». Cf. ID., *De vita canonicorum*, art. 11, 81.

[134] PANORMITANUS, *Commentaria*, tit. *De clericis coniugatis*, fol. 21v. Cf. L. FERRARIS, *Prompta bibliotheca canonica*, 291-292; L. TRICHET, *La tonsure*, 140.

[135] Vedi PANORMITANUS, *Commentaria*, tit. *De vita et honestate clericorum*, cap. *Clerici*, fol. 3v-4r. Cf. anche DIONISIUS CARTUSIANUS, *De vita canonicorum*, art. 5, 24: «ad defendendum se cum moderamine inculpatae cautelae et tutelae, arma ad hoc necessaria ferre».

[136] DIONISIUS CARTUSIANUS, *De vita canonicorum*, art. 5, 24-25: «imo admoneatur esse parati ad proprii sanguinis effusionem pro Christo atque iustitia».

[137] DIONISIUS CARTUSIANUS, *De vita canonicorum*, art. 5, 25: «spiritualibus armis debent esse muniti ad repugnandum ac praevalendum hostibus suae salutis, atque ad talem armaturam suo exemplo laicos debent inducere».

[138] RAIMUNDUS DE PENNAFORTE, *Summa de iure canonico*, Pars II, tit. 7 *De sobrietate ordinandorum*, nn. 1-3; PANORMITANUS, *Commentaria*, tit. *De vita et honestate clericorum*, cap. *A crapula*, fol. 9v-10r.

[139] JOANNIS ANDREAE, *In sextum Decretalium librum*, tit. *De vita et honestate clericorum*, c. 1, 92: «Requirit etiam ipsorum honestas quod usuras non exerceant et quod tabernas euitent, ab officiis et commerciis secularibus abstineant. Et circa hoc providit poenam imponens clericis publice exercentibus macellariorum vel tabernariorum officium, ubi etiam ordinarios excitat ad iura canonica seruanda contra clericos publice exercentes negotiationes, comercia, vel officia non convenientia ordini clericali». Cf. RAIMUNDUS DE PENNAFORTE, *Summe de poenitentia*, Lib. II, tit. 8 *De negotiis saecularibus*, nn. 11-12 *De aelatoribus*; VINCENTII HISPANI *Apparatus*, ad. can. 16: *ad aleas*, 310; DIONISIUS CARTUSIANUS, *De vita canonicorum*, art. 4, 9, 10, 61-78.

necessitas non est subiecta legibus»[140]. Senza eccezioni furono vietati i mestieri disonesti *sui natura*[141].

I canonisti si occupavano di tutto ciò che poteva essere nocivo per la buona fama dello stato clericale. Mettevano in rilievo il problema della continenza degli ecclesiastici. Nelle rubriche intitolate *De cohabitatione clericorum et mulierum* troviamo i commentari sulla natura della legislazione in questa materia, che tendeva a proteggere l'obbligo del celibato[142]. Generalmente veniva riportata la lista delle persone autorizzate a coabitare con i chierici fissata dal Concilio di Nicea (325)[143]. Questa lista fu allungata da alcuni e ridotta a niente da altri. L'opinione più severa è presentata da Panormitanus che sconsigliava pure la coabitazione con la madre, la sorella o la zia[144].

Per evitare lo scandalo, ai chierici erano proibite le visite nei monasteri delle monache[145].

2. La «vita et honestas clericorum» nel Concilio di Trento

La riforma cattolica dell'epoca del Concilio di Trento, che inaugurò una sistematica restaurazione in tutti i campi della Chiesa, trasse le sue forze dai tentativi di rinnovamento religioso del tardo Medioevo. I decreti della riforma tridentina non furono soltanto la causa della riforma cattoli-

---

[140] DAMASI *Apparatus*, ad. can. 16, 427.

[141] Cf. RAIMUNDUS DE PENNAFORTE, *Summa de iure canonico*, Pars II, tit. 15 *De cupidis non ordinandis*, nn. 2s; ID., *Summa de poenitentia*, Lib. II, tit. 8 *De negotiis saecularibus*, n. 1; DIONISIUS CARTUSIANUS, *De vita canonicorum*, art. 8, 52-60.

[142] HOSTIENSIS, *Summa Aurea*, tit. *De cohabitatione clericorum et mulierum*, n. 1, fol. 150r. Cf. C. GALLAGHER, *Canon Law*, 172.

[143] RAIMUNDUS DE PENNAFORTE, *Summa de poenitentia*, Lib. III, tit. 30 *De scandalo*, n. 8 *De cohabitatione clericorum et mulierum*: «Excipiuntur tamen quaedam personae cum quibus licite possunt clerici habitare, videlicet: mater, soror, amita, matertera, avia, filia fratris vel sororis, uxor filii, et regulariter omnes consanguineae per lineam transversalem usque ad secundum gradum inclusive; consanguineae vero per lineam ascendentem et descendentem usque ad quartum gradum». Cf. HOSTIENSIS, *Summa Aurea*, tit. *De cohabitatione clericorum et mulierum*, n. 1, fol. 150v.

[144] PANORMITANUS, *Commentaria*, tit. *De cohabitatione clericorum et mulierum*, fol. 13r: «statuit concilium maguntinen., ut clerici feminas secum non retineant de quibus suspicio possit haberi, nec etiam alias quas canones permittunt scilicet matrem, amitam et sororem».

[145] HOSTIENSIS, *Summa Aurea*, tit. *De cohabitatione*, n. 2, fol. 150r.

ca, ma anche l'espressione e l'effetto di essa[146]. I teologi e i padri conciliari si basarono, nella elaborazione dei decreti disciplinari, sui memoriali di riforma provenienti da ambienti ecclesiastici come il *Libellus ad Leonem X* ed il *Consilium de emendanda Ecclesia* e su esperienze significative dei singoli vescovi, come ad es., nel settore della formazione del clero, le riforme del Giberti o del cardinale Pole. Dovettero tenere conto anche delle idee nuove della teologia pretridentina sul sacerdozio, che formulava l'ideale nuovo del sacerdote.

2.1 *I tentativi di riforma prima del Concilio*

All'epoca del Concilio di Basilea (1431-1445) molti fautori della riforma della Chiesa erano persuasi che non si doveva cominciare dall'alto, con mutamenti di organizzazione e di amministrazione, ma dal basso, con la riforma del singolo fedele[147]. Durante il concilio Johannes Nider († 1438) chiese riforme parziali, un'autoriforma delle membra, una riforma che iniziasse con la santificazione personale, attraverso l'esempio, l'esercizio della carità e l'attività apostolica verso il prossimo, in modo da creare delle cellule di cristianesimo vivente[148]. Tale riforma doveva cominciare dai più bassi gradi della gerarchia per arrivare ad una riforma organica di tutta la Chiesa.

I pontefici del secolo XV e della prima metà del secolo XVI furono spinti ad agire in primo luogo dalla volontà di evitare la convocazione di un concilio, per timore delle polemiche conciliariste che avevano dominato i concili di Costanza e di Basilea. Però non rimasero insensibili alle sollecitazioni per una riforma «in capite et in membris».

---

[146] «Negli anni dal 1534 al 1555 la riforma cattolica — e questo non può essere contestato dagli storici seri — si estese, avanzando per forza propria, sotto la pressione della frattura religiosa, ma contemporaneamente bisogna aggiungere che la pressione diede la via a quelle forze che, sostanzialmente, già esistevano allo stato latente, forze che erano già nate all'epoca dell'autoriforma, indipendentemente dalla frattura religiosa. Essa diede la via tanto alle idee quanto agli uomini che le realizzarono. Basta solo confrontare le numerose memorie sulla riforma del sec. XVI con quelle del sec. XV per notare come subito si manifesti la concordanza nei concetti fondamentali» (H. JEDIN, *Riforma cattolica*, 33). Cf. anche J. MEIER, *Der priestliche Dienst*, 3; M. BENDISCIOLI, «La riforma cattolica», 12.

[147] Cf. H. JEDIN, *Storia del Concilio di Trento*, 159-187. Sull'analisi della vita del clero d'allora vedi: R. AUBENAS - R. RICARD, *La Chiesa e il Rinascimento*, 421ss. 444-445.

[148] Sull'autoriforma delle membra vedi: H. JEDIN, *Storia del Concilio di Trento*, vol. 1, 159-187.

Nel 1449, per sollecitazione di Nicolò V, il cardinale D. Capranica aveva steso un progetto di riforma della Curia e del papato (*Advisamenta super reformatione Papae et Romanae Curiae*)[149].

Il Concilio Lateranense V (1512-1517) promulgò alcuni decreti di riforma come quelli relativi alla nomina dei vescovi, all'istruzione religiosa ed alla difesa della proprietà ecclesiastica, ma non prese posizione di fronte ad alcuni gravi abusi, come il cumulo di benefici, la non-residenza del clero, la mondanità e la negligenza di tanti ecclesiastici, cosicché il suo programma di riforma risultò inadeguato alle necessità dei tempi[150].

Precise proposte di riforma della Chiesa erano contenute nel *Libellus ad Leonem X* (1513) dei Camaldolesi T. Giustiniani e V. Quirini, in cui si sosteneva la necessità di formare il clero non sui testi della *theologia parisiensis*, ma sulla Bibbia e sugli scritti dei padri della Chiesa. Per migliorare l'istruzione del clero proponeva il rigoroso controllo dei candidati al sacerdozio al fine di escludere gli impreparati e gli indegni[151].

Il papa Paolo III (1534-1549) rinnovò negli anni 1535-1536 il collegio cardinalizio e nominò nel 1536 una speciale commissione per esaminare i principali problemi della riforma cattolica. La commissione preparò il *Consilium de emendanda ecclesia* (1537) che denunciava i mali che affliggevano la Chiesa: il cumulo dei benefici, la violazione della residenza, la mancanza di controllo sulla preparazione culturale e la vita dei candidati al sacerdozio[152]. Le proposte formulate nel *Consilium* rimasero inefficaci. Solo con il Concilio di Trento esse trovarono la loro attuazione.

Parallelamente alle iniziative riformatrici dei papi vennero preparate le basi dottrinali che influenzarono i decreti riformatori del Concilio di Trento[153].

A Colonia nel 1472 Werner Rolevinck pubblicò una guida per i sacerdoti che s'intitolava *Formula vivendi sacerdotum*. In essa l'autore sosteneva che il sacerdote doveva amministrare fedelmente i sacramenti, celebrare la liturgia delle ore e condurre una vita esemplare, pia e modesta[154].

---

[149] Sui progetti di riforma prima del Concilio di Trento proposti dal papato vedi M. MARCOCCHI, *La riforma cattolica*, 457-488.

[150] C. Lateranense V, sess. 9, in *COD*, 609-625. Cf. M. MARCOCCHI, *La riforma cattolica*, 466.

[151] Cf. H. JEDIN, *Storia del Concilio di Trento*, vol. 1, 147-148.

[152] Cf. M. MARCOCCHI, *La riforma cattolica*, 479-481; R. AUBENAS - R. RICARD, *La Chiesa e il Rinascimento*, 376-390.

[153] Cf. M. MARCOCCHI, *La riforma cattolica*, 65-345.407-488.

[154] Cf. W. ROLEVINCK, *Formula vivendi sacerdotum*, fol. 3v-4r.

CAP. I: LA NORMATIVA DELLA CHIESA UNIVERSALE

Mikołaj di Błonie (Nicolaus de Plowe) nel *Tractatus sacerdotalis de sacramentis deque diviniis officiis et eorum administrationibus* (1476) diede ai sacerdoti un aiuto per la celebrazione dell'eucaristia e l'amministrazione dei sacramenti. Il *Tractatus* venne ristampato prima del Concilio di Trento parecchie volte, soprattutto a Strasburgo[155]. Nell'altra sua opera *Lavacrum conscientiae* (1489), in contrasto con le abitudini del clero d'allora, presentò l'ideale del sacerdote cattolico[156].

Tra gli autori, citati durante le discussioni conciliari, che avevano trattato espressamente e a lungo il problema del clero parrocchiale e della sua preparazione morale ed intellettuale, si trovava Johannes Gropper (1503-1559), autore dei famosi decreti promulgati nel 1536 dal sinodo provinciale di Colonia nel 1538[157]. Negli ambienti riformatori circolava anche un altro scritto di Gropper che s'intitolava *Formula examinandi designatos seu praesentatos ad regendas ecclesias parochiales*[158].

Il tipo ideale di sacerdote l'aveva proposto Judoco Clichthove (1472-1543) nell'opuscolo *De vita et moribus sacerdotum* del 1519[159]. Il saggio di Clichthove tratta, nei primi sette capitoli, della dignità del sacerdote, come ministro del sacrificio eucaristico e dei sacramenti[160]. Tra i doveri sacerdotali, ai quali era tenuto ogni sacerdote, enumera una conoscenza

---

[155] Cf. *Enc. kośc.*, vol. 14, 329-330; *DTC*, XII/2, 2405.

[156] NIKOLAUS DE PLOWE, *Lavacrum conscientiae*, fol. 11r: «Christi sepulchrum valde est gloriosum, in quo corpus Christi iacuit mortuum per triduum; modo multum digniora debent esse sacerdotum corda, in quibus a morte resuscitatus quottidie dignetur inhabitare et glorificatus». Cf. fol. 32v-38r.

[157] Questi decreti furono commentati da lui stesso nel suo *Enchiridion*, stampato a Colonia nel 1538 (*Enchiridion institutionis in Concilio Provinciali Coloniensi editum*). Si deve notare, che sotto Clemente VIII, l'*Enchiridion* fu messo all'Indice, perché la sua dottrina sulla giustificazione si avvicinava troppo a quella protestante. Cf. G.G. MEERSSEMAN, *Il tipo ideale del parroco*, 31-32.

[158] Esso fu stampato a Colonia nel 1550 e ristampato più volte.

[159] Sulla vita di Clichthove vedi: A. CLERVAL, *De Judoci Chlichtove*.

[160] JUDOCI CLICHTHOVEI, *De vita et moribus sacerdotum*, 17-18: «Ego vero multo magis fortunatos asserere ausim sacerdotes, si suam noverint dignitatem ordinisque sui excellentiam, quod propemodum divinum et coeleste sortiti sunt supernae miserationis indultu ministerium offerendi Deo augustissimum et omnium maxime salutare sacrificium, quod item potestatem acceperint solvendi ligandique peccata hominum in terris, eo quidem iudicio quod et Deus approbat in coelis, quod denique administrandorum in salutem et medelam animarum auctoritatem habent sacramentorum, quorum dispensatio ipsis a Deo est credita».
Nelle sue argomentazioni Clichthove si rimanda alla Santa Scrittura, ai padri della Chiesa, al Decreto di Graziano e alle Decretali di Gregorio IX. Cf. J. MEIER, *Der priestliche Dienst*, 12-13.

profonda delle cose sacre, una dottrina sicura in vista del ministero, la santità e purità di vita per poter offrire degnamente a Dio il sacrificio della messa[161]. A questo proposito si legge che l'ecclesiastico deve avere una profonda umiltà e fiducia nella bontà del Signore, evitando di celebrare l'eucaristia indegnamente. Deve diventare un personaggio esclusivamente destinato al culto divino, libero dalle preoccupazioni del mondo; il segno di un'altra realtà. Il sacerdote è obbligato a recitare con devozione l'ufficio delle ore. Nella vita quotidiana e nell'esercizio del ministero parrocchiale deve essere umile, generoso, sobrio nel bere e nel mangiare, casto e continente secondo il voto che ha fatto.

Un'originale riflessione, basata sulla teologia e mistica medievale, fu presentata da Peter Blommeveen († 1536) nell'*Enchiridion sacerdotum* del 1532. Per l'autore il sacerdote fa da intermediario fra Dio e il suo popolo, soprattutto quando celebra l'eucaristia[162]. Perciò deve liberarsi da tutte le occupazioni terrestri e affidarsi a Dio[163]. Per assicurare alla Chiesa sacerdoti che possano veramente compiere la loro missione, richiede ai candidati al sacerdozio la retta intenzione[164].

---

[161] Clichthove considerava il sacerdozio soprattutto nell'aspetto del culto: «sacerdos ab aurhoribus diffinitur is esse, qui Deo sacrificia facienda peculiariter dictus est». L'unità del *sacedotium* e *sacrificium* fu per lui caratteristica in tutta la storia della salvezza: nel Vecchio Testamento, durante la vita di Gesù Cristo e nei tempi della Chiesa. Cf. J.P. MASSAUT, *Le célibat selon Josse Clichtove*, 463-469.

[162] P. BLOMMEVEEN, *Enchiridion sacerdotum*, fol. 51r: «Sacerdos in persona Christi consecrat hoc sacramentum, et ergo ipse dispensat, sicut Christus in propria persona fecit. Ipse sacerdos etiam est medius inter deum et populum. Unde sicut ad eum pertinet, dona populi deo offerre, ita ad eum pertinent, dona sanctificata divinitus populo tradere».

[163] P. BLOMMEVEEN, *Enchiridion sacerdotum*, fol. 74r: «Sola devotio movere debet hominem ad spiritualem vitam tendentem, scilicet ut relictis secularibus actibus vel occupationibus deo vacet et divinis laudibus occupetur. Deo quoque sacrificium sui corporis et sanguinis offerat pro eius gloria, pro propria salute, pro profectu totius ecclesiae, pro vivis et defunctis, ut cum pia intentione et vocatione (quo ad curam animarum) ad sublimem ecclesiae statum accesserit, totum se propriorum effundat sacramenta, orationes et merita ipsis ministrando cum exemplari vita, ut tandem ipse a domino (cui fideliter servivit) dignam mercedem in futura in caelis acquirat».

[164] P. BLOMMEVEEN, *Enchiridion sacerdotum*, fol. 73v-74r: «Qui igitur sacros in se ordines ecclesiasticos intendit accipere, tenetur inquirere, quae et alia ad statum ecclesiasticum requiruntur, et diligenter seipsum examinare, si talem statum ducere velit, et sic vivere incontaminate valebit. [...] Studiose insuper in intimis voluntatis, coram deo inspiciente, cui nota sunt omnia secreta, inquirat, quid eum moveat ad ecclesiasticum statum assumendum, an honor dignitatis, an proventus redditum, an necessitas cibi et potus vel similia».

Al clero parrocchiale era indirizzata anche l'opera principale del domenicano Pedro de Soto († 1563) *Tractatus de institutione sacerdotum*[165]. L'opera, composta di due parti, riproduce i corsi tenuti dall'autore a Dillingen «ad instituendos simpliciores parochos». Nella prima parte de Soto presenta la natura e l'estensione delle conoscenze teologiche richieste dal candidato al pastore delle anime, che sono raggruppate secondo uno schema fornito dai sette sacramenti. Nella prima parte de Soto segue il pensiero della *Cura pastoralis* di Gregorio Magno e parla delle retta intenzione, della rettitudine del cuore e dell'abilità fisica dei candidati al sacerdozio[166].

La parte seconda possiede una specie di appendice *De vita sacerdotum*, divisa in sei lezioni, che riguardano i doveri dei curati nella loro vita personale e nel servizio alla parrocchia. L'autore, dopo aver esaltato la dignità del sacerdote, pastore di anime[167], spiega in che cosa consiste la santità sacerdotale. Essa comporta i doveri di pietà e di religione verso Dio e uno stile di vita rigoroso e semplice, nel distacco dai beni materiali[168]. Partendo dall'idea del buon pastore, de Soto dedica i capitoli conclusivi della sua opera ai doveri pastorali del parroco[169].

Per la riforma del clero fu importante l'attività pastorale e legislativa svolta da Gian Matteo Giberti, vescovo di Verona (1524-1543) che, per

---

[165] P. de Soto ricevette nel 1561 la designazione di teologo pontificio al Concilio di Trento. Sulla vita di P. de Soto vedi: V. CARRO, *El maestro fr. Pedro de Soto*.

[166] P. DE SOTO, *Tractatus*, fol. 7v: «Quamquam igitur de hac, quae ad vitam sacerdotum pertinent scientia multa merito dici possunt, breviter tamen ad tria omnia reducemus. Primum, [...] rectitudo intentionis et praesumptionis repressio. Secundum, [...] mundicia cordis et ab omni maxime mortali peccato perpetua animae praeservatio. Tertium [...] est infirmitatis propriae et imperfectionis vera cognitio». Questo schema venne ripetuto nel canone 18 della sessione 23 del Concilio di Trento.

[167] P. DE SOTO, *Tractatus*, fol. 433v: «Duo itaque in sacerdotibus considerantur. Primo ordo ipse, propter quae non est dubium ipsos da non pauca obligari: deinde cura animarum».

[168] P. DE SOTO, *Tractatus*, fol. 435r: «Ut igitur ad specialia accedamus, universa illa quae ad mores, vita atque actiones ministrorum ecclesiae vel divino, vel humano iure pertinent, ad tria capita reduci possunt. Primum, quod pertinet ad pietatem et religionem, [...] Secundum caput est eorum quae pertinent ad temperantiam, quae maxime in abstinentia cibi et potus, et in castitate sita est: quae sunt maxima et praecipua ornamenta ministrorum Christi: [...] Pertinent et huc, quae ad modestiam et mortificationem affectuum omnium ac sensuum spectant. [...] Tertium denique caput sit eorum, quae pertinent ad moderationem appetitus habendi, contra avaritiae et cupiditatem ubi liberalitas comprehenditur et eleemosyna».

[169] Cf. P. DE SOTO, *Tractatus*, *Lectio qvinta* e *Lectio sexta*, fol. (444r)ss. Cf. anche G.G. MEERSSEMAN, *Il tipo ideale del parroco*, 40.

rinnovare la vita del clero diocesano, promulgò nel 1542 le costituzioni per il clero diocesano. Nelle costituzioni, le norme sul modo di vivere e di comportarsi dei sacerdoti non occupano uno spazio significativo. Però il Giberti si dedicò soprattutto alla formazione ascetica e culturale del clero secolare in cura d'anime, ed esortò i suoi sacerdoti a considerare la necessità di una adeguata preparazione teologica, per poter svolgere in modo adeguato il proprio ministero pastorale[170]. Nel loro contenuto le *Constitutiones* di Giberti dipendono notevolmente dalle costituzioni del concilio provinciale di Colonia del 1536, come pure dall'opuscolo di Clichthove *De vita et moribus sacedotum* che corrispondeva al pensiero umanista del vescovo veronese[171].

In Spagna, il vescovo di Toledo Francisco Ximénes (1495-1517), tramite le costituzioni dei Sinodi che egli tenne ad Alcalà nel 1497 e a Talavera de la Reina nel 1498, cercò di restaurare in tutte le esigenze il ministero pastorale e l'autorità del sacerdozio diocesano[172]. Infatti impose ai sacerdoti l'obbligo di risiedere nella parrocchia e di compiere i loro doveri in cura d'anime. Obbligò anche i sacerdoti a confessarsi frequentemente[173].

Per assicurare alla chiesa inglese un clero idoneo e ben formato, il cardinale Reginald Pole (1500-1558) promulgò il *Decretum pro reformatione Angliae* il 9 febbraio 1556[174]. Il cardinale mise in guardia i chierici contro la non-residenza, a cui era quasi interamente attribuito il declino dei costumi ecclesiastici[175]. Anche il cumulo dei benefici venne vietato con pene severe[176]. Il decreto fissava disposizioni sul tenore di vita

---

[170] M. MARCOCCHI, *La riforma cattolica*, 420-421; E. DE MOREAU – P. JOURDA – P. JANELLE, *La crisi religiosa*, 52-53.

[171] Cf. J. MEIER, *Der priestliche Dienst*, 22-23; G.G. MEERSSEMAN, *Il tipo ideale del parroco*, 44.

[172] Cf. M. MARCOCCHI, *La riforma cattolica*, 430.

[173] Cf. R. AUBENAS – R. RICARD, *La Chiesa e il Rinascimento*, 405; H. JEDIN, *Storia della Chiesa*, vol. 6, 529ss.

[174] Sull'opera riformatrice del cardinale R. Pole vedi: E. DE MOREAU – P. JOURDA – P. JANELLE, *La crisi religiosa*, 553-560.

[175] REGINALDI POLI, *De reformatione Angliae decreta*, decr. 3, in MANSI, vol. 33, 1018ss: «Cum ecclesiae reformationis initium ab eis fieri debeat, qui aliorum curam gerunt, in iis autem magnus hic vigeat abusus, quod multi eorum in ecclesiis sibi commissas non residentes eas mercenariis relinquunt, quae res omnium fere malorum in ecclesia causam attulit».

[176] Cf. decr. 3, in MANSI, vol. 33, 1020.

dei chierici che doveva essere irreprensibile[177]. Per rinnovare la disciplina ecclesiastica e riformare con ciò i costumi del clero fu stabilito che i vescovi dovevano esaminare personalmente i futuri sacerdoti[178].

Il decreto più importante fu quello che stabiliva l'istituzione dei seminari presso le chiese cattedrali[179]. Questo decreto, in cui è evidente l'influsso delle idee del Giberti, esercitò una notevole influenza nel Concilio di Trento durante le discussioni della sessione 23 (luglio 1563) sull'istituzione dei seminari diocesani. Infatti la *Reformatio Angliae*, che raccoglieva i decreti del sinodo londinese del 1556, fu pubblicata nel 1562 a Roma come appendice al *De Concilio*. Alcune copie dell'opera furono inviate a Trento ai padri conciliari e così il decreto 11 della *Reformatio Angliae* poté essere conosciuto e diventare oggetto di discussione[180].

Anteriore del decreto conciliare di Trento sull'erezione dei seminari era anche il collegio di Dillingen, fondato dal cardinale Otto Truchsess nel 1549 per sacerdoti diocesani. Esso fu concepito come un istituto di nuovo genere, creato per il clero parrocchiale, e non come una facoltà di teologia cattolica in sostituzione di quelle che erano divenute protestanti[181]. Lo scopo primario della fondazione era la formazione pastorale dei parroci. La loro educazione sacerdotale non era meno importante della cultura teologica, in vista della cura delle anime[182].

---

[177] Decr. 5, in MANSI, vol. 33, 1022: «Qua vero exemplum vitae magnum auctoritatem verbo affert, est quae velut quoddam praedicandi genus, ob id curandum est iis, qui aliis praesunt, ut certis, cum morum probitate, vitaeque sanctitate, tum ea propriam domum recte gubernandi laude, quam in episcopis apostolis requirit, antecellant».

[178] Decr. 6, in MANSI, vol. 33, 1024: «Non potent autem episcopi se muneri suo satisfecisse, si eorum, qui ordinandi sunt, examinatione ad alios reiecta, manus tantum ipsi imposuerint». Anche i beneficiati dovevano essere esaminati. Cf. *ibid*. 1025-1026.

[179] Decr. 11, in MANSI, vol. 33, 1029-1030: «Cum magna sit hoc tempore ecclesiasticorum personarum penuria, praesertim idoneorum, quae ecclesiis seu ecclesiasticis muneribus vel praeficiantur, vel inserviant: atque huic incommodo nulla ratione magis occurri possit, quam si soboles quaedam et tanquam seminarium ministrorum saltem in cathedralibus ecclesiis instituatur et conservetur: hac eadem synodo approbante statuimus et decernimus, ut singulae metropolitanae et cathedrales huius regni ecclesiae, pro cuiusque censu et facultatibus, quoque dioecesis amplitudine certum numerum puerorum alere teneantur».

[180] Cf. J.A. O'DONOHOE, *Tridentine Seminary Legislation*, 89-120. Le analisi di O'Donohoe dimostrano che il decreto del cardinale Pole fu ben conosciuto dai padri del Concilio di Trento.

[181] G.G. MEERSSEMAN, *Il tipo ideale del parroco*, 33-34.

[182] G.G. MEERSSEMAN, *Il tipo ideale del parroco*, 34.

Un nuovo programma di studi e di formazione al sacerdozio fu previsto per il Collegio Germanico a Roma dal papa Giulio III nel 1552. Esso comprendeva lo studio triennale della teologia, della lingua latina, greca ed ebraica, della logica, della fisica e delle altre *disciplinae liberales*. Era formulato così per preparare sacerdoti onesti e zelanti, capaci di compiere tutti i doveri pastorali[183]. Anche a questo regolamento si ispirarono la legislazione tridentina e molti seminari fondati dopo il Concilio.

2.2 *Le direttive generali nelle sessioni conciliari*

Il 13 dicembre 1545 fu aperto il Concilio di Trento al quale la bolla *Initio nostri Pontificatus* del 22 maggio del 1542 e poi la bolla di convocazione a Trento *Letare Jerusalem* del 19 novembre 1544 assegnavano tre compiti: 1) la condanna degli errori e la definizione delle verità di fede; 2) la riforma degli abusi; 3) la ricomposizione dell'unità della Chiesa.

Nella definizione del programma dei lavori emersero le divergenze tra il pontefice Paolo III e l'imperatore Carlo V. Poiché il papa sosteneva che in primo luogo si doveva condannare l'eresia, e l'imperatore che si doveva affrontare la riforma degli abusi che stava a cuore allo scisma protestante, si pervenne ad una soluzione di compromesso per cui sarebbero state trattate parallelamente le questioni dottrinali ed i problemi della riforma disciplinare[184].

---

[183] *Bull. Rom.*, vol. 6, 460: «qui litteras humaniores trium linguarum latinae, graecae et hebraicae, ac logicam, phisicam, et alias liberales disciplinas et demum sacram theologiam publice legant et doceant, et alias ipsorum scholarium curam, regimen, et administrationem, in his quae ad morum integrationem et verbi Dei praedicationem ac explicationem, et ad officium christiani pastoris, necnon bene beateque vivendum pertinent et spectant, suscipiant, et nullis parcendo laboribus, quantum in eis fuerit, aedificent, et divina praecepta eorum animis infigere conentur, et tales se erga eosdem scholares exhibeant, ut ipsi tandem divinae legis capaces, necnon aetate, doctrina, et probitate maturi, postquam de beneficiis ecclesiasticis competenter provisi fuerint, tanquam intrepidi fidei athletae in suas regiones, ad alios exemplo vitae ad Christum trahendos, et, qui id talentum acceperint, ad verbum Dei praedicandum et docendum, curam animarum sibi commissam ad Dei laudem et gloriam ac spiritualem fidelium profectum exercendum et administrandum, necnon haeresum latens venonum deprehendendum, et errores apertos convincendum et resecandum, ac denique fidem ipsam totis viribus defendendam, ac verbo et exemplo ampliandam, et, ubi exstirpata fuit, denuo plantandam, cum animarum salute remitti et destinari possint».

[184] Cf. G. ALBERIGO, «Prospettive sul Concilio di Trento», 271-273.

2.2.1 Il ritratto del pastore d'anime

I padri del Concilio di Trento conoscevano la figura nuova del sacerdote formulata dai teologi controversisti e dai canonisti in seno alla riforma cattolica che rispondesse, per il suo contenuto concreto, ai bisogni pastorali del tempo. Tuttavia il Concilio non propose un modello completo di vita per i chierici. Si occupò piuttosto di enunciare e confermare la dottrina cattolica sul carattere sacramentale dell'ordinazione sacerdotale e sul carattere sacrificale della celebrazione eucaristica. Nei decreti di riforma si preoccupò soprattutto di eliminare gli abusi che sfiguravano gravemente l'ideale del sacedote, d'inculcare poi i doveri ai chierici incaricati del ministero pastorale e di creare un'istruzione capace di assicurare ai futuri sacerdoti una formazione migliore[185].

La novità della riforma tridentina consiste nel fatto che il Concilio, nel decreto dogmatico sull'ordine[186], ha instaurato una relazione intima tra il sacerdozio e l'eucaristia e ha sottolineato la nobiltà delle altre funzioni sacerdotali[187]. Il decreto dogmatico non soltanto si opponeva alle dottrine dei protestanti ma, rivalutando la dottrina tradizionale sul sacramento dell'ordine, rivestiva le funzioni del parroco di un carattere sacro ed ispirava al clero parrocchiale il rispetto della sua dignità sacerdotale, rianimando anche il suo zelo pastorale[188].

Uno dei decreti di somma importanza per la riforma della vita del clero è stato il decreto *Nihil est*, emanato nella sessione 22 il 17 settembre 1562. Questo decreto ha rinnovato tutte le prescrizioni anteriori dei

---

[185] Cf. H. JEDIN, «Il Concilio di Trento», 147-175; P. TELCH, «La teologia del presbiterato», 343-389. Sul tipo ideale del vescovo vedi: H. JEDIN, *Il tipo ideale del vescovo*.

[186] Del sacramento dell'ordine il Concilio si occupò per la prima volta nella sessione di Bologna del 1547 nei quattro articoli *De sacramento ordinis*. Cf. *CT* VI/1, 97-98. Cf. anche A. DUSINI, «Il decreto dogmatico», 577-613.

[187] Il decreto sull'ordine si riallacciava a quello sul sacrificio della messa: «Sacrificium et sacerdotium ita Dei ordinatione coniuncta sunt Cum igitur in novo testamento sanctum eucharistiae Sacrificium visibile ex Domini institutione catholica ecclesia acceperit: fateri etiam oportet in ea novum esse visibile et externum sacerdotium» (*C. Tridentinum*, sess. 23, c. 1, in *COD*, 742). Cf. H. JEDIN, *Storia del Concilio di Trento*, vol. 4/2, 111-112; L. CRISTIANI, *La Chiesa*, 612; G.G. MEERSSEMAN, *Il tipo ideale di parroco*, 28-30.

[188] *C. Tridentinum*, sess. 23, c. 2, in *COD*, 742. Cf. G.G. MEERSSEMAN, *Il tipo ideale di parroco*, 29.

concili e dei papi riguardanti la vita degli ecclesiastici[189]. I padri tridentini hanno richiamato in vigore le norme *de vita et honestate clericorum* contenute nelle Decretali di Gregorio IX, nel *Liber Sextus* di Bonifacio VIII e nelle Clementine di Clemente V. Nei decreti di riforma, il Concilio usava spesso espressioni dello stesso valore, come l'*honestas*, l'*integritas morum*, la *vitae integritas*, i *mores* per indicare il complesso di virtù soprattutto esteriori e di carattere morale, richieste dall'alta dignità dello stato clericale e dalla sua missione nell'ambito della Chiesa.

Il Concilio stabilì come principio fondamentale che il sacerdozio è un servizio più che una dignità, e una funzione permanente piuttosto che uno stato di vita o un semplice esercizio di culto. Pur con leggi antiche, il parroco funzionario, che aveva causato il declino del clero parrocchiale, veniva sostituito da un pastore che sentiva sua la responsabilità delle anime e delle cose sacre che gli erano state confidate[190]. Il sacerdote-pastore, con l'esempio di ogni virtù, con la *conversatio*, il *sermo* e la *scientia* doveva edificare il popolo che Dio gli aveva affidato[191]. Era obbligato a conoscere il suo gregge, offrire per esso il santo sacrificio, nutrirlo con la parola di Dio e con i sacramenti, curarlo nei suoi membri più deboli: i poveri e i miserabili di ogni genere[192]. La funzione mediatrice del sacerdote venne ricordata più volte nei decreti conciliari. Egli fu richiamato dal Concilio alla preghiera, specialmente alla recita del breviario, alla celebrazione almeno festiva della messa, alla predicazione e all'amministrazione dei sacramenti[193].

---

[189] Sess. 22, *de ref.*, c. 1, in *COD*, 737-738: «Cum igitur, quo maiore in ecclesia Dei et utilitate et ornamento haec sunt, ita etiam diligentius sint observanda: statuit sancta synodus, ut, quae alias summis pontificibus et a sacris conciliis de clericorum vita, honestate, cultu doctrinaque retinenda, ac simul de luxu, commessationibus, choreis, aleis, lusibus ac quibuscumque criminibus, necnon saecularibus negotiis fugiendis copiose ac salubriter sancita fuerunt, eadem in posterum eisdem poenis, vel maioribus, arbitrio ordinarii imponendis, observentur».

[190] Sess. 23, *de ref.*, c. 1, in *COD*, 744. Cf. sess. 14, *de ref.*, *Proemium*, in *COD*, 714; L. CRISTIANI, *La Chiesa*, 612.

[191] Sess. 22, *de ref.*, c. 1, in *COD*, 737: «Nihil est, quod alios magis ad pietatem et Dei cultum assiduo instruat, quam eorum vita et exemplum, qui se divino ministerio dedicarunt»; sess. 14, *de ref. Proemium*, in *COD*, 714. Cf. sess. 23, *de ref.*, c. 14, in *COD*, 749; J. BERNHARD - CH. LEFEBVRE - F. RAPP, *L'Époque de la Réforme*, 323.

[192] Cf. sess. 23, *de ref.*, c. 1, in *COD*, 744.

[193] Cf. sess. 23, *de ref.*, c. 14, sess. 24 *de ref.*, c. 12, in *COD*, 749.767.

La prima tonsura poteva essere conferita solo a coloro i quali con ogni verosimiglianza volevano dedicarsi al servizio di Dio[194]. Il Concilio stabilì che nessuno doveva essere ordinato sacerdote, se non si era comportato piamente e fedelmente nei ministeri precedenti. Il candidato al presbiterato doveva godere di buona reputazione e di purezza di costumi per dare un esempio di buone opere e di testimonianza di vita[195].

Per quanto riguarda la tonsura clericale, il Tridentino non creò nuove leggi, ma lasciò in vigore le prescrizioni del *Corpus Iuris Canonici*. Ugualmente il Concilio non stabilì nuove norme sull'abito ecclesiastico. Rifacendosi alle norme precedenti parlava solo di un abito diverso da quello dei laici, conveniente allo stato clericale e alla condizione dei chierici[196]. La forma speciale dell'abito clericale venne stabilita da Sisto V con la costituzione *Cum sacrosanctum* del 9 gennaio 1589 e con la *Pastoralis* del 31 gennaio 1589[197]. Il pontefice prescrisse a tutti i chierici di portare la veste talare (*vestis talaris*)[198].

Il Concilio vietò severamente l'uso pubblico degli abiti laicali, perché il chierico non doveva tenere il piede in due staffe, uno nelle cose divine e l'altro in quelle mondane. L'obbligo di portare l'abito ecclesiastico era considerato dal legislatore tridentino come un impegno a condurre una vita moralmente perfetta che desse ai chierici, nell'esercizio del loro ministero, autorità presso i fedeli[199]. Il Concilio, rinnovando anche la costituzione *Quoniam* di Clemente V sull'obbligo di portare la veste clericale, stabilì le pene contro i trasgressori fino alla privazione dell'ufficio e del beneficio ecclesiastico[200]. Il papa Sisto V stabilì pene più severe

---

[194] Sess. 23, *de ref.*, c. 4, in *COD*, 746: «Prima tonsura non initientur [...] de quibus probabilis coniectura non sit, eos non saecularis iudicii fugiendi fraude, sed ut Deo fidelem cultum praestent, hoc vitae genus elegisse».

[195] Sess. 23, *de ref.*, c. 14, in *COD*, 749.

[196] Sess. 14, *de ref.*, c. 6, in *COD*, 716: «Quia vero, etsi non facit monachum, oportet tamen clericos vestes proprio congruentes ordini semper deferre, ut per decentiam habitus extrinseci morum honestatem intrinsecam ostendant». Vedi anche sess. 24, c. 12, in *COD*, 767.

[197] *Bull. Rom.* vol. 9, 66-71. Cf. J. FIJAŁEK, «Życie i obyczaje kleru», 192-193.

[198] Cf. F.X. WERNZ, *Ius decretalium*, vol. 2/1, 269; L. TRICHET, *Le costume*, 129.

[199] *C. Tridentinum*, sess. 14, *de ref.*, c. 6, in *COD*, 716. Cf. P. DESLANDRES, *Le Concile de Trente*, 42.

[200] Sess. 14, *de ref.*, c. 6, in *COD*, 716: «si postea, quam ab episcopo suo etiam per edictum publicum moniti fuerint, honestum habitum clericalem, illorum ordini ac dignitati congruentem [...] non detulerint, per suspensionem ab ordinibus ac officio et beneficio ac fructibus, redditibus et proventibus ipsorum beneficiorum [...] etiam per

con la bolla *Cum sacrosanctum*, in cui dichiarava la privazione *ipso facto* delle dignità, degli uffici, del canonicato e dei benefici per i chierici che non portavano la veste talare[201].

Il Tridentino specificò quali norme venivano rinnovate in modo speciale, cioè quelle riguardanti i costumi e il comportamento esteriore, il lusso, i divertimenti illeciti e le occupazioni secolari sconvenienti ai chierici. L'assemblea tridentina voleva richiamare il clero alla santità richiesta dallo spirito del Vangelo, condannando tutti coloro che cercavano nel loro stato sacro non il bene delle anime, ma una vita mondana[202].

Il Concilio rinnovò la regola generale delle Decretali di Gregorio IX: «Clerici officia vel comercia non exerceant, maxime inhonesta» (X,III,1,15). Per porre un rimedio efficace ai chierici che si davano ad uffici disonorevoli per la loro dignità, col pretesto del proprio mantenimento, il Concilio stabilì che nessuno venisse ammesso agli ordini sacri, sebbene idoneo per costumi, scienza ed età, se non avesse un beneficio o un patrimonio sufficiente per vivere onestamente[203].

Per il legislatore tridentino era importante ogni aspetto della condotta del clero. Perciò il Concilio proibì ai chierici di frequentare le taverne, i banchetti sontuosi, i cibi squisiti, l'ebrietà, le danze, l'assistere a spettacoli illeciti, l'azzardo e la caccia illecita[204].

I benefici o redditi ecclesiastici dovevano essere usufruiti in modo conforme alla dottrina della Chiesa sui beni superflui[205].

---

privationem officiorum et beneficiorum huiusmodi coerceri possint et debeant». Cf. anche *C. Viennense*, c. 9, in *COD*, 365.

[201] *Bull. Rom.* vol. 9, 68-69. Cf. L. TRICHET, *Le costume*, 158.

[202] Cf. sess. 25, *de ref.*, c. 1, in *COD*, 776.

[203] Sess. 21, *de ref.*, c. 2, in *COD*, 728-729: «Cum non deceat, eos, qui divino ministerio adscripti sunt, cum ordinis dedecore mendicare aut sordidum aliquem quaestum exercere [...] statuit sancta synodus, ne quis deinceps clericus saecularis, quamvis alias sit idoneus moribus, scientia et aetate, ad sacros ordines promoveatur, nisi prius legitime constet, eum beneficium ecclesiasticum, quod sibi ad victum honeste sufficit, pacifice possidere».

[204] Sess. 24, *de ref.*, c. 12, in *COD*, 767: «ab illicitisque venationibus, aucupiis, choreis, tavernis lusibusque abstineant». Cf. F.X. WERNZ - P. VIDAL, *Ius canonicum*, 142; J. BERNHARD - CH. LEFEBVRE - F. RAPP, *L'Époque de la Réforme*, 323.

[205] Sess. 24, *de ref.*, c. 17, in *COD*, 769-770. Nello schema del decreto si leggeva: «Ex reditibus ecclesiae, quorum ipsi sunt fideles tantum dispensatores, erga pauperes constituti». *CT*, IX, 1034. Nell'esame del decreto i padri del Concilio non approvarono l'espressione «tantum dispensatores» ma nessuno negò che il sacerdote debba distribuire il superfluo ai poveri. Cf. A. ROCCA, *Il sacerdote cattolico*, 64.

Il Concilio di Trento difese decisamente la tradizione cattolica occidentale sul celibato del clero. Restava fermo che il celibato è una istituzione della Chiesa[206]. Il chierico costituito negli ordini sacri non poteva validamente e lecitamente contrarre matrimonio[207]. Si permetteva di ricevere gli ordini maggiori solo a coloro che erano in grado di praticare la continenza[208].

Per assicurare la castità della vita fu proibito al clero di avere a casa concubine o altre donne sospette, oppure di frequentarle[209]. Contro i trasgressori vennero stabilite gravi pene previste già dalle Decretali di Gregorio IX[210]. Dopo l'ammonizione del superiore essi erano privati della terza parte dei redditi di qualsiasi beneficio. Dopo la seconda ammonizione non solo perdevano tutti i frutti e le rendite beneficiali, ma erano sospesi anche dall'amministrazione degli stessi benefici. Se, malgrado la sospensione, essi continuavano la relazione con la concubina, erano privati dell'ufficio e del beneficio stesso. I chierici concubinari potevano anche essere incarcerati a giudizio del vescovo. In caso di contumacia, si doveva procedere con la scomunica[211].

Tutti i chierici che vivevano scandalosamente dopo la previa ammonizione, dovevano essere castigati dal vescovo. Se poi continuavano la vita scandalosa, il vescovo aveva facoltà di privarli dei loro benefici ed era esclusa ogni possibilità di appello e di esenzione[212].

---

[206] H. JEDIN, *Storia del Concilio di Trento*, vol. 4/2, 146. P. DESLANDRES, *Le Concile de Trente*, 41.

[207] *C. Tridentinum*, sess. 24, c. 9, in *COD*, 755: «Si quis dixerit, clericos in sacris ordinibus constitutos [...] posse matrimonium contrahere, contractumque validum esse, non obstante lege ecclesiastica [...] anathema sit».

[208] Sess. 23, *de ref.*, c. 13 in *COD*, 749.

[209] Sess. 25, *de ref.*, c. 14, in *COD*, 793: «prohibet sancta synodus quibuscumque clericis, ne concubinas aut alias mulieres de quibus possit haberi suspicio, in domo vel extra detinere, aut cum iis ullam consuetudinem habere audeant». Cf. NAVARRI, *Conciliorum*, Lib. III, tit. *De vita et honestate clericorum*, 294-296.

[210] Sess. 24, *de ref.*, c. 14, in *COD*, 793. Cf. X,III,2,2,3,4,6.

[211] Sess. 25, *de ref.*, c. 14, in *COD*, 793. A tutela della castità sacerdotale, il Concilio stabilì che i figli illegittimi dei sacerdoti non potevano compiere un ministero o avere benefici nella chiesa dove il genitore aveva un beneficio ecclesiastico, annullando qualsiasi concessione fatta in contrario. Cf. sess. 25, *de ref.*, c. 15, in *COD*, 793-794.

[212] Sess. 21, *de ref.*, c. 6, in *COD*, 730.

2.2.2 I mezzi del rinnovamento

Il Concilio di Trento delineò il volto della Chiesa moderna, che pone nella «*salus animarum*» e nella cura d'anime i fini del suo agire. A questo scopo il Concilio affermò la necessità di impartire ai sacerdoti una preparazione teologica, ascetica e culturale più profonda che nel passato e più rispondente alle esigenze dei tempi, e per questo istituì i seminari come luogo di formazione sacerdotale. Naturalmente il Concilio non voleva togliere alle università la missione d'insegnare scientificamente la teologia; pretendeva però che nei seminari la preparazione didattica dei candidati al sacerdozio procedesse alla pari con la formazione sacerdotale[213].

L'istruzione al sacerdozio fu trattata durante la sessione del 17 giugno 1546. Il decreto *super lectione et praedicatione*, modificando la prescrizione del Concilio Lateranense IV, stabilì che presso le cattedrali, i monasteri e i conventi dove si trovavano prebende, dotazioni o stipendi destinati ai maestri di teologia, i vescovi dovevano costringere i beneficiari di tali prebende, dotazioni o stipendi, a consacrarsi all'insegnamento della Sacra Scrittura[214]. Se erano incapaci ad assolvere personalmente tale obbligo, dovevano essere sostituiti da una persona idonea scelta dall'ordinario. Per il futuro, il Concilio esigette che tali benefici fossero conferiti solo alle persone capaci. Se fossero stati scelti candidati incapaci di prestare questo servizio, il conferimento sarebbe stato nullo[215].

La novità assoluta del Concilio di Trento nel campo dell'istruzione al sacerdozio fu rappresentata dal canone conclusivo della sess. 23 *Cum adolescentium aetas*. Il decreto provvedeva ad aprire un collegio (seminario) presso la cattedrale per i ragazzi, di almeno dodici anni, nati da legittimo matrimonio, che sapessero leggere e scrivere sufficientemente e la cui indole faceva sperare sulla loro perpetua fedeltà ai ministeri ecclesiastici[216].

---

[213] Cf. H. JEDIN, «Domschule und Kolleg», 210-223; G.G. MEERSSEMAN, «Il tipo ideale di parroco», 30; L. CRISTIANI, *La Chiesa*, 622.

[214] *C. Tridentinum*, sess. 5, *Decretum secundum: super lectione et praedicatione*, art. 1, in *COD*, 667-668. Vedi *C. Lateranense IV*, c. 11, in *COD*, 240; X,V,5,5. Cf. anche J. BERNHARD - CH. LEFEBVRE - F. RAPP, *L'Époque de la Réforme*, 322.

[215] Sess. 5, *Decretum secundum: super lectione et praedicatione*, art. 1, in *COD*, 668.

[216] Sess. 23, *de ref.*, c. 18, in *COD*, 750: «sancta synodus statuit, ut singulae cathedrales, metropolitanae atque his maiores ecclesiae pro modo facultatem et dioecesis amplitudine certum puerorum ipsius civitatis et dioecesis, vel eius provinciae, si ibi non reperiantur, numerum in collegio, ad hoc prope ipsas ecclesias vel alio loco con-

Per lo studio, i seminaristi erano divisi in classi secondo l'età, il numero e il rendimento nella disciplina ecclesiastica[217].

Il Concilio di Trento non precisò il programma degli studi seminariali. Gli alunni venivano istruiti nella grammatica, nel canto, nel computo delle feste mobili sul calendario e nelle altre materie utili[218]. Dovevano studiare la Sacra Scrittura, i libri teologici, le omelie dei santi, tutto quello che atteneva all'amministrazione dei sacramenti, specie all'ascolto delle confessioni, nonché i riti liturgici e il cerimoniale. In questa enumerazione di discipline, non si accennava agli antichi *trivium* e *quadrivium*. Si trattava di due formazioni: l'una umanistica e l'altra teologica, anche se in forma ancora rudimentale[219].

L'istruzione degli alunni doveva appoggiarsi sulla formazione ascetica. I seminaristi dovevano assistere ogni giorno alla messa, confessarsi almeno ogni mese e comunicarsi quando il loro confessore lo giudicava opportuno[220].

Secondo il canone *Cum adolescentium aetas*, l'autorità competente per stabilire le norme sull'agire del seminario era il vescovo, assistito dal consiglio di due canonici scelti dal vescovo stesso. Il vescovo doveva controllare il seminario con frequenti visite per far osservare il regolamento degli studi e la formazione degli alunni[221].

Alla tonsura non potevano essere ammessi coloro che non avevano ricevuto il sacramento della confermazione e che non erano istruiti nei rudimenti della fede. Ne erano esclusi quelli che non sapevano né leggere né scrivere e quelli che avevano scelto presumibilmente questo genere di vita, con l'assoluta intenzione di sfuggire al giudizio secolare[222]. Per gli ordini minori si esigeva una testimonianza favorevole del parroco del candidato e del maestro della scuola nella quale era stato educato[223]. E poiché gli ordini minori erano considerati la porta per i gradi più alti, essi

---

venienti, ab episcopo eligendo, alere ac religiose educere et ecclesiasticis disciplinis instituere teneantur».

[217] Cf. sess. 23, *de ref.*, c. 18, in *COD*, 750.
[218] Cf. sess. 23, *de ref.*, c. 18, in *COD*, 751.
[219] Cf. L. CRISTIANI, *La Chiesa*, 621.
[220] C. Tridentinum, sess. 23, *de ref.*, c. 18, in *COD*, 751.
[221] Sess. 23, *de ref.*, c. 18, in *COD*, 751.
[222] Sess. 23, *de ref.*, c. 4, in *COD*, 746. Cf. anche J. BERNHARD - CH. LEFEBVRE - F. RAPP, *L'Époque de la Réforme*, 360.
[223] Sess. 23, *de ref.*, c. 5, in *COD*, 746.

non potevano essere conferiti ad alcuno che non si mostrasse degno degli ordini maggiori[224].

Per l'assunzione agli ordini maggiori, gli ordinandi dovevano presentarsi al vescovo nel mese precedente l'ordinazione. Per ordine del vescovo, i loro nomi dovevano essere pubblicati in chiesa dal parroco del *locus originis* del candidato, per un'inchiesta sulla sua nascita, età, costumi e vita[225]. Su tutto ciò, si dovevano trasmettere al vescovo lettere testimoniali[226].

Venne stabilita dal Concilio la prassi dell'esame dei candidati agli ordini sacri. Tutti gli ordinandi dovevano presentarsi al vescovo tre giorni prima della stessa ordinazione[227], o secondo la prescrizione del vescovo, per essere esaminati da sacerdoti competenti, sulla loro origine, sul carattere, l'età, la condotta, l'educazione, la dottrina e la fede[228]. Quelli che passavano dal diaconato al sacerdozio, dovevano essere giudicati idonei a insegnare al popolo ed ad amministrare i sacramenti previo diligente esame[229].

Per ricevere gli ordini minori si richiedeva l'osservanza degli intervalli di tempo stabiliti, a meno che a giudizio del vescovo la necessità o l'utilità della chiesa non richiedesse opportuno procedere diversamente[230]. Fra il diaconato e il sacerdozio fu previsto l'intervallo di un anno, salvo che il vescovo non giudicasse diversamente[231]. Era vietato assolutamente il conferimento di due ordini sacri nello stesso giorno.

---

[224] Sess. 23, *de ref.*, c. 11, in *COD*, 748.

[225] Sess. 23, *de ref.*, c. 5, in *COD*, 746-747: «Ii vero, qui ad singulos maiores erunt assumendi, per mensem ante ordinationem episcopum adeant, qui parocho aut alteri, cui magis expedire videbitur committat, ut nominibus ac desiderio eorum, qui volent promoveri publice in ecclesia propositis de ipsorum ordinandorum natalibus, aetate, moribus et vita a fide dignis diligenter inquirat».

[226] Sess. 23, *de ref.*, c. 5, in *COD*, 747: «et litteras testimoniales, ipsam inquisitionem factam continentes, ad ipsum episcopum quamprimum transmittat».

[227] Cioè il mercoledì, perché gli ordini sacri dovevano essere conferiti il sabato. Cf. *C. Nanntense* (658?), c. 11, in MANSI, vol. 18, 169; D.24, c.5.

[228] *C. Tridentinum*, sess. 23, *de ref.*, c. 7, in *COD*, 747: «Episcopus autem, sacerdotibus et aliis prudentibus viris, peritis divinae legis ac in ecclesiasticis sanctionibus exercitatis, sibi adscitis, ordinandorum genus, personam, aetatem, institutionem, mores, doctrinam et fidem diligenter investiget et examinet».

[229] Sess. 23, *de ref.*, c. 14, in *COD*, 749.

[230] Sess. 23, *de ref.*, c. 11, in *COD*, 748.

[231] Sess. 23, *de ref.*, c. 13, in *COD*, 749.

L'età minima per ricevere gli ordini maggiori venne portata a 22 anni per il suddiaconato e a 23 per il diaconato[232]. Per l'ordinazione sacerdotale restava ferma l'età di 25 anni[233]. Inoltre il chierico non poteva avere un beneficio, anche se aveva ricevuto la prima tonsura o gli ordini minori, prima del quattordicesimo anno[234]. Chi non aveva raggiunto almeno 25 anni, non poteva essere promosso a una dignità che comportava la cura d'anime[235].

Le ordinazioni dovevano essere conferite in cattedrale, nei tempi fissati, alla presenza del capitolo, oppure in un'altra chiesa con l'assistenza del clero del luogo. Ciascuno doveva essere ordinato dal vescovo del luogo o da un altro con le lettere dimissorie, sotto la pena di sospensione dalla collazione degli ordini per un anno, per il vescovo ordinante, e di sospensione dall'esercizio degli ordini ricevuti, per l'ordinato[236]. Però venne prevista un'eccezione: chi aveva vissuto tre anni a fianco del vescovo, come suo famigliare, anche se non apparteneva alla sua diocesi, poteva essere ordinato da lui, purché ricevesse immediatamente un beneficio[237].

Coloro che erano presentati ad un qualunque beneficio da persone ecclesiastiche, non potevano essere ammessi al possesso di esso, nonostante qualsiasi privilegio o consuetudine, senza esame e approvazione dell'ordinario del luogo[238]. Al livello della parrocchia si introdusse, con il criterio d'idoneità, un concorso per la collazione delle parrocchie. Il vescovo (o il suo vicario generale) doveva ogni anno, nel sinodo

---

[232] Sess. 23, *de ref.*, c. 12, in *COD*, 748. Cf. H. JEDIN, *Storia del Concilio di Trento*, vol. 4/2, 113.

[233] Sess. 23, *de ref.*, c. 12, in *COD*, 748.

[234] Sess. 23, *de ref.*, c. 6, in *COD*, 747. Cf. NAVARRI, *Conciliorum*, Lib. I, tit. *De aetate et qualitate et ordine praeficiendorum*, 127-128; J. BERNHARD - CH. LEFEBVRE - F. RAPP, *L'Époque de la Réforme*, 361.

[235] Sess. 24, *de ref.*, c. 12, in *COD*, 766.

[236] Sess. 23, *de ref.*, c. 8, in *COD*, 747.

[237] Sess. 23, *de ref.*, c. 9, in *COD*, 747-748. La ragione di questa prescrizione sembra stare nel fatto che non era conveniente privare d'un titolo d'ordinazione un chierico, benché residente in vescovado, perché la morte del suo protettore poteva metterlo in una condizione disagiata. Cf. L. CRISTIANI, *La Chiesa*, 616.

[238] Sess. 7, *de ref.*, c. 13, in *COD*, 689. Troppo spesso soggetti presentati, eletti o nominati a un beneficio da autorità ecclesiastiche, in particolare dai nunzi della Santa Sede, avevano la pretesa di fare a meno di qualsiasi esame del vescovo o dei suoi rappresentanti, prima di essere messi in possesso del loro beneficio. Cf. L. CRISTIANI, *La Chiesa*, 457.

diocesano, presentare almeno sei esaminatori provvisti di un grado accademico[239]. Gli *examinatores* esaminavano gli aspiranti a una parrocchia vacante; il vescovo era tenuto ad assegnarla al candidato più adatto («quem ceteris magis idoneum iudicaverit»)[240].

Il più grave di tutti gli abusi del periodo anteriore al Concilio di Trento era l'inosservanza dell'obbligo di residenza da parte di coloro che avevano la cura delle anime, cioè dei vescovi e dei parroci[241]. Tale pratica si basava sull'opinione che il diritto alle prebende e ai relativi introiti poteva essere separato dall'adempimento personale dei doveri d'ufficio ad essi inerenti. Molti vescovi e molti parroci sentivano di essere, in primo luogo, i proprietari dei loro benefici e credevano di compiere sufficientemente il loro dovere, affidando la direzione delle loro diocesi e delle loro parrocchie a dei vicari[242].

Il Concilio di Trento dichiarò l'obbligo personale di residenza «in sua ecclesia», cioè di dimorare stabilmente nel luogo dell'ufficio per disimpegnare i doveri imposti dall'ufficio stesso. I benefici inferiori, soprattutto quelli che comportavano cura d'anime dovevano essere conferiti a persone che davano la garanzia della residenza *in loco* e dell'esercizio personale dei compiti pastorali[243].

Il Concilio limitò il tempo dell'assenza, continua o a intervalli, dalla chiesa affidata a una persona, fino a due o, al massimo, fino a tre mesi ogni anno[244]. I curati di grado inferiore e tutti gli altri che possedevano un beneficio ecclesiastico con cura d'anime non potevano assentarsi senza il permesso scritto dell'ordinario, che comunque non poteva essere dato per più di due mesi, salvo ragioni gravi («ultra bimestre, nisi ex gravis causa»)[245]. Nel frattempo l'assente doveva farsi sostituire da un vicario idoneo e approvato dal vescovo. Chi si allontanava dalla chiesa oltre il

---

[239] Cf. Sess. 24, *de ref.*, c. 18, in *COD*, 771.

[240] Sess. 24, *de ref.*, c. 18, in *COD*, 771. Cf. H. JEDIN, *Storia del Concilio di Trento*, vol. 4/2, 101; P. DESLANDRES, *Le Concile de Trente*, 43; J. BERNHARD - CH. LEFEBVRE - F. RAPP, *L'Époque de la Réforme*, 373-374.

[241] H. JEDIN, «Der Kampf», 3; A. PETRANI, «Reforma trydencka», 17-18.

[242] Cf. H. JEDIN, *Riforma cattolica*, 70; ID., *Storia della Chiesa*, vol. 6, 554.

[243] *C. Tridentinum*, sess. 7, *de ref.*, c. 3, in *COD*, 687.

[244] Sess. 23, *de ref.*, c. 1, in *COD*, 745: «sacrosancta synodus vult illud absentiae spatium singulis annis, sive continuum sive interruptum, extra praedictas causas nullo pacto debere duos aut ad summum tres menses excedere».

[245] Sess. 23, *de ref.*, c. 1, in *COD*, 745.

tempo previsto dalla legge, incorreva in pene: dalla privazione dei frutti beneficiari fino alla privazione dello stesso beneficio[246].

Il Concilio di Trento prese posizione sui chierici girovaghi, non incardinati in alcuna diocesi, stabilendo che non poteva esservi un prete non legato ad alcun luogo. Rifacendosi alla prescrizione del Concilio di Calcedonia del 451 (c. 6), proibì l'ordinazione di colui che, secondo il giudizio del vescovo, non fosse necessario o utile alla sua diocesi e stabilì che qualsiasi persona promossa agli ordini sacri venisse assegnata a quella chiesa per la cui necessità oppure utilità era stata ordinata[247]. Ogni sacerdote doveva essere legato ad una diocesi. Se lasciava la sua diocesi e si faceva ammettere in un'altra senza il permesso del vescovo, gli era interdetto l'esercizio dei ministeri sacri. Inoltre, nessun chierico straniero privo di lettere commendatizie del proprio ordinario, poteva essere ammesso da un vescovo ad amministrare i sacramenti.

Uno dei più gravi abusi della Chiesa si era avuto con la formazione del cumulo dei benefici. Il Concilio ammise la possibilità di conferire ad una sola persona non più di uno beneficio ecclesiastico, salvo il caso in cui il beneficio tenuto dal chierico fosse insufficiente, purché entrambi non esigessero la residenza personale[248]. Tutti coloro che non avessero ottenuto una dispensa oppure tenessero benefici in quantità superiore al numero stabilito dal Concilio, dovevano rinunciare ad essi entro sei mesi; scaduto il tempo tutti i benefici da loro detenuti si sarebbero *ipso iure* resi vacanti[249].

---

[246] Sess. 24, *de ref.*, c. 12, in *COD*, 766-767: «ultra tres menses ab eisdem ecclesiis quolibet anno abesse, salvis nihilominus earum ecclesiarum constitutionibus, quae longius servitii tempus requirunt; aliquin primo anno privetur unusquisque dimidia parte fructuum, quos, ratione etiam praebendae ac residentiae, fecit suos. Quodsi iterum eadem fuerit usus negligentia, privetur omnibus fructibus, quos eodem anno lucratus fuerit; crescente vero contumacia, contra eos iuxta sacrorum canonum constitutiones procedatur». Cf. NAVARRI, *Conciliorum*, Lib. III, tit. *De clericis non residentibus in Ecclesia vel praebenda*, 296-315.

[247] Sess. 23, *de ref.*, c. 16, in *COD*, 749-750. Cf. NAVARRI, *Conciliorum*, Lib. I, tit. *De clericis peregrinis*, 159-160; J. BERNHARD - CH. LEFEBVRE - F. RAPP, *L'Époque de la Réforme*, 366.

[248] Sess. 24, *de ref.*, c. 17, in *COD*, 770: «sancta synodus.. statuit, ut in posterum unum tantum beneficium ecclesiasticum singulis conferatur; quod quidem, si ad vitam eius, cui confertur, honeste sustentandam non sufficiat, liceat nihilominus aliud simplex sufficiens, dummodo utrumque personalem residentiam non requirat, eidem conferri». Cf. anche P. DESLANDRES, *Le Concile de Trente*, 44; J. BERNHARD - CH. LEFEBVRE - F. RAPP, *L'Époque de la Réforme*, 373.

[249] Sess. 24, *de ref.*, c. 17, in *COD*, 770.

Sopprimendo le competenze giuridiche dei visitatori, il Concilio di Trento cambiò il carattere delle visite delle parrocchie, trasformandole solo in eventi di tipo pastorale e disciplinare[250]. Per quanto riguarda il contenuto, lo scopo principale della visita doveva essere quello d'esporre la dottrina pura e fedele, di salvaguardare i buoni costumi del clero e correggere quelli corrotti e d'infiammare il popolo alla vita cristiana[251].

Le visite pastorali molto spesso svolgevano una funzione preparatoria prima della convocazione dei sinodi diocesani. Le relazioni fatte dai visitatori erano trattate come la fonte delle informazioni sulla situazione nella diocesi, e in questo modo fornivano le basi per le future decisioni prese dai vescovi[252].

Il Concilio obbligò i vescovi a visitare personalmente la propria diocesi. Se ne erano legittimamente impediti, lo dovevano fare per mezzo del loro vicario generale o di un visitatore[253]. Gli arcidiaconi, i decani e gli altri di grado inferiore potevano farla, secondo la consuetudine precedente, assistiti da un notaio, ma solo personalmente e col consenso del vescovo[254]. Anche i visitatori che dovevano essere scelti dal capitolo, dove il capitolo aveva il diritto di visita, dovevano prima essere approvati dal vescovo[255].

---

[250] Cf. F. HINSCHIUS, *System des katholischen Kirchenrechts*, vol. 2, 183ss; X.F. WERNZ, *Ius decretalium*, vol. 2/2, 553ss.

[251] *C. Tridentinum*, sess. 24, *de ref.*, c. 3, in *COD*, 762: «Visitationum autem omnium istarum praecipuus scopus, sanam orthodoxamque doctrinam, expulsis haeresibus, inducere, bonos mores tueri, pravos corrigere, populum [...] ad religionem [...] accendere».

[252] Cf. T. SILNICKI, *Biskup Nanker*, 54.

[253] *C. Tridentinum*, sess. 24, *de ref.*, c. 3, in *COD*, 761-762: «episcopi propriam dioecesim per se ipsos aut, si legitime impediti fuerint, per suum generalem vicarium aut visitatorem [...] visitare non praetermittant». E' opportuno rilevare che nelle fonti del diritto medievale non si trova nessuna legge generale, la quale concepisca la visita come dovere del vescovo, pur essendo menzionata nelle Decretali di Gregorio IX come un diritto vescovile. Cf. X,I,31,16. Le legislazioni particolari tuttavia andavano oltre e imponevano ai vescovi anche il dovere della visita. Vedi W.M. PLÖCHL, *Storia del diritto*, vol. 2, 162.

[254] Sess. 24, *de ref.*, c. 3, in *COD*, 762: «Archidiaconi autem, decani et alii inferiores in iis ecclesiis, ubi hactenus visitationem exercere legitime consueverunt, debeant quidem, assumpto notario de consensu episcopi, deinceps per se ipsos tantum ibidem visitare».

[255] Sess. 24, *de ref.*, c. 3, in *COD*, 762.

I vescovi dovevano visitare la diocesi ogni anno[256]. Se l'estensione della diocesi non consentiva di visitarla ogni anno, i vescovi erano obbligati a visitarne (personalmente o per mezzo dei loro delegati) almeno la maggior parte, in modo tale che la visita di tutta la diocesi fosse interamente compiuta nel periodo di due anni[257].

In breve, dopo la chiusura del Concilio di Trento, venne rinnovata nella Chiesa la vecchia pratica delle congregazioni decanali nelle quali il clero, congregato da tutto il decanato, discuteva sulle questioni teologiche, disciplinari e su altre riguardanti gli obblighi clericali[258]. In questo modo i vescovi poterono più velocemente ed efficacemente introdurre la riforma tridentina, riformare la vita del clero, perfezionare la sua formazione teologica e suscitare il suo zelo pastorale.

Col tempo le congregazioni decanali ricevettero così grande importanza che spesso sostituivano i sinodi diocesani e le loro decisioni ottenevano il valore equiparato a quello delle norme sinodali[259].

3. Il sinodo diocesano come strumento della riforma

I sinodi diocesani hanno avuto una grande importanza per il clero. I numerosissimi sinodi post-tridentini, tenuti in varie diocesi ad opera dei vescovi propugnatori delle riforme tridentine, furono uno degli strumenti più importanti di positiva applicazione delle norme e dello spirito del Concilio di Trento. Erano il mezzo per riunire le forze necessarie per tradurre in pratica la riforma della Chiesa. Non si tennero più per pura *routine*, come accadeva prima della scissione protestante, ma con lo scopo di applicare i decreti conciliari alle situazioni particolari, incidendo in profondità sulla vita del clero. Gli statuti dei sinodi diocesani furono per molti chierici, soprattutto nelle parrocchie lontane dalle sedi vescovili, l'unica fonte delle nuove prescrizioni giuridico-liturgiche.

---

[256] La prima legge scritta sull'obbligo del vescovo di visitare personalmente la diocesi risale al Concilio di Tarragona del 516. Cf. *C. Tarraconense*, c. 8, in MANSI, vol. 8, 542-543: «ut antiquae consuetudinis ordo servetur et annuis vicibus ab episcopo dioecesano visitentur».

[257] *C. Tridentinum*, sess. 24 *de ref.*, c. 3, in *COD*, 762: «si quotannis totam propter eius latitudinem visitare non poterunt, saltem maiorem eius partem, ita tamen, ut tota biennio per se vel visitatores suos compleatur».

[258] Cf. A. PETRANI, «O zadaniach», 375-376; M. RIZZI, «De synodis dioecesanis», 306-307.

[259] Vedi l'opinione della Congregazione del Concilio del 1720 in BENEDICTUS XIV, *De synodo dioecesana*, Lib. 1, cap. 2, n. 5.

Controversa è tra gli studiosi la determinazione dell'origine dell'istituto sinodale nella Chiesa e la definizione delle diverse forme in cui questo istituto si è sviluppato nel corso dei secoli[260]. L'opinione prevalente colloca nel II secolo l'origine delle prime assemblee sinodali che si configurano come sinodi locali[261]. Però, il primo sinodo diocesano in Occidente, di cui si ha notizia certa, è quello di Auxerre del 585[262].

Per la prima volta il termine *sinodo* venne riservato all'assemblea diocesana dal cardinale Hostiensis[263].

Possiamo affermare che all'inizio il sinodo costituiva il momento forte nella vita della diocesi per verificare l'azione pastorale dei parroci, il comportamento del clero e del popolo cristiano[264]. Col tempo le funzioni dei sinodi diocesani cominciarono ad essere svolte al di fuori del sinodo, da parte di organismi a ciò stabilmente deputati, come gli arcidiaconi o gli

---

[260] Anche se la suddivisione delle diverse forme di sinodi in universali, plenari, particolari e diocesani non pone particolari problemi, la difficoltà si ha nel qualificare le diverse assemblee descritte dalle fonti storiche. Soprattutto all'inizio non era sempre possibile distinguere tra i vari tipi di riunioni di ecclesiastici, in quanto esse, proprio per rispondere alle esigenze concrete da cui traevano origine, e in conseguenza di fattori molto contingenti, potevano assumere e assumevano in realtà, di volta in volta, i più vari connotati. Cf. A. LONGHITANO, «La normativa sul sinodo diocesano», 36; A. GARCIA Y GARCIA, *Historia del derecho*, 367; J. BEYER, «De synodo diecesana», 381ss.

[261] Sull'origine del sinodo diocesano vedi J.A. FUENTES CABALLERO, «El sinodo diocesano», 543-566; A. LONGHITANO, «La normativa sul sinodo diocesano», 37-38; G. DENTE, «Premessa allo studio del diritto sinodale», 625-633. Cf. anche G. SAVIGNONE, «Le origini del sinodo», 584-587; M. RIZZI, «De synodis dioecesanis», 294-300.

[262] Cf. G. CORBELLINI, *Il sinodo diocesano*, 17-18.

[263] Solo l'assemblea diocesana «magis proprie synodus appellatur». HOSTIENSIS, *Summa Aurea*, Lib. I, tit. *De constitutionibus*, n. 5, fol. 6v. Il papa Benedetto XIV annotò che «Nunc [...] ita proprie Synodi nomen sibi usurpat, ut cum Synodum, sine ulla additione dicimus, plerumque Dioecesana intelligimus» presentando la seguente definizione del sinodo diocesano: «Legitima Congregatio ab Episcopo coacta ex presbyteris et clericis suae dioecesis aliisve qui ad eam accedere tenentur, in qua de his, quae curae pastorali incumbit, agendum et deliberandum est». ID., *De synodo dioecesana*, Lib. I, cap. 1, n. 4. Cf. M. RIZZI, «De synodis dioecesanis», 292.

[264] Un quadro delle funzioni esercitate dai sinodi conteneva: funzioni pedagogico-pastorali (insegnamento della dottrina, formazione del clero e dei fedeli, correzione dei costumi), funzioni amministrative (scrutini degli ordinandi e del clero, formalità necessarie per l'amministrazione dei beni ecclesiastici), funzioni legislative (conoscenza e diffusione delle leggi universali e provinciali, formulazione, promulgazione ed accettazione delle leggi diocesane), funzioni giuridiziarie. Cf. A. LONGHITANO, «La normativa sul sinodo diocesano», 40; R. NAZ, «Synode», *DDC*, VI, 1134ss.

altri uffici della curia diocesana[265]. Questa evoluzione, accelerata dalla riforma gregoriana e dagli altri avvenimenti nella Chiesa nei secoli successivi, segnò allo stesso tempo il progressivo distacco del sinodo diocesano da quella matrice di comunione che lo aveva originato e l'impoverimento delle sue funzioni in favore del vescovo[266]. Il sinodo diocesano diventò l'organo di ricezione e di diffusione delle leggi che il vescovo formulava autonomamente[267].

Quando fu convocato il Concilio di Trento questa trasformazione si era già in gran parte verificata. Nelle discussioni dei padri nel Concilio di Trento il sinodo diocesano fu riconosciuto, con le leggi su esso formulate nel passato, come uno degli strumenti più validi per attuare la riforma della Chiesa cattolica[268]. Esso rimase un istituto regolato da norme di diritto particolare e consuetudinario[269].

La funzione preminente sembrava essere quella di adeguare alle

---

[265] A. LONGHITANO, «La normativa sul sinodo diocesano», 39-40.

[266] A. LONGHITANO, «La normativa sul sinodo diocesano», 40-41.

[267] Il Concilio Lateranense V considerava i sinodi diocesani — in parallelo con i quelli provinciali — parte importante dell'ufficio pastorale del vescovo, per cui li previde accanto ai medesimi concili «pro morum correctione, et controversiarum decisione et determinatone, ac mandatorum Domini observatione [...], ut depravata corrigerentur». C. Lateranense V, sess. 10, in COD, 631. Cf. G. CORBELLINI, Il sinodo diocesano, 66.

[268] La diversa situazione in cui venivano collocati nel dibattito Tridentino il concilio provinciale e il sinodo diocesano era indicativa delle difficoltà che il concilio incontrava in campo ecclesiologico: nel rapporto Romano Pontefice - vescovi. Il tentativo della minoranza di far passare una concezione collegiale dell'episcopato era fallito. Le tesi della maggioranza privilegiavano una concezione monarchica della Chiesa che rendeva problematico il rapporto dei vescovi con il papa e la figura del metropolita. Mentre per il sinodo diocesano era scontato il ruolo di preminenza esercitato dal vescovo, nel sinodo provinciale poneva non pochi problemi la natura dell'autorità del metropolita e il suo rapporto con i vescovi suffraganei. La soluzione di questo problema sulla linea della sinodalità della Chiesa, affermata dal Concilio di Costanza, veniva rifiutata decisamente dal Concilio di Trento; perciò si spiegano le difficoltà incontrate nella discussione. Il rifiuto della sinodalità dell'episcopato e della Chiesa ebbe il suo peso anche nella configurazione del sinodo diocesano. Il Concilio, nel prescrivere la convocazione dei sinodi diocesani, non solo ometteva qualsiasi riferimento di natura teologica, ma evitava persino la citazione dei concili di Costanza e di Basilea il cui ricordo era per Roma motivo di non poca sofferenza. In questo modo il sinodo diocesano venne configurato come uno strumento tecnico con la funzione preminente di adeguare alle esigenze locali delle leggi universali. Cf. A. LONGHITANO, «La normativa sul sinodo diocesano», 41-42; H. JEDIN, Storia del Concilio di Trento, vol. 4/2, 201-234.

[269] A. LONGHITANO, «La normativa sul sinodo diocesano», 41.44.

esigenze locali il crescente numero di leggi universali emanate dalle autorità centrali della Chiesa. Questo aspetto di utilizzazione del sinodo diocesano fu sempre importante lungo i secoli per quanto riguarda il clero. «L'interpretatio» della Costituzione 23, XVI, 2 del *Codex Theodosianus*, contenuta nella *Lex Romana Visigothorum* (506), esaminava le questioni sorte «inter clericos» e giudicava dei delitti lievi «ad religionis observantiam pertinentia»[270]. Il sinodo di Auxerre del 585 emanò 45 canoni circa vari aspetti della disciplina della Chiesa, dall'amministrazione dei sacramenti al celibato del clero. Nell'epoca Carolingia, particolarmente feconda di attività sinodale, i sinodi furono lo strumento usato per perseguire gli intenti della riforma, in quanto furono utilizzati soprattutto per assimilare ed attuare i decreti dei concili provinciali, facendoli conoscere al clero e vigilando sulla loro attuazione[271]. Dal Concilio Lateranense IV, ai sinodi diocesani fu demandato di occuparsi della pubblicazione e dell'osservanza delle disposizioni emanate nei concili provinciali, previsti come mezzi della correzione degli abusi e della riforma dei costumi del clero[272]. Il Concilio di Basilea affidò al sinodo diocesano i problemi di natura morale, la disciplina dei chierici e la loro istruzione attraverso la lettura degli statuti sinodali e provinciali e di manuali concernenti la celebrazione dei sacramenti ed «alia utilia pro instructione sacerdotum»[273].

Il Concilio di Trento impose ai vescovi l'obbligo della celebrazione annuale dei sinodi diocesani[274]. Il vescovo che lo avesse trascurato o non lo avesse convocato con la periodicità stabilita, incorreva nelle pene stabilite dai decreti. Quali poi fossero le pene da infliggere ai vescovi, il Tridentino non lo precisava, ma la Congregazione del Concilio dichiarò

---

[270] *Lex Romana Visigothorum*, Lib. 16, tit. 2, 246-247. Cf. BENEDICTUS XIV, *De synodo dioecesana*, Lib. 4, cap. 2, 1; G. CORBELLINI, *Il sinodo diocesano*, 62-63.

[271] Cf. G. CORBELLINI, *Il sinodo diocesano*, 63.

[272] *C. Lateranense IV*, c. 6, in *COD*, 236. Cf. D.18, c.17.

[273] Cf. *C. Basileense*, sess. 25, in *COD*, 473.

[274] *C. Tridentinum*, sess. 24, *de ref.*, c. 2, in *COD*, 761: «Synodi quoque dioecesanae quotannis celebrentur...». L'obbligo dell'annuale svolgimento dei sinodi diocesani divenne in via giuridica generale la norma del Concilio Lateranense IV (1215) – X,V,1,25. Cf. D.18, c.16. Anche il Concilio di Basilea (1433) stabilì che si dovessero celebrare «ad minus semel in anno ubi non est consuetudo bis» (sess. 25, in *COD*, 473). Le norme sul sinodo vennero rinnovate con il Concilio Lateranense V (1512-1517). Cf. *C. Lateranense V*, sess. 10, in *COD*, 631-632. Cf. M. RIZZI, «De synodis dioecesanis», 308-310.

CAP. I: LA NORMATIVA DELLA CHIESA UNIVERSALE 57

che si trattava della sospensione *ferendae sententiae*[275].

Dopo il Concilio di Trento, al sinodo diocesano dovevano partecipare, oltre al clero diocesano, i religiosi esenti[276]. Il fenomeno dell'esenzione dalla giurisdizione del vescovo, che riguardava prevalentemente gli istituti monastici, gli ordini religiosi e i capitoli cattedrali, era fra le cause che avevano provocato i danni maggiori nella Chiesa d'Occidente[277]. Il vescovo non poteva considerarsi il responsabile di tutta la pastorale, perché sul territorio della diocesi esistevano persone o istituti esenti dalla sua giurisdizione. In molti casi, pur costatando l'esistenza di comportamenti scandalosi o non conformi alle norme canoniche, il vescovo non poteva intervenire perché si trattava di persone che non sottostavano alla sua autorità.

In questa situazione si poneva, tra gli altri, il problema delle persone obbligate a partecipare al sinodo diocesano: chi poteva dimostrare di essere esente dalla giurisdizione del vescovo si rifiutava di partecipare e in conseguenza non si riteneva obbligato all'osservanza delle costituzioni sinodali[278].

Il Concilio di Trento, per risolvere questo problema, obbligò gli istituti esenti alla partecipazione al sinodo. All'obbligo di partecipare al sinodo erano tenuti tutti quegli esenti che, cessando l'esenzione, avrebbero avuto l'obbligo di parteciparvi e coloro che non erano soggetti ai capitoli generali. Dovevano pure partecipare coloro che avevano la cura di chiese parrocchiali o di altre, anche annesse, quali che esse fossero[279].

---

[275] BENEDICTUS XIV, *De synodo dioecesana*, Lib. 1, cap. 6, n. 5: «qui ex mea incuria et inertia praefato Tridentini praecepto non parent, et sine ulla causa Synodum facere omittunt, meminisse deberent, se, praeter reatum inobedientiae poenam incurrere suspensionis ab officio statutam *in Cap. Sicut olim, de accusat. Quibus autem hoc salutare statutum neglexerit adimplere, a sui executione officii suspendatur*: licet poena huiusmodi, ut ipsa indicat vox *suspendatur*, non sit latae, sed ferendae sententiae».

[276] La configurazione giuridica del sinodo diocesano non sempre fu uniforme. Nel corso dello sviluppo la partecipazione del clero fu ristretta a quello avente cura d'anime ed inoltre a delegati dei vicariati foranei. Per diritto consuetudinario, come pure per statuti diocesani, sopravvennero anche altre regolazioni, particolarmente in merito alle facoltà di rappresentanza degli aventi diritto alla partecipazione. Privilegi ed esenzioni condussero all'ampliamento o alla restrizione della cerchia. Cf. W.M. PLÖCHL, *Storia del diritto*, vol. 1, 133; A. LONGHITANO, «La normativa sul sinodo diocesano», 39.

[277] Per quanto riguarda i capitoli cattedrali vedi: W.M. PLÖCHL, *Storia del diritto*, vol. 2, 143-151.

[278] Cf. A. LONGHITANO, «La normativa sul sinodo diocesano», 48-53.

[279] *C. Tridentinum*, sess. 24, *de ref.*, c. 2, in *COD*, 761: (Synodi dioecesanae) «ad quas exempti etiam omnes, qui alias, cessante exemptione, interesse deberent nec

Il clero presente al sinodo non aveva alcuna potestà legislativa. L'unico legislatore era il vescovo. La Congregazione del Concilio in una serie di risposte date a quesiti sottoposti ad essa su questo problema, affermò che il vescovo nel sinodo poteva promulgare le costituzioni senza il consenso e l'approvazione del clero; tuttavia doveva ascoltare i suggerimenti del suo capitolo, anche se non era obbligato seguirli, ad eccezione di quei casi in cui le norme canoniche prevedevano diversamente[280]. Si trattava, allora, di un parere che aveva valore consultivo, non deliberativo[281].

Gli statuti dei sinodi erano nella loro sostanza gli atti del vescovo e sempre potevano essere emanati da lui sotto forma di lettere pastorali. L'assemblea sinodale costituiva un organo di carattere consultivo e informativo, però per tramite delle congregazioni sinodali, le costituzioni stabilite dal vescovo ottenevano forma più solenne.

In pratica, come risultava dal carattere stesso del sinodo come assemblea del clero diocesano, i sinodi diventavano una specie di visite pastorali e un compimento di esse[282].

---

capitulis generalibus subduntur, accedere teneantur; ratione tamen parochialium aut aliarum saecularium ecclesiarum, etiam annexarum, debeant ii, qui illarum curam gerunt, quicumque illi sunt, synodo interesse».

[280] S. C. C., Urgellen., a. 1581, in P. GASPARRI, *Codicis Iuris Canonici Fontes*, n. 2134, vol. 5, Romae 1930, 112: «Congregatio Concilii censuit, Episcopum in synodo dioecesana per se facere posse, absque consensu, et approbatione cleri; requirendum tamen consilium capituli, licet id non teneatur sequi episcopus, praeterquam in casibus a iure expressis». Cf. BENEDICTUS XIV, *De synodo dioecesana*, Lib. 13, cap. 8, nn. 8ss. G. CORBELLINI, *Il sinodo diocesano*, 151ss.

[281] Cf. A. LONGHITANO, «La normativa sul sinodo diocesano», 54-59.

[282] BENEDICTUS XIV, *De synodo dioecesana*, Lib. 1, cap. 2, n. 2: «Est generalis quaedam visitatio synodus; alias enim per annum particulares quasdam ecclesias dumtaxat visitamus; hic vero generatim sacerdotes omnes, et clericos, ac in ipsis, suo etiam modo, populos eis commissos». Cf. M. RIZZI, *De synodis dioecesanis et de constitutionibus synodalibus*, 304ss; T. SILNICKI, *Biskup Nanker*, 54.

CAPITOLO II

L'accoglienza della riforma tridentina nella diocesi di Vilna

L'attuazione della riforma proposta dal Concilio di Trento nella diocesi di Vilna fu condizionata in modo notevole dalla struttura interna e dalla situazione religiosa della diocesi. Un aspetto caratteristico dell'organizzazione parrocchiale della diocesi era costituito dalle notevoli dimensioni territoriali delle parrocchie. La stragrande maggioranza delle parrocchie rimaneva nelle mani dei magnati e della nobiltà. Il Protestantesimo incontrò un grande favore proprio in questo ambiente.

La condizione per una conseguente riforma della vita del clero secondo il pensiero definito dal Concilio fu data dall'accettazione dei suoi decreti da parte dei singoli vescovi. Un grande peso nell'attuazione della riforma ecclesiastica e nella lotta alla riforma protestante lo ebbe anche il capitolo cattedrale.

I vescovi, per realizzare le direttive del Concilio e per esercitare un'influenza maggiore sul clero loro sottoposto, convocavano sinodi diocesani e promulgavano le lettere pastorali. Gli statuti diocesani prendevano in considerazione, accanto alla legislazione universale o quella della provincia, anche le questioni disciplinari specifiche per la diocesi.

Molto importante, per l'applicazione delle norme tridentine nelle singole diocesi, fu il ruolo della Congregazione del Concilio, soprattutto per quanto riguarda la sua posizione sulle visite *ad limina apostolorum*. La posizione della Chiesa in Polonia rafforzò l'istituzione della nunziatura pontificia permanente. I nunzi esercitarono un'influenza diretta sui vescovi e contribuirono anche alla riforma del clero.

1. La diocesi di Vilna prima della riforma tridentina

La Lituania ricevette il cristianesimo più tardi degli altri paesi di Europa. La prima prova dell'evangelizzazione del paese ebbe luogo sotto il re

Mendog (Mindagas), ma essa ebbe fine con la morte del re nel 1263[1]. La vera cristianizzazione del popolo lituano ebbe luogo ai tempi del Granduca Jagiełło – Jogaila († 1434).

Władysław Jagiełło, in conseguenza della cosiddetta unione polacco-lituana di Kreva (1385), divenne re di Polonia, accettando il Battesimo ed impegnandosi nello stesso tempo a far battezzare la popolazione del suo paese. Il re Jagiełło, per assicurare il libero espandersi della religione cattolica in Lituania, con il documento del 17 febbraio 1387 provvide la base materiale necessaria all'erezione della futura diocesi[2]. La fondazione del re venne confermata dal papa Urbano VI che, con la bolla *Romanus Pontifex* del 12 marzo 1388, ordinò al vescovo di Poznań Dobrogost di erigere la nuova diocesi di Vilna (se fossero state compiute le condizioni necessarie previste dalla legge canonica) e di elevare la chiesa di S. Stanislao martire e vescovo alla dignità della cattedrale[3].

2.1 *Il territorio e la popolazione*

E' molto difficile precisare il territorio della diocesi di Vilna dopo la sua erezione nel 1388, perché, né la bolla di Urbano VI, né il documento esecutivo dato al vescovo Dobrogost parlano dei confini della nuova diocesi. Si può supporre che la nuova diocesi coprisse un vasto territorio che si estendeva sull'intera regione settentrionale del Granducato[4]. I suoi confini si delinearono a poco a poco con lo sviluppo della rete parrocchiale e con lo stabilizzarsi dei confini delle diocesi vicine[5]. Essi si formarono in sostanza nel XVII secolo e perdurarono senza cambiamenti fino alla caduta del Regno della Polonia nel 1795[6]. Nella seconda metà del XVIII secolo la diocesi di Vilna con un territorio di 231 mila km^2 di superficie

---

[1] Cf. Z. IVINSKIS, *Lietuvos istorija*, 190ss; B. KUMOR, «Początki metropolii», 73-74; J. OCHMAŃSKI, *Historia Litwy*, 50.

[2] *KDKW*, n. 1, 1-9. Cf. T. KRAHEL, «Die Organisation», 163; B. KUMOR, «Początki metropolii», 75.

[3] *KDKW*, n. 10, 20-22. Cf. T. KRAHEL, «Die Organisation», 163; B. KUMOR, «Początki metropolii», 75; Z. IVINSKIS, *Lietuvos istorija*, 292.

[4] Cf. T. KRAHEL, «Zarys dziejów», 13; B. KUMOR, «Początki metropolii», 75.

[5] Nei primi anni del XV secolo fu istituito il vescovado a Miedniki, per la regione di Żmudź, originariamente lituana, baltica. Cf. P. RABIKAUSKAS, «La cristianizzazione della Samogizia», 231-233; T. KRAHEL, «Die Organisation», 166-167; B. KUMOR, «Początki metropolii», 77.

[6] Cf. W. SEMKOWICZ, *Mapa historyczna*; S. LITAK, *Struktura terytorialna*. Vedi anche T. KRAHEL, «Zarys dziejów», 13-15.

era la più grande ed estesa tra le diocesi della Polonia e dell'Europa[7].

Nel primo periodo della cristianizzazione, i centri pastorali si formarono nella Lituania etnica e in quelle parti della Russia Bianca dove abitava la popolazione lituana. All'inizio dell'azione evangelizzatrice, i lituani furono il principale oggetto dell'azione pastorale. Con la riunione al Granducato della Lituania dei territori del Podlasie aumentò il numero della popolazione polacca. Col tempo anche numerosi ruteni accettarono la fede cattolica.

La popolazione del Granducato della Lituania, all'epoca dell'unione di Lublin (1569), senza Podlasie e Ucraina, viene calcolata a oltre due milioni di persone, invece quella della Lituania etnica a oltre mezzo milione di abitanti[8]. Fino al censimento del 1768 non ci sono dati sul numero dei cattolici nella diocesi di Vilna. Secondo il censimento, la popolazione delle 391 parrocchie (di circa trenta parrocchie non ci sono dati) constava di 625 mila fedeli tenuti ad accostarsi alla comunione pasquale[9].

Sui vasti territori della diocesi di Vilna, accanto ai cattolici, abitavano gli altri gruppi religiosi e quelli etnici. Una percentuale non indifferente era costituita dagli ortodossi, popolazione predominante sui territori ruteni del Granducato[10]. Nell'ambito della diocesi di Vilna esistevano dal 1596 i fedeli della Chiesa greco-cattolica[11]. Inoltre c'erano i luterani e i calvinisti e vivaci gruppi di ebrei, ormiani e tartaro-maomettani[12].

---

[7] Fra le varie diocesi polacche esistevano notevoli differenze territoriali. Così ad es. nella Corona la più vasta era la diocesi di Gniezno che si estendeva su una superficie di 93 mila km^2 e la diocesi di Cracovia di 53 mila km^2, invece nel Granducato della Lituania la diocesi di Łuck racchiudeva il territorio di circa 100 mila km^2. Alle diocesi minori apparteneva quella di Żmudź con i suoi quasi 25 mila km^2. Cf. B. KUMOR, «Dzieje ustroju», 105.

[8] Cf. J. OCHMAŃSKI, *Dawna Litwa*, 214-215.

[9] Cf. B. KUMOR, «Ze statystyki ludności», 62.

[10] Rispetto agli ortodossi era applicato il principio della tolleranza religiosa che, però, non significava la piena libertà della Chiesa ortodossa. La religione ortodossa era sempre trattata dalla maggioranza cattolica come scisma e nelle relazioni con essa a volte erano adottate pressioni di tipo giuridico ed economico. Cf. M. KOSMAN, *Historia Białorusi*, 76.

[11] Il censimento del 1768 non elencava il numero dei greco-cattolici, ma è noto che nel 1773 nella arcidiocesi greco-cattolica di Połock, che quasi per intero si trovava nei confini della diocesi di Vilna, c'erano quasi 600 mila di uniti. Cf. B. KUMOR, «Ze statystyki ludności», 64.

[12] Il censimento del 1768 parla di quasi dieci mila protestanti. Cf. B. KUMOR, «Ze statystyki ludności», 64.

2.2 La struttura organizzativa della diocesi

L'organizzazione delle parrocchie in Lituania ha sempre avuto una propria caratteristica[13]. La rete parrocchiale delle diocesi lituane era molto rada e le dimensioni territoriali delle parrocchie erano notevoli[14]. Soprattutto nella parte meridionale ed orientale del Granducato le distanze fra le parrocchie erano molto grandi e i suoi confini non sempre erano chiaramente definiti[15]. Lo sviluppo della rete parrocchiale si osserva nel corso del XVI secolo, e anche più tardi. Tale sviluppo andò di pari passo con l'attività colonizzatrice ed evangelizzatrice condotta in quei territori[16]. Essa fu completata, in una certa misura, dalle chiese filiali e dalle cappelle pubbliche e private, dalle numerose chiese conventuali, dalle cappellanie presenti presso le corti dei magnati e della nobiltà più ricca.

Per lungo tempo non esistette nella diocesi di Vilna la rete decanale conosciuta in Polonia dalla seconda metà del XII secolo. Certamente la mancanza di essa va collegata con la rete parrocchiale scarsamente sviluppata[17]. L'organizzazione decanale apparve nella metà del XVI secolo. Le prime notizie storiche sui vicariati foranei nella diocesi di Vilna le troviamo nel sinodo diocesano del 1555 e nei registri fiscali del 1553 e 1559[18]. Quest'ultimo parlava della divisione della diocesi in cinque *claves*: di Troki, Mejszagoła, Antokol, Miedniki e Raduń. Anche nella relazione sullo stato della diocesi del 1604, si parlava della divisione della diocesi

---

[13] La connessione politica e la dipendenza culturale ed ecclesiale della Lituania dalla Polonia esige che gli studi sulla Chiesa lituana tengano presente un eventuale influsso polacco ed gli analoghi fenomeni nella vita della Chiesa in Polonia. Però non si deve dimenticare la particolare situazione religiosa in Lituania. J. UMIŃSKI, «Przeciwreformacja», 355-356.

[14] Se nella diocesi di Vilna nel 1772 la superficie media di una parrocchia si può calcolare circa in 531 km^2, nella Polonia occidentale e centrale tale valore scendeva a circa 185 km^2. La superficie media di una parrocchia nella diocesi di Vilna era quasi tre volte maggiore di quella del resto dello stato polacco-lituano. Cf. S.K. OLCZAK, «Rozwój sieci parafialnej», 115.

[15] Nella parte bielorussa, con la popolazione in prevalenza ortodossa, le chiese cattoliche latine si trovavano quasi unicamente nelle città e nelle cittadine.

[16] Nell'anno 1522 la diocesi di Vilna contava appena 190 parrocchie e, alla metà del XVI secolo, circa 259. Nel 1609 c'erano circa 300 parrocchie e, nel 1699, il numero di esse aumentò a 410 parrocchie. Il sinodo del vescovo M. Zienkowicz del 1744 parlava di un numero di 418 parrocchie. Poco prima delle ripartizioni della Polonia, la diocesi di Vilna comprendeva 426 parrocchie e 138 filiali. Cf. S.K. OLCZAK, «Rozwój sieci parafialnej», 107-117.

[17] T. KRAHEL, «Zarys dziejów», 15.

[18] J. SAWICKI, *Synody*, 28; J. OCHMAŃSKI, *Biskupstwo wileńskie*, 72.

in cinque parti: Vilna, Niemenczyn, Rudniki, Rudomina e Miedniki, «quibus aliquot proprii praesunt decani rurales»[19]. Direttamente del numero di dieci decanati parlava il vescovo A. Wojna nella relazione *ad limina apostolorum* del 1635: Knyszyn, Grodno, Kowno, Nieśwież, Wołkowysk, Mińsk, Lida, Wiłkomierz, Bracław e Szkłów[20].

Con il tempo il numero dei decanati venne moltiplicato e verso il 1669 si cristallizzò la rete di 26 vicariati foranei, che rimase sostanzialmente stabile fino allo smembramento della Polonia[21].

Unità amministrative territoriali intermedie fra la diocesi e le parrocchie erano gli arcidiaconati. Tale struttura organizzativa si formò solamente nelle diocesi più antiche, occidentali, della provincia di Gniezno. Essa era invece quasi assente in Lituania[22]. Nella diocesi di Vilna esisteva soltanto un arcidiaconato a Obolce eretto dal vescovo E. Wołłowicz nel 1619, per render più facile il governo e il controllo della parte meridionale della diocesi[23]. Non conosciamo, però, l'attività svolta dagli arcidiaconi e neanche il territorio che abbracciava questo arcidiaconato[24].

Prima delle spartizioni della *Res Publica*, la diocesi di Vilna possedeva tre suffraganee[25]. Oltre la suffraganea di Vilna che esisteva dall'inizio del XVI secolo, vennero fondate altre due suffraganee territoriali: della Russia Bianca (1639) e di Troki (1775)[26].

Non si sviluppò, invece, l'istituto degli ufficialati regionali, noto dal XIV secolo. Esso aveva la funzione di migliorare l'amministrazione della

---

[19] *Relationes*, 28.
[20] *Relationes*, 67.
[21] 1. Wilno, 2. Pobojsk, 3. Oszmiana, 4. Świr, 5. Lida, 6. Raduń, 7. Wiłkomierz, 8. Kupiszki, 9. Bracław, 10. Troki, 11. Siemno, 12. Grodno, 13. Kowno, 14. Olwita, 15. Połock, 16. Nowogródek, 17. Słonim, 18. Różana, 19. Wołkowysk, 20. Witebsk, 21. Orsza, 22. Mińsk, 23. Radoszkowice, 24. Bobrujsk, 25. Augustów, 26. Knyszyn. Cf. J. KURCZEWSKI, *Biskupstwo wileńskie*, 467-468; T. KRAHEL, «Kościół katolicki na Litwie», 45.
[22] La mancanza di arcidiaconati locali in Lituania dipendeva probabilmente dal fatto che l'organizzazione ecclesiastica aveva cominciato a svilupparsi in un periodo in cui l'istituzione degli arcidiaconati cominciava ad essere superata.
[23] J. KURCZEWSKI, *Biskupstwo wileńskie*, 102.
[24] J. KURCZEWSKI, *Biskupstwo wileńskie*, 103.
[25] T. KRAHEL, «Zarys dziejów», 17. Le suffraganee territoriali vennero erette in alcune diocesi polacche nei secoli XVII-XVIII. Con il consenso della Santa Sede alcuni ordinari istituirono, oltre il suffraganeo che risiedeva presso la cattedrale, i suffraganei per una determinata parte della diocesi. Cf. W. MÜLLER, «Diecezje», 78-79.158-161.
[26] Cf. W. MÜLLER, «Diecezje», 79.

giustizia ecclesiastica mediante la creazione, in vari punti della diocesi, di centri dell'amministrazione della giustizia ecclesiastica. Il problema dell'istituzione degli ufficialati regionali fu discusso nei sinodi del 1546 e 1555, però non abbiamo prove che gli ufficiali regionali furono allora nominati[27]. Solo il vescovo I. Massalski, nel 1771 circa, eresse quattro ufficialati: a Troki, Grodno, Słuck e «in Russia Bianca», però, quando risultò che essi non realizzavano la funzione prevista, i primi tre vennero sciolti nel 1781[28].

2.3 *Il clero parrocchiale*

All'inizio dell'azione evangelizzatrice nella diocesi di Vilna prevaleva il clero polacco[29]. Esso proveniva soprattutto dalle diocesi di Płock, Cracovia e Gniezno[30]. Alcuni autori affermano, seguendo l'opinione del nunzio apostolico Commendoni, che in Lituania venivano dalla Polonia chierici poco istruiti. Questa opinione è ovviamente esagerata. Basta analizzare il grado d'educazione dei membri del capitolo cattedrale della prima metà del XVI secolo per trovare molti esempi di polacchi dotati di un'adeguata erudizione[31].

Con il crescere del numero dei fedeli, il numero dei chierici divenne insufficiente. Per assicurare la pastorale fu necessario educare il clero lituano che conosceva la lingua lituana, parlata dalla maggioranza della popolazione.

L'istruzione era il problema centrale nella formazione del clero: occorreva assicurare ai sacerdoti un'adeguata cultura che potesse influire sulla loro vita e nell'esercizio di tutti i loro doveri. Per formare il clero lituano la regina Jadwiga (Edvige) fondò nel 1397 presso l'università di Praga il convitto per gli studenti lituani e ruteni. Allo stesso scopo Jadwiga rinnovò l'Accademia di Cracovia dove eresse nel 1400 la facoltà di teologia[32]. L'Accademia di Cracovia ricopriva un ruolo rilevante nello sforzo

---

[27] Cf. J. SAWICKI, *Synody*, 23-24; W. MÜLLER, «Diecezje», 79.

[28] J. KURCZEWSKI, *Biskupstwo wileńskie*, 56.85.379; W. PRZYAŁGOWSKI, *Żywoty*, vol. 3, 183-184; T. KRAHEL, «Zarys dziejów», 17-18. Cf. anche P. HEMPEREK, «Oficjalaty okręgowe», 63-64.

[29] Cf. W. ABRAHAM, «Polska a chrzest Litwy», 23.

[30] Cf. J. KURCZEWSKI, *Biskupstwo wileńskie*, 325.

[31] Cf. J. OCHMAŃSKI, *Biskupstwo wileńskie*, 91.

[32] J. FIJAŁEK, *Studia do dziejów*; K. MORAWSKI, *Historia Uniwersytetu Krakowskiego*, 62ss; Z. KOZŁOWSKA-BUDKOWA, «Odnowienie jagiellońskie», 37-43; M. RECHOWICZ, «Po założeniu wydziału teologicznego w Krakowie», 95-148.

della riforma interna della Chiesa in Polonia, in primo luogo della riforma del clero diocesano[33].

Alle università studiavano prevalentemente gli ecclesiastici d'origine nobile[34]. La maggior parte del clero parrocchiale era educato nella scuola cattedrale o nelle scuole parrocchiali. Là, sotto la guida dei parroci, i candidati allo stato clericale erano istruiti nelle cerimonie ecclesiastiche e in tutto ciò che serviva alla formazione del chierico ed era necessario per la pastorale[35]. Dalla natura stessa delle scuole parrocchiali risultava che in esse era istruito il clero parrocchiale inferiore, cioè i vicari e i coadiutori. Soprattutto essi erano impegnati nella pastorale: nell'amministrazione dei sacramenti, nella predicazione e nell'insegnamento del catechismo[36].

Il secolo XV e l'inizio del secolo XVI presentano un'intensificazione degli sforzi da parte dell'autorità ecclesiastica, tendenti ad elevare il livello intellettuale del clero parrocchiale[37]. Negli statuti sinodali d'allora si nota la tendenza ad appoggiare il sacerdozio su una solida base dottrinale, dalla quale risultava il progetto della formazione del clero tramite gli studi universitari[38]. Però, generalmente, alla fine del medioevo, la morale e l'istruzione del clero erano mediocri e nel corso del XVI secolo esse andavano calando[39].

Una delle cause principali dell'abbassamento della preparazione intellettuale e della morale degli ecclesiastici, erano i rilevanti poteri dei patroni delle chiese, soprattutto nello scegliere i candidati al beneficio. Il patrono spesso non si curava del bene della parrocchia e sceglieva per l'ufficio pastorale un candidato non idoneo, poco istruito o minorenne, ma conforme al suo interesse privato[40]. I vescovi, da parte loro, non potevano

---

[33] Nel Regno e nel Granducato vennero istituiti molti centri di studi di teologia dove insegnavano i maestri preparati nell'Accademia di Cracovia. Cf. J. BUKOWSKI, *Dzieje reformacji*, 398-399; J. FIJAŁEK, «Uchrześcijanienie Litwy», 121ss. J. OCHMAŃSKI, *Dawna Litwa*, 132.

[34] J. KURCZEWSKI, *Biskupstwo wileńskie*, 325.

[35] J. KURCZEWSKI, *Biskupstwo wileńskie*, 325; B. KUMOR, «Sytuacja Kościoła», 25.

[36] J. FIJAŁEK, «Uchrześcijanienie Litwy», 298.

[37] A. VETULANI, «Les bénéfices en Pologne», in *DDC*, II, 605.

[38] Cf. M. JABŁOŃSKI, «Teoria duszpasterstwa», 341-342.

[39] M. JABŁOŃSKI, «Teoria duszpasterstwa», 346. Cf. B. KUMOR, «Sytuacja Kościoła», 24-25.

[40] La dipendenza dei vescovi dai patroni nelle nomine alle chiese con la cura delle anime doveva essere molto nociva poiché il concilio provinciale di Łęczyca del 1523 dichiarava: «Et quia indignum et indecorum est, ut hi deberent Ecclesias regere, qui non noverunt gubernare se ipsos, cum ad Ecclesiarum regimina tales personae sint

esercitare un'influenza maggiore sul clero parrocchiale loro sottoposto, non soltanto a motivo del numero e della dispersione di questo clero su un territorio così vasto, ma anche perché, nella stragrande maggioranza delle parrocchie (secondo i dati storici in Polonia nei secoli XV-XVI il 90% delle parrocchie), il patronato rimaneva nelle mani della nobiltà, che esercitava, formalmente attraverso il diritto di presentazione, un'influenza decisiva sulle nomine per gli uffici pastorali[41].

E' difficile valutare il livello morale del clero di quel tempo[42]. La legislazione ecclesiastica, sia quella provinciale che quella diocesana, dedicò sempre molta attenzione alle questioni del comportamento e dei costumi del clero, ma la connessione con la situazione di fatto poteva essere molto debole, mentre i cenni storici, riguardanti questo problema, sono più o meno casuali. La questione richiederebbe studi che sono fino ad oggi molto carenti[43].

Un panorama della vita del clero parrocchiale nella diocesi di Vilna è presentato dagli atti del sinodo diocesano del 1528, convocato dal vescovo Jan *ex ducibus Lihtuaniae*. Il vescovo, nella prefazione agli statuti sinoda-

---

admittendae, quae doctrina praeminant et morum fulgeant honestate. Nolentes itaque sustinere, ut indoctis et indignis Ecclesiarum regimina commitantur statuimus, ut ordinarii non conferant beneficia quaecunque et qualicunque, nisi illis, qui per triennium in universali studio approbato litteris operam dederint; litterasque testimoniales rectoris gymnasii desuper ordinariis ostenderint. Rogarique debet sacra R. Maiestas per Archiepiscopum et episcopos, patronis saecularibus persvaderi, ut tales personas ordinariis ad beneficia eorum patronatus praesentent instituendas: si autem in hac re persvaderi non poterint, tunc ordinarii iniungant districte taliter institutis, ut studeant similiter in studio universali approbato, per biennium, post factam institutionem et istis etiam non aliter provideatur, nisi in aetate legitima constituti fuerint.» in *Constitutiones synodorum* (1630), 149. Questa iniziativa dell'autorità ecclesiale diede pochi risultati poiché in seguito, nelle molte chiese parrocchiali, soprattutto rurali, s'incontravano curati minorenni e ignoranti, indegni dello stato clericale. Cf. J. BUKOWSKI, *Dzieje reformacji*, 505; B. KUMOR, «Sytuacja Kościoła», 25-26.

[41] S. LITAK, «Parafie», 99-100; E. WIŚNIOWSKI, «Organizacja parafialna», 83; J. OCHMAŃSKI, *Biskupstwo wileńskie*, 67ss; A. VETULANI, «Les bénéfices en Pologne», in *DDC*, II, 605.

[42] Nella valutazione della vita del clero diocesano, molti storici prendevano in considerazione la caratteristica del clero fatta dal nunzio apostolico A. Lippomano che scrisse al conte di Palliano sui cattivi costumi dei chierici in Polonia. Uguale opinione Lippomano espresse nella lettera indirizzata al P. Contarini dicendo che il clero polacco «non affermando dà su sé stesso un buon esempio». E' molto difficile, però, verificare l'opinione del nunzio al riguardo del clero della diocesi di Vilna, tanto più che l'autenticità della lettera a Contarini non è certa. M. BANASZAK, «Reformacja», 299.

[43] T. KRAHEL, «Historiografia», 214.

CAP. II: L'ACCOGLIENZA DELLA RIFORMA 67

li, criticava il paganesimo vivo fra il popolo e si lamentava degli errori nel clero[44]. Biasimava la vita dei chierici, la loro ignoranza e villania. Accusava il clero che per i suoi cattivi costumi ed abusi incorreva nelle censure ecclesiastiche e perciò rendeva meno efficace la loro attività pastorale[45].

Il clero parrocchiale nel suo stile di vita assomigliava troppo ai laici. Sembra che tra i vizi più diffusi ci fosse l'uso dell'abbigliamento di foggia laica. I membri dello stato clericale non sempre portavano la tonsura e non di rado tenevano i capelli lunghi e la barba. Gli ecclesiastici non osservavano quei canoni che vietavano l'uso delle armi fuori dei casi previsti dalla legge. Il clero di quel tempo si caratterizzava per il mancato rispetto del celibato; i chierici tenevano nelle loro case concubine e altre donne sospette. Avevano luogo frequenti abusi contro la sobrietà ed altri eccessi, contrari all'onestà dello stato clericale[46].

Non sempre era osservato l'obbligo di residenza[47]. Il sinodo del vescovo Jan condannava la pratica di molti membri del clero di starsene nelle corti dei nobili e di confessare nelle case private; in queste circostanze s'incontravano ccsi in cui i confessori davano l'assoluzione sacramentale dei peccati, riservati al vescovo e alla Sede Apostolica[48].

---

[44] *Statuta* (1528), 117: «Ita nos Joannes ex Lithuaniae ducibus oriundi, divina gratia electus confirmatusque (episcopus) Vilnensis [...] conspicemur et miremur hoc in Magno Lithuaniae ducatu tam varios christianae fidei ritus, tot diverticula et discrimina religionis quottidie oborientia, miris erroribus involuta, quae universum clerum nostrum miserabiliter invaserunt». Cf. M. BANASZAK, «Reformacja», 299-300; J. OCHMAŃSKI, *Biskupstwo wileńskie*, 93.

[45] *Statuta* (1528), 117: «simplices et rudes clerici imbuti pravis moribus et execrabilibus consuetudinibus depravati, quottidie in gravia animarum suarum pericula dilabentes nedum canonicas sanctiones incidunt». Cf. J. OCHMAŃSKI, *Biskupstwo wileńskie*, 93-94.

[46] Cf. *Statuta* (1528), art. 4. *De vita et honestate clericorum*, 120-121. Cf. M. BANASZAK, «Reformacja», 299-301.

[47] Nel caso di non residenza i parroci cercavano di essere sostituiti dai commendari, invece i prelati e i canonici capitolari dai vicari. B. KUMOR, «Sytuacja Kościoła», 24.

[48] *Statuta* (1528), art. 3 *De clericis peregrinis*, 119: «Perlatum quoque et expositum nobis est, pro tuitione quorundam praelatorum curam animarum habentium plerosque presbiterorum in curiis tam magnificorum quam nobilium quorumcunque servitutem servientium primum dominos suos, deinde omnem illorum familiam a peccatis quantumcunque gravibus et enormibus et, quod detestabilius est, sanctae Sedi apostolicae authoritatique nostrae ordinari(a)e reservatis, nefarie fallentes absolvunt, sacramenta ministrant in magnum praelatorum praeiudicium et detrimentum, tum in plurimorum christifidelium perditionem et scandalum, nulla ratione ulterius in diocesi nostra tole-

Non rari erano i casi dei chierici girovaghi, cioè coloro che non essendo legati ad alcun luogo, dimoravano dove volevano e non si curavano di esercitare un ministero ecclesiastico[49].

La disciplina del clero era insufficiente quando, come risulta dai testi degli statuti sinodali, i postulati di riforma erano formulati non soltanto da parte del clero stesso[50], ma anche dei fedeli[51]. Le risoluzioni del sinodo contengono le testimonianze delle persone di fiducia e le osservanze personali del vescovo fatte nella città di Vilna e sul territorio di tutta la diocesi[52]. Tutti erano interessati a riformare la pastorale e il clero impegnato in essa.

La trascuratezza, allora, e l'inosservanza dei propri doveri caratterizzavano il clero dell'inizio del XVI secolo. Però, è molto difficile stimare in quale grado queste mancanze fossero frequenti[53].

2.4 *La riforma protestante in Lituania*

La Chiesa cattolica nella diocesi di Vilna venne notevolmente disorganizzata dalla riforma protestante. Su alcuni territori della diocesi rinacque il paganesimo che aveva la base in un sincretismo religioso, composto dal

---

randum». Cf. anche art. 5 *De clericis non residentibus*, 121-122.

[49] Cf. art. 3. *De clericis peregrinis*, 119-120.
Il primate M. Drzewicki nel sinodo di Piotrków del 1532 si lamentava dei candidati al sacerdozio che senza un'adeguata istruzione e senza il titolo all'ordine cercavano di trovare un vescovo suffraganeo per ricevere le ordini sacri. Essi poi, privi dei mezzi di sostentamento, si dedicavano alla questua e diventavano la causa degli scandali. Cf. B. KUMOR, «Sytuacja Kościoła», 25.

[50] *Statuta* (1528), art. 2 *De confessione*, 118: «Ad scandala turpissima et malas suspiciones prudenter evitandas, quae inde oboriri solent, unde nuper edocti sumus, universis et singulis diocesis nostrae presbiteris et confessoribus, cuiuscunque status et dignitatis existant, generaliter inhibemus».

[51] Art. 1. *De feriis*, 118: «Item nec ab re immo iustis causis et clamoribus pauperrimae plebeiulae, quae semper manualitate victum quaerit, adducti festorum multitudinem constringendum esse duximus, statuentes et ordinantes».

[52] Art. 9. *De celebratione missarum*, 123: «Ex crebris et permultis hominum relationibus fide dignis saepe accepimus et nosmetipsi oculis nostris conspeximus, hac in civitate Vilnensi in ecclesia parrocchiali sancti Joannis ac in nonnullis monasteriis regularis observantiae, quinimmo in universa diocesi nostra». Vedi J. SAWICKI, *Synody*, 11.

[53] M. BANASZAK, «Reformacja», 301. Il successivo sinodo di Vilna del 1555 non parlava dei fatti abusivi nel clero. Si occupava solo della conservazione dei privilegi dello stato clericale e della difesa dei chierici dall'ingiustizia da parte dei nobili. Cf. J. SAWICKI, *Synody*, 27.

cattolicesimo e dagli elementi delle vecchie religioni lituane, che perdurarono per lungo tempo tra il popolo[54]. Entrambi i fenomeni, la riforma protestante e la rinascita del paganesimo, lasciarono una sostanziale impronta sulla Chiesa lituana fino al XVIII secolo[55].

La riforma protestante in Lituania che cominciò prima del 1527, ebbe sempre una propria caratteristica, differente da quella in Corona[56]. Nel suo progresso le persone contarono più delle idee stesse divulgate dai protestanti. Nel Granducato della Lituania la posizione decisiva nella vita della società era tenuta dalle grandi famiglie nobiliari, soprattutto i Radziwiłł. In queste circostanze l'apostasia di Mikołaj Czarny Radziwiłł fu il momento decisivo per il diffondersi del protestantesimo in Lituania, invece la conversione al cattolicesimo dei suoi figli (fra cui Jerzy che poi diventò vescovo della diocesi di Vilna) e del cancelliere Lew Sapieha, dettero l'inizio alla restaurazione cattolica[57].

Un'influenza importante sul processo di sviluppo del protestantesimo deve essere attribuita anche all'esistenza dei grandi latifondi. Poiché come base delle circoscrizioni parrocchiali restavano le proprietà dei potenti fondatori, la medesima persona poteva essere il patrono di un certo numero di chiese parrocchiali[58]. Nel momento in cui un magnate cambiava confessione, trasformava le chiese in luoghi di culto di altre confessioni e spesso incamerava i beni associati a queste chiese. In tale caso tanti parroci furono costretti a cambiare confessione oppure a

---

[54] La cristianizzazione del popolo in Lituania fu molto difficile a causa dell'insufficientemente sviluppata rete parrocchiale e la scarsità del clero cattolico. Ci volle molto tempo per eliminare gli avanzi del paganesimo. T. KRAHEL, «Zarys dziejów», 54-55. Cf. M. STRYJKOWSKI, *Kronika polska*, 150; M. KOSMAN, «Pogaństwo, chrześcijaństwo i synkretyzm», 133.

[55] A. CHODKIEWICZ, «Kościół litewski», 35.

[56] L'analisi degli statuti del sinodo diocesano del 1528 dimostra che i propagatori di Lutero operavano già da tempo nella diocesi di Vilna. Al sinodo venne deciso che «Rectores omnes sub excómunicationis poena, ut ad eorum debitum officium et curam sibi iniunctam pertinet, teneantur tam clericos quam laicos indicare et denunciare eos omnes, qui quampiam novam aut suspectam doctrinam seu sectam dogmave ethnicum inducere tenereque deprehendantur, suspecti etiam de haeresi scholastici et praecipue advenientes ex Germania nullo modo admittantur aut serventur in scholis, ne suo commercio alios catholicos inficiant». *Statuta* (1528), art. 16 *De haereticis*, 131. Cf. M. BANASZAK, «Reformacja», 295-296.

[57] Cf. K. HARTLEB, «Zagadnienie reformacji», 329ss; M. BANASZAK, «Reformacja», 294-295.

[58] Cf. M. BANASZAK, «Reformacja», 295.

lasciare le parrocchie[59].

La situazione era aggravata dalla dipendenza della Chiesa dai nobili, che fu più forte in Lituania che nella Corona; ovviamente anche il clero parrocchiale dipendeva soprattutto dai propri patroni[60].

In Lituania prima del 1555 di rado incontriamo casi di chierici che hanno cambiato confessione[61]. Non si può affermare neanche che il clero parrocchiale propagasse la «nuova fede» in modo notevole, come spesso accadeva nella Corona[62]. Le norme del sinodo diocesano del 1528 ordinavano che i curati denunciassero all'autorità ecclesiale tutti i propagatori di nuove idee; ciò fa supporre che tra i chierici ci ossero seguaci di Lutero o Calvino. Poiché ci sono pochi dati sicuri sulle concrete persone ecclesiastiche che avrebbero propagato la riforma, si può supporre che gli statuti sinodali vietavano ai chierici di seguire le nuove confessioni, anziché essere stati emanati contro coloro che avessero tradito la fede cattolica[63].

---

[59] Cf. W. ABRAHAM, «Stan ustawodawstwa», 149-150. J. Kurczewski afferma che le chiese cattoliche nella diocesi di Vilna erano frequentemente occupate soprattutto dai calvinisti già dalla metà del XVI secolo. L'autore presenta dieci casi d'occupazione delle chiese cattoliche, però non parla del numero generale delle chiese occupate. Costata solo che i danni dovevano essere grandi. Cf. ID., *Biskupstwo wileńskie*, 178. Un'altra opinione presenta M. Kosman che afferma che il progresso del protestantesimo nella metà del XVI secolo non recò molti danni alla Chiesa cattolica. Secondo quest'autore i protestanti nella maggioranza dei casi costruivano le proprie chiese, soprattutto nelle città. Cf. ID., *Reformacja*, 39-40.

[60] W. WÓJCIK, «Kościelne ustawodawstwo», 484.

[61] Non era frequente il fenomeno dell'abbandono della fede cattolica da parte dei monaci come ad es. in Germania, però molti monaci lasciavano il convento senza il permesso del superiore e vagavano per tutto il paese. Il sinodo del 1528 li dichiarò scomunicati e per cambiare la pratica, li minacciò con la pena del carcere: «Et quoniam apostatae et regulares, qui e suis monasteriis absque superiorum suorum consensu et venia insolenter abscendunt et passim vagantur, ipso iure excommunicati sunt, mandamus eos capi et in carceris nostros adducti ac inibi detineri» (*Statuta* (1528), art. 17 *De apostatis*, 132). Cf. M. BANASZAK, «Reformacja», 298-299.

[62] Nella Corona il nunzio L. Lippomano trovò che l'esistenza stessa del cattolicesimo era in grande pericolo perché non solo una parte dell'alta nobiltà era filoprotestante, ma anche il grosso dei vescovi, nonostante lodevoli eccezioni come il primate Dzierzkowski di Gniezno, era cedevole o addirittura, come il vescovo Uchański di Chełm, sospetto di simpatia per il protestantesimo. Per la Chiesa in Polonia si aggravava il pericolo di un concilio nazionale. Cf. B. KUMOR, «Protestancka reforma», 65-68.

[63] M. BANASZAK, «Reformacja», 298.

2.5 *I tentativi di rinnovamento della vita del clero prima del Concilio di Trento*

I tentativi della riforma della vita del clero si basano sulle proposte del Concilio Lateranense V (1512-1517). Il principale strumento della riforma furono i sinodi diocesani tenuti a Vilna dai vescovi.

Prima del Concilio di Trento, a quanto ci è dato sapere dall'elenco presentato dal J. Kurczewski, nella diocesi di Vilna fu tenuto come primo sinodo quello del vescovo W. Tabor nel 1502[64]. Però questa affermazione non è vera, perché la fonte esaminata dal Kurczewski si riferisce agli statuti del capitolo cattedrale di Vilna e non agli atti di un sinodo. Questo equivoco lo ha spiegato definitivamente il prof. J. Fijałek[65].

Infatti il primo sinodo nella diocesi lo celebrò il vescovo Jan *ex ducibus Lithuaniae* alla fine del 1520, oppure all'inizio del 1521. Di questo sinodo non c'è rimasto altro che la notizia conservata nel decreto promulgato dal nunzio apostolico Z. Ferreri a Vilna nella chiesa di S. Bernardino il 3 febbraio del 1521: *Decretum pro ritu christiano per magnum ducatum Lithuaniae et terras eidem subiectas et annexas servando et ampliando*[66]. Non conosciamo il suo svolgimento, né la materia trattata. Qualcosa apprendiamo dalla predica sinodale del nunzio Ferreri *De officio boni pastoris* che si conservò nel decreto di cui sopra, in cui venivano recepite soluzioni giuridiche dai decreti papali, nonché dai canoni del V Concilio Lateranense in rapporto alle condizioni particolari della Chiesa in Lituania[67].

Lo stesso vescovo Jan tenne un secondo sinodo diocesano, cioè il primo di cui si è in possesso degli statuti, che ebbe inizio alla fine del 1527 o nella prima parte del 1528[68]. Gli statuti, divisi in diciotto rubriche, contengono brani della legislazione provinciale precedente: decreti provenienti dalla collezione di Łaski del 1527, le norme degli statuti del

---

[64] J. KURCZEWSKI, *Biskupstwo wileńskie*, 125; S. CHODYŃSKI, «Synody Kościoła Polskiego», 413; A. KAKOWSKI, «Synody Kościoła katolickiego», 323.

[65] J. FIJAŁEK, «Pierwszy synod diecezji wileńskiej», 81-82.

[66] Il decreto del nunzio Ferreri contiene la notizia su un sinodo diocesano tenuto di recente a Vilna: «Nec duximus omittendum (sicut in sinodo nuper apud divi Stanislai aedem celebrata inter sacrificandum, dum de officio boni pastoris concionaremus, recensuimus) invigilandum scilicet valde esse» (J. FIJAŁEK, «Pierwszy synod diecezji wileńskiej», 85).

[67] J. Fijałek, «Pierwszy synod diecezji wileńskiej», 85ss.

[68] J. SAWICKI, *Synody*, 5. J. Kurczewski indica l'anno 1526. Cf. ID., *Biskupstwo wileńskie*, 34.125.272.

concilio provinciale di Łęczyca del 1527, gli statuti dei sinodi diocesani come quello di Gniezno del 1512, la legislazione del vescovo di Cracovia Nanker del 1320 e anche le norme del diritto canonico universale: delle Decretali e del V Concilio Lateranense[69]. La scelta delle fonti degli statuti del 1528 non ha però impedito che si addivenisse ad un'opera nuova e originale che ha introdotto la prassi della Chiesa universale nel campo locale attualizzandola secondo le necessità diocesane[70].

Il sinodo del 1528 venne celebrato dal vescovo Jan dopo la visita di tutta la diocesi tenuta dal canonico Jerzy Sołok (Tałat) di Ejszyszki, nominato dal capitolo cattedrale nel 12 maggio del 1525[71]. La visita generale fu pensata come la base per la riforma e lo svolgimento del sinodo era visto come il coronamento dell'attività rinnovatrice[72].

Il sinodo, accennando all'esistenza nella fede di alcuni errori che minacciavano il clero diocesano, dedicò al clero la maggioranza delle sue deliberazioni. Il legislatore, consapevole dei difetti presenti nella formazione dei chierici, voleva correggere la loro vita e riformare la loro attività pastorale. Nello sforzo riformatore applicava alle condizioni locali le norme del concilio provinciale di Łęczyca del 1527.

L'articolo quarto fu dedicato alla riforma della vita e dei costumi dei chierici. Per proteggere l'osservanza del celibato si vietava di tenere in casa concubine e donne sospette e giovani, escludendo anche le consanguinee[73]. I chierici erano obbligati a condurre una vita esemplare e degna

---

[69] J. SAWICKI, *Synody*, 17-18.

[70] J. FIJAŁEK, «Uchrześcijanienie Litwy», 259. Gli statuti di questo sinodo hanno un grande valore per la storia di diritto particolare in Polonia. Cf. A. PETRANI, «Kanonistyka», 393; J. SAWICKI, *Synody*, 18-19.

[71] J. KURCZEWSKI, *Kościół zamkowy*, vol. 3, 21; J. FIJAŁEK, «Uchrześcijanienie Litwy», 257-258. E' difficile precisare le date della visita, perché il vasto territorio della diocesi di Vilna esigeva più o meno due anni per visitare tutte le parrocchie. Certamente il programma di riforma di tutta la diocesi fu fissato già nel 1525. La sua genesi la dobbiamo cercare nella visita generale tenuta a Vilna dal primate J. Łaski nel 1518 *ratione primatiae* subito dopo il suo ritorno dal Concilio Lateranense V. Cf. J. SAWICKI, *Synody*, 11-12.

[72] Cf. J. SAWICKI, *Synody*, 13-14.

[73] *Statuta* (1528), art. (4) *De vita et honestate clericorum*, 120: «Cum clericorum plerique in sacris ordinibus suscipiendis continentiae votum Deo tacite promittant, ob hoc quidem tale votum et clerica[le]m honestatem, nemo de cetero eorum domi aut foris tota sua procuratione servare aut fovere concubinas mulieresve suspectas, etiam quascunque consanguineas, praesertim puellas, audeat».

dello stato clericale[74] per non dare scandalo ai fedeli[75].

Fu vietato l'uso dei vestiti eccessivi e superflui, soprattutto durante la liturgia, e il portare armi[76]. Vennero riportate le norme sulla tonsura clericale e il divieto di portare la barba e i capelli lunghi[77].

Fu sconsigliata decisamente l'ebrietà e tutti gli intrattenimenti e gli eccessi sconvenienti al clero[78]. Il vescovo doveva ammonire rigorosamente il clero perché non discutesse sulla fede durante i banchetti, ma si comportasse modestamente in modo degno dello stato clericale[79].

Per assicurare l'osservanza di queste leggi, il legislatore sinodale minacciava i trasgressori di pene severe[80].

Dal sinodo venne ricordato l'obbligo di residenza personale nella propria chiesa: nessuno poteva allontanarsi dalla chiesa oltre sei mesi senza un legittimo impedimento[81]. Il legislatore voleva in questo modo risvegliare la pastorale, soprattutto la predicazione della parola di Dio e la

---

[74] Art. (4): «vivantque vitam, quam professio sua exigit et Christus requirit inquiens: "Sic luceat lux vestra coram hominibus, ut videant opera vestra bona et glorificent patrem vestrum, qui in coelis est"».

[75] Art. (4): «ne quem laicorum indecentia vestium offendant».

[76] Art. (4): «vestitu honesto incedant, togas et quascunque vestes discolores seu virgatas fimbriatasve non deferent, sed ad imos pedes longas, nec talaribus detectis nudatisque cruribus ad sacra loca, sacrificia praesertim concelebranda unquam accedant. Nulla gestent aut induant arma, nisi iter extra civitates aut etiam villas facientes».

[77] Art. (4): «barbamque et comam ne nutriant neque ullo calamistro crispent, tonsuram absque cesarie deferentes sum[m]opere curantes».

[78] Art. (4): «Ut sacris canonibus cautum est, a crapula et ebrietate omnique ludo a iure vetito, blasphemiis, rixis et aliis quibuscunque excessibus et offensionibus penitus abstinentes, choreas, spectacula et convivia publica vitantes, ne ob luxum, petulantiamque eorum nomen ecclesiasticum male audiatur».

[79] Art. (4), 121: «ut omni modestia et continentia solerter utantur, et sedulo ac peculiariter omnem operam impendant Novo Testamento lectitando incumbendoque toto, ut dicitur, pectore, ne velut caetera animantia, quae natura ventri atque somno prona finxit, per inertia desidiosaque otia animum humanum turpiter effoeminantia, in mala vitia voluptatesque perniciosas prolabantur».

[80] Art. (4), 120: «Haec omnia a nostrae diocesis clericis districte ac devote servari volumus et prima vice seu admonitione nostra, sub poena sinodali mandamus, secunda carcerum, tertia vero beneficiorum privatione et ex diocesi nostra perpetua eliminatione».

[81] Art. (5) *De clericis non residentibus*, 121: «unusquisque sua in ecclesia, quam regit, resideat nec ultra semestre praeter legitimum impedimentum ab ea praesumat abesse».

catechesi[82].

Per fermare il vagabondaggio, il sinodo vietò d'impiegare nelle parrocchie i sacerdoti vaghi e forestieri senza l'approvazione del vescovo del luogo e non permise loro di celebrare la messa sul territorio della diocesi[83].

Venne vietata la pratica delle confessioni alle donne nelle case private, soprattutto delle giovani, perché essa era spesso fonte di scandali[84].

Il vescovo Jan trattava in modo molto serio l'educazione dei candidati allo stato clericale. Al suo sinodo stabilì la norma secondo la quale, presso ogni chiesa parrocchiale, doveva esserci la scuola parrocchiale che istruisse ed educasse i giovani nelle virtù cristiane[85]. Secondo lo statuto *De magistris*, il programma degli studi comprendeva la parte liturgica della S. Scrittura cioè il Vangelo e le lettere di S. Paolo. I curati erano obbligati a curarsi degli insegnanti onesti e degni. Soprattutto dovevano far attenzione agli insegnanti che venivano dalla Germania[86].

---

[82] Cf. M. BANASZAK, «Reformacja», 300.

[83] *Statuta* (1528), art. (3) *De clericis peregrinis*, 119-120: «Presbiteri peregrini, alienigeni non suscipiantur in vicarios ad ecclesiam, nisi concessis et traditis litteris nostris receptoriis, nec in diocesi itaque nostra ad divina officia celebranda admittantur, nisi prius nobis et officio nostro praesentati».
Le leggi contro i vaghi furono pensate per eliminare soprattutto il vagabondaggio dei monaci. Loro, lasciando i monasteri, vagavano per la diocesi facendo abusi nell'amministrazione dei sacramenti, soprattutto nelle confessioni. Vedi art. (17) *De apostatis*, 132: «Et quoniam apostatae et regulares, qui e suis monasteriis absque superiorum consensu et venia insolenter abscedunt et passim vagantur, ipso iure excommunicati sunt, mandamus eos capi et in carceres nostros adduci ac inibi detineri».
Cf. anche art. (3) *De clericis peregrinis*, 119: «Idem strictissime inhibemus iugiter observari volumus de fratribus regulae observantiae ordinis cuiuscunque mendicantibus et efflagitantibus elemosynam, ne per nostram diocesim amplius audeant quoscunque sibi confitentes absolvere, sub poena iterum et saepius anathematis inhibemus».

[84] Art. (2) *De confessione*, 119: «generaliter inhibemus, ne in suis domibus confessiones praesertim mulierum ac virginum, sed in sanctis ecclesiis, quae domus orationis a nostro Salvatore vocata est, in loco quidem salubri, confessioni apto et idoneo, non privato vel occluso, devoti exaudiant, ut ius fasque volunt».

[85] Art. (14) *De magistris*, 130: «statuimus nunc et mandamus, ita omnino in perpetuum habere volentes, ut ecclesiarum rectores inibi scholas et domos ad inhabitationem habeant iuventuti scholasticae idoneam commodamque construant et parent, nec non ecclesiae singulae ministros pro pueris erudiendis secum foveant, qui a teneris annis pueros adolescentesque bonis litteris, honestis moribus et catholicis cardinalibusque virtutibus imbuant, sacra Evangelia Epistolasque Pauli, pariter utroque Lithuano et Polono idiomate, discipulis suis ingenius fideliter interpraetentur [sic!]».

[86] Art. (16) *De haereticis*, 131: «suspecti etiam de haeresi scholastici et praecipue advenientes ex Germania nullo modo admittantur aut serventur in scholis».

CAP. II: L'ACCOGLIENZA DELLA RIFORMA 75

L'analisi degli statuti del sinodo diocesano del 1528, nel confronto con gli atti del concilio della provincia di Łęczyca del 1527, dimostra che il sinodo di Vilna avvenne dopo lo svolgersi dell'assemblea provinciale. La dipendenza appare molto chiara nelle norme parallele riguardanti la riforma del clero; il concilio provinciale di Łęczyca comandò la riforma del clero richiesta dalle vecchie e nuove norme della provincia tramite le leggi diocesane le quali dovevano realizzarla nelle singole Chiese locali[87]. I vescovi diocesani vennero obbligati a pubblicare la collezione di Łaski del 1527 come gli statuti obbligatori per tutto il clero[88]. Per compiere questo dovere il vescovo Jan obbligò tutti i chierici a provvedersi di una copia stampata di questi statuti[89].

Gli statuti della diocesi di Vilna erano l'esecuzione del programma di riforma raccomandato dal concilio della provincia del 1527 a livello diocesano. I decreti provinciali coincisero con la riforma della vita del clero nella diocesi di Vilna, iniziata con la visita generale della diocesi nel 1525 e erano per essa un nuovo e forte sostegno[90].

Sotto il successore del vescovo Jan, Paweł Algimunt Holszański, si ebbero quattro sinodi di cui si hanno notizie negli atti capitolari; non sappiamo, però, se dopo la loro chiusura vennero pubblicati decreti sinodali[91].

Il primo sinodo fu iniziato nella chiesa di S. Giovanni a Vilna (tra il 19 ed il 21 maggio del 1538) e trattava delle tasse per la ricostruzione della

---

[87] J. SAWICKI, *Synody*, 15-16; Cf. I. SUBERA, *Synody prowincjonalne*, 84.

[88] Art. 9: «Quia ex depravatis moribus et vita cleri hereses in ecclesia Dei consueverunt, statuit haec synodus sacrosancta, ut domini Archiepiscopi et Episcopi ad morum reformationem in clero solemniter procedant, quam iuxta sacrorum canonum provincialium veterum et novorum constitutiones faciant in capite et in membris, ad poenas iuris et statutorum, omni timore postposito, et sine personarum acceptione contra rebelles et inobedientes procedentes, et ne quis ex clero provinciali ignorantiam statutorum novorum et veterum noviter impressorum et publicatorum, morum et vitae reformationem in se continentium, praetendere possit, decrevit synodus, ut quilibet Rmorum dominorum Archiepiscoporum et Episcoporum eadem statuta in sua diocesi toti clero faciat publicata, mandans omnibus praelatis, tam saecularibus, quam regularibus sub poena sinodali, ut librum eorundem statutorum, quilibet habeat et secundum illa vivat et gubernetur», in B. ULANOWSKI, *Materiały do historii ustawodawstwa synodalnego*, 369.

[89] *Statuta*, art. (11) *De custodia Eucharistiae*, 129: «Habeat quisque plebanus statuta provincialia».

[90] J. SAWICKI, *Synody*, 16-17.

[91] T. KRAHEL, «Zarys dziejów», 41.

cattedrale bruciata nel 1530[92].

Tra il 27 settembre ed il 4 ottobre 1542, probabilmente in relazione con il concilio provinciale convocato a Piotrków nell'autunno del 1542, fu tenuto dal vescovo Holszański il suo secondo sinodo[93]. L'unica notizia si ha nel protocollo del capitolo cattedrale del 4 ottobre 1542[94].

Il terzo sinodo fu celebrato probabilmente a Vilna nel 1546. Dal breve sommario delle sue risoluzioni, che contiene un'annotazione negli atti del capitolo cattedrale e che tratta del sinodo del 1555, apprendiamo che in questo sinodo non furono promulgate costituzioni sinodali *sensu stricto*, ma solamente atti d'indole amministrativa, soprattutto desideri e postulati del clero[95].

L'ultimo sinodo di Holszański, infine, fu celebrato a Vilna tra il 4 ed il 6 febbraio 1555. Nemmeno di questo sinodo ci è rimasto altro che la memoria della sua celebrazione. Dagli atti capitolari risulta che si trattava di una realizzazione del sinodo del 1546 e che non fu promulgata alcuna legge di natura sinodale[96]. Si raccomandavano preghiere e digiuni e si vietavano i funerali degli eretici vicino alle chiese. Oltre ciò, il sinodo emanò tasse per lo stato.

In questo modo si chiude il periodo pretridentino dell'attività riformatrice e sinodale dei vescovi della diocesi di Vilna.

2. La posizione della Chiesa di Vilna di fronte alla disciplina tridentina

L'applicazione della riforma tridentina in Polonia incontrava molti ostacoli da parte del re Sigismondo Augusto e da parte della stessa Chiesa polacca. Il papa dovette accontentarsi di far pressione sulla coscienza del re con una lettera ammonitoria perché Sigismondo accettasse tutti i decreti tridentini a Parczew nel 1564[97]. La Chiesa polacca accolse le costituzioni del Concilio di Trento nel concilio provinciale di Piotrków del 1577,

---

[92] J. KURCZEWSKI, *Biskupstwo wileńskie*, 126; W. PRZYAŁGOWSKI, *Żywoty biskupów*, vol. 1, 127. Cf. J. SAWICKI, *Synody*, 22.

[93] J. SAWICKI, *Synody*, 22.

[94] J. KURCZEWSKI, *Kościół zamkowy*, vol. 3, 39.

[95] J. SAWICKI, *Synody*, 23-24; J. KURCZEWSKI, *Biskupstwo wileńskie*, 127.

[96] ID., *Kościół zamkowy*, vol. 1, 60ss. Possiamo presumere che questa assemblea venisse considerata come fase preparatoria al nuovo concilio provinciale dell'arcivescovo Dzierzkowski nel 1555. Cf. J. SAWICKI, *Synody*, 31.

[97] P. ALEKSANDROWICZ, «Przyjęcie uchwał Soboru», 363-381; T. SILNICKI, *Sobory powszechne*, 123-124.

svoltosi sotto la presidenza del nunzio e dell'arcivescovo Uchański[98].
L'accettazione delle decisioni del Concilio di Trento da parte dell'episcopato polacco fornì la base per la realizzazione della riforma della Chiesa in Polonia.

2.1 *I vescovi*

Alla soglia della riforma tridentina l'episcopato lituano si presentava meglio di quello della Corona perché i vescovi lituani si sentivano più vincolati al rispetto delle esigenze pastorali, si dedicavano di più alle opere della Chiesa e, in genere, meglio osservavano le norme della Chiesa sulla residenza[99].

Siccome i vescovi lituani raramente venivano designati alle sedi vescovili nella Corona a causa della particolare situazione politico-giuridica del Granducato della Lituania, anche la stabilità del governo vescovile nella diocesi di Vilna era più grande al confronto con le altre diocesi della Polonia[100].

Il primo vescovo post-tridentino W. Protasewicz (1556-1580) era un uomo di «vecchio stile». Nei primi anni del suo governo si dedicò piuttosto alla politica e alla vita mondana, trascurando spesso l'obbligo della residenza[101]. Solo dopo l'intervento del nunzio Lippomano e seguendo i consigli del cardinale S. Hozjusz, fece venire a Vilna nel 1569 i Gesuiti. Però, prendendo questa decisione, non era guidato dalle idee tridentine. Volle, tramite i Gesuiti, difendere la «santa fede cattolica», ma non aspirò al rinnovamento totale della vita della sua Chiesa

---

[98] Cf. A. PAWIŃSKI, «Synod piotrkowski», I-XXXVII; P. KAŁWA, «Rys historyczny prowincjonalnego ustawodawstwa synodalnego», 149; B. KUMOR, «Synod piotrkowski», 174-175; I. SUBERA, *Synody prowincjonalne*, 107. La provincia di Lwów accolse i decreti tridentini nel concilio provinciale del 1564.

[99] Notevole era il contegno del re Sigismondo II, spesso indifferente nelle cause della religione cattolica, il quale, nelle nomine dei vescovi per la diocesi di Vilna, fu in grado di fare di più nel campo diplomatico per ottenere dalla Sede Apostolica l'approvazione dei candidati più adeguati dal punto di vista dell'interesse della Chiesa. J. UMIŃSKI, «"Przeciwreformacja" w Litwie», 357-358. Cf. W. MÜLLER, «Diecezje, 207-209.

[100] Ad es. dall'anno 1520 fino alla morte del vescovo A. Wojna nel 1615, la diocesi di Vilna ebbe solo cinque vescovi. Nello stesso periodo di tempo la diocesi di Płock ebbe dodici ordinari, la diocesi di Poznań tredici, di Przemyśl e di Włocławek quattordici. J. UMIŃSKI, «"Przeciwreformacja" w Litwie», 357.

[101] J. KURCZEWSKI, *Biskupstwo wileńskie*, 37.

particolare[102]. Infatti, questo argomento era più importante dell'attuazione stessa delle norme del Concilio di Trento. Però, quando offrì al collegio dei Gesuiti, eretto nel 1570, le tenute agricole necessarie al suo sostentamento, aveva già sotto gli occhi le prescrizioni del Tridentino sui seminari[103]. In queste si trattava della preparazione per la fondazione di un nuovo seminario diocesano[104].

Per garantire alla gioventù povera d'origine nobile una base materiale per i propri studi, il vescovo Protasewicz dedicò nel suo testamento una parte dei propri beni alla fondazione del convitto (cosiddetta *bursa waleriana*) che ospitasse gli alunni durante gli studi[105].

Il vescovo Protasewicz celebrò due sinodi diocesani. Dalla relazione capitolare del 1558 risulta il proposito di convocare un sinodo nell'anno successivo per la seconda domenica dopo l'Epifania[106]. Questo sinodo fu celebrato infatti il 15 gennaio 1559 all'inizio del governo diocesano del vescovo[107].

Non esistono documenti comprovanti che il secondo sinodo sia stato effettivamente convocato nel settembre del 1563[108]. Purtroppo non sono stati conservati gli atti di questi sinodi[109].

Il vero propagatore del programma della riforma tridentina nella diocesi

---

[102] ID., *Kościół zamkowy*, vol. 3, 51. Cf. M. BANASZAK, «Reformacja», 318-319.

[103] Cf. J. KURCZEWSKI, *Kościół zamkowy*, vol. 3, 51-52.

[104] Il collegio venne successivamente elevato al grado dell'Accademia con il documento del re Stefan Batory del 1578 e con la bolla del papa Gregorio XIII del 1579. Cf. S. BEDNARSKI, «Geneza Akademii Wileńskiej»; P. RABIKAUSKAS, «Die Gründungsbulle», 113-170; K. CEPIENE - I. PETRAUSKIENE, *Vilniaus Akademijos Spaustuves leidiniai*.

[105] J. KURCZEWSKI, *Biskupstwo wileńskie*, 38.

[106] J. SAWICKI, *Synody*, 32.

[107] Il fatto della celebrazione di questo sinodo afferma *Epistola pastoralis* del vescovo J. Radziwiłł del 1582: «Non desunt [...] monita et precepta [...] superioribus annis sub auspiciis piae memoriae Valeriani episcopi, praedecessoris nostri [...] quae valde conducere intelligimus», 134.

[108] Cf. J. SAWICKI, *Synody*, 32-33.

[109] E' interessante che non ci sia rimasto alcun cenno di un sinodo diocesano che si svolgesse prima o dopo del concilio provinciale di Piotrków del 1577 al quale vennero ammesse le costituzioni del Concilio di Trento. A dire l'attività riformatrice era cominciata nelle singole diocesi ancora qualche anno più tardi, ma ci sono gli esempi delle diocesi dove si cercava introdurre la riforma un po' più prima. Forse il vescovo Protasewicz non sentiva il bisogno di un sinodo di questo genere. Cf. M. BANASZAK, «Reformacja», 317.

di Vilna fu il vescovo Jerzy Radziwiłł (1580-1591)[110]. Egli preparò il terreno favorevole all'attuazione dei principi del Concilio di Trento. Come vescovo pastore curava l'autorità del suo ufficio e il prestigio del clero li sottoposto, e cercava di essere l'effettivo reggitore della sua diocesi.

Il Radziwiłł con vari mezzi attuò la dottrina definita a Trento. Convocò a Vilna il 12 febbraio 1582 il sinodo diocesano e pubblicò le sue risoluzioni tramite la lettera pastorale dedicata al clero diocesano[111]. Il 12 gennaio 1582 fondò il seminario diocesano e affidò la direzione di esso ai Gesuiti. Il capitolo cattedrale doveva sorvegliare i fondi seminarili e l'istruzione degli alunni[112]. Per mantenere il nuovo istituto offrì al seminario il podere Wozgieliszki e un palazzo a Vilna.

Nella sua attività pastorale, il vescovo Radziwiłł rivolse l'attenzione alla riforma dei costumi del clero. Dopo la chiusura del sinodo del 1582, visitava personalmente le parrocchie.

Tutta l'attività riformatrice del J. Radziwiłł si basava sulle esperienze e sugli scritti di S. Carlo Borromeo. Tutte le lettere scritte da S. Carlo Borromeo al J. Radziwiłł contenevano gli insegnamenti spirituali e pastorali, appropriati alle condizioni polacche. Alcune lettere di Borromeo furono mandate al vescovo di Vilna nell'aprile del 1581 dal nunzio Caligari, per «istruirlo nel modo di visitare la diocesi et congregare il sinodo»[113]. Nel 1581 J. Radziwiłł scrisse al cardinale di Milano chiedendo una copia delle Costituzioni del primo sinodo provinciale di Milano del 1565 «perché dalla lettione di quelle io possa imparare il vero governo

---

[110] J. Radziwiłł († 1600) il figlio del Mikołaj Czarny Radziwiłł si è convertito dal calvinismo al cattolicesimo nel 1574 grazie al suo fratello maggiore Mikołaj Krzysztof e ai Gesuiti P. Skarga e S. Warszewicki che esercitavano, oltre S. Carlo Borromeo una grande influenza sul giovane convertito e sulla sua attività riformatrice. Sotto il vescovo W. Protasewicz nel 1574 venne nominato vescovo coadiutore con il diritto di successione. Come coadiutore andò a Roma, dove sotto la guida dei Gesuiti al Collegio Romano (Germanicum), studiava teologia (1575-1577). Dopo la morte del vescovo Protasewicz tornò in Lituania per prendere in possesso la diocesi di Vilna. Nell'anno successivo (1583) venne ordinato sacerdote e subito dopo vescovo. Il 26 dicembre 1583 venne nominato cardinale. Nel 1591 si è trasferito a Cracovia. Sull'attività pastorale del Radziwiłł a Cracovia vedi: A. BAZIELICH, «Kardynał Jerzy Radziwiłł», 163-265.

[111] Cf. J. SAWICKI, Synody, 34.

[112] J. KURCZEWSKI, Kościół zamkowy, vol. 2, 77-79.

[113] Riguardo all'influsso di S. Carlo Borromeo in Polonia e in Lituania postridentina Cf. H.D. WOJTYSKA, «L'influsso in Polonia e in Lituania», 527-549.

ecclesiastico [...] et almeno in qualche parte possa imitarla»[114].

Dopo il trasferimento del cardinale Radziwiłł a Cracovia, il processo dell'attuazione delle norme del Concilio di Trento e della riforma del clero venne successivamente ripreso dai suoi successori e fu continuato soprattutto attraverso l'attività sinodale.

2.2 *Il capitolo cattedrale*

Un ruolo di particolare importanza nel periodo post-tridentino fu esercitato dal capitolo cattedrale. I diritti e i doveri del capitolo cattedrale di Vilna erano definiti dalla legge comune, dai propri statuti e dai privilegi concessi dalla Sede Apostolica, dai vescovi diocesani e dai re della Polonia[115]. Nell'atto di conferma degli statuti del capitolo cattedrale che provengono dall'inizio del XVI secolo, si accennava che le «indulta et privilegia» del capitolo di Vilna erano «ad instar Cracoviensis ecclesiae et capituli»[116].

I membri del capitolo cattedrale costituivano, dal XV secolo, l'*elité* intellettuale della Lituania e, sentendosi corresponsabili del destino della diocesi, aiutavano autorevolmente i vescovi nel conservare e aumentare la disciplina ecclesiastica[117]. Questo era richiesto anche dalle prescrizioni del Concilio di Trento[118].

Il capitolo cattedrale di Vilna sorvegliava l'osservanza delle norme della Chiesa cattolica sul territorio della diocesi[119]. Spesso ebbe modo di

---

[114] H.D. WOJTYSKA, «L'influsso in Polonia e in Lituania», 537.

[115] Anche l'ammissione al capitolo cattedrale era regolata da norme particolari. Cf. J. KURCZEWSKI, *Kościół zamkowy*, vol. 3, 436. I candidati al capitolo cattedrale dovevano essere uomini di buoni costumi e dotati di un'adeguata erudizione. Alle volte si esigeva, per l'ammissione al capitolo, un grado accademico. ID., *Biskupstwo wileńskie*, 71.

[116] Cf. W. PRZYAŁGOWSKI, *Żywoty biskupów*, vol. 1, 106-107; J. KURCZEWSKI, *Biskupstwo wileńskie*, 106.

[117] Cf. J. OCHMAŃSKI, *Biskupstwo wileńskie*, 50-57; B. KUMOR, «Dzieje ustroju», 108-109.

[118] Cf. *C. Tridentinum*, sess. 24, *de ref.*, c. 12, in *COD*, 766.

[119] Nel caso di una seria trascuranza nel realizzare nella diocesi delle norme sinodali il capitolo era obbligato ad ammonire il vescovo negligente secondo le prescrizioni dei concili provinciali del 1547 e 1561. Dopo la triplice ammonizione senza risultato positivo doveva informare di questo fatto il metropolita. Cf. B. KUMOR, «Dzieje ustroju», 109.

rimproverare i vescovi diocesani[120]. Controllava la loro attività antiprotestante ed li incoraggiava a riformare la diocesi[121]. A volte si oppose ai protestanti in modo più attivo degli stessi vescovi. Nel caso di abusi e di negligenze nel campo disciplinare cooperava con gli ordinari e dava giudizi sulla situazione religiosa ed ecclesiastica nella diocesi[122].

Per assicurare l'esercizio dei compiti del capitolo, fu ricordato spesso l'obbligo di residenza dei prelati e dei canonici presso la cattedrale secondo le norme prescritte dal Concilio di Trento[123]. Fuori dai periodi di vacanza sanciti dalla legge, l'abbandono del luogo della residenza era sancito dalla perdita delle razioni giornaliere o dei redditi delle prelature e dei canonicati. Nel caso di scandalo, il capitolo ammoniva anche il canonico che aveva trascurato i suoi obblighi[124]. Se questi non avesse obbedito, spettava al vescovo infliggere al colpevole un'adeguata sanzione penale.

In modo particolare il capitolo cattedrale si curava che i vicari compissero con dovuta diligenza il servizio nella chiesa cattedrale[125]. Si preoccupava della vita e dei costumi del clero cattedrale e vigilava perché nella cattedrale si svolgessero gli uffici previsti[126]. Nel caso di abusi ammoniva

---

[120] Ad es. il capitolo di Vilna il 22 maggio 1561 richiamava al vescovo Protasewicz le prescrizioni sinodali trattando questo richiamo come l'ammonizione. Cf. J. KURCZEWSKI, *Kościół zamkowy*, vol. 3, 47. Nella seduta del 18 dicembre 1562 il capitolo costatando che il vescovo non risiede per tutto l'Avvento a Vilna e con lo scandalo per il clero e per i fedeli non voleva tornarci prima del Natale, decise esortarlo al ritorno. Cf. *ibid.*, 48.

[121] Ad es. il 11 ottobre 1557 il capitolo informava il vescovo che nella diocesi erano comparse le nuove sette e lo ammoniva perché lui come il pastore ovviasse al male. Cf. J. KURCZEWSKI, *Kościół zamkowy*, vol. 3, 44. Il 19 luglio 1560 il capitolo deputò due canonici ad avvertire il vescovo, che da lungo tempo non risiedeva a Vilna, sul pericolo del diffondersi delle sette sul territorio della diocesi e consigliava al vescovo di tornare a Vilna. Cf. *ibid.*, 46.

[122] Sulla seduta del capitolo del 19 ottobre 1557 si proponeva, secondo gli statuti sinodali, d'istituire gli ufficiali foranei perché la loro mancanza causava molti abusi nel territorio della diocesi. Cf. J. KURCZEWSKI, *Kościół zamkowy*, vol. 3, 45.

[123] *C. Tridentinum*, sess. 24, *de ref.*, c. 12, in *COD*, 766.

[124] Il canonico A. Beynart per un grande crimine commesso venne obbligato fare il pellegrinaggio a Roma e privato delle refezioni per un anno. J. KURCZEWSKI, *Kościół zamkowy*, vol. 3, 73. Cf. *ibid.*, vol. 1, 81-83.

[125] La chiesa cattedrale sin dall'inizio si trovava sotto la speciale cura del capitolo cattedrale. Cf. T. KRAHEL, «Zarys dziejów», 35.

[126] Cf. J. UMIŃSKI, «"Przeciwreformacja" w Litwie», 358; J. KURCZEWSKI, *Kościół zamkowy*, vol. 3, 56-57.

i colpevoli raccomandando la correzione degli atteggiamenti[127]. Dopo l'ammonizione informava il vescovo sulla contumacia[128].

Uno dei compiti più importanti del capitolo cattedrale era la vigilanza sul seminario diocesano. I membri del capitolo dovevano visitare il seminario diocesano dal punto di vista della disciplina degli alunni. Dovevano controllare l'istruzione e l'educazione dei futuri sacerdoti anche dal punto di vista della preparazione liturgica. Il capitolo si curava del reclutamento dei candidati al seminario, ricordando al vescovo la necessità d'adottare criteri giusti stabiliti dal Concilio[129]. Nel caso di necessità si ricorreva al vescovo indicandogli le cose urgenti che esigevano il suo intervento[130]. Ad es. nella seduta del 3 febbraio 1637 il capitolo cattedrale rivelò al vescovo gli abusi nella vita del seminario diocesano. Si lamentò dello scarso numero dei seminaristi, della procedura dell'ammissione al seminario e si ricordò la difficile situazione finanziaria del seminario e le negligenze da parte del *provisor* del seminario.

Il capitolo dava il suo parere al vescovo sull'opportunità della convocazione del sinodo diocesano o sulla data del suo svolgimento[131]. Designava i suoi delegati ai concili provinciali[132]. I membri del capitolo accompagnavano il vescovo durante le visite pastorali oppure visitavano la diocesi a nome del vescovo[133].

Per quanto riguarda il problema del cumulo di benefici, il capitolo, come tutto il clero diocesano, condivideva il parere della maggioranza del clero in Polonia. Nella seduta del capitolo del 27 marzo 1564 si parlava dell'iniziativa di tutto il clero in Polonia, intrapresa presso la Santa Sede nel 1564, di abolire o attenuare il divieto conciliare del cumulo di benefici. Nell'argomentazione sulla necessità del cumulo, i canonici indicavano la povertà dei benefici, saccheggiati dai soldati, così che «un beneficiato poteva essere sostenuto da appena due di questi»[134]. Però, nel 1586, il

---

[127] J. KURCZEWSKI, *Kościół zamkowy*, vol. 3, 57.
[128] J. KURCZEWSKI, *Kościół zamkowy*, vol. 3, 44.
[129] La suddetta questione sarà trattata nel capitolo quattro.
[130] Cf. J. KURCZEWSKI, *Kościół zamkowy*, vol. 3, 129-130.
[131] Cf. J. KURCZEWSKI, *Kościół zamkowy*, vol. 3, 45.108.
[132] Cf. J. KURCZEWSKI, *Kościół zamkowy*, vol. 3, 39.41.43.47. Ai delegati del capitolo competeva il voto consultivo. Cf. A. PETRANI, «Kanonistyka», 383.
[133] Cf. J. KURCZEWSKI, *Kościół zamkowy*, vol. 3, 71.97.
[134] Cf. J. KURCZEWSKI, *Kościół zamkowy*, vol. 3, 50. Sulla posizione del clero polacco circa la nuova disciplina beneficiale vedi: K. NITKIEWICZ, *La pratica della Sacra Congregazione del Concilio*, 49-50.

capitolo di Vilna, rispondendo all'iniziativa del capitolo cattedrale di Cracovia, che stava per chiedere a Roma una moderazione della disciplina conciliare riguardante la dimissione dai benefici cumulati, promise la sua partecipazione finanziaria per l'intervento presso la Santa Sede soggiungendo, però, che da parte sua non esisteva il bisogno di tali trattamenti, perché solo due suoi membri cumulavano i benefici senza la dispensa apostolica[135].

2.3 L'attività sinodale

Un nuovo impulso nell'attività sinodale dette per le singole Chiese particolari il Concilio di Trento il quale, come abbiamo già detto, richiamò in vigore le leggi sul sinodo diocesano e ne impose ai vescovi l'obbligo della celebrazione annuale[136].

2.3.1 Lo svolgimento dei sinodi e le costituzioni sinodali

Dopo il Concilio di Trento nel 1582 il vescovo J. Radziwiłł convocò a Vilna il primo suo sinodo diocesano per realizzare più efficacemente la riforma tridentina della sua Chiesa particolare e per deliberare le tasse per il mantenimento del seminario diocesano[137]. Di questo sinodo non è rimasto altro che un cenno negli atti capitolari[138] e soprattutto la lettera del vescovo promulgata subito dopo la chiusura del sinodo[139]. Possiamo soltanto supporre che, dopo la chiusura del sinodo, vennero emanati gli statuti[140].

Il successore del vescovo Radziwiłł, Benedykt Wojna (1600-1615),

---

[135] Cf. J. KURCZEWSKI, Kościół zamkowy, vol. 3, 65.

[136] Questa clausola si dimostrò molto difficile da rispettare in Polonia e in Lituania e per cui la diocesi di Vilna venne dispensata dall'obbligo della celebrazione annuale: nel 1578 venne data la facoltà di celebrare sinodi ogni due anni e nel 1601 il vescovo B. Wojna ottenne la dispensa che gli consentì di convocare sinodi ogni triennio. Cf. M. MORAWSKI, «Synod diecezjalny», 226; W. WÓJCIK, Ze studiów nad synodami, 148.191.

[137] Il sinodo del vescovo Radziwiłł celebrato il 12 febbraio 1582 fu il primo convocato nella diocesi di Vilna dopo l'accettazione dei decreti tridentini in Polonia (1577).

[138] J. KURCZEWSKI, Kościół zamkowy, vol. 3, 63.

[139] La lettera pastorale di cui tratteremo più precisamente nel paragrafo seguente, è attinente senza dubbio la materia trattata nel sinodo. Essa non dà l'idea della dimensione del sinodo stesso.

[140] J. SAWICKI, Synody, 36.

celebrò quattro sinodi diocesani negli anni 1602, 1606, 1611 e 1613[141].

Il primo sinodo fu tenuto nel 3 marzo 1602 sotto la guida del vescovo stesso[142]. Però non sono chiare le circostanze della sua convocazione e rimangono sconosciuti il suo svolgimento e i suoi partecipanti. Conosciamo, però, i relativi statuti che furono stampati dopo la chiusura dell'assemblea sinodale[143]. Da essi risulta che furono trattati diversi aspetti della vita ecclesiale, soprattutto quelli pastorali e disciplinari.

Riguardo al secondo sinodo del 1606 o 1607 (le opinioni degli storici non sono unanimi) non sappiamo quasi niente. Possiamo supporre che l'apertura di esso venne preceduta dalla visita di tutta la diocesi e che si concluse con la pubblicazione dei decreti inseriti nella collezione del 1613[144].

Il 25 aprile il vescovo B. Wojna tenne il suo terzo sinodo con la partecipazione di 300 curati della diocesi di Vilna[145]. Non conosciamo lo svolgimento di questo sinodo né le sue costituzioni.

I decreti dei sinodi tenuti dal vescovo B. Wojna sono stati raccolti nella collezione sistematica e stampati nel 1613[146]. La prassi della pubblicazione degli statuti sinodali fuori del sinodo diocesano fu conosciuta in Polonia dopo il Concilio di Trento. Tali collezioni erano dirette al clero diocesano e riguardavano la riforma religiosa. Per questo erano chiamati decreti riformatrici[147]. La collezione del vescovo Wojna venne valutata dal prof. Sawicki come opera matura, fatta da compilatori ben preparati al lavoro di questo tipo e conoscitori del diritto ecclesiastico come pure i metodi di codificazione[148].

Nello stesso anno 1613 (febbraio-maggio) fu celebrato il quarto sinodo di B. Wojna a causa del decreto emanato dalla dieta a Varsavia (19 feb-

---

[141] J. Kurczewski menziona solo tre sinodi tenuti dal vescovo B. Wojna: 1602, 1607, 1613. Cf. ID., «Wileńskie biskupstwo», 272.

[142] Di questo sinodo parla il vescovo B. Wojna nella relazione *ad limina* del 1605: «In triennio semel dioecesana synodus Vilnae in praesentia episcopi et capituli celebratur», in *Relationes*, 28.

[143] *Synodus* (1602).

[144] J. SAWICKI, *Synody*, 39-40. Cf. *Relationes*, 40.

[145] Cf. J. SAWICKI, *Synody*, 40-41.

[146] *Constitutiones* (1613).

[147] Cf. A. PETRANI, «Kanonistyka», 393.

[148] J. SAWICKI, *Synody*, 58.

CAP. II: L'ACCOGLIENZA DELLA RIFORMA 85

braio-2 aprile del 1613) che imponeva le tasse per lo stato[149].

Sotto il governo del vescovo Eustachy Wołłowicz (1616-1630) furono tenuti tre sinodi diocesani negli anni 1618, 1623 e 1626.

Del primo c'è una traccia negli atti del capitolo del 1617, dove si accenna la volontà del vescovo di convocare il sinodo dopo dell'Ottava del Corpus Domini nell'anno successivo, cioè dopo il 21 giugno 1618[150]. A causa di mancanza di altre fonti, non si può verificare il fatto che il sinodo sia avvenuto e nulla si sa circa il suo eventuale svolgimento[151].

Sullo svolgimento del secondo sinodo nel 1623 le fonti storiche tacciono. Solo W. Przyałgowski ammette il fatto della sua celebrazione una settimana dopo il giorno di S. Michele e fa sapere il contenuto delle due risoluzioni: una riguardava la destinazione del fondo creato dai contributi dei chierici morenti senza testamento per l'istituto dei sacerdoti-emeriti, e l'altra riguardava la celebrazione della festa di S. Ignazio di Loyola in tutta la diocesi «sub ritu duplici»[152].

L'ultimo sinodo, infine, quello di Wołłowicz, fu tenuto a Vilna il 18 giugno 1626[153]. Il fatto della celebrazione di questo sinodo conferma il *tractatus* di Brzeski promulgato nell'occasione del sinodo[154].

Il vescovo Abraham Wojna (1631-1649) celebrò a Vilna due sinodi[155]. Il primo ebbe luogo nella metà di ottobre del 1631[156]. Esso trattava dei benefici ecclesiastici, ricordando tra le altre cose di non affittare i boschi

---

[149] J. SAWICKI, *Synody*, 44. Di questo sinodo parlano gli atti del capitolo cattedrale. Cf. J. KURCZEWSKI, *Kościół zamkowy*, vol. 3, 98.

[150] J. SAWICKI, *Synody*, 59; J. KURCZEWSKI, *Kościół zamkowy*, vol. 3, 102. Cf. ID., *Biskupstwo wileńskie*, 129.

[151] W. Przyałgowski nega l'esistenza di questo sinodo. Cf. ID., *Żywoty biskupów*, vol. 2, 77.

[152] W. PRZYAŁGOWSKI, *Żywoty biskupów*, vol. 2, 77. Cf. J. KURCZEWSKI, *Biskupstwo wileńskie*, 129; J. SAWICKI, *Synody*, 59-60.

[153] L'intenzione della celebrazione di questo sinodo venne accennata nella relazione sullo stato della diocesi del 1625. Cf. *Relationes*, 61.

[154] Il vescovo intendeva convocare il sinodo nell'autunno del 1624: «Indicta synodus dioecesana, quae a me praeterito autumno celebrari debebat, ob suspicionem contagionis, quae in nonnullis Regni nec non dioecesis meae partibus invalescere coeperat, in aliud tempus commodius prorogata est» (*Relationes*, 61). Cf. J. SAWICKI, *Synody*, 61.

[155] J. Kurczewski parla dei tre sinodi del Wojna: 1630, 1635 e 1641. Cf. ID., *Biskupstwo wileńskie*, 127; ID., *Wileńskie biskupstwo*, 273.

[156] La notizia su questo sinodo si trova nella relazione spedita dal vescovo a Roma nel 1635. Cf. *Relationes*, 68.

beneficiali agli ebrei e rinnovava gli statuti dei sinodi precedenti[157].

Nel 1638 il vescovo A. Wojna promulgò una collezione delle costituzioni sinodali che conteneva gli statuti dei tre sinodi di B. Wojna e dei due di A. Wojna[158]. Quest'opera mette insieme in modo meccanico la legislazione vecchia con quella nuova del 1631 (i canoni designati *ex novis*).

Il nuovo sinodo fu tenuto a Vilna il 24 giugno 1635[159]. Al sinodo si parlò del cambiamento delle decime, in conformità alla bolla del papa Urbano VIII del 25 novembre 1634, da pagare in denaro e si esaminò il problema delle costituzioni statali che limitavano il diritto della Chiesa di accettare i pii legati nei beni immobili[160]. Non sappiamo se erano trattati altri problemi perché non ci sono conservati gli statuti sinodali[161].

Il medesimo vescovo annunciò il 10 maggio 1641 la convocazione nello stesso anno di un altro sinodo, che doveva essere celebrato in relazione al concilio provinciale convocato dal primate J. Lipski alla metà di giugno 1641[162]. Tuttavia il concilio della provincia non fu celebrato a causa della morte del primate il 13 maggio 1641, perciò, probabilmente, neanche l'annunciato sinodo diocesano di Vilna ebbe luogo[163].

Il successore di A. Wojna, il vescovo Jerzy Tyszkiewicz, tenne due sinodi diocesani nel 1651 e 1654. Del primo c'è notizia negli atti del capitolo cattedrale dove il capitolo, rispondendo alla domanda del vescovo su quando fosse utile celebrare il sinodo diocesano, propone la data di convocazione del sinodo all'inizio del ottobre del 1651[164]. Però, la data precisa della celebrazione di questo sinodo non è certa: probabilmente venne tenuto tra 16 maggio e 8 ottobre 1651[165].

Il secondo sinodo fu celebrato a Vilna nel 1654. Della sua convocazio-

---

[157] J. SAWICKI, *Synody*, 62; J. KURCZEWSKI, *Wileńskie biskupstwo*, 273.

[158] *Constitutiones* (1633).

[159] W. PRZYAŁGOWSKI, *Żywoty biskupów*, vol. 2, 114; J. KURCZEWSKI, *Kościół zamkowy*, vol. 1, 113; J. SAWICKI, *Synody*, 70.

[160] J. SAWICKI, *Synody*, 70.

[161] Cf. J. KURCZEWSKI, *Kościół zamkowy*, vol. 3, 113.

[162] J. SAWICKI, *Synody*, 62.

[163] J. KURCZEWSKI, *Kościół zamkowy*, vol. 3, 136. Cf. ID., *Biskupstwo wileńskie*, 129; J. SAWICKI, *Synody*, 62.71.

[164] J. KURCZEWSKI, *Kościół zamkowy*, vol. 3, 129. l cenno della sua celebrazione si trova nella *Relatio anni 1651*: «Et statim post convocatam absolutamque dioecesanam synodum, paulo quiescente circa cathedralem meam belli tumultu, quia ipse podagricis involutus languoribus», in *Relationes*, 85.

[165] J. SAWICKI, *Synody*, 72.

ne parlano gli atti del capitolo in relazione al concilio provinciale annunciato dal nuovo arcivescovo di Gniezno: rispettando la legge, prima del concilio provinciale, il vescovo Tyszkiewicz voleva celebrare il sinodo diocesano (dopo dell'Epifania del 1654)[166].

Il vescovo Aleksander Sapieha (1667-1671) tenne il suo unico sinodo nella cattedrale di Vilna dall'11 al 13 marzo del 1669. La celebrazione del sinodo venne preceduta dalle visite decanali delle singole chiese e del clero parrocchiale in tutta la diocesi, e dalla consultazione presinodale del capitolo cattedrale[167]. I relativi statuti vennero stampati e constano di una introduzione e 33 articoli, molto ampi, che riguardano la problematica pastorale e disciplinare[168].

Il successivo sinodo della diocesi di Vilna fu celebrato dal vescovo Aleksander Kotowicz (1685-1686) tra l'1 e il 3 ottobre del 1685. Le risoluzioni di questo sinodo vennero pubblicate e contengono 41 articoli che riguardano la pastorale e la vita religiosa e morale del clero e dei fedeli[169].

Per quanto riguarda i sinodi del vescovo Konstanty Kazimierz Brzostowski (1687-1722) sappiamo che ne furono celebrati due[170]. Il primo fu tenuto il 14 ottobre 1691[171]. Purtroppo non abbiamo notizie sullo svolgimento e sui decreti di questo sinodo, tranne i cenni negli atti del capitolo

---

[166] J. KURCZEWSKI, *Kościół zamkowy*, vol. 3, 149-150; J. SAWICKI, *Synody*, 73-74.

[167] Il vescovo Sapieha intendeva convocare il sinodo nel maggio 1568, però seguendo il consiglio del capitolo decise di tenerlo nell'anno seguente. Cf. W. PRZYAŁGOWSKI, *Żywoty biskupów*, vol. 3, 11.14.

[168] *Acta* (1669).

[169] *Acta* (1685).

[170] Il vescovo era consapevole della necessità di una riforma del clero che fra l'altro, a causa dell'assenza dell'ordinario, trascurava la disciplina della Chiesa. Di essa scriveva al cardinale Sacripanti in una lettera del 18 giugno 1697: «Consegnai costà in mano di Monsignore Nuzzi una generale informazione di tutta la mia diocesi d'approvarsi da costata Congregazione del Concilio, e dovendo io portarmi alla mia chiesa dopo l'elezione del nuovo Re, supplico umilmente l'Eminenza Vostra con la sua efficacia a procurarne la sollecita spedizione per poter attendere ad una perfetta riforma del mio clero, che forse per la mia assenza vive con qualche rilassamento», in *Relationes*, 110.

[171] La celebrazione di questo sinodo venne accennata nella *relatio ad limina apostolorum* del 1697: «Anno tertio sui episcopatus post supra deductam visitationem curavit orator synodum celebrare pro redigendis ad salutarem disciplinam non minus ecclesiasticis quam saecularibus, cum in antecessum ab annis quinquaginta post incursionem Moschoviticam vix bis fuerit celebrata», in *Relationes*, 96.

che parlano della sua convocazione[172].

Il secondo sinodo del vescovo Brzostowski venne convocato nella cattedrale di Vilna ed ebbe luogo dal 3 al 5 febbraio 1717. Prima di indire il sinodo furono effettuate con serietà e speciale cura visite pastorali alle chiese parrocchiali nella diocesi, che fornirono indicazioni necessarie ed utili per prendere opportune decisioni. Ebbe anche luogo, sotto la guida del vescovo, l'incontro dei vicari foranei, dei membri del capitolo cattedrale e degli altri uomini dotti e furono indette preghiere per il sinodo in tutta la diocesi. Conosciuti così i difetti, le deficienze, gli abusi e le necessità della diocesi, l'assemblea sinodale deliberò gli statuti che poi vennero stampati e sono tuttora consultabili[173]. Il documento crea una immagine completa dello svolgimento del sinodo diocesano dalle fasi preparatorie, per i suoi dibattiti fino alla sua chiusura.

L'ultimo sinodo della diocesi di Vilna prima della spartizione della Polonia fu tenuto sotto il vescovo Michał Jan Zienkowicz (1730-1762) dal 10 al 12 febbraio 1744[174]. Fu preceduto dalla visita pastorale della diocesi e dalla congregazione di tutti i decani. Gli statuti vennero stampati e contengono 34 ampi e numerati articoli, i discorsi sinodali e lo schematismo diocesano[175]. Nell'articolo 32 *De Parochiarum Dislimitatione* si trova l'«*Ordo et numerus decanatuum, ecclesiarum praepositalium, Parochialium, urbium et villarum, eis iure parochiali subiectarum, nec non ecclesiarum regularium et hospitalium in civitate Vilnensi existentium*» che presenta l'organizzazione territoriale della diocesi[176].

Il sinodo del 1744 chiude la serie dei 24 sinodi diocesani della diocesi di Vilna (i sinodi del 1607, 1618 e 1641 sono incerti)[177]. I tempi seguenti non furono favorevoli all'attività di questo genere per cui la vita sinodale venne a cessare[178].

---

[172] J. KURCZEWSKI, *Kościół zamkowy*, vol. 3, 263.

[173] *Decreta* (1717).

[174] Cf. *Relationes*, 159-160.

[175] *Synodus* (1744).

[176] *Synodus* (1744), fol. Gv.

[177] Il prof. B. Kumor discutendo sulla vita sinodale negli anni 1560-1650 ritiene che in tutta la provincia di Gniezno furono tenuti 131 sinodi diocesani: fra l'altro 23 sinodi nella diocesi di Poznań, 21 nell'arcidiocesi di Gniezno, 20 nella diocesi di Włocławek, 13 nella diocesi di Płock, 12 nella diocesi di Vilna e 8 nella diocesi di Łuck. Cf. ID., «Dzieje ustroju», 254.

[178] Il vescovo I. Massalski aveva in vista un nuovo sinodo da celebrarsi nel 1777 però la *calamitas temporum* che allora caratterizzava la vita politica e sociale del Regno di Polonia non ne ha permesso l'attuazione. Cf. J. KURCZEWSKI, *Biskupstwo*

2.3.2 Gli ostacoli nella convocazione regolare dei sinodi

I vescovi della diocesi di Vilna si rendevano conto dell'importanza dell'istituto del sinodo diocesano. Però, a causa di diverse circostanze l'obbligo conciliare della convocazione annuale non fu mai compiuto. Le difficoltà erano sentite in tutta la Polonia. I vescovi polacchi radunati nel concilio provinciale a Piotrków nel 1577, chiesero la dispensa dall'obbligo annuale di celebrare sinodi diocesani; il primate S. Karnkowski chiese al papa Clemente VIII il permesso di celebrare in Polonia sinodi nelle singole diocesi ogni tre anni. La risposta della Sede Apostolica per la Chiesa polacca non è conosciuta, solo la diocesi di Vilna, come già è stato accennato, ricevette le relative dispense dalla celebrazione annuale[179].

Neanche questa norma così attenuata (ogni tre anni) veniva osservata. Nelle relazioni sullo stato della diocesi possiamo distinguere alcune circostanze che causavano l'omissione. I vescovi indicarono soprattutto le difficoltà esterne ed oggettive: l'ampiezza della diocesi, le grandi distanze tra le chiese, l'impossibilità del visitare tutta la diocesi nel periodo di un anno, i pericoli e le difficoltà nel viaggio a Vilna[180]. Si indicava anche la difficile situazione politica e le guerre che frequentemente disorganizzavano la vita pubblica dell'Est della Polonia[181]. Il vescovo K.K. Brzostowski, richiamandosi alle difficoltà connesse alle grandi distanze tra le chiese parrocchiali e la cattedrale, denotò anche la povertà del clero, il quale non era in grado di coprire i costi del viaggio e del soggiorno a Vilna durante il sinodo[182]. Il vescovo Massalski giustificando la mancanza dei

---

wileńskie, 141.

[179] M. MORAWSKI, «Synod diecezjalny», 226ss. Cf. W. WÓJCIK, *Ze studiów nad synodami*, 141ss. Vedi anche nota n. 136.

[180] Il vescovo B. Wojna richiamò l'ottenuta dispensa e gli ostacoli per la celebrazione dei sinodi nella *Relatio anni 1609*: «Synodus dioecesana singulis annis celebrari nulla possibilitate potest propter valde remotas plurimorum parochorum sedes (nam quam lata sit haec dioecesis patet ex dictis). Unde venientes sumptus non parvos facerent pericula itineris non pauca subirent. Idcirco concessum pro his partibus a Sede Apostolica habetur, ut visitatio totius dioecesis in triennio perficiatur, qua perfecta celebratur synodus tertio quolibet anno», in *Relationes*, 40.

[181] Cf. *Relatio anni 1614*, in *Relationes*, 48-49: «Dioecesanum concilium non solum quovis anno, verum tertio quolibet vix cogi et frequentari quit, tum ob maximam parochiarum dissidentiam, cum ob creberrima eaque gravissima Reipublicae nostrae negotia, praecipue his aerumnosissimis temporibus».

[182] Cf. *Relatio anni 1697*, in *Relationes*, 97: «Haec synodus iuxta sacras constitutiones annuatim nullo modo celebrari potest, non solum propter incommoditatem longi

sinodi ai suoi tempi, parlò degli impegni personali nel campo politico[183].

Alle volte le spiegazioni dei vescovi erano molto generiche. Ad es. il vescovo E. Wołłowicz «ob suspicionem contagionis» decise di celebrare il sinodo nei tempi più adatti[184].

2.3.3. Le fonti della legislazione sinodale

Dall'analisi critica degli statuti sinodali della diocesi di Vilna risulta che i legislatori diocesani usavano, nella redazione degli atti, diverse norme del diritto universale e particolare[185].

Con grande frequenza negli statuti e nelle costituzioni diocesane troviamo espliciti riferimenti alla normativa del Concilio di Trento. Le norme tridentine costituirono la fonte principale dei programmi di rinnovamento della vita diocesana. Soltanto alcune volte, però, gli statuti del diritto sinodale attinsero *expressis verbis* alla legislazione tridentina[186]. La pratica comune era che si usavano varie norme tridentine senza farvi esplicito riferimento. Però, anche quando gli atti dei sinodi si riferiscono solo implicitamente al Concilio, il nesso tra le norme appare molto chiaro[187].

---

itineris, sed et propter cleri paupertatem». Cf. W. WÓJCIK, *Ze studiów nad synodami*, 148.

[183] Cf. *Relatio anni 1767*, in *Relationes*, 206: «Synodus dioecesana nondum est coacta ob publica negotia, quibus distractus fui, praeparantur nihilominus necessaria, ut, quamprimum licuerit, celebrare possim». Le *legimitates publicae* erano le cause più frequenti che impedivano la residenza personale dei vescovi nella diocesi e l'amministrazione della diocesi. I vescovi polacchi come *senatores* della *Res Publica* erano obbligati a partecipare alle diete ed alla vita della corte del re. Cf. W. WÓJCIK, *Ze studiów nad synodami*, 143. Sull'attività pubblica dei vescovi della diocesi di Vilna vedi: W. KACZOROWSKI, «Biskupi na sejmach», 53-72.

[184] *Relatio anni 1625*, in *Relationes*, 61: «Indicta synodus dioecesana, quae a me praeterito autunno celebrari debebat, ob suspicionem contagionis, quae in nonnullis Regni nec non dioecesis meae partibus invalescere coeperat, in aliud tempus commodius prorogata est». Cf. W. WÓJCIK, *Ze studiów nad synodami*, 142.

[185] Per indicare l'origine delle deliberate norme, a volte si faceva le note sui margini degli stampati statuti: *Constitutiones* (1633), cap. *De Vita et Honestate Clericorum*, fol. F2r-F3r. Cf. W. WÓJCIK, «Kościelne ustawodawstwo», 455.

[186] Ad es. la *Constitutio* (1613), cap. *De bonis ecclesiasticis mobilibus et immobilibus Conservandis* conservò il cap. 11 (sess. 22) del Tridentino e le *Acta* (1669) nel capitolo *De Incompatibilitate beneficiorum* il cap. 5 della sess. 7 del Concilio.

[187] Così il vescovo Radziwiłł nell'applicare i decreti del Concilio all'ambito diocesano soltanto nell'introduzione alla sua lettera pastorale ed alla fine di essa, parlava direttamente del Tridentino. Nel testo stesso del documento dava al clero le indicazioni sintetiche, infiltrate dallo spirito conciliare, ma senza alcun riferimento alle concre-

Il materiale legislativo del Concilio era trattato con una certa autonomia perché lo si voleva applicare alle esigenze locali. I redattori degli statuti diocesani si avvalsero delle formulazioni tridentine, ma con certe correzioni ed adattamenti.

Gli statuti diocesani si referivano anche alle altre costituzioni pontificie e ai decreti delle congregazioni romane[188]. Tali documenti spesso venivano ristampati per intero o in parte. In questo modo il clero poteva conoscere le leggi nuove e quelle più importanti dal punto di vista della pastorale e della disciplina.

Un'altra fonte delle costituzioni sinodali era la normativa del *Corpus Iuris Canonici*[189]. Nei testi sinodali sono entrati anche brani presi dalla Sacra Scrittura, sia dall'Antico, sia dal Nuovo Testamento e dai padri della Chiesa[190].

Molto spesso gli atti degli statuti sinodali citavano le norme deliberate ai concili della provincia di Gniezno[191]. Questa pratica collimava con il carattere stesso del sinodo diocesano che veniva convocato in relazione a un concilio provinciale. Di solito i sinodi diocesani inserivano le norme universali e quelle deliberate dai concili provinciali, però, in Polonia frequente era la prassi di convocare i sinodi diocesani prima del concilio

---

te norme tridentine. Cf. *Epistola* (1582), 134.139.

[188] Cf. ad es. *Acta* (1669), cap. *De Celebratione Missarum*, fol. D4v-E3r; *Epistola* (1710), cap. 2 *De Sacrificio Missae,*; cap. 3 *De celebratione in Oratoriis et aedibus privatis*; cap. 7 *De Verbi Dei Praedicatione*, 427-431; *Synodus* (1744), cap. 14 *De Seminario Dioecesano Vilnensi, Eiusque Regimine*, fol. D4v-Er.

[189] Cf. *Constitutiones* (1633), cap. *De bonis Ecclesiasticis Mobilibus et Immobilibus Conservandis* conteneva la bolla di Paolo II *Ambitiosae cupiditati* del 1 marzo 1468 (Extravag. III,4, c. unic.) o *Decreta* (1717) cap. 15 *De vita et honestate Clericorum* si referiva al Concilio Lateranense IV (cap. 12 et cap. *Clerici Officia de vita et honestate Clericorum*).

[190] Cf. *Decreta* (1717) cap. 15 *De vita et honestate Clericorum* cita Lv 20. Gli espliciti riferimenti facevano i vescovi nelle loro *sermones pastorales*: il vescovo Kotowicz richiamava le parole del Vangelo Mt 25, in *Acta* (1685), 39; il vescovo Zienkowicz al sinodo del 1744 citò S. Paolo Apostolo – «Fratres videte Vocationem Vestram» e il Vangelo »Sic luceat lux vestra coram Hominibus, ut videant opera vestra bona», in *Synodus* (1744), fol. A4v-Br. Nel capitolo 34 *De Observatione Statutorum Synodalium* del sinodo del 1744 vennero riportate le parole di S. Giovanni: «Si praecepta mea servaveritis, manebitis in dilectione mea, sicut et Ego Patris mei praecepta servavi (G 15,11), fol. W3v (p. 152).

[191] *Acta* (1669), cap. *De officio Curatorum*, fol. Av. Il cap. *De Presbyteris saecularibus in serviiis regularium Ecclesiarum existentibus* in *Acta* (1685) conteneva la norma del concilio provinciale di Varsavia del 1643. Cf. J. SAWICKI, *Synody*, 90.

della provincia, per preparare il materiale per le future discussioni[192]. Dall'inizio del XVII secolo una fonte indispensabile diventò la *Pastoralna* del cardinale Maciejowski[193]. Tale pratica di riferirsi alla *Pastoralna* divenne frequente in tutta la Polonia[194].

L'attività sinodale era sempre in stretto rapporto con il patrimonio legislativo della diocesi. I vescovi si valevano delle norme diocesane dei loro predecessori. Questa prassi era molto frequente[195]. Il vescovo J. Radziwiłł ricorse tra l'altro al sinodo del suo predecessore W. Protasewicz. Le costituzioni del 1633 di A. Wojna ripetevano tutta la legislativa delle *Constitutiones* del 1613. Questa collezione conservò lo schema delle norme del 1613 aggiungendo solo, in caso di necessità, alla fine dei capitoli, le nuove disposizioni scritte in corsivo e con la nota all'inizio della parte aggiunta *ex novis*. Le *Acta et Constitutiones* del 1669 si riferivano spesso alle costituzioni del 1633[196]. Il vescovo A. Kotowicz rinnovò le leggi promulgate da A. Sapieha nel 1669[197]. Il K.K. Brzostowski, trattando dell'uso dell'anello, si riferì alla norma stabilita dal suo predecessore A. Kotowicz[198]. Molti riferimenti agli statuti precedenti si trovano nelle costituzioni del vescovo M. Zienkowicz del 1744[199].

A volte i vescovi riprendevano le proprie norme definite precedente-

---

[192] W. WÓJCIK, «Kościelne ustawodawstwo», 454; A. PETRANI, «Kanonistyka», 388.

[193] L'influsso della lettera pastorale del cardinale B. Maciejowski appare chiaro nelle costituzioni sinodali di B. Wojna del 1613. J. SAWICKI, *Synody*, 47.56-57. Cf. *Acta* (1669), cap. *De officio Curatorum*, fol. Av.

[194] A. PETRANI, «Kanonistyka», 388.

[195] A. PETRANI, «Kanonistyka», 388.

[196] J. SAWICKI, *Synody*, 78-79.

[197] *Acta* (1685), cap. *De Constitutionibus Synodalibus Dioecesanis*, fol. D4r (p. 26): «Omnia sacrosancte et conformiter Canonibus Sacris sancita decreta, et constitutiones Illmi et Rdissimi Dni Alexandri in Macieiów Sapieha Episcopi Vilnensis, Praedecessoris Nostri amantissimi recipimus, ac Authoritate praesentis Synodi renovatas esse volumus, simulq; praecipimus omnibus et singulis beneficiatis Nostrae Dioecesis, ut tam nostras Constitutiones praesentis Synodi, quam praedecessoris stricte observent ac mandamus». Cf. J. SAWICKI, *Synody*, 78.88.

[198] *Decreta* (1717), cap. 15 *De vita et honestate Clericorum*, n. 156: «Nos quoque innovando decretum Synodi Kotowicianae prohibemus, cum ea explicatione, quam Sacra Congregatio [...] adhibuit, ut scilicet, intra Missarum solemnia solus Episcopus annulum [sic!] retineat».

[199] *Synodus* (1744), cap. 11 *De Vita et Honestate Clericorum*, fol. D3v: «Caetera statum et dignitatem Sacerdotalem concernentia, in Epistola Pastorali Brzostowiana collecta, Authoritate praesentis Synodi reintimamus». Cf. J. SAWICKI, *Synody*, 109.

mente nelle lettere pastorali. Così fece il vescovo K.K. Brzostowski che al sinodo del 1717 concesse, come dicevamo, alle dichiarazioni della sua lettera del 1710, il valore di legge sinodale.

Tutta la prassi faceva risaltare il carattere locale e l'autonomia dell'attività sinodale della diocesi di Vilna.

2.4 *Le lettere pastorali*

Talvolta le funzioni del sinodo diocesano erano realizzate tramite le lettere pastorali dei vescovi. Possiamo affermare che dopo il Concilio di Trento ebbe luogo una vera rinascita in questo campo. I vescovi, responsabili, alla luce delle norme tridentine, di tutti gli aspetti della vita religiosa e morale del clero e dei fedeli, promulgarono le lettere pastorali per adempiere la loro responsabilità pastorale.

I motivi della pubblicazione delle lettere pastorali erano diversi. Generalmente possiamo distinguere due gruppi di esse: quelle che trattavano della problematica strettamente pastorale e quelle di carattere occasionale. Le lettere pastorali *sensu stricto* sostituivano frequentemente i disposti delle costituzioni sinodali. Il loro contenuto e spesso la composizione assomigliavano agli statuti sinodali e regolavano la vita delle Chiese locali e andavano incontro alle esigenze del tempo[200].

Fra gli atti della legislazione sinodale della diocesi di Vilna entrano anche alcune lettere pastorali dei vescovi. Come primo documento di questo genere possiamo elencare la lettera pastorale del vescovo J. Radziwiłł, del 25 febbraio 1582, promulgata dopo la chiusura del sinodo diocesano tenuto due settimane prima, il 12 febbraio. Il testo della lettera contiene sicuramente statuti sinodali, però, è molto difficile precisare in quale grado, parte e forma.

Questa *Epistola pastoralis* è composta dall'introduzione, dal saluto e da 26 articoli, senza numeri e senza rubriche, dall'elenco dei casi riservati al vescovo e della conclusione. Alla fine del documento si trova la data della sua promulgazione e l'elenco delle «festa, quae debent a plebanis nostris praenunciari omnibus inviolabiliter servanda»[201].

Dal titolo stesso della lettera risulta che la lettera pastorale era indirizzata ai parroci impegnati nella cura delle anime sul territorio della diocesi di Vilna. Anche la conclusione della lettera contiene l'appello del vescovo

---

[200] Cf. M. JABŁOŃSKI, «Teoria duszpasterstwa», 335; B. KUMOR, «Dzieje ustroju», 451; W. WÓJCIK, *Ze studiów nad synodami*, 152.
[201] *Epistola* (1582).

ai parroci perché fedelmente osservassero la legge tridentina e quella della provincia[202].

L'analisi degli articoli ci permette di accertare che il materiale venne raccolto in modo sistematico e abbastanza chiaro. Il redattore cercava di evitare ripetizioni e costruì un'opera logica. Solo la mancanza dei titoli rende più difficile lo studio delle sue disposizioni.

E' interessante porre in relazione la lettera pastorale di Radziwiłł del 1582 (e la sua redazione del 1593) e la *Pastoralna* del cardinale B. Maciejowski del 1601. Certamente l'opera di Radziwiłł non mostra l'originalità e la competenza che troviamo nella lettera pastorale del Maciejowski, ma ambedue sanno adattare con successo il pensiero del Concilio di Trento alle attuali necessità delle chiese particolari: la lettera di Radziwiłł alle necessità della diocesi di Vilna e poi di Cracovia, quella di Maciejowski a quelle di tutta la Polonia[203]. Però, la lettera di Radziwiłł fu, per il cardinale Maciejowski una grande ispirazione ideologica[204]. Sembrerebbe equo, pertanto, poter ritenere ambedue le opere importanti monumenti della legislazione canonica di questo tipo in Polonia[205].

Conservando l'ordine cronologico tratteremo della lettera pastorale del vescovo Mikołaj Stefan Pac dell'11 febbraio 1682. L'*Epistola* di Pac è composta di 113 articoli che criticano gli errori dell'epoca e mirano ad una riforma generale della vita del clero e dell'attività pastorale[206]. All'inizio della lettera c'è il proclama del vescovo con cui egli dichiara le proprie decisioni che vennero prese «inito cum capitulo Vilnensi uti dioecesano senatu ac cum nostris fratribus concilio». L'opera venne promulgata dopo la visita canonica generale della diocesi fatta su ordine del vescovo amministratore Pac, tramite il suo suffraganeo Mikołaj Słupski, all'e-

---

[202] *Epistola* (1582), 139: «Haec pauca, Fratres charissimi [sic!], volumus in initio muneris huius nostri pastoralis vobis iniungere. Multo quidem plura esse intelligimus, quae scire parochos et observare oporteat, sed ea tum Concilii Tridentini, tum synodi provincialis Gnesnensis constitutionibus tradita sunt, quae ut ex fontibus illis hauriatis, vos hortamur in Domino».

[203] T. GLEMMA, «Przyjęcie reformy trydenckiej», 197.

[204] J. FIJAŁEK, «Pastoralna ks. Bernarda Maciejowskiego», 1-12. Cf. T. GLEMMA, «Przyjęcie reformy trydenckiej», 197; S. NASIOROWSKI, «*List pasterski*», 62-71.

[205] Un'opinione negativa sul valore della lettera pastorale del cardinale Radziwiłł presentò P. Bober che accusò il vescovo di Vilna di mancanza d'originalità, di dipendenza e di riproduzione del materiale giuridico già esistente nella legislazione polacca. Cf. P. BOBER, «Z dziejów synodów», 75ss.

[206] *Modus et Ordo Boni Regiminis* (1682).

CAP. II: L'ACCOGLIENZA DELLA RIFORMA   95

poca arcidiacono[207].

Una lettera pastorale venne promulgata anche dal vescovo K.K. Brzostowski nel 1710[208]. Nell'introduzione a quest'opera legislativa il vescovo affermava che non era riuscito a promulgare in occasione del sinodo né i decreti papali, né quelli conciliari, né le decisioni delle congregazioni romane a causa dei »continui civiles motus turbinesque bellorum, gravesque denique plagae», quindi era stato costretto ad emanare la lettera pastorale per il clero diocesano. Alla fine della lettera si trova l'*Appendix eorum quae desiderantur in Epistola* che punisce gli abusi nel clero diocesano. Il vescovo conclude la lettera con l'ammonizione del clero raccomandando loro l'osservanza delle leggi della Chiesa romana.

La lettera del 1710 e la lettera pastorale del vescovo Pac del 1682, vennero emanate indipendentemente da un sinodo diocesano tuttavia il vescovo K.K. Brzostowski nel sinodo del 1717 annoverò esse fra gli atti sinodali con lo stesso valore giuridico[209]. Entrambe appartengono, allora, come parte integrale, alla legislazione sinodale della diocesi di Vilna.

Il prof. Kurczewski nella sua opera sulla diocesi di Vilna presenta alcune altre lettere dei vescovi diocesani che sono interessanti dal punto di vista della disciplina del clero. Ad es. la lettera del 4 febbraio 1764 del vescovo Massalski che raccomandava di fare nelle singole chiese parrocchiali inventari secondo il questionario composto dai 33 punti che riguardavano fra l'altro la pastorale e il clero, oppure quella del 10 gennaio 1791, data dal vescovo suffraganeo di Vilna e allora amministratore della diocesi D. Pilchowski, che ricordava ai chierici l'obbligo di portare l'abito ecclesiastico ed evitare le vesti troppo ricche[210].

3. Il ruolo della Santa Sede
nell'attuazione della riforma tridentina nella diocesi di Vilna

Dopo la chiusura del Concilio di Trento l'accoglienza dei decreti conciliari e l'osservanza di essi fu affidata allo speciale dicastero chiamato

---

[207] J. SAWICKI, *Synody*, 86.
[208] *Epistola* (1710).
[209] *Decreta* (1717), nn. 113-114: «Epistolam nostram Pastoralem, anno Domini 1710 emanatam reassumimus, eique vim ac robur, Constitutionis Synodicae, authoritate praesentis Synodi tribuimus, ut Universam Dioecesim nostram non minus obliget, quam si in Synodo Dioecesana contenta ejusdem Decreta fuissent. [...] Proinde modum, et ordinem boni regiminis a Nicolao Pac Praedecessore nostro Sancitum Anno 1682 [...] pariter innovamus, in vigoremque ac valorem, quem a principio habuerant, asserimus» (57-58).
[210] Cf. J. KURCZEWSKI, *Biskupstwo wileńskie*, 141-144.

Sacra Congregazione del Concilio[211]. Ad essa spettava ricevere le relazioni sullo stato delle diocesi, ascoltare e soddisfare per sé o per gli altri dicasteri le eventuali domande dei vescovi[212]. Inoltre la Congregazione doveva garantire un regolare svolgimento dei sinodi provinciali e diocesani come pure promuovere la disciplina formulata dal Concilio riguardo al clero[213].

Un ruolo di particolare importanza nell'epoca della riforma tridentina per le diocesi polacche venne svolto dai Nunzi e dai Legati pontifici in Polonia.

3.1 Le visite «ad limina apostolorum»

L'obbligo delle visite *ad limina apostolorum* ogni quattro anni venne prescritto dalla costituzione di Sisto V *Romanus Pontifex* del 20 dicembre 1585[214]. In essa il pontefice cambiò in legge per tutti i vescovi l'antica consuetudine delle visite alle tombe degli apostoli Pietro e Paolo e impose l'obbligo di informare personalmente o per mezzo di un delegato la Santa Sede sullo stato della diocesi[215].

Nelle relazioni fatte in occasione delle visite *ad limina*, tra l'altro, dovevano trovarsi le informazioni sul clero diocesano[216].

---

[211] Questo dicastero denominato dal motu proprio *Alias Nos nonnullas* del 2 agosto 1564 *Sacra Congregatio super executione et observantia Sacri Concili Tridentini et aliarum reformationum* era responsabile dell'esecuzione di riforma tridentina nelle singole diocesi cattoliche. Cf. *Bull. Rom.*, vol. 7, 300-301. Vedi anche G. VARSÀNYI, «De competentia et procedura», 61ss.

[212] Cf. la costituzione *Immensa aeterni Dei* del 22 gennaio 1588, in *Bull. Rom.*, vol. 8, 991-992. Nella costituzione la Congregazione del Concilio venne denominata *Congregatio pro interpretatione et executione Concilii Tridentini*.

[213] *Bull. Rom.*, vol. 8, 992.

[214] Cf. *Bull. Rom.*, vol. 8, 641. Cf. D. BOUIX, *Tractatus*, 46-47; F.X. WERNZ, *Ius decretalium*, vol. 2/2, 555ss; W. WÓJCIK, «Wizytacje biskupów», 154-160.

[215] La prima formulazione chiara dell'obbligo della visita *ad limina* dei vescovi la troviamo nel Sinodo Romano del 743 (*C. Romanum*, c. 4, in MANSI, vol. 12, 382-383). Cf. W. WÓJCIK, «Wizytacje biskupów», 132-143.

[216] BENEDICTUS XIV, *De synodo dioecesana*, Lib. 13, cap. 6, n. 2: «eaque [sacra Limina] occasione Romano Pontifici implemento deque omnibus, quae ad Ecclesiarum suarum statum, ac Cleri, et populi mores, et disciplinam, animarumque ipsis commendatarum salutem concernunt». Cf. H. CROVELLA, «De libro visitationum», 424.

3.1.1 L'effettuazione delle visite apostoliche

I vescovi lituani come tutto l'episcopato polacco vennero a conoscenza della costituzione *Romanus Pontifex* grazie al nunzio apostolico in Polonia H. De' Buoi (1584-1587). Essa era stata conosciuta già nel 1586 dal vescovo di Poznań[217]. E' allora probabile che anche i vescovi lituani potessero riceverla nello stesso tempo. Però, nessuno dei vescovi del Granducato fece la visita *ad limina apostolorum* prima del 1600.

Tutti i vescovi della Polonia, consapevoli delle difficoltà che impedivano di adempiere la visita *ad limina* ogni quattro anni, chiesero al pontefice una modifica di questa norma il 12 aprile 1590[218].

Per i vescovi del Regno e del Granducato non era chiaro quale fosse il loro obbligo riguardo alla frequenza delle visite[219]. La costituzione *Romanus Pontifex*, nell'enumerazione dei paesi i cui vescovi erano tenuti a fare questa visita ogni quattro anni, non parlava della Polonia, ma menzionava in modo generico quei paesi «qui in Europa sunt citra mare Germanicum et Balticum»[220]. D'altra parte anche i criteri riguardanti i paesi i cui i vescovi erano tenuti a fare la visita *ad limina* ogni cinque anni, rispondevano alle caratteristiche della *Res Publica*[221]. E nella domanda spedita a Roma del 1590 i vescovi polacchi e lituani chiesero la dispensa di fare la visita «singulis quinquenniis»[222].

La risposta della Santa Sede non è nota, ma dovrebbe essere negativa dal momento che nel 1592 il vescovo di Włocławek «sanctissima ss. Apostolorum limina pie ac reverenter per primo quadriennio visitavit»[223].

Anche il vescovo B. Wojna, da parte sua, in occasione della sua prima visita *ad limina* nel 1605, chiese alla Congregazione del Concilio la dispensa dall'obbligo di fare la visita *ad limina* ogni quattro anni e propose

---

[217] S. Przygodzki, «Bulla Sykstusa V», Appendice n. 1, 314.

[218] Cf. S. Przygodzki, «Bulla Sykstusa V», Appendice n. 3, 320: «tantisper Constitutionis huius exsecutionem differre velit».

[219] Cf. P. Rabikauskas, *Relationes*, XXX; W. Wójcik, «Wizytacje biskupów», 160-169.

[220] *Bull. Rom.*, vol. 8, 644.

[221] *Bull. Rom.*, vol. 8, 644.: «et qui intra Europae fines sunt his provinciis remotiores [...] quinto anno [...] iter suscipiant».

[222] Cf. S. Przygodzki, «Bulla Sykstusa V», Appendice n. 3, 320. L'incertezza favoriva anche la formula stessa del giuramento richiesto dai vescovi, che loro dovevano prestare assumendo il governo della diocesi. Cf. le relazioni del 1733, 1741 e 1746, in *Relationes*, 112.134.151.

[223] Cf. S. Przygodzki, «Bulla Sykstusa V», Appendice n. 4, 322.

l'intervallo tra le visite di otto o almeno di sei anni[224]. Il vescovo aggiunse alla *relatio* la petizione nella quale argomentava la necessità di tale modifica[225]. Tra le circostanze che giustificavano la domanda vi riportava: 1) la notevole distanza tra Vilna e Roma; 2) l'ampiezza della diocesi; 3) le difficoltà interne causate dalla necessità di recupero dei beni vescovili in gran parte occupati dagli eretici; 4) la difficile situazione delle parrocchie spesso occupate dai nemici[226]. Dal materiale archivistico non è rimasta alcuna risposta della Congregazione. Il dicastero non fu probabilmente favorevole a dare tale dispensa e l'obbligo delle visite ogni quattro anni è rimasto in vigore, poiché sappiamo che dopo quattro anni il vescovo B. Wojna dovette far la visita *ad limina*[227].

La Congregazione del Concilio fu più indulgente riguardo all'obbligo dei nuovi vescovi che dopo la loro consacrazione dovevano «quamprimum» far la visita se i loro predecessori a causa della morte o di altre ragioni, non avevano compiuto la visita *ad limina*. Dobbiamo, però, affermare che i vescovi della diocesi di Vilna avevano riguardo a questa prescrizione. Se qualche volta gli intervalli erano più lunghi, ciò avveniva poiché molti vescovi governarono la diocesi per un tempo molto breve[228]. Il vescovo A. Wojna, nelle relazioni del 1635 e 1639, indicò le condizioni geografico-politiche e gli impegni pubblici che rendevano impossibile far la visita[229].

---

[224] *Relatio anni 1605*, in *Relationes*, 29: «Ea dioecesis spatiosissima sit et multis subiaceat difficultatibus in hoc principio, nequaquam ab episcopo personaliter in trium spatio annorum perlustrari potest. Quapropter supplicavit Ill.mis Dominationibus Vestris, ut de benignitate Sanctae Sedis Apostolicae cum eo dispensari possit, non quattro anno ad limina Apostolorum veniendi, sed octavo vel certe ad minimum sexto, ut in memoriali de hac re copiosius habetur porrecto Ill.mis Dominationibus Vestris».

[225] P. RABIKAUSKAS, *Relationes*, 18.

[226] P. RABIKAUSKAS, *Relationes*, 18. La dispensa da questo obbligo fu chiesta nel 1639 anche da J. Tyszkiewicz, allora vescovo della diocesi di Żmudź, quando fece personalmente la visita *ad limina apostolorum*: «Apostolorum visitationis limina prolungare dignetur, quibus intra spatium definitum visitandis saepius et sumptus tenues non sufficit, et vires non patiuntur». La risposta anche in questo caso fu negativa però «ex causis legitimis» si poteva ottenere la dispensa. Cf. *Relationes*, 257-258.

[227] Cf. *Relationes annorum 1605 et 1609*, 19.32.

[228] Cf. P. RABIKAUSKAS, *Relationes*, XXXI.

[229] *Relatio anni 1635*, in *Relationes*, 63: «Sed quia interregni calamitates, quae post mortem pientissimi olim regis nostri Sigismundi tertii successerant, tum et onera senatoria, quae nos episcopos comprovinciales ad interessendum singulis coetibus, in quibus de publica re agitur, compellunt, quominus statis temporibus visitare limina potuissem, impediebant». Cf. anche *Relatio anni 1639*, in *Relationes*, 72: «Accedit,

CAP. II: L'ACCOGLIENZA DELLA RIFORMA

Dai dati storici conservati risulta che l'obbligo di fare la visita *ad limina* non era compiuto con la frequenza richiesta dalla costituzione *Romanus Pontifex*[230]. Dopo la prima relazione sullo stato della diocesi del 1605, nella prima parte del XVII secolo i vescovi spedirono le relazioni a Roma abbastanza regolarmente. Però dall'anno 1651 fino al 1697 non fu fatta nessuna visita *ad limina*[231]. La pratica di adempiere la visita *ad limina* rinacque alla fine del XVII secolo. Il vescovo M. Zienkowicz fece tutte le visite alle quali fu obbligato[232].

In caso di un impedimento, quando un vescovo non era in grado di compiere l'obbligo della visita *ad limina*, si chiedeva la proroga del termine della visita. Il vescovo J. Dowgiałło Zawisza (1656-1661) chiese due volte la dispensa tramite le lettere spedite al cardinale V. Orsini negli anni 1657 e 1658[233]. Una volta la proroga fu chiesta dal vescovo M. Zienkowicz (1730) e cinque volte, negli anni 1784 e 1790-1794, dal vescovo J.I. Massalski[234].

Solo tre volte i vescovi della diocesi di Vilna vennnero a Roma di persona per visitare le tombe degli apostoli Pietro e Paolo: E. Wołłowicz,

---

quia Serenissimo Regi nostro hoc anno in metropoli sua civitate Vilna residere placuit, penes quem ex officio meo senatorio omnibus actibus et conventibus publicis interesse teneor, multum enim praesidentia nostra senatoria facit quoad tuendas libertates et immunitates ecclesiasticas».

[230] Negli archivi vaticani esistono 16 relazioni sullo stato della diocesi di Vilna: di B. Wojna del 1605, 1609 e 1614, di E. Wołłowicz del 1625, di A. Wojna del 1635, 1639 e 1644, di J. Tyszkiewicz del 1651, di K.K. Brzostowski del 1697, di M. Zienkowicz del 1733, 1741, 1746, 1749, 1754 e 1759, di J.I. Massalski del 1767. Oltre a ciò abbiamo le attestazioni di altre sei o sette visite fatte dai vescovi di Vilna: 1621, 1701, 1717, 1733, 1746, [1771 ?] e 1787. Tra gli atti delle viste *ad limina* venne collocata anche la relazione del 1622, spedita alla S. Congregazione de Propaganda Fide qualche mese dopo la visita del 1621. Cf. P. RABIKAUSKAS, *Relationes*, 53.

[231] Il vescovo Brzostowski nella relazione del 1697 scrisse: «Constantinus Casimirus Brzostowski, episcopus Vilnensis [...] exponit [...] quae retroactis temporibus, tam per oratorem, quam per antecessores suos a quinquaginta circiter annis expleta non fuit, non solum propter Moschorum et Suecorum incursiones ab huiusmodi tempore, sed etiam propter varias civiles revolutiones ac propter frequentem mutationem brevemque ipsorum vitam» (*Relationes*, 95). Le condizioni politiche di quel tempo non erano favorevoli. Cf. T. KRAHEL, «Zarys dziejów», 27.

[232] Vedi la tabella in P. RABIKAUSKAS, *Relationes*, XXXIII.

[233] Cf. *Relationes*, 93.

[234] *Relationes*, 112-113.214-215.

K.K. Brzostowski e probabilmente J.I. Massalski[235]. Per diverse ragioni le relazioni sullo stato della diocesi furono spedite tramite i delegati dei vescovi[236]. Nell'archivio della Congregazione del Concilio spesso troviamo le «litterae procuratoriae» date dai vescovi ai delegati che li autorizzavano a fare relazioni sullo stato della diocesi[237].

3.1.2 La problematica delle relazioni sullo stato della diocesi

Le relazioni *ad limina apostolorum* dei vescovi di Vilna presentavano alla Santa Sede l'immagine della Chiesa di Vilna e del suo clero in modo molto laconico e stereotipato, evitando le cose difficili e fastidiose[238]. Affermavano solo che il clero osservava la disciplina canonica e che eventuali abusi degli ecclesiastici erano conseguentemente puniti[239]. Una volta, nella relazione del 1639, il vescovo si lamentò dei chierici giudicati nelle cause penali dai tribunali statali[240]. Nelle relazioni si sottolineava l'esistenza dell'apparato di controllo della disciplina del clero tramite le

---

[235] Cf. P. RABIKAUSKAS, *Relationes*, XXXVII.
Il vescovo A. Wojna così giustificava la sua assenza a Roma: « nunc, quantumvis senio confectus, propter aegram valetudinem meam ac loci distantiam, nuntium meum speciale mandatum praedicta adimplendi habentem et de huiusmodi impedimentis apud Sanctae Romanae Ecclesiae diaconum cardinalem ordine priorem docendi causa transmitto» (*Relatio anni 1635*, in *Relationes*, 63-64). Cf. W. MÜLLER, «Diecezje», 137.

[236] BENEDICTUS XIV, *De synodo dioecesana*, Lib. 13, cap. 6, n. 2: «De impedimentis vero, ob quae unusquisque Episcoporum sacra Limina, non per se ipsum sed per Procuratorem adeunda sibi reputet, an iusta sint, et an legitime probentur, praedicto Cardinali in Diaconorum ordine priori examinandum iudicandumque commisit». Cf. *ibid.*, n. 3.

[237] Cf. P. RABIKAUSKAS, *Relationes*, 18-19.77.113.132.151.166.177.190.

[238] In modo più aperto i vescovi presentavano la tragica situazione della pastorale e della disciplina del clero nella Chiesa greco-cattolica. Cf. ad es. *Relationes*, 30.105. Nella stessa maniera venivano divulgati gli abusi nella vita dei religiosi.

[239] Cf. le relazioni del 1614, 1639 e 1644, in *Relationes*, 49.73.83. Nella relazione del 1759 si legge fra l'altro: «Si quidem subinde ex clero exerrare contingerit in domo correctionis spiritualibus exercitiis emendatur, interea gratis habeo Deo Optimo Maximo, quod gratia avertat scandala» (*ibid.*, 196). Nella risposta data dalla Congregazione al vescovo Zienkowicz all'anno 1742 il dicastero sottolineava: «Item probandum te valde, quod iis, qui aliquo modo se peccato publice obstrixerint, editum tum locum, tum poenitendi ratione in eo convictu (collegium invalidorum) statueris, atque ita publicae poenitentiae vetera exempla, disciplinaque sanctissima imaginem saltem aliquam restituere ac renovare contendas» (*ibid.*, 150). Cf. anche *ibid.*, 147-148.

[240] Cf. *Relationes*, 74. La Congregazione rispose il 25 giugno 1639 che «iurisdictionem, immunitatem ecclesiasticam tueri totis visceribus pro sua pietate non ommitet Amplitudo Sua» (*ibid.*, 75).

visite pastorali, fatte dai vescovi personalmente oppure dai loro delegati[241]. S'indicava anche l'importanza dei sinodi diocesani e dei vicari foranei per l'attualizzazione della riforma tridentina nel clero[242]. Veniva pure presentata la situazione dei seminari nella diocesi e il numero dei seminaristi, sempre insufficiente per una diocesi così grande[243], come pure il problema della concessione degli ordini sacri[244], la provvisione agli uffici ecclesiastici[245] e la prassi beneficiale[246].

A volte ai testi delle *relationes* mancava l'originalità. Il vescovo K.K. Brzostowski nella visita del 1701 non scrisse alcuna relazione «perché si ricerca l'informazione e stato della mia Chiesa e diocesi, dovrà detto signore Abbate riportarsi in tutto a quello che io stesso lasciai in Roma l'anno 1697 a cui non saprei che aggiungere, sperando nella benignità dell'Eminenza Vostra che ne procurerà il suo buon effetto non ottenuto nel corso di quator anni»[247]. Il vescovo M. Zienkowicz spedì sei relazioni sulla diocesi di Vilna. La prima di tutta la serie, quella del 1733, fornì la base alle relazioni successive che ripetevano verbalmente amplissimi brani della prima *relatio* del Zienkowicz[248].

---

[241] Cf. ad es. le relazioni 1605, 1614, 1635 e 1733, in *Relationes*, 24.48.70.117-118. Per rendere più frequenti le visite delle parrocchie il vescovo Wołłowicz eresse nel 1619 l'arcidiaconato della Russia Bianca. Cf. le relazioni del 1625 e 1767 (*ibid.*, 59-60.206).

[242] Cf. le relazioni del 1605, 1609, 1614, 1625, 1635, 1697, 1733, in *Relationes*, 28.40.48-49.60.67.104.128-129.

[243] Ad es. le *relationes* del 1605, 1622, 1651, 1746, 1767, in *Relationes*, 28-29.54-55.90.162.209-210.

[244] *Relatio anni 1635*, in *Relationes*, 64.

[245] Cf. la relazione del 1635 in *Relationes*, 70. Il vescovo Zienkowicz sottolineava che «tum meorum parochorum, ex quibus non pauci sunt insignis doctrinae, examine eruditionis, sacrae theologiae, iuris utriusque doctores, optimi exempli» (*ibid.*, 124).

[246] Cf. le relazioni del 1635 e 1697, in *Relationes*, 70.98. Nella seconda relazione si trova la notizia riguardo a E. Kotowicz che possedette tre benefici e a W. Wołłowicz che aveva due benefici incompatibili (*ibid.*, 92-93).

[247] *Relationes*, 111.

[248] Cf. *Relationes*, 112. Questa pratica fu probabilmente collegata con il fatto che nel 1725 il segretario della Congregazione del Concilio L. Lambertino compose l'istruzione che indicava in quale modo doveva essere fatta la relazione. Vedi anche: H. CROVELLA, «De libro visitationum», 424.

3.1.3 Le risposte della Congregazione del Concilio in occasione delle visite «ad limina apostolorum»

Negli archivi della Congregazione del Clero sono conservate alcune risposte date dal dicastero ai vescovi. La maggioranza di esse è stata ristampata dal prof. Rabikauskas nelle *Relationes*[249].

Seguendo il contenuto della relazione sullo stato della diocesi, la Congregazione preparava una risposta che conteneva le opinioni del dicastero, le sue istruzioni e i suggerimenti. Nel caso di omissione la Congregazione raccomandava di agire secondo le leggi della Chiesa.

Frequentemente la Congregazione sottolineò il contributo dei vescovi nell'opera della propaganda della fede. Mise in risalto lo zelo pastorale dei vescovi non dimenticando, però, di riportare i momenti più importanti nella realizzazione della missione evangelizzatrice[250].

Nelle relazioni *ad limina* dei vescovi della diocesi di Vilna, oltre alle caratteristiche sullo stato della diocesi, si trovavano anche le domande relative alla situazione del clero diocesano. Il parere della Congregazione veniva chiesto nei casi più difficili. I vescovi esponevano le circostanze causanti la necessità di una soluzione speciale ed eventualmente indicavano l'opportunità di concedere una facoltà o dispensa. Nel formulare la risposta il dicastero si serviva di tali domande formulate dai vescovi. Ad es. il vescovo A. Wojna aggiunse alla relazione del 1639 *pro declaratione*, oltre alle tre domande nel testo stesso della relazione, un *summarium dubbiorum*[251]. Ugualmente il vescovo J. Tyszkiewicz in occasione della

---

[249] Degli anni: 1639, 1733, 1741, 1746, 1750, 1756, 1759, 1767. Il prof. Rabikauskas enumera anche le lettere spedite dopo la visita del 1605, 1644, 1652. Cf. *Relationes*, 19-20.77.84. Nell'archivio della Congregazione del Concilio sono conservate le risposte della Congregazione che non sono state ristampate nelle *Relationes*: del 4 agosto 1635 (*ACdC Lib. visit. lim.* 5, fol. 8v-9r) e del 13 gennaio del 1652 (*ACdC Lib. visit. lim.* 6, fol. 222r-223r).

[250] Ad es. *Responsum S. Congregationis Concili 1735*, in *Relationes*, 130: «Si quidem cleri disciplinam tueri studes; fori ministros adhibes doctrina vitaeque honestate probatos; a templis sordes et squalorem abesse contendis; monialium praecipuam curam geris; ecclesiasticos viros, eos praesertim, qui sacris ministeriis adhibendi sunt, inexercitatos ab litterarum studiis non pateris; in seminarii culturam sedulo incumbis; personare sacris missionibus quaquaversum dioecesim iubes; ipse illam per amplissimum regionis spatium obire aggressus spondes, ubi primum poteris, universam perlustraturus ac synodum deinde convocaturus. Quod utique Sacra Congregatio putat maximae necessitatis esse». Cf. anche *ibid.*, 188.

[251] Cf. la risposta della Congregazione del Concilio del 25 giugno 1639 (*ACdC Lib. decret.* 16, 222-223). Nello stesso giorno venne data la risposta sulla relazione *ad*

visita del 1651 propose alcune domande[252].

Il vescovo Zienkowicz indicò moltissimi abusi che avevano luogo nel caso di provvisione ai benefici di *ius patronatus* dei laici. Spesso persone poco idonee ricevevano la grazia di cumulare più benefici dopo il ricorso alla Santa Sede. Invece i sacerdoti migliori e più degni, privi di mezzi di sostentamento, erano costretti a lasciare la diocesi e cercare altrove un degno sostentamento. Per garantire ai fedeli pastori buoni, il vescovo propose alla Santa Sede la soluzione ben argomentata di non concedere le dispense senza l'opinione dell'ordinario[253].

Il vescovo M. Zienkowicz indicò alla Congregazione gli abusi che s'incontravano nella pratica delle lettere *salvi-conductus*, date troppo facilmente dalla Nunziatura di Varsavia ai chierici secolari e religiosi, le quali esimevano gli interessati dalla potestà di giurisdizione del vescovo e rendevano difficile, nel caso di delitto, la loro giusta punizione[254]. La Congregazione rispose che, per impedire una prassi così nociva, venne mandata al nunzio apostolico l'istruzione del S. Padre che gli raccomandava una più moderata concessione di tali lettere[255].

Il vescovo J.I. Massalski nelle *Postulata* chiese fra l'altro alla Santa Sede di non dare al clero diocesano dispense pontificie dal cumulo di benefici senza le sue «litterae habilitatis»[256]. Il clero usava tutti gli argomenti, spesso contro la legge vigente, ed otteneva la dispensa dal cumulo di benefici sia semplici, sia con la cura delle anime[257].

---

limina (*Relationes*, 76).

[252] *Relationes*, 92-93.

[253] «in hoc genere absque Ordinarii recomendatione et super qualitate beneficii informatione» (*Relationes*, 126-127). Al riguardo della risposta della Congregazione vedi: «Graviter et merito sane doles, a beneficiorum possessoribus parce nimis vicariis, templisque suis providers, nec sine ingenti causa exaggeras quot inde oriri possint incommoda. Quando res ita se habere pergat, et ipse a gravioribus, quae modo te circumstant, curis vacuus ac liber fueris, poteris tuarum Romae rerum curatori negotium dare, ut ab hac S. Congregatione aliquod huic remedium quaerat» (*ibid.*, 131).

[254] *Relatio anni 1754*, in *Relationes*, 184.

[255] «Restat unicum postulatum de litteris salvi conductus, quas nimium facile et causa nondum praelibata concedi conquereris ab Apostolico Nuncio nonnullis cleri saecularis aut regularis personis, qui inde sumunt occasionem episcopos contemnendi, qua de re datae fuerunt litterae SS.mi Patris mandato ad eumdem Apostolicum Nuncium, ut in eiusmodi litteris concedendis cautius in posterum se gerat» (*Relationes*, 189).

[256] Cf. *Relatio anni 1767*, in *Relationes*, 211.

[257] *Relationes*, 211. Cf. le relazioni del vescovo Zienkowicz del 1733 con la relativa risposta del Dicastero (*ibid.*, 126.131).

Nella risposta a questa domanda la Congregazione sottolineò la premura dei ministri della Dataria Apostolica nel concedere le dispense[258].

La Congregazione non sempre era soddisfatta delle motivazioni dei vescovi a proposito di una domanda. Il vescovo Zienkowicz ad es. chiese la facoltà di ridurre gli oneri delle messe presentando i suoi argomenti. Il dicastero, non soddisfatto dell'esplicazione, non la concesse, consigliando un'adeguata politica nella provvisione ai benefici ecclesiastici[259].

Quando il dicastero non era competente, rimandava la questione alla congregazione competente[260].

3.2. *Il controllo dell'attività sinodale della diocesi di Vilna*

Secondo la prescrizione del Concilio di Trento i sinodi diocesani dovevano svolgersi ogni anno. Come abbiamo visto, nel caso della diocesi di Vilna tale obbligo non fu mai osservato, neanche nella forma attenuata del 1598 e 1603. La diocesi era troppo grande, il clero troppo disperso e povero, la situazione politica e le guerre creavano ostacoli che bloccavano numerose iniziative della Chiesa locale. Tali argomenti furono presentati alla Santa Sede in occasione delle visite *ad limina*. La Congregazione del Concilio era consapevole di questa particolare situazione e non richiedeva ai vescovi un regolare svolgimento dei sinodi diocesani[261]. Non sempre i vescovi sentivano il dovere di giustificare le loro omissioni nel campo dell'attività sinodale. Nelle relazioni si parlava in modo molto generico dei sinodi dicendo che si celebravano secondo le norme conciliari, oppure i vescovi evitavano di parlare di essi[262].

---

[258] Però aggiunse che «suas tamen preces ad eosdem ut si fieri possit etiam cautiores sint, te id expectante», in *Relationes*, 213.

[259] Cf. la risposta del 1754: «Unum dumtaxat animadvertimus [...] te in aliquibus ecclesiis imposta missarum onera et sacerdotum numerum sic moderari, quantum habita proportione redditum sustineri in posterum possent», in *Relationes*, 188. Cf. *ibid.*, 177.

[260] «Quoad festum sancti Casimiri ad Congregationem Sacrorum Rituum esse remittendum. Circa parvum numerum ecclesiarum et ministrorum catholicorum ad S. Congregationem de Propaganda Fide. Quoad petitam facultatem dispensandi cum haereticis ad Congregationem S. Inquisitionis Em.mi Patres censuerunt remittendum» (*Relationes*, 62).

[261] Cf. M. MORAWSKI, «Synod diecezjalny», 227-228; W. WÓJCIK, «Zwoływanie synodów», 175-179.

[262] *Relationes*, 28.40.48-49.61.70.73.82.96-97. In Polonia prima della istruzione del Benedetto XIII del 1725 la seconda usanza era più frequente. Cf. W. WÓJCIK, *Ze studiów nad synodami*, 147.149.

Soltanto una volta, nella risposta data al vescovo M. Zienkowicz nel 1742, la Congregazione richiese la convocazione del sinodo diocesano[263]. Il vescovo compì tale dovere imposto dal dicastero e ne diede informazione alla Congregazione nella relazione *ad limina* successiva[264]. In occasione di questa visita presentò i nuovi statuti sinodali da approvare[265]. Il dicastero sottolineò il valore delle costituzioni sinodali dal punto di vista della promozione della disciplina ecclesiastica, però si rifiutò di approvare queste norme diocesane, dichiarandosi competente solo riguardo alle costituzioni dei sinodi provinciali[266].

3.3 *I decreti e le lettere della Congregazione del Concilio*

Tra le facoltà attribuite alla Congregazione del Concilio entrava la competenza di concedere grazie, dispense e indulti[267]. Nella pratica di concedere una grazia veniva seguita la procedura propria del dicastero. Dopo la decisione, presa con la maggioranza dei voti, si preparava un decreto oppure una lettera che concedeva una grazia o una dispensa[268]. Per la concessione della grazia, oltre la domanda dell'interessato, in particolare erano importanti i motivi esposti in essa, come pure le condizioni che dovevano essere osservate dal ricevente la dispensa, nel caso dell'approvazione della domanda.

---

[263] «Duo sunt, quae tibi plurimum Sacra Congregatio commendat, quaeque de tua virtute sibi potissimum pollicetur: Primum, ut synodum publica causa intermissam repetere et celebrare quam primum cures» (*Relationes*, 150). Cf. W. WÓJCIK, «Zwoływanie synodów», 175.

[264] Il sinodo fu tenuto nel 1744.

[265] «Synodum diecesanam durante meo pastorali officio semel celebravi, quae per eam constituta fuere, typis vulgata Sacrae Eminentissimarum Dominationum Congregationi examinanda submisi» (*Relationes*, 183).

[266] Cf. *Relationes*, 165.
Soltanto le norme emanate dai concili provinciali richiedevano l'approvazione da parte della Santa Sede. Però, alcuni vescovi, per dare alle proprie leggi un carattere più solenne ed in conseguenza, una maggiore osservanza, presentavano gli statuti diocesani alla Congregazione del Concilio. Il dicastero inizialmente fu favorevole a tale pratica, ma a partire dalla seconda metà del XVII secolo si rifiutò di approvare le norme dei sinodi diocesani. Cf. W. WÓJCIK, «Kościelne ustawodawstwo», 433.

[267] G. VARSÀNYI, «De competentia et procedura», 72; Cf. N. DEL RE, *La Curia Romana*, 152.

[268] *Bull. Rom.*, vol. 8, 999. Le lettere venivano spedite per ottenere qualche informazione necessaria nell'ulteriore procedimento, oppure aggiunte al breve apostolico con cui si concedeva una grazia, per garantire la sua esecuzione secondo le intenzioni del dicastero. Cf. G. VARSÀNYI, «De competentia et procedura», 152-153.

Dal materiale archivistico, conservato negli Archivi della Congregazione del Concilio, risulta che riguardo alla materia da noi esplorata, la Congregazione esaminava i casi molto rari che le pervenivano e le domande più difficili, soprattutto quelle riguardanti lo stato dei chierici, la loro residenza e il cumulo di benefici. Per diversi motivi, in particolare per le difficoltà causate dall'enorme distanza fra la Lituania e Roma, il procedimento era molto complicato e costoso[269]. Di conseguenza le cause affidate al dicastero non erano frequenti e di solito riguardavano gli interessi dei chierici d'origine nobile più ricchi, oppure di coloro che avevano ricevuto un appoggio da parte di una persona ecclesiastica influente. Alle volte i chierici chiedevano una grazia senza informare il vescovo[270].

Alcune domande presentate alla Congregazione del Concilio riguardavano le irregolarità canoniche dall'ordine sacro. Il chierico Tomasz Józef Wasilowski chiese personalmente al dicastero la dispensa per il difetto di una mutilazione di due dita[271]. Il dicastero concesse la dispensa «ex praemisso defectu» secondo il giudizio del vescovo purché non esistesse un altro impedimento canonico[272].

Alcune delle domande, mandate alla Congregazione, riguardavano i chierici dichiarati *irregulares* in seguito a un delitto commesso, i quali, dopo la sentenza giudiziale, vennero deposti dallo stato clericale.

Una domanda venne spedita dal chierico Karny (Carny) deposto dalla prima tonsura e da quattro ordini minori a causa dei crimini comessi[273].

---

[269] Gli atti del capitolo cattedrale di Vilna presentano il procedimento per ricevere dalla Santa Sede la dispensa per l'unione tra la chiesa cattedrale e la chiesa parrocchiale di Poswol e i grandi costi del procedimento (1586-1590). Cf. J. KURCZEWSKI, *Kościół zamkowy*, vol. 3, 65.67.69.83.84.134.146.338.

[270] Di ciò nella relazione sullo stato della diocesi del 1767. Cf. *Relationes*, 211.

[271] *ACdC Lib. decret.* 48 (1698), fol. 79v: «secum dispensari super irregularitate contracta super defectu duorum digitorum medii scilicet et anularii Levae manus».

[272] *ACdC Lib. decret.* 48 (1698), fol. 79v: «dum [...] novi non obstet canonicum impedimentum».

[273] *ACdC Lib. litt.* 17 (1668-1672), fol. 163r (*Vilnen. 1672*): «a tribus circ[iter] annis a prima tonsura et quat[t]uor minoribus ordinibus depositus et degradatus fuit, eo quia cum Oratore in publica platea devenisset ad verba et ad verbera cum quodam Heretico, quem deinde Oratorii Socii spoliarunt, ipse in publici Latrocinii reus habitus fuit». Del chierico Karny tratta una notizia conservata negli atti del capitolo cattedrale di Vilna che presenta l'intervento del vescovo Teodor Skuminowicz, a favore di Karny, presso il capitolo. Cf. *Consilium ratione Joannis Karny Clerici*: «Perill.mus R.ndus D.s Theodorus Skuminowicz Ep.s Grat. Cantor C.lis postulavit a suis Perill.bus consilium ratione Karny Clerici, qui additis sibi duobus mendicis Scholaribus itinerantes depraedabatur, captusque, ut praedio, carceri inclusus sedet. Qua causa

La Congregazione concesse all'ordinario la facoltà di dispensare dall'irregolarità, prendendo in considerazione la veridicità delle prove e la testimonianza del vescovo sull'emendazione dell'interessato «in vita et in moribus»[274].

Nei confronti di alcuni richiedenti, la Congregazione del Concilio negò la dispensa per un'irregolarità. Ciò accadde nel caso del parroco di Niewodnica Tomasz Karwowski. Dagli atti della Congregazione risulta che l'interessato chiese una volta la dispensa per una irregolarità nella quale incorse dopo un omicidio involontario e ricevette risposta negativa (il 28 aprile 1759)[275]. Nel 1760 il Karwowski chiese di nuovo la dispensa presentando l'opinione positiva del suo vescovo sulla sua conversione e penitenza, come pure le deposizioni dei testi confermate dall'ordinario del luogo. Il dicastero «per suas litteras Apostolicas in forma brevis» decise di dispensare l'interessato dall'irregolarità «pro arbitrio» del vescovo. Nel caso della concessione della dispensa il dicastero ordinava di infliggere un'adeguata penitenza al sacerdote interessato[276].

In questi casi la Congregazione ricorreva nei suoi decreti al giudizio dell'ordinario del luogo del richiedente, condizionando la concessione di una grazia alla positiva opinione del vescovo sulla vita e conversione dell'interessato. Un grande valore per il dicastero avevano le lettere dei vescovi del luogo, che confermavano la veridicità delle prove presentate al dicastero dagli interessati.

Un altro gruppo di domande riguardava l'obbligo di residenza. I chierici della diocesi di Vilna chiedevano dispense da questo obbligo per diverse ragioni. Tali domande, tranne una, furono fatte solo dai chierici d'origine nobile, membri del capitolo cattedrale. Il canonico Paweł Brzostowski chiese la dispensa dall'obbligo di residenza a causa degli studi a

---

ad Officium Consistori pertinens, ad Adventum Ill.mi D.ni Loci ordinarii reservata est» (*AALS Acta Cap. Vilnen.* 15, n. 192, fol. 20r).

[274] *ACdC Lib. decret.* 27 (1671-1672), fol. 306v (*Vilnen. 1672*; c. 6, sess. 24 *de ref.*): «Ad libellum solis Carni instantis pro dispensatione super quodam irregularitate, eo quia in publica platea devenerat ad verba cum quodam heretico. Die & Sacra Congregatio censuit remittendum, prout remissit arbitrio Episcopi pro reintegratione ad ordines susceptos, et habilitatione». Cf. *ACdC Lib. litt.* 17 (1668-1672), fol. 163r.

[275] *ACdC Lib. decret.* 110 (1760), fol. 320v-321r (*Vilnen. 1760*): «Ast dum terrore ictum dumtaxat dandum parat, exoneratur scolpulum unumque ex dictis famulis vulnerat, qui intra dies quattuor fato cessit».

[276] *ACdC Lib. decret.* 110 (1760), fol. 321r. Cf. anche *ACdC Lib. decret.* 90 (1740), fol. 244v-245v (*Vilnen. 1740*).

Roma[277]. La Congregazione decise la dispensa per un periodo triennale[278]. L'interessato chiese tale dispensa per la seconda volta e l'ottenne, ma solo per un anno[279]. Anche un altro canonico del capitolo di Vilna, Tomasz Zienkowicz, ottenne la dispensa «ad annum tantum»[280]. Stanisław Ungier, che possedeva un beneficio con cura d'anime, ottenne la dispensa dalla residenza nella sua chiesa per sei mesi, ma fu obbligato a mantenere nella parrocchia, durante la sua assenza, un vicario (*coadiutor*)[281].

Una domanda, approvata dalla Congregazione riguardava il possesso da parte della medesima persona di due benefici, considerati incompatibili a causa dell'obbligo di residenza[282]. Il Mikołaj Jan Molski, parroco di Zadoroże, chiese la dispensa pontificia per il cumulo di due chiese parrocchiali vicine[283]. Per dimostrare la necessità dell'unione prese come argomento, oltre alla poca distanza tra le chiese («tantum quattuor milliaribus distantium»), il fatto che era stato presentato al beneficio di *ius patronatus* dei laici, che entrambe le parrocchie erano prive di un reddito sufficiente e che la chiesa vacante di Kublicze era distrutta e decaduta[284].

---

[277] *ACdC Lib. decret.* 108 (1758), fol. 338v-339r: « Paulus Comes Brzostowski Canonicus Cathedralis Ecclesiae Wilnen. nonum supra decimum circiter aetatis suae annum agens studiorum causa in Urbe in Collegio Clementino supplicat pro indulto abessendi a sui Canonicatus Residentia».

[278] *ACdC Lib. decret.* 108 (1758), fol. 339r: Die & Sacra Congregatio attenta attestatione E.pi Wilnen. benigne indulsit, ut a Residentia sui Canonicatus per triennium tantum pro arbitrio, et coscientia eiusd. E.pi, ex causa praemissa abesse possit».

Il decreto determinava anche il modo di partecipare alle rendite beneficiali: «et interim omnes eius fructus percipere, amissis distributionibus quotidianis» (*ibid.*).

[279] *ACdC Lib. decret.* 110 (1760), fol. 212v.

[280] Cf. J. KURCZEWSKI, *Kościół zamkowy*, vol. 3, 320.323.

[281] *ACdC Lib. decret.* 124 (1774), fol. 299r (*Vilnen. 1774*).

[282] La questione del cumulo di benefici dopo il Concilio continuò a suscitare grande interesse nel clero polacco a causa della pesante situazione beneficiale della Chiesa in Polonia. La Congregazione del Concilio, in seguito all'esame delle richieste polacche, si dichiarò favorevole alla concessione al nunzio apostolico di Varsavia delle facoltà di dispensare dalle norme conciliari relative alla pluralità di benefici. Nel suo parere del 1575, trasmesso al papa, la Congregazione sconsigliava una nuova sospensione generale del divieto di cumulare di benefici, fatto che avrebbe potuto provocare a sua volta un notevole degrado della disciplina e il fallimento della riforma della Chiesa. Si proponeva al pontefice di risolvere il problema mediante dispense apostoliche. A seguito dei lavori dal dicastero venne emesso il breve di Gregorio XIII del 12 novembre 1575 che concedeva al nunzio V. Lauro relative facoltà. Cf. *Uchan.* vol. 4, 346.

[283] *ACdC Lib. decret.* 81 (1731), fol. 120v-121r (*Vilnen. 1731*).

[284] In base del c. 5 della sess. 21 del Concilio di Trento si potevano stabilire le unioni perpetue di benefici decaduti e dotati di un reddito modesto. Nella maggior

CAP. II: L'ACCOGLIENZA DELLA RIFORMA 109

Risulta chiaro che nella pratica della Congregazione prevalse la prassi che per effettuare l'esecuzione dei rescritti, si concedeva la grazia in forma commissoria. Si lasciava la concessione della dispensa all'arbitrio del vescovo. La suddetta pratica della Congregazione si spiega con il fatto che essa rendeva conto della relatività delle ragioni esposte nelle domande. La possibilità di verificare la veridicità degli interessati era assai limitata nel caso di una diocesi così lontana. In tutti questi casi le rispettive domande furono scritte dalle persone interessate con eventuali spiegazioni e prove dei vescovi che rendevano più credibili le ragioni presentate dalle parti. Certamente la dignità della persona che raccomandava la domanda aveva in questi casi un ruolo importante.

3.4 *Il ruolo dei rappresentanti della Santa Sede*

L'avvenimento che rafforzò la posizione della Chiesa fu l'istituzione in Polonia nel 1555 della Nunziatura Apostolica permanente[285]. La sua attività fu inizialmente collegata con il progresso del protestantesimo in Polonia. Dopo la chiusura del Concilio di Trento, accanto all'incarico di difendere la fede cattolica e la libertà della Chiesa polacca, i nunzi dovevano anche promuovere la riforma interna della Chiesa secondo le disposizioni del Concilio[286].

I diritti e le competenze dei nunzi erano determinati nelle quattro specie di lettere che loro ricevevano dalla Santa Sede all'inizio della loro missione. Esse erano: 1) le lettere credenziali; 2) le facoltà per l'esercizio dei pieni poteri spirituali; 3) le istruzioni circa il modo dell'esercizio della loro missione; 4) la «cifra» per la trasmissione di messaggi segreti[287].

Ad alcuni nunzi apostolici in Polonia erano concesse speciali facoltà (*facultates*) per assicurare la riforma tridentina nella Chiesa polacca e l'osservanza della nuova disciplina da parte del clero[288]. Tra le speciali

---

parte dei casi si trattava del cumulo illegale, derivante dal consenso da parte del re oppure di un'altra persona a cui spettava lo *ius patronatus*. Dei casi di questo genere parlava il vescovo Zienkowicz nella relazione del 1741. Cf. *Relationes*, 146.

[285] Sugli origini delle nunziature apostoliche vedi K. WALF, *Die Entwicklung*, 64-68; H. BIAUDET, *Les Nonciatures*, 15.94; M. OLIVERI, *Natura e funzioni*, 116-120.

[286] H.D. WOJTYSKA, *Papiestwo-Polska*, 52.191.

[287] M. OLIVERI, *Natura e funzioni*, 121.

[288] Per quanto riguarda i poteri e le facoltà attribuite ai nunzi dopo il Concilio di Trento, si deve dire che dipendevano molto dalle bolle o dai brevi di facoltà e potevano essere più ampie o più ristrette a seconda dei luoghi e anche delle circostanze. Alcune potestà però erano concesse abitualmente. Cf. K. WALF, *Die Entwicklung*,

facoltà concesse ai nunzi pontifici che riguardavano la riforma del clero in particolare possiamo distinguere: 1) la facoltà di visitare le chiese e il clero parrocchiale; 2) di giudicare le cause criminali dei beneficiati nella prima e nella seconda istanza[289]; 3) di infliggere le pene ecclesiastiche e di assolvere i chierici dalle censure; 4) di dispensare dalle irregolarità che impedissero l'assunzione allo stato clericale o l'esercizio dell'ordine ricevuto[290]. Attraverso queste facoltà, che tra l'altro facilitavano l'ottenere una grazia o dispensa nei casi riservati alla Santa Sede, i nunzi potevano esercitare un'influenza diretta sui vescovi diocesani e sul clero.

Uno dei casi riguardanti la facoltà di concedere la dispensa dalle censure riservate alla Santa Sede, è contenuto nella lettera spedita dal nunzio V. Lauro al vescovo W. Protasewicz il 25 agosto 1574. La lettera trattava il caso del parroco di Horodyszcze Wielkie, Mikołaj Penguara, che incorse nelle censure ecclesiastiche dopo l'omicidio commesso[291]. Prendendo in considerazione le circostanze del delitto presentate dal richiedente, il nunzio giudicò l'omicidio come involontario. Riferendosi alle sue speciali facoltà ricevute dalla Sede Apostolica[292] permise di assolvere l'interessato da tutte le pene imposte e conferirgli la parrocchia tenuta in precedenza, dopo la dovuta penitenza, e qualora di nuovo fosse presentato al beneficio dai colatori. La dispensa, allora, venne concessa in forma commissoria con le aggiunte condizioni.

La Santa Sede mandò in Polonia i legati apostolici, conferendo loro a volte un'ampia potestà per risolvere i problemi concreti nella vita della Chiesa polacca. I legati agivano secondo le speciali istruzioni ricevute dal pontefice.

223-243.

[289] Questa speciale facoltà di giudicare nella prima istanza entrava nelle competenze dei vescovi e provocava molti conflitti. Il Concilio di Trento (sess. 24 *de ref.*, c. 20, in *COD*, 772-773) stabilì, come regola generale, che tutte le cause, appartenenti al foro ecclesiastico, anche se beneficiali, dovevano essere giudicate in prima istanza «solo» dagli ordinari del luogo. Per eliminare equivoci tra i vescovi polacchi e i nunzi il papa Urbano VIII, con la bolla data al nunzio L. Visconti nel 1632, limitò la potestà dei nunzi apostolici al solo giudizio sulle cause criminali degli ecclesiastici nella terza e ultima istanza. Cf. I. POLK, *Legaci i nuncjusze w Polsce*, 31-32.

[290] Sulle facoltà concesse ai nunzi apostolici in Polonia vedi: H. D. WOJTYSKA, *Papiestwo-Polska*, 179ss.

[291] *Acta Nuntiaturae Poloniae*, 297-298.

[292] Il nunzio Vincenzo Lauro (1573-1578) ottenne dal papa Gregorio XIII, il 31 ottobre 1573, il breve con le *facultates generales*. Cf. *Acta Nuntiaturae Poloniae*, 90ss.

CAP. II: L'ACCOGLIENZA DELLA RIFORMA 111

Il papa Clemente VIII inviò a Vilna (1595-1597), con una missione speciale, il legato *a latere*[293] Alessandro Comuleo (Komuleusz)[294]. Comuleo doveva visitare la chiesa cattedrale di Vilna, tutte le parrocchie, come pure gli istituti esenti esistenti sul territorio della diocesi, per riformare la disciplina delle persone ecclesiastiche, tra cui la vita e i costumi del clero diocesano, secondo le disposizioni del Concilio di Trento[295].

Per realizzare questo progetto il legato Comuleo aveva ricevuto facoltà molto vaste. Comuleo poteva intervenire nei confronti di ogni persona ecclesiastica, quando la legge tridentina non era osservata. In virtù della sua potestà corresse la vita e i costumi delle persone ecclesiastiche con l'ammonizione, carcerazione e altre pene[296].

Dalla relazione fatta da A. Comuleo nel 1595, dopo la parziale visita della diocesi «ultra Viliam fluvium», risultava la necessità di tale intervento[297]. Il legato incontrò un gran numero di chiese abbandonate e prive di clero. Nelle altre parrocchie, a causa dello scarso numero di preti e della loro ignoranza della lingua del popolo, i fedeli frequentavano raramente i sacramenti e morivano «absque sacro baptismatis lavacro»[298].

Per rimediare a tanti mali, Comuleo stabilì che dalle rendite della diocesi di Vilna *sede vacante* si detraessero diecimila fiorini, al fine di mantenere 15-20 giovani lituani nel seminario di Vilna, i quali, divenuti

---

[293] Il dovere principale dei legati *a latere* era quello di visitare le regioni lontane, affinché anche presso di esse fosse in qualche modo presente la persona e l'azione del Romano Pontefice. Cf. M. OLIVERI, *Natura e funzioni*, 113-115.

[294] Cf. gli atti del capitolo di Vilna del 13 gennaio 1595. J. KURCZEWSKI, *Kościół zamkowy*, vol. 3, 77.

[295] Cf. la lettera del nunzio M. Malaspina, data a Cracovia 28 novembre 1594 (*Germanicus Maretio Malaspina*), 96: «iuxta sacros canones et decreta Concilii Tridentini: ac illorum [personarum ecclesiasticarum] statum, formam, regulas, instituta, regimen, statuta, consuetudines, vitam, mores et disciplinam [...] tam in capite, quam in membris diligenter inquiret».

[296] *Germanicus Maretto Malaspina*, 96: «Praefati concilii Trident. decreta, ubi nondum introducta sunt, proponendi et custodiri praecipiendi, quascunque personas tam saeculares, quam regulares etiam exemptas et privilegiatas male viventes, relaxatas atque ab institutis deviantes, seu alias quomodolibet delinquentes diligenter inquirendi, corrigendi, emendandi, coercendi et puniendi, vel ad debitum et honestum vitae revocandi prout iustitia suaderit et ordo destinaverit rationis».

[297] Cf. *Alexandri Comulei*, 97-99. Cf. anche la notizia negli atti del capitolo cattedrale del 12 gennaio 1596. J. KURCZEWSKI, *Kościół zamkowy*, vol. 3, 78.

[298] *Alexandri Comulei*, 97.

sacerdoti, avrebbero esercitato il loro ministerio per i fedeli[299]. Stabilì inoltre che nel seminario si ammettessero solo dei candidati della medesima diocesi di Vilna. Fissò anche «in meliorem ordinem redigere cupientes» una somma di denaro per la cosiddetta bursa valeriana[300].

---

[299] *Alexandri Comulei*, 98: «Ne igitur rem adeo necessariam ac salutarem ifectam omnino relinqueremus, commiseratione moti super iactura animarum Christi sanguine redemptarum, tantum hoc unicum remedium restabat adhibendum, quod etiam et adhibuimus, videlicet: ut ex proventibus et reditibus Episcopatus Vilnen., Sede vacante, collectis Decem millia florenorum Polonicalium, paratae pecuniae, auctoritate Apostolica, Seminario huiusmodi applicaremus, daremus et concederemus [...] ex quibus quindecim aut viginti Lithuani, iuvenes Dioecesis Vilnen., alerentur, sustentarentur, bonisque disciplinis ac litteris instruerentur».

[300] Cf. *Alexandri Comulei*, 98-99.

Capitolo III

La vita del clero nella legislazione diocesana

I sinodi diocesani, deliberando le norme giuridiche riguardo al clero sulla base delle costituzioni conciliari e pontificie, delle prescrizioni delle congregazioni romane e degli statuti locali, attuavano, a livello diocesano, la disciplina tridentina sulla vita e sui costumi del clero. Nella diocesi di Vilna, in base all'accettazione delle decisioni tridentine, si svolse il risanamento della vita ecclesiale e si ebbe il rinnovamento di coloro che dovevano costituire un esempio per gli altri fedeli[1]. Gli statuti, infatti, erano critici sui vizi dello stato clericale e sui numerosi abusi nel campo pastorale.

In questo capitolo tratteremo della riforma della vita dei chierici nell'ambito diocesano. All'inizio ci occuperemo del ritratto del sacerdote-pastore d'anime. Dopo, prenderemo in considerazione la disciplina canonica sulla condotta del clero diocesano ed infine, seguirà un articolo sul problema dei chierici girovaghi.

1. **La figura del sacerdote negli statuti sinodali**

Analizzando il contenuto dei decreti sinodali della diocesi di Vilna per quanto riguarda il clero diocesano, non si può affermare che da essi appaia chiaramente un'interpretazione completa in materia di vita dei chierici. I sinodi diocesani non elaborarono un modello di vita

---

[1] La tendenza sancita dal Tridentino di educare un clero che fosse consapevole della propria dignità ed inerente alla diocesi e alla pastorale, era comune a tutta la Polonia dell'epoca postridentina. Cf. M. JABŁOŃSKI, «Teoria duszpasterstwa», 346.

sacerdotale, ma si accontentarono in generale di formulare delle norme disciplinari che sopprimessero certi abusi nella vita dei pastori d'anime[2].

1.1 *La dignità dello stato clericale*

Gli statuti sinodali parlano poco di un tipo ideale di sacerdote, però le leggi diocesane nel loro contenuto si riferiscono abbastanza frequentemente alle idee nuove formulate dal Concilio di Trento. Rileggendo più attentamente le costituzioni sinodali della diocesi di Vilna e, soprattutto, studiando il loro contesto, appare chiaro in che cosa consiste il loro spirito riformatore. I decreti sinodali esprimevano lo spirito nuovo secondo cui la riforma del clero doveva essere interpretata. Essi davano importanza agli obblighi pastorali dei parroci beneficiari ricordando loro la necessità dello zelo apostolico nell'attività pastorale. Il fatto che le norme sinodali ribadissero tali obblighi, prova che i legislatori diocesani attribuivano all'ufficio di parroco un compito eminentemente pastorale, in piena armonia con lo spirito conciliare. Tra gli obblighi dei parroci primeggiava quello di istruire ed illuminare i fedeli nella loro vita di fede con la predicazione della Parola di Dio, con l'amministrazione dei sacramenti e con l'esempio della propria vita. Nessuno poteva esentarli da questo dovere.

Già prima del Concilio di Trento, nell'anno 1528, il vescovo Jan *ex ducibus Lithuaniae*, aveva tentato di condurre il clero ad uno stile di vita più apostolico, consono allo stato clericale, ricordando, alla luce del Vangelo, l'indole della vocazione sacerdotale e l'importanza dell'esempio personale nell'attività pastorale: «Sic luceat lux vestra coram hominibus, ut videant opera vestra bona et glorificent Patrem vestrum, qui in coelis est» (Mt 5,16) e rivolgendo l'attenzione alla modestia e allo zelo nell'attività pastorale[3].

Dopo il Concilio di Trento, il vescovo J. Radziwiłł, nella lettera pastorale del 1582, incoraggiò i chierici affinché conducessero una vita esemplare per i fedeli: perché gli ecclesiastici fossero di esempio al popolo indicava loro l'onestà sacerdotale, la sobrietà, la castità e le altre virtù che regolassero il modo di vivere di tutti i giorni[4].

---

[2] Neanche il Concilio stesso riuscì ad elaborare il tipo ideale di sacerdote. Cf. par. 2.2.1 del cap. I.

[3] Cf. *Statuta* (1528), art. *De vita et honestate clericorum*, 120.

[4] *Epistola* (1582), 134: «Proinde hortamur devotiones vestras in Domino, ut aliquando serio agant et memores conditionis nostrae, qui post exigui temporis spatium viam ingressuri sumus universae carnis, et proponentes ante oculos statum patriae

Anche gli statuti *De vita et honestate clericorum* dei sinodi successivi parlavano di questo aspetto della vocazione sacerdotale. Esso venne ricordato esplicitamente dalle Collezioni delle costituzioni del 1613 e 1633, dalle lettere pastorali del 1682 e 1710 e dai sinodi del 1717 e 1744. Il tono dei suddetti decreti è molto significativo riguardo alla loro direzione pastorale. Accanto alla visione tradizionale del sacerdote scelto da Dio per le funzioni di culto, appare il carattere nuovo del sacerdote-pastore che, con l'esempio della propria vita e delle proprie virtù, guida i fedeli verso Dio[5].

Dal testo della lettera pastorale del 1710 risulta che il vescovo Brzostowski stava per creare un modello di sacerdote capace di svolgere effettivamente tutte le funzioni pastorali, previste dalle leggi ecclesiastiche formulate dai sommi pontefici, dai concili e dalle congregazioni romane[6]. Nell'introduzione al documento e nel decreto *De vita et honestate clericorum* veniva richiamata l'antica «concezione elitaria del clero» che definiva il carattere particolare degli appartenenti allo stato clericale come coloro che sono stati chiamati «in sortem Domini»[7]. Ai chierici si riferivano le parole di S. Pietro citate nella lettera pastorale: «vos estis genus electus, regale sacerdotium, gens sancta, populus acquisitionis» (1P 2,9)[8]. I chierici, segregati da Dio, tenuti dal Signore come sua proprietà erano obbligati, da veri pastori d'anime, a condurre una vita esemplare per il popolo e conforme alle norme canoniche, perché proprio in loro i fedeli trovassero

---

nostrae, quae tot haeresum et schismatum monstris vexatur, honeste, sobrie et caste vivant, habitu, vita et moribus omnique exemplo operam, ut ea, quae sunt toties deliberata et constituta, diligenter observentur».

[5] Cf. *Constitutiones* (1613), cap. *De vita et honestate clericorum*, fol. Hv: «Curandum est enim singulis testimonium bonum probitatis suae habere, ita ut bonus odor Christi apud omnes quilibet esse possit»; *Modus et Ordo Boni Regiminis* (1682), cap. 54, fol. B3r: «Monentur Parochi ut sint Vocationis suae, sic quae vivant ut ex moribus et vita sua Ovibus sibi subiectis, totius pietatis et morum compositionis, praebeant exemplum». Vedi anche *ibid.*, cap. 98, fol. C3v: «Ad extremum admonetur totus Clerus, ut se quam modestissime gerant; abstineant ab omnibus violentiis, inviasionibus et aliis scandalis, sed praebant se exemplar servorum Christi, ut magis exemplis et operibus suis, Gregem sibi commissum erudire possint et valeant, quam verbis».

[6] *Epistola* (1710), cap. 15, 423: «Sollicitudo Pastoralis Regiminis Nobis, licet immeritis desuper imposita, quotidie animum Nostrum angit, ac urget, ut ea, quae sanctissime a Summis Pontificibus, Conciliis, Sacris Congregationibus sancita, declarata et ordinata sunt, serie executioni mandentur».

[7] Cf. *Epistola* (1710), cap. 15, 423.423.444. Vedi sopra par. 1.1 del cap. I, in particolare nota n. 5.

[8] Cf. *Epistola* (1710), 423.

l'esempio della santità di vita⁹. Coloro che erano stati chiamati al sacerdozio non dovevano accontentarsi di mezze misure, ma dedicarsi pienamente al servizio della Chiesa secondo le parole di S. Paolo dagli Atti degli Apostoli: «Attendite vobis et universo gregi, in quo vos Spiritus Sanctus posuit regere Ecclesiam Dei, quam acquisivit sanguine suo» (At 20,28)[10]. Quest'idea, sviluppata poi nel capitolo *De vita et honestate clericorum*, indicava il triplice aspetto della vita dei sacerdoti: dalla dignità di veri leviti che appartenevano a Dio scaturiva l'esigenza della pietà nel culto divino, di una vita onesta e della pratica delle virtù che attraessero i fedeli verso Dio[11]. Il legislatore diocesano, mettendo in rilievo l'onestà sacerdotale, rammentava poi la particolare nocività dei vizi nel clero della quale parlavano le leggi canoniche medievali, richiamate dal Concilio di Trento nel decreto di riforma *Nihil est*[12].

Il sinodo del 1717, nel decreto *De vita et honestate clericorum*, rifacendosi al testo del libro del Levitico: «Siate santi per me, perché santo sono io il Signore e vi separo dai popoli per essere miei» (Lv 20,26) consigliava ai chierici una vita onesta corrispondente alla loro vocazione, la pratica delle virtù e la santità personale[13]. La santificazione personale non

---

[9] *Epistola* (1710): «Studete vitam vestram, quae omnibus exemplar debet esse, sacris canonibus conformare, ut in sortem Domini vocati, iam non quae vestra sunt quaeratis, sed quae Jesu Christi: populusque fidelis nihil in vobis deprehendat, quod cum status vestri sanctitate et sublimitate non bene cohaereat, nec ipsi etiam adversarii inveniant aliquid mali dicere de vobis» (423-424).

[10] Cf. *Epistola* (1710), 423.

[11] *Epistola* (1710), cap. 15 *De Vita et Honestate Clericorum*, 445. Delle virtù richieste nel clero parleremo più avanti.

[12] *Epistola* (1710), cap. 15 *De Vita et Honestate Clericorum*, 445: «ne vitiis saecularibus obnoxii gravissima Divi Gregorii animadversione merito afficiantur. Ait enim, quod "nullum ab aliis maius praeiudicium, quam a sacerdotibus tolerat Deus, quando eos ad aliorum correctionem posuit, dare de se exempla pravitatis cernit; quando ipsi peccamus, qui compescere peccata debuimus; et quia eo ipso, quo caeteris praelati sumus, ad agenda quaelibet maiorum licentiam habemus, susceptae benedictionis ministerium vertimus ad ambitionis argumentum"». Cf. *C. Tridentinum*, sess. 22, *de ref.*, c. 1, in *COD*, 737.

[13] *Decreta* (1717), cap. 15 *De Vita et Honestate Clericorum*, n. 151: «Ad scopum et objectum attributionis, quod S. praesens Synodus spectabat, pervenimus: huc enim universae constitutiones, sancita et quocunque titulo nominatae collimant leges, ut vita Cleri ad omnem honestatem, vocationi suae correspondentem, virtutumque Sanctimoniam componatur: stimulum addente Divino eloquio: *Eritis mihi Sancti, quia Sanctus sum ego Dominus, et separavi vos a caeteris populis, ut essetis mei*».

poteva limitarsi solo all'aspetto esterno della vita del chierico; il decreto invitava anche alla perfezione interna, all'intimità con Dio[14].

Il sinodo, del 1744, nel capitolo *De vita et honestate clericorum*, si riferiva al Tridentino, come pure alla lettera pastorale del vescovo Brzostowski del 1710. Attingeva quasi *expressis verbis* alla prima parte del decreto *Nihil est*, per sottolineare la necessità di una perfezione di vita dei chierici[15]. Raccomandava ai chierici che fossero innocenti nel pensiero, degni di lode nelle loro opere, e che fossero di esempio per i fedeli nelle parole, nella carità, nella fede e nella castità[16]. In riferimento al concetto della particolare dignità dei sacerdoti ricordava ai chierici che lo scandalo nella loro vita poteva recare un grave danno ai fedeli[17].

1.2 *Il carattere pastorale dei ministeri parrocchiali*

Dai documenti sinodali emerge la figura di sacerdote, legata quasi esclusivamente alla cura d'anime e tutta dedita al servizio della Chiesa.

Il prete doveva conoscere la sua parrocchia e i fedeli a lui affidati. A tal fine gli statuti incaricavano i parroci di tenere i registri dei loro fedeli. Nella lettera del 1582, negli atti sinodali del 1602 e nelle costituzioni del 1613, si parlava della necessità di tenere i libri dei battezzati e dei matrimoni da conservarsi negli archivi parrocchiali[18]. Di questo problema

---

[14] *Decreta* (1717), cap. 15 *De Vita et Honestate Clericorum*, n. 152: «Porro sanctitas haec non in externa solum, Ecclesiastici hominis bene ad extra compositi specie consistit, sed internam quoque animae cum Deo requirit coniunctionem».

[15] *Synodus* (1744), cap. 11 *De Vita et Honestate Clericorum*, fol. D3r: «Nihil est, quod alios ad pietatem et Cultum Dei magis instruat, quam eorum vita et exemplum, qui se Divino Ministerio dedicarunt iuxta definitionem S. Concilii Tridentini sess. 22, cap. 1 de reform». Cf. in *COD*, 737.

[16] *Synodus* (1744), cap. 11 *De Vita et Honestate Clericorum*, fol. D3r: «Sint in cogitationibus innoxi, in operibus laudabiles, sint exemplum fidelium verbo, et charitate, fide et castitate, ut sit eis dignitas sacerdotii in aeternum».

[17] *Synodus* (1744), fol. D3r: «Quia propter necesse est omnino quosque Clericos in sortem Domini vocatos, sic vitam moresque suos componere, ut habitu, gestu, sermone, conversatione, allisque actionibus, nihil aliud nisi probum, moderatum, ac religione plenum praeseferant. Scandala etiam levia non tantum graviora praebere caveant, ne praeter suam culpam, etiam commissarum sibi Ovium preditionis sint rei».

[18] *Epistola* (1582), 137: «Habeant librum, in quo scribant nomina patrinorum [...] Alium etiam librum habeant, in quo describant nomina contrahentium matrimonia et uterque diligenter servetur»; *Synodus* (1602), cap. *De verbi Dei praedicatione et Sacramentorum administratione*, fol. Aiijv: «Libros praeterea Baptismatorum diligenter conscribant: in quibus nomina Parentum, Infantum, et Patrinorum, similiter annus, mensis, et dies adnotentur».

parlavano anche la lettera pastorale del 1682 e il sinodo del 1717 che stabilivano di tenere nelle singole parrocchie i libri dei battesimi, dei matrimoni e dei defunti, con aggiunti i registri delle località e degli abitanti[19].

Richiamandosi alle norme del Concilio di Trento, il vescovo Radziwiłł prescriveva di fare delle descrizioni dei parrocchiani, soprattutto di quelli che erano ammessi alla santa comunione[20]. Anche il vescovo S.M. Pac impose, nel 1682, la compilazione dei registri dei fedeli dove si metteva in evidenza il numero di cattolici, scismatici, eretici, adulteri, meretrici, streghe, assassini, ecc. imponeva[21]. Questi registri li raccoglieva il visitatore responsabile di un certo territorio e li spediva al vescovo[22].

Attraverso una ben organizzata cancelleria parrocchiale il parroco aveva dunque la possibilità di conoscere meglio tutti i più importanti settori della vita religiosa della sua parrocchia. Anche se la prescrizione di tenere i registri dei fedeli, in pratica non era generalmente applicata, si può affermare che, nelle condizioni di allora, il parroco fosse assai ben informato sulla situazione religiosa dei parrocchiani. Questo gli consentiva di dirigere adeguatamente la sua attività pastorale.

Come possibilità per conoscere meglio i fedeli, le lettere pastorali del 1682 e 1710, e un decreto sinodale del 1717 suggerivano le visite pastorali delle singoli famiglie (*kolęda*)[23]. La lettera del vescovo Brzostowski

---

Gli articoli del 1613 contengono schemi delle iscrizioni richieste in caso di amministrare il battesimo o il sacramento del matrimonio. Cf. «*Constitutiones* (1613), cap. *De Baptismo*, fol. Cv; cap. *De Matrimonio*, fol. D1v.

[19] Cf. *Modus et Ordo Boni Regiminis* (1682), cap. 27, fol. A3v e cap. 76, fol. Cv. Vedi anche *Decreta* (1717), cap. *7 De notitia suarum Ovium a Pastore et statu earum describendo*, fol. Lr: «Quoniam praeceptum Dei est, ut Pastores agnoscant Oves suas, necessaria omnino videtur ad eum finem ordinatio catalogi Parochianorum, in libro ad id specialiter, vigore Ritualis Romani comparato, in quo scilicet describantur loca, domus et animae in sua Parochia reperibiles, una cum statu earum».

[20] *Epistola* (1582), 138: «Facient etiam descriptionem omnium parochianorum catholicae religionis, praesertim vero eorum, qui iam communicant».

[21] *Modus et Ordo Boni Regiminis* (1682), cap. 53, fol. B3r: «Describantur a Parochis quolibet anno, circa Pascha quot in sua parochia sint Animae Catholicorum; quot schismaticorum; quot Haereticorum, quot adulteri, quot concubinarii, quot malefici, quot venefici, homicidae, et alii scandalosi et Loci Ordinarium, vel Decanum suum, praecaveant, ut tempestive his malis obviari possit». Cf. W. PRZYAŁGOWSKI, *Żywoty biskupów*, vol. 3, 59.

[22] Cf. nota precedente. Vedi anche *Epistola* (1582), 136.

[23] Cf. *Modus et Ordo Boni Regiminis* (1682), cap. 76, fol. Cv. Sul significato della *kolęda* vedi: S. CHODYŃSKI, «Kolęda», 499-512.

raccomandava ai parroci di chiedere, durante la visita pastorale, informazioni sulla vita dei vicini, sulle inimicizie e sugli altri problemi, per poter aiutare i loro parrocchiani in caso di necessità[24]. Il sinodo del 1717 ordinava ai curati delle anime di completare i libri parrocchiali durante la visita pastorale delle famiglie[25].

Una particolare cura richiedevano gli statuti della diocesi di Vilna per l'amministrazione dei sacramenti e dei sacramentali. Le costituzioni del vescovo B. Wojna del 1613 ricordavano ai chierici impegnati nella pastorale la necessità di considerare in modo serio i loro doveri verso i fedeli[26].

Secondo le prescrizioni delle costituzioni del 1613, i rettori delle chiese e gli altri sacerdoti impegnati nella cura d'anime erano in dovere di vigilare affinché i fanciulli non morissero senza battesimo. Specie in pericolo di morte del bambino, i pastori, chiamati a battezzarlo, non potevano rifiutarsi di compiere questo obbligo per il motivo di altri incarichi pastorali; il prete doveva assomigliare al buon pastore invece che al mercenario, al quale non importava delle pecore[27].

La massima diligenza e cura fu richiesta anche nell'amministrazione del Sacramento dell'Estrema Unzione[28]. I sacerdoti erano sempre obbligati a

---

[24] *Epistola* (1710), *Appendix*, 451: «Parochi, dum visitant parochianos tempore strenae, inquirant de vita vicinorum, de inimicitiis et aliis, ut mederi possint».

[25] *Decreta* (1717), cap. 7 *De notitia suarum Ovium a Pastore et statu earum describendo*, fol. Lr: «Quod facile singuli animarum Rectores consequi poterunt, si strenae tempore visitantes suam Parochiam singulorum nomina in praedicto libro connotaverint».

[26] *Constitutiones* (1613), cap. *Officium parochorum in praedicatione verbi Dei et administratione sacramentorum consistit*, fol. Ar: «Parochi caeterique curam animarum sustinentes, quo studiosius officii munerisque sui partes exequantur, illud meminerint necesse, ut animas sanguine Christi redemptas, recte Verbi Dei praedicatione custodiant, et salutari nempe administratione Sacramentorum ad aeternitatem alant».

[27] *Constitutiones* (1613), cap. *De Baptismo*, fol. C2v: «Hortamur denique hoc loco universos cunctarum Ecclesiarum Rectores, ceterosque Sacerdotes, quorum curae est haec et similia his munia obire, ut summam hac in re diligentiam suam conferant, ne quis parvulorum aliqua illorum ex iniuria propria, Sacro Baptismatis non insignitus charactere, morte praeventus intereat, cui tanto periculo manifeste ii esse exponunt, qui autem plures expectando, unum baptisare differunt, aut cum ad aliquem debilem infantulum baptisandum vocati recusant, modo mercenariorum propriis commoditatibus, et non iis, quae ovium suis Pastoribus animas suas, non autem Pastores Oviculis suis». Cf. G 10,11-13.

[28] Cf. *Synodus* (1602), cap. *De verbi Dei praedicatione et sacramentorum administratione*, fol. Br; *Constitutiones* (1613), cap. *De Extrema Unctione*, fol. D1r. Nelle costituzioni del 1633 vennero richiamate le prescrizioni del Concilio di Trento sull'e-

portare la santissima comunione per i fedeli che si trovavano in situazione di necessità. Nella lettera del 1710 si raccomandava ai parroci che amministrassero diligentemente e a tempo il viatico per i fedeli che si trovavano in pericolo di morte[29].

Lo stesso valeva per il Sacramento della Penitenza. Il vescovo Radziwiłł nella lettera pastorale del 1582 ammoniva i sacerdoti perché trattassero le confessioni dei fedeli con la dovuta diligenza ed assiduità[30]. Il sinodo del 1744 ordinava ai rettori delle chiese la massima diligenza affinché i fedeli non morissero senza la confessione[31].

Secondo le premesse del Concilio di Trento, i chierici dovevano dar forma ad un nuovo modo d'essere cattolico, ad un corretto comportamento e ad una cultura dell'esercizio delle pratiche religiose. Nel capitolo *De parochis* della lettera pastorale del 1710 il vescovo Brzostowski esigeva dal sacerdote-pastore che assomigliasse nel suo zelo apostolico al negoziante che vende tutto ciò che possiede per comprare la perla più preziosa[32]. Il parroco responsabile della pastorale era richiamato al dovere di predicare nelle domeniche e nei giorni festivi. Le prediche dovevano essere tenute dal parroco personalmente o attraverso un sostituto. Nelle omelie bisognava insegnare le verità fondamentali di fede, il Decalogo, i precetti della Chiesa e le preghiere principali. I predicatori avevano il dovere di tenere le prediche in certe circostanze, adattandole all'età, alle capacità, alle condizioni di vita ed alle usanze degli ascoltatori[33].

---

strema unzione (sess. 14, cc. 1-2): *Constitutiones* (1633), cap. *De Extrema Unctione*, fol. Dr.

[29] *Epistola* (1710), cap. 1 *De administratione Sacramentorum*, 425: «Curent parochi, ut nemo sine viatico decedat; adeoque non sint difficiles quando vocantur ad infirmos, sed postpositis omnibus negotiis currant».

[30] *Epistola* (1582), 137: «In confessionibus audiendis sint diligentes et assidui».

[31] *Synodus* (1744), cap. 7 *De sacramento Poenitentiae*, fol. C3v-C4r: «Quandoquidem Sacramentum istud, tanquam secunda post naufragium Tabula, in Remedium Generis Humani a Christo Domino institutum est; ideo diligenter omnes curam animarum agentes invigilent, et unice intendent, ne aliquis parochianis suis, praesertim infirmis sine illo ex hac luce decedant».

[32] *Epistola* (1710), cap. 16 *De Parochis*, 446: «Pastorale et gravissimum parochorum munus implere satagant viri apostolico zelo praediti; quippe ab Evangelica parabola edocti assimilari debent homini negotiatori quaerenti bonas margaritas, animas scilicet suae curae commissas, et vel una preciosa depereat, omnia sua bona vendere, nempe accepta ab omnium bonorum largitore talenta, sanam doctrinam, sedulam operam, impigrum laborem et vigilantiam paternae charitatis favorem ipsosque ecclesiasticos proventus ad mentem sacrorum canonum impendere teneantur».

[33] Cf. *Epistola* (1710), cap. 16 *De Parochis*, 446.

Al concetto pastorale della vita del clero, il vescovo M. Zienkowicz dedicò anche un discorso all'inizio della prima sessione sinodale, in cui si avvalse abbondantemente della Sacra Scrittura e dei padri della Chiesa per rilevare la missione pastorale di coloro che hanno ottenuto gli ordini sacri e per sottolineare la necessità della santità individuale dei pastori delle anime e della loro fedeltà nell'azione apostolica[34].

La lettera pastorale del 1682 e gli statuti dei sinodi del 1685 e 1744 obbligavano anche gli altaristi ad aiutare i parroci nell'esercitare il culto divino, ad assistere nelle solenni celebrazioni liturgiche e ad ascoltare le confessioni soprattutto durante la Pasqua[35]. L'altarista negligente poteva essere punito, secondo le norme del sinodo del 1685, con il sequestro «quartae partis fructuum» a favore della chiesa per la quale era istituito[36]. Negli atti del 1744 fu prevista la multa di 30 fiorini polacchi per il collegio diocesano[37].

Allo scopo di assicurare ai fedeli, da parte dei pastori, il nutrimento della Parola attraverso la predicazione e la catechesi, l'amministrazione dei sacramenti e sacramentali, i sinodi della diocesi di Vilna tendevano ad obbligare i beneficiati, impegnati nella pastorale, a risiedere presso le loro chiese. L'inosservanza della residenza era uno dei più gravi abusi nella vita degli ecclesiastici in Polonia[38]. Nel periodo postridentino, soprattutto

---

[34] Cf. *Synodus* (1744), *Sermo pastoralis D. Loci Ordinarii Vilnensis ad initium Imae sess. Habitus*, fol. A4r-Bv.

[35] Cf. *Modus et Ordo Boni Regiminis* (1682), cap. 34, fol. Bv; *Acta* (1685), cap. *De Altaristis in Ecclesiis Parochorum*, fol. B4v-Cr: «volumus, ut R.R. D.D. Altaristae seu Praebendarii penes Ecclesias Parochiales saecularium Parochorum residentiam fixam habere tenentes, in quibus beneficia Ecclesiastica illorum existunt suos Rndos Dnos Parochos dum et postquam toties et quoties ab iisdem requisiti, et adhibiti fraterne fuerint, in confessionibus excipiendas fidelium et sacramentis administrandis adiuvare omnino velint, et non graviter ex debito gratitudinis et charirtis fraternae». Vedi anche *Synodus* (1744), cap. 26 *De Altariis et Altaristis*, fol. F2v-F3r: «Parochos debito cultu prosequantur, ipsis in Processionibus, Thurificationibus, aliisque Caeremoniis Ecclesiasticis super pelliciati sine ulla renitenti assistant; in excipiendis Confessionibus, praesertim in Paschae, aliisque Festis Christi Domini, nec non Beat. Matris Eius solenniter celebrari solitis, eos adiuvent».

[36] *Acta* (1685), cap. *De Altaristis in Ecclesiis Parochorum*, fol. Cr: «alias contra facientes sciant Nos ad poenam sequestrationis quartae partis fructuum eidem Ecclesiae applicandorum sine ullo processu iuris descensuros et processuros».

[37] *Synodus* (1744), cap. 26 *De Altariis et Altaristis*, fol. F3r: «Contra secus facientes poenam 30 Florenorum Polonicorum Collegio Dioecesano applicandorum assignamus».

[38] B. KUMOR, «Sytuacja Kościoła», 24.

nei secoli XVII-XVIII, alcune leggi ecclesiastiche particolari permettevano, sotto certe condizioni, il cumulo di benefici, come ad es. il concilio provinciale di Piotrków del 1589 consentiva la possibilità del cumulo di più parrocchie decadute con il previo permesso dei vescovi (i vescovi polacchi avevano ricevuto dalla Santa Sede una certa potestà in questo campo). Di conseguenza molti chierici non risiedevano nelle loro parrocchie. La crisi economica e politica del paese nel XVII secolo accentuò questa pratica.

Nella diocesi di Vilna il processo d'adattamento della pratica beneficiale locale alle leggi universali dopo il Concilio di Trento cominciò nel 1582 con il vescovo J. Radziwiłł. Egli prescrisse che il parroco che non risiedeva nella propria canonica per una causa legittima, doveva ottenere dall'ordinario la licenza scritta[39].

Secondo la lettera pastorale del 1682, in caso d'assenza giustificata, il parroco beneficiato era obbligato ad assicurare un sostituto approvato dal vescovo[40].

Le costituzioni del 1602, 1613, 1633 e 1669 negli articoli sulla residenza andavano più avanti, vietando ai parroci di abbandonare per più di due mesi la parrocchia senza permesso vescovile e sotto la pena della perdita dei redditi[41]. Se un chierico assente dalla sua chiesa per più di due mesi ed ammonito dal vescovo, non fosse tornato, poteva essere punito con le pene previste dagli statuti tridentini fino alla privazione del beneficio stesso[42].

---

[39] *Epistola* (1582), 134: «Qui non resident ordinarie in propriis plebaniis ob aliquam causam legitimam, licentiam habeant a nobis in scriptis».

[40] *Modus et Ordo Boni Regiminis* (1682), cap. 32, fol. Br: «Parochus habens Dispensationem non residendi, tenetur habere sufficientem Vicarium legitimâ portione assignata».

[41] Il vescovo Pac nella lettera pastorale del 1682 parlava dell'assenza oltre tre mesi. Cf. *Modus et Ordo Boni Regiminis* (1682), cap. 31: «Nullus Parochus ultra tres menses continuos, sive interruptos ex gravi tamen causa a Loci Ordinario cognoscenda, et cum litentia eius in scriptis obtenta, abesse praesumat; alioquin fructus pro tempore absentiae non faciet suos [...] sed debebit eos convertere in utilitatem Ecclesiae vel Eleemosynas pauperum, Loci Ordinarii arbitrio».

[42] *Synodus* (1602), cap. *De Residentia*, fol. Bv: «Quod si talis post bimestre spatium elapsum redire neglexerit, et citatus non comparuerit; ad privationem procedemus». Cf. gli articoli paralleli *De Institutione ad Beneficia Ecclesiastica et Residentia in Curatis* delle costituzioni del 1613 e 1633 e le *Acta* (1669), cap. *De Residentia in Beneficiis*, fol. B2r.

Il parroco che tornava alla sua parrocchia, dopo un certo periodo d'assenza da essa, era obbligato, entro un mese, ad informare il vescovo del luogo sul suo ritorno, altrimenti era considerato assente e non residente[43].

Il vescovo E. Kotowicz, consapevole del fatto che alcuni dei presbiteri che si trasferivano nelle altre diocesi, ma continuavano a percepire i redditi dai benefici rimasti nella diocesi di Vilna, prescrisse che i trasgressori fossero citati per l'editto se per la loro assenza non era possibile citare loro personalmente. Se essi non fossero tornati alla parrocchia entro sei mesi dopo la pubblicazione dell'ultimo, cioé terzo decreto, venivano *ipso facto* privati del beneficio[44].

Poiché alcuni parroci si recavano a Riga, Königsberg, Danzica ed altre città a cercare guadagni, arrecando danno ai fedeli loro affidati, il vescovo Kotowicz nello stesso capitolo esigette da loro, sotto pena arbitraria a lui riservata, che si munissero nella curia diocesana della licenza per iscritto e che la parrocchia fosse dotata di un sostituto idoneo ad incarichi parrocchiali[45].

Il sinodo di Zienkowicz del 1744 appoggiandosi alla costituzione *Quanta cura adhibenda sit* di Benedetto XIV del 30 giugno 1741, imponeva

---

[43] *Constitutiones* (1613), cap. *De Institutione ad Beneficia Ecclesiastica et Residentia in Curatis*, fol. F1v: «Postquam vero redierit ad Ecclesiam suam, certiores nos de reditu suo infra mensem faciat; alioquin tanquam pro absente et non residente habebitur». Cf. *Acta* (1669), cap. *De residentia in Beneficiis*, fol. B2r.

[44] *Acta* (1685), cap. *De Residentia circa Beneficia Ecclesiastica*, fol. B4r-B4v: «Quoniam aliqui Presbyterorum comperti sunt, qui absque facultate officii extra Dioecesim propriam in partes extraneas se conferebant relicta residentia penes suum beneficium, interim ex eodem beneficio reditus in rem suam capiebant, quibus in ulterius viam praecludere cupientes, vigore dispositionis Sacrorum Canonum prius tales absentes, si non possit commode ad illos citatio deferri in Ecclesia sua, per publicum edictum citandos decernimus, nisi post ultimi edicti publicationem expectati per sex menses ad residentiam penes Ecclesiam redierint, tales declaramus, ipso facto, beneficio eodem privandos».

[45] *Acta* (1685), cap. *De Residentia circa Beneficia Ecclesiastica*, fol. B4r-B4v: «Et quoniam aliqos Parochorum contingit descendere Rigam, Regiomontum, Dantiscum, et ad alia loca, extra Dioecesim questus et lucri sui gratia, derelicta Ecclesia et Ministerio ipsius: quod passim infantes sine baptismo, adulti sine Sacramentis ex vita decedere cogantur, proinde occurrendo tanto damno animarum Christi fidelium pretioso Domini Nostri Redemptoris Cruore redemptarum, statuimus ne in posterum absque et in scripto obtenta licentia et non nisi in locum suum substituto idoneo Sacerdote tale iter aggredi quisquam illorum praesumat, sub poenis arbitrio nostro reservatis, cui ut attendant sedulo Admo: Rni Dni Decani et Nobis seu officio Nostro denuncient, eorum conscientiam oneramus».

agli altaristi la residenza[46] sotto pena di 30 fiorini palacchi a favore del collegio diocesano[47].

L'obbligo di residenza fu trattato dai legislatori come un impegno intrinseco del servizio a Dio, auspicabile per il bene della Chiesa e dei fedeli. Chi andava in giro fuori della parrocchia trascurava l'obbligo dell'amministrazione dei sacramenti, specialmente del battesimo e dell'estrema unzione e contravveniva in questo modo alla legge canonica. Per questo fatto il vescovo Brzostowski nella lettera pastorale del 1710 e negli statuti sinodali del 1717 pretese che i parroci dimorassero vicino alla chiesa, invece che in una masseria distante da essa. I chierici non residenti presso le parrocchie potevano essere privati dei frutti dei benefici e, nel caso di contumacia, del beneficio stesso[48].

I vescovi diocesani si preoccuparono della grave situazione della pastorale e fecero ricorso a tutti i mezzi legittimi per migliorare l'efficacia della cura d'anime; soprattutto accentuarono il divieto del cumulo di benefici. La riforma, però, fu introdotta lentamente e con grandi difficoltà, poiché il clero molto spesso faceva resistenza alle decisioni dell'autorità diocesana[49].

Nel campo beneficiale della diocesi regnava disordine giuridico, anche per mancanza di documenti che giustificassero il possesso di benefici. Ponendo mano al riordinamento beneficiale, onde tutelare le proprietà ecclesiastiche e impedire perdite irrimediabili di beni ecclesiali, il sinodo del 1582 fece pressione sui parroci e gli altri beneficiati perché presentassero al vescovo *littere institutionis* al beneficio, tramite vicari foranei o visitatori. Per occupare un beneficio ecclesiastico, infatti, si richiedeva l'istituzione canonica. I beneficiati che avevano ricevuto un beneficio con la cura d'anime vennero obbligati ad accedere agli ordini sacri. Se un parroco trascurava questo dovere, poteva essere punito secondo la legge

---

[46] Cf. *Synodus* (1744), cap. 26 *De Altariis et Altaristis*, fol. F2v: «Altaristae autem praedicta Beneficia habentes sive cum institutione sive absque illa, omnino penes Ecclesias, in quibus Altaria fundata, resideant, et in illis non alibi obligationibus suis (vigore constit. moderni Summi Pontificis Benedicti XIV incipientis: *Quanta cura adhibenda sit*, anno Dni 1741, die 30 mensis Junii editae) satisfaciant. Vedi anche F. RADZISZEWSKI, *Ustawy synodu diecezjalnego*, 23-24.

[47] Cf. sopra nota n. 37.

[48] *Epistola* (1710), *Appendix*, 451: «maneant in domibus parochialibus, prope templum et non in praediis, sub poena privationis fructuum, imo, si protervi fuerint, etiam beneficiorum»; *Decreta* (1717), cap. 10 *De Residentia Parochorum*, n. 143, 69-70.

[49] Cf. S. LITAK, «Struktura i funkcje parafii», 314-321.

canonica[50]. Il sinodo del 1685, rifacendosi alla relativa normativa tridentina, vietò il possesso illegale di ogni tipo di beneficio, senza l'istituzione canonica, sotto pene arbitrarie riservate al vescovo, fino alla perdita del beneficio stesso[51].

Il vescovo B. Wojna, adattando la legislazione diocesana alle prescrizioni tridentine, ammonì i suoi parroci che il possesso senza dispensa o privilegio apostolico di più benefici che esigevano la residenza personale, oppure di quelli con la cura d'anime, comportava *ipso facto* la perdita degli stessi benefici dopo due mesi dalla promulgazione degli statuti sinodali. Questa norma venne ripetuta negli statuti diocesani del 1613 e 1669: il vescovo Sapieha impose ai chierici beneficiati di lasciare i benefici superflui entro sei mesi dopo la chiusura del sinodo[52].

Il vescovo Pac nella lettera pastorale del 1682 e il vescovo Brzostowski nel sinodo del 1717 stabilirono che il chierico che deteneva dei benefici incompatibili doveva, entro sei mesi, presentare all'ordinario del luogo la dispensa apostolica[53]. Seconodo il sinodo del 1717, in caso contrario, previa ammonizione, i suoi benefici venivano dichiarati vacanti e conferiti

---

[50] *Epistola* (1582), 134: «Plebani caeterique beneficiati sint a nobis vel a praedecessoribus nostris instituiti et teneantur nobis aut decanis ruralibus seu visitatoribus nostris litteras institutionis ostendere, ipsique qui curam animarum, iuxta canonum decreta, ad sacros ordines promoveantur. Quodsi non fecerint, poenis a iure statutis irremissibiliter punientur».

[51] *Acta* (1685), cap. *De pluritate Beneficiorum*, fol. B4r: «Item innixi dispositioni eorundem sacrorum Canonum praecavendum esse statuimus, quatenus nullus Saecularium et regularium Presbyterorum vel Clericorum, aliquod beneficium non modo curatum; nequidem simplex retinere audeat, nisi sit legitime ad illud beneficium gerendum institutus, in contra facientes declaramus poenas nostras arbitrarias, et praecipue amissionem talis beneficii Authoritate praesentis Synodi». Cf. *C. Tridentinum*, sess. 24, de ref., c. 17, in *COD*, 770.

[52] Cf. *Constitutiones* (1613), cap. *De Institutione ad Beneficia Ecclesiastica et Residentia in Curatis*, fol. Gr; *Acta* (1669), cap. *De Residentia in Beneficiis*, fol. B2v.

[53] *Modus et Ordo Boni Regiminis* (1682), cap. 95, fol. C3r: «Admonemus universum Clerum nostrum saecularem, ut in retinendis pluribus beneficiis sint valde cauti; nam sciant eos omnes, qui sine consensu Sedis Apostolicae plura tenent beneficia esse Censuris Ecclesiasticis innodatos. Proinde datur omnibus sex mensium spatium ut dispensationem circa pluritatem beneficiorum a Sede Apostolica impetrent». Vedi anche nota seguente.

ad un' altra più degna persona⁵⁴. Il rettore della chiesa incorreva nelle pene stabilite dalla legge⁵⁵.

In caso di cumulo legittimo di benefici il beneficiato fu obbligato a nominare vicari idonei per qualità morali ed intellettuali⁵⁶.

1.3 Le qualità richieste nei chierici

Parlando della dignità dello stato clericale e rilevando la visione pastorale del sacerdote, i sinodi della diocesi di Vilna esigevano solide virtù. Negli statuti sinodali troviamo richiami, anche ripetuti, alla santità di vita, sia perché i chierici sono stati consacrati a Dio per essere dispensatori dei misteri di Dio, sia perché chiamati ad essere guide per gli altri verso la santità, dovevano vivere quello che predicavano.

La lettera pastorale del 1710 raccomandava agli ecclesiastici la dedizione totale e senza riserve a Dio ed invitava ad astenersi da ogni desiderio secolare. Indicava la pietà e l'adempimento fedele e instancabile dei doveri del ministero pastorale. Ricordava il rispetto e l'obbedienza verso i superiori, consigliava la benignità, il pudore in atti e parole, la moderazione e l'equilibrio, l'affabilità, la carità, la lealtà e la sobrietà⁵⁷.

La carità cristiana, secondo gli statuti sinodali della diocesi di Vilna, doveva essere manifestata dai sacerdoti nell'amministrazione dei sacramenti e sacramentali. Il legislatore sinodale era particolarmente attento

---

⁵⁴ *Decreta* (1717), cap. 11 *De Beneficiis incompatibilibus non retinendis*, n. 146: «Nisi forte alicui S. Sedis Apostolicae suffragetur dispensatio, quam vigore Concilii Tridentini intra idem tempus, absque alia intimatione Nobis praesentare tenebuntur: alias in casu contraventionis huic Nostro decreto, seu verius Apostolicae dispositioni, elapso sex mensium spatio, utpote post tot praemissas admonitiones, pro vacantibus declarabimus, aptisque mox conferemus Personis» (71).

⁵⁵ *Decreta* (1717), cap. 11 *De Beneficiis incompatibilibus non retinendis*, n. 146: «Rectores vero ipsos, poenas in eodem decreto appositas, incurrisse declarabimus». Cf. *Modus et Ordo Boni Regiminis* (1682), cap. 95, fol. C3r.

⁵⁶ Cf. *Synodus* (1602), cap. *De Residentia*, fol. Bv; *Constitutiones* (1613), cap. *De Institutione ad Beneficia Ecclesiastica et Residentia in Curatis*, fol. Gr; *Acta* (1669), cap. *De Residentia in Beneficiis*, fol. B2v.

⁵⁷ *Epistola* (1710), cap. 15 *De Vita et Honestate Clericorum*, 445: «Eosdem tandem enixe hortamur, atque in Domino obsecramus, ut mores correspondeant dignitati, et abiicientes omnia saecularia desideria, sobrie, iuste ac pie vivant, in ecclesia frequentes suo quisque ministerio, ac divino cultui intenti, nihil nisi sanctum sciant, aut cogitent; et ubique modestiam, in superiores reverentiam ac obedientiam, erga alios benignitatem praeseferant cum omni humilitate et patientia, supportantes invicem in charitate, ut tanquam lucernae, super candelabrum positae omnibus, qui in domo Dei sunt, illucescant».

agli abusi che si verificavano in queste occasioni. Imponeva ai ministri sacri saggezza e moderazione nel fare appello ai fedeli perché facessero loro le offerte. E' chiaro che in questo modo s'intendeva evitare litigi che avrebbero screditato il sacramento stesso e il suo ministro. In questa ottica i sinodi vietavano di cercare occasioni di profitto materiale e soprattutto l'estorsione di denaro o di un servizio. Secondo le costituzioni del 1602 il chierico che agiva contro le disposizioni di legge e richiedeva un'offerta per l'amministrazione di sacramenti, poteva incorrere nella scomunica (se qualcuno offriva un'offerta volontaria anche piccola, non conveniva rifiutarla)[58]. Nelle lettere pastorali del 1682 e 1710 si parlava delle pene arbitrarie applicate ai chierici che esigevano dai fedeli un compenso materiale oltre le offerte volontarie in occasione dell'amministrazione del battesimo o degli altri sacramenti[59].

Con particolare cura fu trattato il problema delle offerte per le messe. Il vescovo Brzostowski avvertiva i sacerdoti che la celebrazione della messa, soltanto a scopo di lucro, era illecita[60]. Si rifaceva su questo punto all'insegnamento di S. Tommaso d'Aquino, là dove l'Aquinate affermava che il sacerdote che celebrava la messa, solo a motivo di lucro, commetteva peccato grave[61].

Norme severe furono emanate in ordine ai funerali. La lettera pastorale del 1710 nell'articolo *De Funeribus* proibiva ai parroci di convenire sul prezzo del funerale. Vietava loro di chiedere ai fedeli più di ciò che permetteva l'antica, pia ed approvata consuetudine. Non occorreva esigere denaro per i posti di sepoltura in chiesa o in cimitero, se non per i costi

---

[58] *Synodus* (1602), cap. *De verbi Dei praedicatione et Sacramentorum administratione*, fol. Br: «In Sacramentorum vero administratione caveant, ne nundinationes, et pactiones aliquas exerceant: sed omnibus ea petentibus gratis semper parati sint ministrare: nec aliquid insufficientis sustentationis, aut cuiusvis necessitatis colore, sub poena excomunicationis audeaant a plebe accipere. Nisi forte quid, ultro per modum Eleemosynae, idque exiguum vel comestibile offeratur».

[59] *Epistola* (1710), cap. 1 *De administratione Sacramentorum*, 424: «Inhibemus etiam severe, sub poenis arbitrariis, ne ab administratione tum huius [baptismi], tum aliorum sacramentorum, aliquid exigatur; sed haec gratis conferantur; sin aliquid ultro offertur, eo contenti sint». Cf. *Modus et Ordo Boni Regiminis* (1682), cap. 45, fol. B2v.

[60] *Epistola* (1710), cap. 2 *De Sacrificio Missae*, 430: «Postremo sedulo sacerdotes attendant, ne dum missas sola spe mercedis illecti celebrant, gravibus culpis conscientias suas illaqueent».

[61] *Epistola* (1710), cap. 2, 430-431: «docet enim S. Thomas (Opus 65 de off. sacer., tit. de horis canon.): Non posse sacerdotem illa intentione celebrare, ut ex hoc pecuniam consequatur, quia peccaret mortaliter».

straordinari come ad es. per la pulitura o il restauro delle tombe vecchie o distrutte[62]. Richiamandosi alla carità cristiana, la lettera del 1710 e il sinodo del 1744, comandarono le sepolture dei poveri senza ricompensa materiale «cum solito ritu» e con il suonare delle campane[63]. Il sinodo del 1744, denotando l'esempio di Giobbe, vietò severamente d'estorcere denaro per posti di sepoltura dai parrocchiani agiati (questa prassi venne considerata simoniaca) e consigliò ai parroci di accettare le offerte volontarie dei fedeli; era lecito richiedere un'offerta più alta, ma solo adeguatamente al costo degli addobbi del funerale[64].

Molto dannosa per la Chiesa e per i suoi ministri fu la prassi di alienazione di beni ecclesiastici senza il controllo del vescovo. In alcune parrocchie della diocesi di Vilna si verificò la perdita delle proprietà ecclesiastiche anche a favore degli eretici. La lettera pastorale del 1582 vietò tali alienazioni sotto la pena di scomunica, come pure qualsiasi tipo di trasferimento a favore dei laici anche cattolici, di beni o di diritti senza una legittima causa e senza informare il vescovo[65]. Gli statuti diocesani del 1633 e la lettera pastorale del 1682 vietarono ai possessori di benefici ecclesiastici d'alienare beni parrocchiali per motivo di lucro: nessun beneficiato aveva la facoltà di cedere in enfiteusi, eccetto i casi previsti dalla legge o dare in affitto per uno spazio di tempo di oltre tre anni, i beni appartenenti alla parrocchia[66]. Il vescovo Brzostowski intese risolvere questo difficile problema nella lettera pastorale del 1710. Rifacendosi alle prescrizioni delle costituzioni pontificie proibì d'alienare i beni della

---

[62] *Epistola* (1710), cap. 14 *De Funeribus*, 444: «Nemo parochorum paciscatur, aut exigat a funere id, quod antiqua, pia et probata consuetudo invexit, neque a loco in templo, vel coemiterio, nisi ex causa impensarum factarum pro extruendis sepulchris, aut eisdem purgandis et reficiendis».

[63] *Epistola* (1710), cap. 1 *De administratione Sacramentorum*, 424; *Synodus* (1744), cap. 27 *De Funeribus et Sepulturis*, fol. F3r.

[64] *Synodus* (1744), cap. 27 *De Funeribus et Sepulturis*, fol. F3r: «Imo cum bene se habentibus et ditioribus pro loco sepulturae ullos contractus seu extorsiones sub labe simoniae non faciant, sed quod libere offertur, acceptent, nisi aliquos sumptus pro adornatione funeris, nimirum in candelis, lampadibus ecc. erogare deberent». Cf. anche *Modus et Ordo Boni Regiminis* (1682), cap. 85, fol. C2v: «[Parochi] sumptus funerum moderatos faciant».

[65] *Epistola* (1582), 138: «Non alienent ipsa bona, neque arrendent haereticis sub poena excommunicationis, et aliis quibuscunque non arrendent, sine aliqua legitima causa, quam nobis patefaciant». Vedi anche *Constitutiones* (1613), cap. *De Bonis Ecclesiasticis mobilibus et immobilibus conservandis*, fol. H1v.

[66] Cf. *Constitutiones* (1633), cap. *De Bonis Ecclesiasticis mobilibus et immobilibus conservandis*, fol. F3r-G3r; *Modus et Ordo Boni Regiminis* (1682), cap. 81, fol. C2r.

CAP. III: LA VITA DEL CLERO NELLA LEGISL. DIOCESANA 129

Chiesa senza la sua licenza scritta sotto la pena di scomunica; ogni contratto che andasse contro tale disposizione sarebbe risultato invalido[67]. In uno degli statuti sinodali del 1717 si parlava della perdita dei benefici posseduti e di eventuali altre pene imposte, secondo il giudizio dell'ordinario, al chierico che intendeva alienare abusivamente la proprietà parrocchiale; anche qui si dichiarava l'invalidità dell'atto stipulato senza il permesso del vescovo[68].

I redditi provenienti dai benefici ecclesiastici dovevano servire per il culto, per il sostentamento del clero e per la «fabrica ecclesiae». Tali beni non potevano essere devoluti ad altri fini né usati per i propri bisogni, dai parroci. La disposizione del capitolo *De bonis ecclesiasticis mobilibus et immobilibus conservandis* delle costituzioni del 1633 vietava ai rettori delle chiese l'alienazione dei frutti beneficiari per fini puramente profani[69]. Il sinodo del 1717 esortava i rettori delle chiese al restauro delle chiese distrutte e rovinate. I parroci di tali chiese erano tenuti a ricostruirle entro tre anni dalla pubblicazione degli statuti sinodali, sotto la pena della perdita dei frutti beneficiali, e a tenere le chiese pulite e ben attrezzate di paramenti liturgici[70].

Alcuni parroci a causa di lucro sfruttavano i benefici ecclesiastici in modo eccessivo. Ad es. il sinodo di Kotowicz del 1685, per impedire la devastazione dei boschi che appartenevano alle parrocchie, raccomandava ai parroci un moderato diboscare «ex sylvis parochialibus» sotto la pena di privazione del beneficio[71].

Abbiamo già parlato del dovere dei parroci beneficiati, cioè quelli obbligati alla residenza personale nella parrocchia, di avere sempre un sostituto in caso di assenza legittima. In alcune parrocchie i parroci dovevano tenere uno o più vicari. Riguardo ai vicari il vescovo Radziwiłł nella lettera del 1582 e gli autori degli statuti del 1717 e 1744 raccomandavano ai parroci di assicurare ai loro collaboratori uno stipendio sufficiente per

---

[67] *Epistola* (1710), cap. 17 *De rebus Ecclesiae non alienandis*, 446-447: «Ea vero bona, quae iuxta Scros Canones et antiquam observantiam, Nostra ordinaria authoritate alienari permittuntur, sine licentia Nostra, vel vicarii generalis, in scriptis prius obtenta, distrahere, permutare, aut quomodolibet obligare, sub poenis excomunicationis, ultra nullitatem contractus, omnino caveant».

[68] Cf. *Decreta* (1717), cap. 9 *De bonis Ecclesiarum*, n. 142.

[69] Cf. *Constitutiones* (1633), fol. Gv-G2r.

[70] Cf. *Decreta* (1717), cap. 6 *De Ecclesiarum, apparatuumque nitore*, nn. 138-139.

[71] Cf. *Acta* (1685), cap. *De Mercibus Sylvestribus*, fol. D3v.

il loro degno sostentamento[72]. Il sinodo del vescovo Brzostowski del 1717 vietava ai curati, i quali trascurando gli obblighi pastorali si dedicavano alle cose terrestri, di servirsi dei loro vicari in misura eccessiva[73].

Il vescovo B. Wojna incoraggiò il suo clero alla vita pronta al sacrificio, specialmente riguardo ai poveri, perché con l'esempio personale degli ecclesiastici venissero rafforzati lo zelo apostolico e la carità nel popolo[74].

Gli statuti sinodali, mirando alla cura della vita religiosa dei fedeli, ordinarono ai sacerdoti d'evitare, nella predicazione, di fare osservazioni sardoniche e maliziose ai parrocchiani. Il vescovo Pac proibì di usare formulazioni ambigue, come pure di criticare le persone concrete[75]. Anche il vescovo Brzostowski vietò la diffamazione dei singoli fedeli[76].

I chierici, come già abbiamo visto, erano sempre tenuti ad uno speciale obbligo di obbedienza al proprio vescovo, dal quale scaturiva quello di accettare ed adempiere fedelmente gli incarichi affidati dall'ordinario proprio secondo i fini spirituali della Chiesa.

Fra gli statuti sinodali della diocesi di Vilna emanati dopo il Concilio di Trento non si trovano molte prescrizioni riguardanti l'obbedienza del

---

[72] Il problema del sostentamento dei vicari sarà trattato più avanti.

[73] Cf. *Decreta* (1717), cap. 12 *De Provisoribus Ordinandorum et eorum Provisis*, n. 148: «Porro sicut Parochi non omnia onera in suorum vicariorum humeros deponere debent, ipsi ad exteriora toti effusi, sic nec eorum Provisi, reddant se Ecclesiis inutiles, sed praeter consueta obsequia, duas Missas singulis septimanis, iuxta fundationem Ecclesiarum et Rectorum ordinationem, recitandi, obligationem sibi Authoritate Synodi impositam intelligant».

[74] *Synodus* (1602), cap. *De abusibus nonnullis tollendis*, fol. Biijr: «Ut vero pii homines ad eleemosinas largiendas magis accendantur: omnibus Parochis diligenter commendamus: pauperorum qui circa Ecclesias versari solent: maximam habeant curam: et Orationem Dominicam cum Salutatione Angelica, atque Symbolo Apostolorum diligenter eos edoceant: et globulis precariis, quas coronas vel Rosaria solemus vocare, instruant pro Ecclesiae S. Catholicae augmento, Haeresum extirpatione, Principum Christianorum unione, et id genus necessitatibus occurrentibus, orare». Cf. il canone parallelo delle costituzioni del 1613, fol. Lr.

[75] *Modus et Ordo Boni Regiminis* (1682), cap. 38, fol. B2r: «neminem implicite vel explicite notet, sed tantum in genere adomoneat». Cf. W. PRZYAŁGOWSKI, *Żywoty biskupów*, vol. 3, 59.

[76] *Epistola* (1710), cap. 7 *De Verbi Dei praedicatione*, 436: «Vitia et defectus insectentur, sed tali circumspectione, ut nequeat populus ex circumstantiis admodum propriis et quasi quempiam circumscribendibus arbitrari, quod ipsi de certa et particulari persona loquantur; et caveant praecipue in hoc discrimen adducere parochum, quem non debent cum animarum detrimento contemptibilem reddere; sed si in eo aliquid corrigendum noverit, servent praeceptum evangelicum: *Corripe inter te et ipsum solum*».

clero al vescovo. Di solito si parlava della disciplina ecclesiastica, consistente principalmente nella virtù dell'obbedienza, che imponeva ai chierici sottoposti alla legge della Chiesa l'obbligo di rispettarla[77].

L'effettuazione delle norme sinodali dipendeva dall'osservanza di esse. I legislatori diocesani sottolinearono più volte questo legame, così delicato però necessario. Ogni opera sinodale del tempo conteneva un determinato appello perché fossero osservati i decreti emanati dai sinodi. Così ad es. il vescovo J. Radziwiłł nella lettera pastorale del 1582 esortava direttamente all'obbedienza canonica trattandola come *conditio sine qua non* della riforma ecclesiastica[78]. Ugualmente il vescovo K.K. Brzostowski proponeva ai suoi sacerdoti l'osservanza della disciplina ecclesiastica[79].

I sinodi del 1717 e 1744 contengono articoli dedicati direttamente al problema dell'osservanza degli statuti sinodali. Il vescovo Brzostowski obbligava tutti i sottoposti alle leggi diocesane all'osservanza delle norme sinodali «in virtute sanctae obedientiae»[80]. Il vescovo Zienkowicz raccomandando al clero e al popolo della sua diocesi la fedeltà alle nuove leggi sinodali, si richiamava all'insegnamento del Vangelo: «Si praecepta mea servaveritis, manebitis in dilectione mea, sicut et Ego Patris mei praecepta servavi» (G 15,10)[81].

La lettera del 1710 nell'articolo *De vita et honestate clericorum*, enumerando le virtù richieste dal clero, indicava direttamente il rispetto e l'obbedienza ai superiori[82]. Invece il capitolo *De altariis et altaristis* del sinodo del 1744 obbligava gli altaristi ad obbedire ai loro parroci e a compiere fedelmente i loro doveri previsti nella costituzione pontificia *Quanta cura adhibenda sit* del 30 giugno 1741[83]. I rettori delle chiese

---

[77] Ad es. un articolo del sinodo del 1717 richiamandosi alla santa obbedienza dovuta dal clero prescriveva ai chierici d'astenersi dalle alienazioni abusive dei beni ecclesiastici. Cf. *Decreta* (1717), cap. 9 *De bonis Ecclesiarum*, n. 142: «Quapropter omnes contractus ejusmodi de bonis Ecclesiarum absque consensu nostro factos, irritos et nullos declaramus, uti quidem sunt: et in virtute S. Obedientiae praecipimus».

[78] *Epistola* (1582), 134: «Vero frustra praecipitur et mandatur, nisi obedientia et praeceptorum executio accesserit».

[79] Cf. *Epistola* (1710), 424: «hortantes Vos singulos Christi nomine, cuius vices, etsi indigni, inter vos illius miseratione gerimus, ut quae hic solo Dei gloriae promovendae studio et disciplinae esslesiasticae proponimus».

[80] *Decreta* (1717), cap. 29 *De observatione Constitutionum Synodalium*, 102.

[81] Cf. *Synodus* (1744), cap. 34 *De Observatione Statutorum Synodalium*, fol. W3r.

[82] Cf. *Epistola* (1710), cap. 15, 445.

[83] Cf. *Synodus* (1744), cap. 26, fol. F2v-F3r.

erano tenuti all'obbedienza verso i vicarii rurali[84]. Poiché non di rado accadeva che i chierici non dessero ascolto alle decisioni dei decani rurali, per evitare gli abusi, il vescovo Zienkowicz inflisse una multa «decem sexagenarum grossorum»[85].

Le norme sinodali regolavano anche diversi aspetti della vita interiore del clero. Ogni chierico fu obbligato dal vescovo Radziwiłł nel 1582 a possedere e recitare il breviario romano[86]. Prima della celebrazione della messa, il sacerdote doveva ben preparare la propria coscienza e celebrare l'eucaristia con la dovuta devozione[87].

Il sinodo del 1685, sconsigliando al clero il frequentare le taverne e i balli, sollecitava i chierici perché dedicassero il loro tempo alla preghiera, alla meditazione, allo studio della dottrina cristiana e alla lettura dei libri spirituali[88]. La lettera pastorale del 1710 raccomandava a tutti i sacerdoti di procurarsi i libri sulla problematica religiosa, mentre i libri vani, ridicoli e scandalosi erano decisamente sconsigliati[89]. Il sinodo del 1717, nell'articolo dedicato alla vita del clero, raccomandava loro ogni giorno di dedicarsi alla lettura della Sacra Scrittura e alla risoluzione dei casi, come

---

[84] Cf. *Synodus* (1602), cap. *De Decanis Ruralibus et officio eorum*, fol. Bijr e le disposizioni parallele delle costituzioni del 1613 e 1633.

[85] *Synodus* (1744), cap. 18 *De Officio Decanorum*, fol. E2v: «Sub tempus ante Synodalis Congregationis non sine administratione audivimus quaerelas Illustrium Decanorum, quod Illustrissimos Parochialium Ecclesiarum Rectores postponere et indigne tractare soleant; quam proterviam refragantium condemnando, authoritate synodali mandamus, ut omnes Curati Decanos suos, tanquam Vices Nostras obeuntes, reverenter suscipiant, fideliter obediant, et sincere procedant, praesertim in Visitationibus et Congregationibus, ad quas solitis temporibus sub instantanea exolutione decem sexagenarum grossorum Collegio Dioecesano applicandorum, omnes conveniant, modeste se gerant, in negotiis Ecclesiarum suarum prudenter consulant».

[86] *Epistola* (1582), 136: «In recitandis horis utantur Breviario Romano».

[87] *Epistola* (1582), 135: «In sacrificio missae primo sacerdos examinabit bene conscientiam suam, faciat deinde praeparationes consuetas et in ordinando se et praeparando atque in aliis caeremoniis omnibus servet ad unguem, quae in Missali Romano habentur». Cf. anche *Modus et Ordo Boni Regiminis* (1682), cap. 64, fol. B4r e cap. 113, fol. Dv.

[88] *Acta* (1685), cap. *De Vita et Honestate Cleri Diaecesani*, fol B3v: «sed satius idem tempus orationis, meditationibus, ac doctrinae Christianae et lectioni librorum spiritualium impendant».

[89] *Epistola* (1710), cap. 15 *De Vita et Honestate Clericorum*, 445: «Omnes, qui in sortem Domini vocati sunt, inanium, scurrilium, ac impurorum librorum etiam nominationem abhorreant, sed crebro evolvant pios ac eos praesertim, ex quibus in suis respective muneribus instructiores reddi possint».

pure all'esame di coscienza⁹⁰. Ogni chierico era tenuto a fare ogni due anni gli esercizi spirituali⁹¹.

Il rispetto verso Dio e la religione cattolica si regolamentava in forma negativa. Ai chierici fu proibito discutere sui problemi controversi della fede⁹². Nella predicazione del verbo di Dio furono vietati i testi apocrifi, incompatibili alla fede, ed ogni specie di curiosità o di leggenda⁹³. Si proibiva anche di parlare e di chiacchierare con i parrocchiani nel tempio; solo se necessario si raccomandava di salutare brevemente la persona in chiesa e continuare il discorso fuori di essa⁹⁴. Vennero anche vietati i comizi ed altre adunanze tenute nelle chiese a causa dei frequenti abusi che avevano luogo in occasione di tali assemblee⁹⁵.

2. La condotta del clero parrocchiale

Il tema dell'*honestas vitae clericorum* venne sviluppato con grande attenzione dal legislatore diocesano. Le nuove norme giuridiche sullo stile di vita del clero come direttive, disposizioni e divieti, precisavano l'immagine del vero pastore d'anime che per mezzo del suo esempio di vita doveva guidare il suo gregge.

---

⁹⁰ *Decreta* (1717), cap. 15 *De vita et honestate Clericorum*, n. 153: «Verum etiam lectioni Sacrae, casuum resolutioni, conscientiae discussioni quotidie aliquid temporis tribuere assuescant. Quod ut efficacius consequi valeant, omnes et singulos animarum rectores, imo universum Clerum in Domino hortamur, et nihilominus authoritate huius Synodi statuimus et mandamus».

⁹¹ *Decreta* (1717), cap. 15 *De vita et honestate Clericorum*, n. 154. Di questo problema parleremo più precisamente nel capitolo seguente.

⁹² *Modus et Ordo Boni Regiminis* (1682), cap. 38, fol. B2r: «De rebus vero controversis in Fide disputationes non instituat, nisi occasio postulet et tunc modeste faciat».

Il vescovo Jan proibiva le discussioni sulla fede durante i banchetti. Cf. *Statuta* (1528), art. 4 *De vita et honestate clericorum*, 121: «Inhibemus etiam vehementer tam laicis quam clericis quibuscunque de sacrosancta fide christiana praecipue inter pocula et convivia disputare».

⁹³ *Synodus* (1602), cap. *De verbi Dei praedicatione et Sacramentorum administratione*, fol. Aiijv: «Praedicatores Verbi Dei caveant ne historias ex Apocriphis, aut suspecte fidei authoribus, pro concionibus populo narrent: Neque miracula allegent improbate fidei. Abstineant vero penitus ab ineptis et ridiculis fabulis recensendis»; *Modus et Ordo Boni Regiminis* (1682), cap. 39, fol. B2r: «Tempore etiam Concionis, confabulationes prohibeant». Cf. anche *ibid.*, cap. 103, fol. C4r.

⁹⁴ *Epistola* (1710), *Appendix*, 451: «Cum parochianis in templo non loquantur, nisi brevissime, salutationis gratia; rumores, nova, differant extra ecclesiam».

⁹⁵ Cf. *Decreta* (1717), cap. 6 *De Ecclesiarum, apparatuumque nitore*, n. 138.

2.1 *La tonsura e l'abito ecclesiastico*

Le costituzioni riguardanti i costumi del clero si estendevano alla tonsura e alle vesti. Le norme sulla *vita et honestas clericorum*, richiamandosi alle prescrizioni dei *Canones*, rendevano noto ai chierici l'obbligo di portare la tonsura congruente, ben evidente e di grandezza decorosa[96]. Vietavano di portare i capelli arricciati secondo il costume secolare e la barba[97].

Le disposizioni dei sinodi diocesani riguardanti l'abbigliamento del clero vietavano vesti troppo eleganti e ricercate oppure al contrario, sporche e trascurate[98]. Gli statuti del 1602 obbligavano i chierici beneficiati, quelli istituiti negli ordini maggiori, a portare l'abito clericale decente[99]. Le costituzioni del 1613 richiamavano in questo caso l'antica regola che affermava che i chierici «exteriori habitu interiorem mentis compositionem studebunt exhibere» e consigliava loro una veste decente e di colore nero quale vestito conveniente allo stato clericale[100]. Il sinodo del vescovo A. Sapieha nel 1669 si richiamava alle prescrizioni sull'abito ecclesiastico della lettera pastorale della provincia di B. Maciejowski del 1601[101], che

---

[96] Cf. *Synodus* (1602), [*Constitutiones* 1613], cap. *De vita et honestate Clericorum*: «tonsuram iustae magnitudinis, et suo Ordini convenientem in verticibus capitum gestent», fol. Bijr [Hr-Hv]; *Modus et Ordo Boni Regiminis* (1682), cap. 80, fol. Cv: «Clericus coronam ferat»; *Epistola* (1710), cap. 15 *De vita et Honestate clericorum*, 444: «Corona seu Tonsura quae debebit esse congrua, deferatur patens ita, ut conspici possit». Cf. *Acta* (1685), cap. *De Vita et Honestate Cleri Diaecesani*, fol. B3v; *Decreta* (1717), cap. 15 *De vita et Honestate clericorum*, n. 155.

[97] Cf. *Synodus* (1602), [*Constitutiones* 1613] cap. *De vita et honestate clericorum*, fol. Bijr [Hv]: «neque capillos [semisectos et capillatum] frontem occipitio tonso, more saecularium portent»; *Acta* (1685), cap. *De Vita Cleri Diaecesani*, fol. B3v: «barbam et capillos prolixe non nutriant, pro sua conditione unusquisque»; *Modus et Ordo Boni Regiminis* (1682), cap. 80, fol. Cv.

[98] Cf. ad es. *Epistola* (1710), *Appendix*, 452.

[99] *Synodus* (1602), cap. *De vita et honestate Clericorum*, fol. Bijr: «Clerici omnes beneficia ecclesiastica habentes, in maioribus ordinibus constituti, praeter habitum decentem clericalem [...] gestent».

[100] *Constitutiones* (1613), cap. *De vita et Honestate Clericorum*, fol. Hr: «Clerici omnes, qui per Ecclesias ad regimen animarum constituti sunt, exteriori habitu interiorem mentis compositionem studebunt exhibere. Idcirco praeter habitum decentem Clericalem, qui nigri coloris conveniens est [...] gestent». Cf. *Modus et Ordo Boni Regiminis* (1682), cap. 80, fol. Cv: «vestitu nigro utatur unusquisque pro sua conditione».

[101] Cf. *Acta* (1669), cap. *De vita et Honestate Clericorum*, fol. Dv: «Volumus et Authoritate praesentis Synodi mandamus quatenus cuncti ex clero nostro Epistolam

raccomandava l'abito talare, nero e modesto[102]. Anche il sinodo del 1685 trattava dell'obbligo di portare il vestito talare e rendeva noto ai chierici che l'ecclesiastico, che non avesse indossato la veste clericale, sarebbe incorso in severe sanzioni, tuttavia non precisate[103]. Il sinodo del 1717 nel capitolo *De vita et honestate Clericorum* riguardo all'abbigliamento degli ecclesiastici parlava del «verus cultus corporis a SS. Canonibus praescriptus» che doveva caratterizzare l'uomo dedicato a Dio[104]. Da questa prescrizione scaturiva il dovere di portare un vestito degno, senza ornamenti, coccarde e merletti. Il sinodo prescrisse la sottana nera e lunga fino ai piedi, di fattura comune e semplice. Lo stile dell'abbigliamento ecclesiale troppo ricercato, eccessivo e mondano era considerato inaccettabile perché non conforme alla dignità dello stato clericale[105].

Uno degli abusi nel clero riguardo alle vesti fu il portare la mantelletta e il rocchetto. Far uso della mantelletta e del rocchetto da parte dei chierici, che non avevano ottenuto un relativo privilegio o indulto apostolico, era vietato dal sinodo del 1669 sotto la pena della perdita di essi e la multa «centum imperialium»[106]. Il vescovo Sapieha vietò anche la nuova forma delle vesti «cum manicis occulatis, qui formam mantoletorum exprimunt»[107].

L'articolo *De protonotariis apostolicis et usu mantelleti* del 1685 vietò non soltanto di portare la mantelletta, ma proibì anche al clero diocesano di adoperarsi arbitrariamente per ottenere dalla Sede Apostolica la dignità del protonotario apostolico senza informare il vescovo e senza le sue

---

Pastoralem sub titulo eodem legant [...] et ultra illa quae hoc loco in eadem Epistola circa Vestum Clericalem praescribuntur». Cf. J. SAWICKI, *Synody*, 81.

[102] *Epistola pastoralis* (1601), 416: «Vestitu utantur nigro, talari, modesto, non sordido tamen, ac pro conditione quisque sua». Cf. S. NASIOROWSKI, *"List pasterski"*, 193.

[103] *Acta* (1685), cap. *De Vita et Honestate Cleri Diaecesani*, fol. B3v: «vestitu talari utantur sub poenis gravissimis arbitrariis».

[104] *Decreta* (1717), cap. 15 *De vita et honestate Clericorum*, n. 155.

[105] *Decreta* (1717), cap. 15, n. 155: «vestitu honesto, qui neque sit vilis nimium et brevis, neque deliciosus, sed mediocris, sublato excessu saeculari, et retenta dignitate status Ecclesiastici, conservare studeant».

[106] *Acta* (1669), cap. *De Vita et Honestate Clericorum*, fol. Dv.
I membri del capitolo cattedrale di Vilna avevano il privilegio di portare il rocchetto e la mantelletta. Cf. *Relationes*, 87-88.

[107] Cf. *Acta* (1669), cap. *De Vita et Honestate Clericorum*, fol. Dv.

lettere di raccomandazione[108]. Lo statuto ricordava che oltre ai membri del capitolo cattedrale di Vilna «tam intra quam extra maenia» nessun chierico poteva usare la mantelletta senza la speciale licenza del vescovo, sotto la pena di perdita di essa[109]. Vietava inoltre ai canonici della diocesi di Smoleńsk[110] di portare il rocchetto e la mantelletta sul territorio della diocesi di Vilna se non avessero ricevuto il privilegio da parte della Santa Sede. I canonici e prelati provenienti dalle altre diocesi dovevano presentare all'ordinario di Vilna un adeguato certificato sul privilegio ottenuto e non potevano usare tali vesti senza la licenza scritta del vescovo nella cattedrale di Vilna e fuori di essa. Coloro che avevano ottenuto il privilegio apostolico dovevano, entro tre mesi dal momento della loro istituzione, esibire alla curia diocesana le autentiche lettere apostoliche. Altrimenti «elapso trium mensium spatio» potevano essere dichiarati privi di tale prerogativa con il decreto del vescovo[111].

Anche portare l'anello era consentito solo per le cariche e le dignità indicate. La lettera pastorale del 1682 e gli atti sinodali del 1685 proibivano di portare l'anello sotto pena della requisizione in caso di mancanza del privilegio[112]. La stessa prescrizione, nella quale il legislatore si richiamava alla normativa del Concilio Lateranense IV del 1215, venne ricordata pure dal sinodo del 1717[113].

---

[108] Il suddetto articolo criticava il fatto che molti chierici della diocesi di Vilna, indegni della dignità del protonotario apostolico, ottenevano questo titolo presentando non sempre veri argomenti: «Quoniam multi reperiuntur in clero Dioecesis Nostrae, qui nullam peritiam Iuris Canonici habendo, neque rudimenta eiusdem Iuris processus callendo, propter solum vestis Mantelleti usum, nullo praevio examine, praerogativa Prothonotariatus Apostolici a S. Sede Apostolica, procurant se, ad male narratorum informationem adornari», in *Acta* (1685), fol. Br.

[109] Di questo problema parlano gli atti del capitolo cattedrale. Cf. J. KURCZEWSKI, *Kościół zamkowy*, vol. 3, 178.295.306.

[110] Secondo la tregua firmata tra Polonia e Russia nel 1619, ratificata nel 1634 con la pace di Polanów, la Polonia ottenne i territori di confine: di Somoleńsk e di e Siewierz. In relazione con questa espansione della Polonia verso oriente si giunse alla creazione nell'anno 1636 della diocesi di Somoleńsk. Cf. Ł. JANCZAK, «Smoleńskie biskupstwo», 31-38.

[111] Cf. *Acta* (1685), fol. Br-Bv.

[112] *Modus et Ordo Boni Regiminis* (1682), cap. 80, fol. Cv: «annulos non gestent, sub ipsorum annulorum amissione, nisi illi, quibus, privilegio, convenit»; *Acta* (1685), cap. *De Vita et Honestate Cleri Diaecesani*, fol. B3v: «annulos in digitis non gestent sub amissione eorundem».

[113] *Decreta* (1717), cap. 15 *De vita et honestate Clericorum*, n. 156. Cf. *C. Lateranense IV*, c. 16. Nell'articolo del 1717 qui menzionato venne indicato erroneamente il

CAP. III: LA VITA DEL CLERO NELLA LEGISL. DIOCESANA   137

Il vescovo Brzostowski, nella sua lettera pastorale del 1710 e negli atti del sinodo del 1717, richiamandosi alle decisioni della Congregazione per i Riti dell'11 febbraio 1623 e del 20 novembre 1628, indicava le persone, le quali, oltre il vescovo, potevano usare l'anello durante la messa solenne[114]. In caso di violazione della normativa ecclesiale, il trasgressore poteva essere privato dell'anello in favore della chiesa nella quale aveva celebrato la messa[115].

Negli statuti del 1685 e nella lettera pastorale del 1710 era vietato far uso dei cosiddetti *cornutis vulpinis* o *pileis cornutis vulpinis*, ma si raccomandava la berretta circolare di stoffa nera[116]. Secondo le prescrizioni della lettera di Brzostowski anche i *pallia* e le cinture portate in pubblico non dovevano essere colorate, ma nere. Coloro che portavano un tipo di sopravveste chiamata *opończa*, tranne in caso di pioggia, erano colpiti con la pena della perdita di essa[117].

La lettera pastorale del vescovo S.M. Pac del 1682 obbligava i chierici a non usare le armi offensive, come pure a non permettere il porto d'armi ai loro servi[118]. Anche gli statuti sinodali del 1685 vietavano l'uso di armi offensive[119]. Il vescovo Brzostowski, vietando al clero il porto d'armi, nella sua lettera pastorale spiegava che «la preghiera e le lacrime»

---

can. 12 del Concilio Lateranense IV: *Clerci Officia de vita et honestate Clericorum*.

[114] Cf. *Epistola* (1710), cap. 7 *De Sacrificio Missae*, 428; *Decreta* (1717), cap. 15 *de vita et honestate clericorum*, n. 156.

[115] *Epistola* (1710), cap. 7 *De Sacrificio Missae*, 428. «Qui absque Sedis Apostolicae privilegio, cuiuscunque dignitatis sint, praesumpserint contra declarationes S. Congregationis missas celebrare cum annulo in digito, sciant se mulctandos poena amissionis annuli, applicandi Ecclesie, in qua celebraverint (Can. Nullus Episcopus. de consecr. dist. 1 Urb. VIII)».

[116] *Acta* (1685), cap. *De vita et Honestate Cleri Dioecesani*, fol. B3v: «pileos vulpinis pellibus circumductos cum dedecore status sui non gestent». Vedi anche *Epistola* (1710), *Appendix*, 450-451: «ne sacerdotes et clerici utantur pileis cornutis vulpinis in quibus incedant tanquam sculteti, sed rotundis, idque solum coloris nigri in panno».

[117] *Epistola* (1710), *Appendix*, 451: «Cingulos solum nigros habeant. In civitatibus per plateas non incedant in pallis variorum colorum sed solum nigri; nec portent pallia vulgo: *opończa*, nisi forsan propter pluviam, sub ammissione talium, cui Instigator invigilet».

[118] *Modus et Ordo Boni Regiminis* (1682), cap. 80, fol. Cv: «Arma offensiva non deferant, nec deferri a famulis, post se faciant». Cf. W. PRZYAŁGOWSKI, *Żywoty biskupów*, vol. 3, 59.

[119] *Acta* (1685), cap. *De Vita et Honestate Cleri Diaecesani*, fol. B3v: «Arma offensiva non deferant».

dovevano essere la forza del chierico[120]. Chi contravveniva a queste disposizioni era punito con il sequestro delle armi e con altre pene previste dalla legge canonica secondo l'arbitrio dell'ordinario[121]. Il sinodo del 1717 vietò ai chierici l'uso dei bastoni, soprattutto quelli chiamati in Polonia *sztokady*[122].

Il legislatore diocesano si curava delle vesti «in divinis officiis». Secondo la lettera pastorale del 1710 nessuno poteva essere ammesso alla celebrazione della messa se non avesse indossato la veste talare, altrimenti il parroco responsabile della chiesa, il rettore o il sacrestano, come pure il celebrante stesso, erano puniti con la sanzione a giudizio del vescovo[123]. I religiosi che trascuravano questa prescrizione erano puniti con l'interdetto[124]. I preti dovevano presentarsi in chiesa con un abbigliamento decoroso. Il sinodo del 1685 ordinava che i sacerdoti venuti a Vilna dalle parrocchie fuori città, se volevano celebrare la messa nella cattedrale o in un'altra chiesa, dovevano avere la cotta pulita sotto la pena arbitraria del vescovo[125]. Anche il vescovo Brzostowski nella lettera del 1710 raccomandava ai chierici di portare in chiesa la cotta[126]. Richiamandosi alle

---

[120] *Epistola* (1710), cap. 15 *De vita et honestate clericorum*, 445: Arma non deferant; clericorum enim arma sunt orationes et lacrimae».

[121] *Epistola* (1710), cap. 15 *De vita et honestate clericorum*, 445: «si quis cum his deprehendetur, arma amittet et alias poenas luet, quas arbitrio nostro statuemus».

[122] *Decreta* (1717), cap. 15 *De vita et honestate clericorum*, n. 155: «ab armorum offensivorum gestatione, baculorum usu, maxime ferro sartorum, vulgo *Sztokady* dictorum omnino abstineant». *Sztokady* significavano un certo tipo di bastone ferrato che poteva essere usato come arma. Cf. J. KURCZEWSKI, *Biskupstwo wileńskie*, 136.

[123] *Epistola* (1710), cap. 2 *De Sacrificio Missae*, 428: «Nullus sive sacrista, sive parochus, sive rector ecclesiarum, sive quocunque alio nomine nuncupetur, admittit quemquam, quocunque praetextu, vel quesito colore, ad celebrationem missae absque vestibus talaribus, sub poenis arbitrio nostro infligendis, quibus etiam plecti volumus ipsos celebrantes».

[124] *Epistola* (1710), cap. 2 *De Sacrificio Missae*, 428: «Regularibus autem illos admittentibus ad celebrandum sine vestibus talaribus, sub poena interdicti suarum ecclesiarum».

[125] *Acta* (1685), cap. *De Parochis et quibusvis Presbyteris saecularibus Vilnae per modum hospitum commorantibus*, fol. Bv: «Ad tollendum abusum in Clero Vilnam veniente, non semel deprehensum statuimus, ut quilibet Parochorum et aliorum quorumvis Presbyterorum etiam Ordinum Minorum Clericorum quoties in Ecclesia Nostra Cathedrali vel alibi Nos contingerit Divina celebrare, litineatus semper compareat, et ad hunc effectum cottam seu superpelliceum mundum secum habeat, sub poenis arbitrariis infligendis».

[126] *Epistola* (1710), *Appendix*, 451: «Per templum, praesente populo, non incedant in veste inferiori, aut lacera, sed omnino in superpelliceo, honestatis et decoris

prescrizioni della Congregazione dei Riti vietava pure l'uso della foggetta e della parrucca durante la messa, senza speciale privilegio della Sede Apostolica[127].

L'abito clericale fu riservato solo ai chierici della Chiesa cattolica. Il clero protestante non aveva alcun diritto di indossare una sottana uguale a quella usata dai chierici cattolici, ma soltanto una più corta, sul modello che era in uso in Prussia. Secondo gli statuti del 1669, l'eretico che avesse indossato illegittimamente vesti previste per i sacerdoti cattolici, sarebbe stato punito con la spogliazione pubblica dell'abito riservato per il clero cattolico[128]. Il sinodo del 1685, per rendere più efficace l'esecuzione della norma stabilita dal vescovo Sapieha, impegnò il vicario foraneo di Vilna e i parroci delle singole parrocchie fuori città ad indagare sui casi della violazione di questa legge; nell'esecuzione reale era sconsigliata la violenza che avrebbe potuto provocare nocivi tumulti[129]. Non era

---

memores, immo expediret (quod etiam iubemus), ut in domo parochiali, vel residentia sua, aut in porticu templi assumant superpelliceum».

[127] *Epistola* (1710), cap. 7 *De sacrificio Missae*, 428: «Si quis autem ausus fuerit missam cum pileolo, aut peruca celebrare absque eiusdem Sedis Apostolicae privilegio, severioribus poenis erit Nostro arbitrio compescendus. (S. Rit. Congreg. 11 Febr. 1623 etc.)». Di questo abuso parlano gli atti del capitolo del 1705: il vescovo Brzostowski ordinava chiedere a Roma adeguate dispense. Cf. J. KURCZEWSKI, *Kościół zamkowy*, vol. 3, 281.

[128] *Acta* (1669), cap. *De Ministris seu Praedicantibus Haereticorum ne utantur habitu clericali*, fol. E5r-E5v: «Indignum et honorem deferri iis, quos Ecclesia Sancta Romana anathemate damnavit, quales sunt Ministri seu Praedicantes Haereticorum, qui arrogando sibi honorem Clero nostro saeculari debitum, eadem forma vel simili habitus, quo idem clerus utitur in Vilnae et alibi per forum vel plateas incedunt, unde multi Catholicorum ignorantes lupos ovium vestimentis contectos, eis reverentiam exhibent Sacerdotibus dignam. Proinde statuimus et praesenti Synodo inhibemus omnibus et singulis praedictis Ministris, seu Praedicantibus, sub despoliatione publica dicti habitus, ne in Dioecesi nostra audeant, et praesumant eiusmodi habitu uti, sed suo vulgari germanico».

[129] *Acta* (1685), cap. *De habitu Clericali a Ministris dissidentium non deferendo*, fol. E3r-E3v: «Constitutioni Sapiehanae Synodi maius robur et firmitatem validiorem addere satagentes, illiusque observationem viridem atque realem suam executionem instante urgentissime sacrocoetu totius Cleri Synodalis ad ipsum effectum deducere volentes, statuimus inhibendo, ut a publicatione praesentis Synodi Nostrae Decretorum intra spatium mensium trium [...] nullus postmodum Praedicantium Ministrorum, Augustanae et Calvinisticae Confessionis hic Vilnae et alibi per Dioecesim Nostram, habitum saeculari Sanctae Romanae Ecclesiae Clero conformem audeat deferre sub poena publicae despoliationis, cui inhibitioni Nostrae hic Vilnae Decanus Foraneus pro suo munere, et alibi in singulis Parochiis locorum proprii Parochi, ut attendat, et executioni reali, citra tamen sanguinis effusionem et violentiam, quae tumultum causa-

probabilmente facile fermare questa prassi dei ministri protestanti, pericolosa e nociva per il clero e per i fedeli cattolici, spesso ignoranti quale chiesa rappresentasse il ministro, siccome anche il sinodo del 1744 richiamava le soluzioni previste nelle costituzioni di Sapieha e Kotowicz del 1669 e 1685[130].

2.2 *Gli impegni e le attività non consentite al clero*

Per effettuare la riforma tridentina della vita degli ecclesiastici, i sinodi della diocesi di Vilna dedicarono una serie di articoli alle attività vietate al clero.

Pieno di sollecitudini nel confermare la fede del popolo cristiano, il vescovo J. Radziwiłł, nella sua lettera pastorale del 1582, rivolse l'attenzione alla modestia e allo zelo pastorale nell'attività religiosa ed incoraggiò i chierici a condurre vita giusta, semplice e pia. Raccomandò loro una vita casta e sobria perché i chierici fossero esempio ai fedeli per la ricerca del Regno di Dio[131]. I chierici, secondo i consigli del vescovo, dovevano dedicarsi alla preghiera, alla meditazione ed alla lettura dei libri teologici e di quelli spirituali, invece di cercare futili svaghi nelle osterie[132].

Uno dei più frequenti abusi nella vita del clero era l'ubriachezza, che era fonte di scandalo e discreditava i chierici agli occhi dei fedeli. La *Pastoralna* di B. Maciejowski all'inizio del XVII secolo esigeva dai chierici una vita sobria e raccomandava di evitare le taverne[133]. I sinodi della diocesi di Vilna, per togliere questa prassi, vietarono al clero di partecipare ai balli e ai conviti, soprattutto quelli «ad aequales haustus»[134].

---

re posset, eisdem committimus Authoritate praesentis Nostrae Synodi».

[130] Cf. *Synodus* (1744), cap. 2 *De Haereticis*, fol. C1r.

[131] Cf. *Epistola* (1582), 134.

[132] Cf. *Epistola* (1582), 134.

[133] Cf. *Epistola pastoralis* (1601), cap. *De vita et honestate clericorum*, 416: «Curent praeterea, ut testimonium habeant bonum etiam ab his, qui foris sunt, sicque inter homines versentur, ne in opprobrium incidant et laqueum diaboli, sed cum Apostolo bonus odor sint Christi. Et ideo tabernas compotandi gratia non adeant, comessationes et convivia saecularium etiam rogati [...] non frequentent».

[134] Cf. *Synodus* (1602), cap. *De vita et honestate Clericorum*, fol. Bijr; *Constitutiones* (1613 [1633]), cap. *De vita et honestate Clericorum*, fol. Hv [F2v]. Vedi anche *Decreta* (1717), cap. 15 *De vita et honestate Clericorum*, n. 152: «Quamobrem non modo ebrietatem, utpote vitiorum scaturiginem, nimium cremati et omnis compotationis usum [...] avertentur»; *Synodus* (1744), cap. *De Vita et Honestate Clericorum*, fol. D3r.

La lettera pastorale del 1710 sconsigliava ai chierici i balli «cum luxu» in occassione delle solennità parrocchiali; ma era ammesso organizzare un convito frugale. Il legislatore ricordava, però, che era indecente e scandaloso dedicarsi ai conviti e alle bevute eccessive, le quali si prolungavano fino a tardi sera, trascurando i doveri di pietà[135].

La sobrietà e il degno comportamento era raccomandato ai chierici durante le visite pastorali chiamate *kolęda*, soprattutto nelle case dei nobili e durante i funerali. Le visite pastorali alle famiglie, secondo un decreto sinodale del 1602, dovevano essere dedicate all'istruzione religiosa dei fedeli e all'insegnamento delle preghiere come il Padre nostro o il Decalogo[136]. Anche la lettera pastorale del 1710 consigliava ai pastori di evitare i conviti e la crapula durante le visite pastorali nelle case. Se invece il sacerdote giudicava che la famiglia visitata lo trattava con benevolenza, poteva accettare l'invito; in tale caso, però, doveva prima deporre le reliquie e la croce dal tavolo, come pure togliere la stola e la cotta[137]. Per quanto riguarda il pranzo funerario si raccomandava la modestia e sobrietà, come pure una sufficiente permanenza a casa della famiglia del defunto e il ritorno in canonica per tempo, avendo prima recitato la preghiera di ringraziamento e per i morti[138].

---

[135] *Epistola* (1710), *Appendix*, 452: «Indecens est, ut dum maxime devotioni indulgendum, tum compotationi, conviviis, non sine scandalo, protractis in serum vesperis, cum taedio populi expectantis indulgeatur».

[136] *Synodus* (1602), cap. *De vita et honestate Clericorum*, fol. Bijv: «In strenis vero illud quam studiosissime observent: ut in domos fidelium recepti, post pacis imprecationem, et crucis osculum exhibitum: non vino et crapulae inserviant, sed memores officii sui, in familia eorum et subditis (si ita rudes fuerint) Dominica oratione, Decalogo et genus aliis pietatis Christianae officiis, instruendis elaborent».

[137] *Epistola* (1710), *Appendix*, 451: «vitent ex hac occasione compotationes, sed si humanitati aliquid concedendum iudicabunt, sacras reliquias, vel crucem ex mensa, tum stolam et superpelliceum deponant, nullo modo in hoc amictu bibere praesumant».

[138] *Synodus* (1602), cap. *De vita et honestate Clericorum*, fol. Bijv: «Hunc ergo abusum penitus sublatum cupientes, districte mandamus in eiusmodi funeralibus prandiis, tam diu maneant, idque cum omni modestia et sobrietate, quam diu cibi mensae imponentur: sublatis vero escis: mox primi se domos suas (prius tamen gratiarum actione et oratione pro animabus defunctorum de more Ecclesiae Catholicae dicta) recipiant». Questa descrizione venne verbalmente ripetuta dalle costituzioni del 1613 e 1633. Vedi anche *Epistola* (1710), *Appendix*, 451: «In funeralibus prandiis, vulgo: *stypy*, praemittantur benedictio mensae (quod in aliis similibus exequantur), finita mensa fit gratiarum actio, post quam discedant ad propria, nec morentur diutius».

Gli statuti proibirono di assistere a divertimenti sconvenienti allo stato clericale. Era vietato l'accesso alle taverne e alle osterie[139]. Era esclusa altresì la partecipazione alle nozze, ai conviti e ai banchetti pubblici[140]. Vennero proibiti i giochi delle carte e dei dadi, specialmente quelli d'azzardo, ritenuti, del resto, sconvenienti anche per i laici[141].

Il sinodo del 1685 nel capitolo *De Parochis et quibusvis Presbyteris saecularibus Vilnae per modum hospitum commorantibus* cercava di togliere abusi che spesso avevano luogo in occasione del soggiorno dei chierici nelle osterie di Vilna. I parroci e gli altri preti diocesani vennero obbligati a presentarsi di persona nella curia diocesana per indicare al vescovo il luogo dove abitavano[142]. A coloro che non si fossero presentati all'ordinario, fu vietato di celebrare la messa nelle chiese di Vilna[143]. Alla fine dello statuto il vescovo Kotowicz raccomandava al clero di comportarsi negli alberghi in modo degno dei ministri di Cristo[144].

---

[139] *Modus et Ordo Boni Regiminis* (1682), cap. 80, fol. Cv: «Tabernas potandi causa non audeant»; *Acta* (1685), cap. *De Vita et Honestate Cleri diaecesani*, fol. B3v: «tabernas compotandi et commessandi gratia evitent».

[140] *Modus et Ordo Boni Regiminis* (1682), cap. 80, fol. Cv: «Commessationes et Convivia saecularium, etiam rogati, praesertim, ubi Faemine sunt, non frequentent»; *Synodus* (1744), cap. *De Vita et Honestate Clericorum*, fol. D3r: «Nuptias et alia convivia, compotationes cum saecularibus (praesertim ubi plures Faemine adesse solent) summopere abstineant». Cf. W. PRZYAŁGOWSKI, *Żywoty biskupów*, vol. 3, 59.

[141] *Constitutiones* (1613), cap. *De vita et honestate clericorum*, fol. Hv: «Lusus chorearum, chartarum, alearum, thesserarum et similium, praesertim lucri gratia propositi fiat laicis etiam prohibendus, Clericis vero tanquam alienissimus omnino fugiendus». Vedi anche *Modus et Ordo Boni Regiminis* (1682), cap. 80, fol. Cv: «Choreis, usu aleae et chartarum omnino abstineant»; *Acta* (1685), cap. *De Vita et Honestate Cleri Diaecesani*, fol. B3v: «a lusu chartarum qui finem haberet lucri turpis, omnino abstineant».

[142] *Acta* (1685), cap. *De Vita et Honestate Cleri Diaecesani*, fol. Bv-B2r: «Item obviare cupientes scandalis publicis quae facile possunt in hospitiis hic Vilnae per clerum dari, Authoritate praesentis Synodi decernimus, ut quilibet Parochorum et aliorum ex Clero hospitum, causam sui Vilnam adventus: locum hospitii sui et moram hospitationis suae Nobis aut officio nostro personaliter exponat».

[143] *Acta* (1685), fol. B2r: «neque audeat in aliqua Ecclesia Missam celebrare, nisi prius nobis seu officio nostro se praesentaverit, si id Vilnam veniens commode facere poterit».

[144] *Acta* (1685), fol. B2r: «quos tamen Authoritate Nostra in Domino serio et diligenter monemus, ut in hospitiis se modeste et religiose gerant, uti decet Ministros Christi, et dispensatores Mysteriorum Dei, ac iuxta Sacerdotalis dignitatis exigentiam».

CAP. III: LA VITA DEL CLERO NELLA LEGISL. DIOCESANA

Nelle costituzioni sinodali venne formulato il divieto di prendere parte a zuffe. I chierici che si battevano tra loro incorrevano nella scomunica[145]. Il vescovo Brzostowski nell'articolo *De pactis clericorum se invicem percutientium* spiegava che in caso di zuffa tra i chierici, non bastava la riconciliazione tra loro per liberarsi dall'irregolarità, ma per rimettere la pena inflitta, si doveva rivolgersi all'ordinario[146].

Gli statuti sinodali vietavano ai chierici, sotto pena del carcere, le uscite notturne dal domicilio a tarda sera: dopo le nove d'estate, e dopo le cinque d'inverno. A quanti erano costretti a farne, come ad es. in caso delle confessioni o del sacramento dell'Estrema Unzione, raccomandavano di munirsi di lumi[147].

Era vietato fumare e far uso del tabacco specie in chiesa o in sacrestia, quando il sacerdote indossava le vesti liturgiche o si trovava in confessionale[148]. Il legislatore riteneva nociva e scandalosa questa abitudine per i fedeli[149].

---

[145] Negli atti del capitolo cattedrale del 1675 si parla dei due vicari che vennero puniti con il carcere, digiuno e con la sospensione per una zuffa tra loro. Cf. J. KURCZEWSKI, *Kościół zamkowy*, vol. 3, 214.

[146] *Decreta* (1717), cap. 13, n. 149: «Devenerunt ad Nostram notitiam quorundam non parvi ausus, quod scilicet viri sacri mutuis se quandoque ictibus contundunt, cumque tuberibus ac vibicibus deformati, excomunicationis evidentia signa dederint, mutua conciliatione censuras auferri putantes, in iis Sacrosancta Missarum sacrificia absolvunt, ac per id contractis irregularitatibus alligantur. Cui malo sedulo occurrere cupientes, huiusmodi transactiones, uti de iure nullas, nec a censuris et irregularitatibus aliquomodo relevantes, rescindimus et pro nullis declaramus: non enim aufertur censura, nisi potestatis superioris interveniente absolutione. Quare sicut omnes tales transactiones, quocunque tempore factas, ad Nos Officiumque Nostrum revocamus; ita ne in futurum fiant, serio interdicimus».

[147] *Epistola* (1710), cap. 15 *De vita et honestate clericorum*, 445: «Iidem clerici hora 9 vesperi de aestate, de hyeme hora 5 noctis, per plateas non vagentur, sub poena carceris. Si tamen sint parochi, vel parochos adiuvantes, aut certe confessarii et vocentur ad aegrotos, liberum illis erit etiam tunc pergere, quo ire decreverunt, adhibito tamen lumine, nec aliter sub eadem poena».

[148] *Epistola* (1710), *Appendix*, 452: «Usum tabaci, tam fumati, quam pulverisati interdicimus, maxime in templo, sacristia, dum sacras vestes induunt; turpe est sacerdotem graviter olentem ad sacra accedere. Vestes, colaria, sordido pulvere conspersa gerere».

[149] *Epistola* (1710), *Appendix*, 452: «Caveant etiam a nimio huius pulveris usu in confessionibus, si quidem saeculares non aedificantur, scientes plerumque, non ex necessitate, sed ex pessimo habitu hunc usum fore».

Solo una volta gli statuti trattavano il problema della caccia[150]. Probabilmente essa fu compiuta di solito a scopo di utilità per il mantenimento del clero parrocchiale povero[151].

Gli impegni e le funzioni da cui gli ecclesiastici si sarebbero dovuti astenere, vennero inseriti solo negli ultimi documenti del diritto sinodale della diocesi di Vilna[152]. Il sinodo del 1685 sotto gravi sanzioni proibiva ai chierici di servire i laici nelle loro cappellanie e negli altri uffici senza la licenza scritta del vescovo[153].

La lettera pastorale del 1710 nell'articolo sulla vita e sulla condotta del clero vietava ai chierici di praticare il commercio, di fare le transazioni e di affittare le tenute altrui anche tramite un intermediario, sotto le pene previste dal Concilio di Trento e quelle imposte secondo l'arbitrio dell'ordinario[154]. La suddetta lettera proibiva pure, sotto le pene arbitrarie del vescovo, di compiere, senza la sua licenza, l'incarico di tutore, di curatore e di svolgere le funzioni processuali nei tribunali laici, cioè di causidico, di avvocato e di procuratore[155]. Presupponendo che il chierico è convocato da Dio a compiere le speciali funzioni ecclesiastiche, la lettera pastorale del vescovo Brzostowski vietava ai chierici di occuparsi delle professioni secolari proibite dalle norme canoniche. In particolare vietava

---

[150] Cf. *Modus et Ordo Boni Regiminis* (1682), cap. 80, fol. Cv: «Aves et canes venatiles non alant».

[151] Cf. J. OCHMAŃSKI, *Biskupstwo wileńskie*, 99-106. Però ebbero luogo anche gli eccessi. Ad es. secondo gli atti del capitolo cattedrale il canonico J. Pac venne punito con le quattro settimane degli esercizi spirituali perché compiva le cacce con mute di cani con lo scandalo dei fedeli. Cf. J. KURCZEWSKI, *Kościół zamkowy*, vol. 3, 113.

[152] A partire dalla lettera pastorale del 1682. Cf. *Modus et Ordo Boni Regiminis* (1682), cap. 80, fol. Cv: «Mercaturam et alia indigna statu Ecclesiastico non exerceant».

[153] *Acta* (1685), cap. *De Vita et Honestate Cleri Diaecesani*, fol. B3v: «Laicis personis in Capellaniis et aliis eorum officiis absque expressa Nostra vel officii Nostri in scriptis data facultate, non inservient sub poenis gravissimis». Cf. anche *Modus et Ordo Boni Regiminis* (1682), cap. 80, fol. Cv: «Magnatos saecularibus et multo minus Faeminis, sine licentia Loci Ordinarii in scriptis non obtenta, non interviant».

[154] *Epistola* (1710), cap. 15 *De Vita et Honestate Clericorum*, 444: «Mercimonia, negotiationes, conductiones alienorum praediorum, etiam per intermediam personam, interdicuntur clericis, poenis S. Canonum et aliis, ad Nostrum arbitrium, contravenientes omnino subiacere volumus».

[155] *Epistola* (1710), cap. 15, 444-445: «Non suscipiant tutelas, aut curas, nisi impertrata a Nobis facultate; neque sine eadem licentia audeant causidicum, advocatum, procuratorem agere in tribunalibus laicis, sub poenis Nostro arbitrio reservatis».

CAP. III: LA VITA DEL CLERO NELLA LEGISL. DIOCESANA 145

di essere al servizio dei laici e di amministrare i loro beni[156]. In seguito rifacendosi alla normativa tridentina, enumerava come attività non consentite al clero, l'incarico di economo, di agente, di insegnante domestico, di artigiano e di amministratore nei negozi dei laici[157]. La disposizione della lettera del 1710 non vietava, però, di celebrare la messa o prestare aiuto nell'educazione dei figli nelle famiglie cristiane e oneste, se veramente non vi era nulla che poteva attentare alla dignità dello stato clericale[158]. In questi casi era necessario ogni anno rinnovare il permesso scritto del vescovo; se il chierico svolgeva una delle funzioni sopra menzionate senza tale licenza, incorreva nella sospensione[159].

Anche le norme del sinodo del 1717 vietavano a tutti i chierici di essere al servizio dei secolari e di amministrare i loro beni e proibivano (oltre che ai chierici secolari anche ai religiosi) ogni specie di attività secolare che fosse in contrasto con lo stato clericale ed elencavano, come mestieri disonesti, la funzione di economo, di agente, di insegnante domestico e di amministratore, sotto le pene previste nelle costituzioni sinodali[160].

---

[156] *Epistola* (1710), cap. 15, 445: «Nemo militans Deo implicat se negotiis saecularibus; quare S. canones vetant clericis in sortem Domini vocatis et perfectionis professionem adeptis, ne se saecularibus negotiis immisceant; prohibent vero nominatim: ne Ministri laicorum fiant, nec in rebus eorum procuratores existant».

[157] *Epistola* (1710), cap. 15, 445: «Quos quidem canones cum Tridentinum concilium una cum aliis, ad vitam et honestatem clericorum pertinentibus, innovaverit; praecipimus, ne in posterum clerici laicis operam suam dent titulo oeconomorum, agentium, domus magistrorum, factorum, administratorum, ac quocumque alio, quo negotiis saecularibus applicentur et implicentur».

[158] *Epistola* (1710), cap. 15, 445: «Licebit tamen iis in domibus laicorum, honestam et christianam vitam agentium, famulari missarum celebrandarum, aut filiorum instituendorum causa, dummodo ibi nullum aliud clericali indignum obsequium praestent».

[159] *Epistola* (1710), cap. 15, 445: «habeantque ante omnia licentiam Nostram scripto exarandam, et quolibet anno renovandam; cuius conditionibus nisi fecerint satis, ea deinceps carebunt; si autem aliquod ex supradictis officiis vetitis exercuerint, poena suspensionis mulctabuntur».

[160] *Decreta* (1717), cap. 10 *De Residentia Parochorum*, n. 144: «Multo magis sub interminatione Iudicii Divini omnibus Personis Ecclesiasticis quacumque dignitate et praeminentia fulgentibus interdicimus, ne ministeria saecularium suscipiant, aut in rebus eorum Procuratores existant, uti expresse prohibet Capitulum incipiens *Sacerdotibus*, ne Clerici vel Monachi *in Corpore iuris contentum*, neve in sortem Domini vocati, saecularibus negotiis sese immiscendo, cum status Clericalis dedecore, Oeconomos, Agentes, domus Magistros et Administratores, vel alio quovis titulo famulatum iisdem praestare praesumat, innovando hac in parte poenas Constitutionibus Synodalibus sancitas».

Il vescovo Zienkowicz nel capitolo *De vita et honestate clericorum* rivolse un appello al suo clero affinché si astenesse dalle attività affaristiche, vietate dai Sacri Canoni, e proibì ai chierici di svolgere presso i padroni laici la funzione di commissario e di procuratore, e di esercitare altre attività, riconosciute come non consentite allo stato clericale dalle disposizioni della lettera del vescovo Brzostowski del 1710[161].

Il capitolo intitolato *De Presbyteris saecularibus in servitiis Regularium Ecclesiarum existentibus* del sinodo del 1685, richiamandosi alle descrizioni del concilio provinciale di Varsavia del 1643, proibiva ai sacerdoti diocesani il servizio nelle chiese dei regolari senza il consenso del vescovo e senza l'istituzione canonica, sotto pena della sospensione e di altre pene sinodali[162]. Era pure vietato ai presbiteri e agli altri chierici di assistere alle celebrazioni liturgiche nelle chiese dei religiosi indossando la dalmatica, sotto pena riservata all'arbitrio del vescovo[163].

2.3 *La continenza e l'obbligo del celibato*

Uno dei problemi disciplinari più gravi era l'incontinenza del clero. Come già abbiamo accennato, i sinodi diocesani appoggiandosi alla legi-

---

[161] *Synodus* (1744), cap. 11 *De Vita et Honestate Clericorum*, fol. D3r: «A negotiationibus turpis lucri gratia, ac omni avaritiae quaestu, multoties per SS. Canones interdicto, summopere abstineant. Apud dominos saeculares commissariorum, procuratorum officium non suscipiant. Caetera statum et dignitatem sacerdotalem concernentia in Epistola Brzostowiana collecta, authoritate praesentis Synodi reintimus».

[162] *Acta* (1685), fol. Ev: «Non sine mediocri querela expositum est Nobis per aliquos ex Clero Diaecesano Presbyteros gravamen dignitati et Authoritati sui Ordinis a Religiosis ordinum Patribus inferri; quod ad servitia Ecclesiis suis, penes Altarias, seu earum obligationes assumpti vili pendantur, et juxta arbitrium illorum nullis propositis rationabilibus causis nobis seu officio nostro privato motu amoveantur. Proinde consulere dignitati Cleri saecularis pro Pastorali nostri officii munere volentes, et ne detur locus post positioni cleri saecularis, ac occasio praescindatur vagationes eiusdem Personis statuimus imposterum, ne aliquis Praesbyterorum saecularium Regularium Ecclesiarum absque speciali nostro scitu, consensu et institutione canonica servitiis se mancipare audeat, et praesumat, sub poena suspensionis a Divinis ad beneplacitum nostrum aliisque arbitrariis praesentis Authoritate Synodi». Cf. anche J. SAWICKI, *Synody*, 90.

[163] *Acta* (1685), fol. Ev: «Item eadem Authoritate statutum esse volumus, ut quemadmodum Synodus Provincialis jam pridem emanata ne saeculares Presbyteri et Clerici in Dalmaticis Regularibus Celebrationibus ministrent, Regulares saecularibus inserviant sub poenis arbitrio Nostro reservatis». L'articolo richiama sebbene in modo generico lo statuto 38 *Ne clerici saeculares regularibus Missam in suis ecclesiis cantantibus ministrare audeant* del concilio provinciale di Varsavia del 1643. Cf. J. SAWICKI, *Synody*, 90; I. SUBERA, *Synody prowincjonalne*, 140.

slazione precedente sia universale sia particolare, imposero ai chierici degli ordini maggiori la pratica della castità e del celibato.

Subito dopo la chiusura del Concilio di Trento, il vescovo J. Radziwiłł nella preoccupazione dell'affermarsi del protestantesimo, ordinò ai suoi sudditi vita onesta in perfetta castità[164].

La normativa tridentina sul celibato e sulla continenza venne trattata dal vescovo B. Wojna nel 1613 e dal suo successore A. Wojna nel 1633; le norme sulla continenza di queste costituzioni permettevano di avere in casa consanguinee e donne d'età avanzata, per un onesto servizio[165]. Nel caso d'incontinenza, i trasgressori erano puniti secondo l'arbitrio del vescovo[166]. Per evitare scandali e dicerie fra i fedeli, la lettera del vescovo Pac del 1682 e il sinodo del 1685 proibivano ai chierici di tenere donne sospette nelle loro case[167]. La lettera pastorale del 1710 parlava dell'importanza dell'osservanza della normativa tridentina sulla coabitazione dei chierici con le donne ed ordinava loro d'allontanare dalla canonica ragazze giovani e donne sospette[168]. Anche il sinodo del 1717 richiamando le prescrizioni della lettera pastorale, proibiva ai parroci di coabitare col pretesto di consanguinità con donne sospette «de incontinentia»[169]. Il vescovo Zienkowicz negli statuti del 1744, per evitare lo scandalo, proibì ai parroci di coabitare con la servitù soprattutto di sesso diverso, pena una multa imposta in denaro per il collegio diocesano e sotto la pena di deten-

---

[164] Cf. *Epistola* (1582), 134.

[165] *Constitutiones* (1613), cap. *De vita et honestate clericorum*, fol. Hv: «Faeminas item de quibus facilis suspicio suboriri potest, in domo sua non teneant, nisi eas, de quibus aut naturale foedus, aut provectior aetas, nihil permittit criminis suspicari». Cf. l'articolo parallelo del 1633, fol. F2.

[166] *Constitutiones* (1613), fol. Hv: « si qui fuerint (quod Deus avertat) comprehensi incontinentiae vitio laborare, tales animadversione condigna plectendi erunt».

[167] *Modus et Ordo Boni Regiminis* (1682), cap. 80, fol. Cv: «quinimo suspicionem omnem vitent, praecipue suspectas Mulieres a familiaritate arcendo»; *Acta* (1685), cap. *De Vita et Honestate Cleri Diaecesani*, fol. B3v: «Mulieres unde suspicio oriri de vita ipsorum possit, in domibus suis non foveant».

[168] *Epistola* (1710), cap. 15 *De Vita et Honestate Clericorum*, 444: «Memeinerint ecclesiastici eorum, quae S. Canones edixerunt de ipsorum cohabitatione cum mulieribus, etiam consanguinitatis, vel affinitatis gradu coniunctis; ac proinde eo magis arceant suo servitio ancillas, vel iuvenes, vel suspectas».

[169] Cf. *Decreta* (1717), cap. *De vita et honestate Clericorum*, n. 152: «cum foeminis, etiam quaesito consanguinitatis praetextu, ac titulo cohabitationem, aliaque plenius in Epistola pastorali descripta, Ecclesiasticum hominem infamantia vitia, summopere aversentur».

zione in quel collegio per un mese[170]. I decani rurali sottto uguali pene dovevano provvedere perché i parroci, i commendari ed gli altaristi, allontanassero dalle canoniche donne sospette, anche consanguinee, a causa della loro giovane età[171]. In caso di contumacia, dopo due ammonizioni inefficaci, al termine di dieci giorni (il termine non poteva essere prorogato) il decano doveva informare il vescovo[172].

Sotto la pena del carcere, al fine di evitare scandali, era vietato ai chierici di esercitare la funzione d'insegnante di donne o di ragazze (lo scrivere, il cantare e il suonare strumenti musicali) senza il permesso dell'ordinario[173].

Per lo stesso motivo erano vietati ai chierici viaggi in compagnia di donne, soprattutto nelle zone abitate dai non cattolici[174].

La lettera del vescovo M.S. Pac e il sinodo diocesano del 1744, vietando ai chierici la partecipazione ai balli, indicavano specialmente quelli dove ci fossero molte donne[175].

---

[170] Cf. *Synodus* (1744), cap. 12 *De Residentia et honesta Parochorum et aliorum Sacerdotum habitatione*, fol. D3v: «In eadem Domo cum familia, praesertim diversi sexus cohabitare, et confidenter conversari, non audeant, sub poena decem aurorum hungaricalium Collegio Dioecesano applicandorum, et ipsorum in eodem Collegio detentione per totum Mensem».

[171] *Synodus* (1744), cap. 12, fol. D3v-D4r: «propterea Decanis sub simili poena iniungimus, ut si apud aliquem ex Parochis, Commendariis, Vicariis aut Altaristis faeminas iuniores animadverterint, ex illisque suspicionem et scandalum in Populo oriri, ac murmur audiri intellexerint, mox illas etiam Consanguineas amovendas curent».

[172] *Synodus* (1744), cap. 12, fol. D4r: «Contumaces autem post unam et alteram monitionem, ultra decem dies non prorogandum, ad Nos aut Officium Nostrum deferant».

[173] *Epistola* (1710), cap. 15 *De vita et honestate Clericorum* 444: «Nemo etiam clericorum doceat mulieres, aut puellas legere, scribere, canere, sonora instrumenta pertractare, seu quidquid aliud, non impetrata a Nobis facultate; quod si secus egerit, carcere formali ad Nostrum arbitrium punietur». Cf. sopra nota n. 59.

[174] *Epistola* (1710), *Appendix*, 451: «Cum foeminis in uno eodemque curru per plateas non discedant; multo magis ad plateas acatholicorum; nam etiamsi id optimo fiat, scandalo non carebit, a quo debemus esse longissimi: qui secus fecerit, arbitrio Nostro punietur».

[175] Cf. sopra nota n. 46. Vedi anche *Synodus* (1744), cap. 11 *De Vita et honestate Clericorum*, fol. D3r.

CAP. III: LA VITA DEL CLERO NELLA LEGISL. DIOCESANA 149

Ai sacerdoti furono proibite le confessioni delle donne fuori della chiesa; le costituzioni del 1602 e 1613 parlavano di confessionale, provvisto di una grata tra il penitente e il confessore[176].

Per evitare lo scandalo furono limitate le visite dei sacerdoti nei monasteri delle monache[177]. Il sinodo del 1685 vietò di confessare le religiose ai presbiteri vaganti che dimoravano a Vilna, senza una legittima causa. Tale presbitero incorreva nella sospensione dall'esercizio degli ordini ricevuti; la confessione stessa era invalida «ex defectu iurisdictionis»[178]. Il vescovo Brzostowski nella lettera pastorale del 1710 proibiva di celebrare l'Eucaristia nelle chiese delle monache ai sacerdoti secolari e regolari senza la speciale licenza data in forma scritta dal vescovo o dal suo vicario generale[179]. Il vescovo ricordava che i colloqui con le monache senza tale licenza erano vietati perché ritenuti un peccato grave. Il vescovo raccomandava ai superiori religiosi di delegare tali e simili incarichi solo a sacerdoti seri e d'età matura[180].

---

[176] *Synodus* (1602), cap. *De verbi Dei praedicatione et Sacramentorum administratione*, fol. Av: «Poenitentium Confessiones, maxime mulierum, semper publice in Ecclesia, in sedibus ad id extructis, in quibus tabula sit, inter confitentem et confessarium interiecta, excipiant». Cf. *Constitutiones* (1613), cap. *De Poenitentia*, fol. Dr.

[177] *Modus et Ordo Boni Regiminis* (1682), cap. 97, fol. C3v: «Monentur etiam omnes, tam Saeculares quam Regulares, etiam si non sunt in sacris constituti, ut a frequentatione Monialium abstineant».

[178] *Acta* (1685), cap. *De Presbyteris pridem et noviter ordinatis*, fol. B2v: «Quod autem attinet ad Confessiones in Ecclesiis regularium Virginum, et alibi exceptas et excipiendas a non approbatis quibusvis Presbyteris declaramus, tales presbyteros suspensioni ab exercitio suorum Ordinum subiacere debere ad nostram relaxationem toties, quoties taliter absolventium ex defectu Iurisdictionis absolutionem nullam et irritam esse, sic disponentibus statuimus, ab Ecclesia receptis pronuntiamus». Cf. *Modus et Ordo Boni Regiminis* (1682), cap. 97, fol. C3v: «Sed si aliquam necessitatem adeundi legitimam habuerint, accipiant Licentiam a Loci Ordinario, vel cui ea potestas committetur, vel etiam a superioribus illarum Religionum, quibus subsunt, alias declarantur omnes incurrisse censuras ecclesiasticas. Idem sentiendum est de Confessariis, qui audiunt confessiones Monialium sine licentia Loci Ordinarii».

[179] *Epistola* (1710), cap. 2 *De Sacrificio Missae*, 427: «In ecclesiis monialium nulli sacerdoti, etiam Regulari, licere missam celebrare absque Nostra, vel vicarii Nostri speciali licentia; illarum confessario in scriptis exhibenda; qui a celebratione suspenditur, si secus permiserit».

[180] *Epistola* (1710), cap. 2, 427: «Prohibere quidem possemus; sed lentius agendum iudicantes, hortamur solummodo praepositos Religionum, ut ad similia munia sacerdotes graves et maturos mittant: illisque inhibeant loqui cum monialibus sub peccato mortali, iuxta decretum Clem. VIII, quod hic subiungimus, nisi in scripto habeant facultatem». Dopo seguono i brani dei diversi decreti che vietavano ai sacerdoti di parlare con le monache. Cf. J. KURCZEWSKI, *Biskupstwo wileńskie*, 427.

3. I chierici girovaghi

Come già abbiamo detto, un grande problema per la Chiesa fu sempre il rilassamento della disciplina da parte dei chierici girovaghi. Il Concilio di Trento dichiarò che nessun chierico secolare poteva essere promosso agli ordini sacri, se non aveva un beneficio ecclesiastico sufficiente per un onesto sostentamento. Il motivo di questa norma era la preoccupazione dei padri conciliari che chierici dopo l'ordinazione ricevuta, ma senza alcun titolo canonico, si dedicassero, per guadagnarsi da vivere, alla questua e a mestieri indegni allo stato clericale[181].

Il vagabondaggio del clero, come risultava dalle visite pastorali dei singoli decanati, era molto diffuso e provocava gravi danni e scandalo per i fedeli. Gli abusi riguardavano la predicazione della parola di Dio e l'amministrazione dei sacramenti, soprattutto del sacramento della penitenza[182]. La dipendenza tra il padrone della chiesa e il sacerdote vagabondo era così grande che avevano luogo casi in cui il prete girovago dava l'assoluzione sacramentale dei peccati riservati alla Sede Apostolica[183]. I chierici vagabondi, specie regolari, celebravano l'eucaristia nelle abitazioni private dei nobili senza il permesso delle autorità superiori.

Nella dottrina polacca si afferma che il fenomeno del trasferimento del clero diocesano da una parrocchia all'altra, oppure da una diocesi all'altra, era causato da due circostanze: 1) ogni chierico doveva trovare un collatore che gli conferisse un beneficio; 2) i vicari stessi precisavano i propri compiti mediante convenzioni stipulate con i parroci soltanto secondo la personale discrezione[184].

In Polonia come in tutta l'Europa solo una parte dal clero accedeva all'ordine del presbiterato con il *titulus* beneficiale[185]. La maggioranza dei chierici nei secoli XVI-XVIII riceveva gli ordini del presbiterato sulla base del contratto (*provisio*) stipulato con i parroci che ne avevano bisogno[186]. Tale *provisio* obbligava il provvisore ad impiegare il vicario nella

---

[181] Cf. *C. Tridentinum*, sess. 21, *de ref.*, c. 2, in *COD*, 728-729.

[182] Cf. *Acta* (1669), cap. *De Vicariis Parochorum*, fol. Av.

[183] Cf. *Acta* (1669), cap. *De Vicariis Parochorum*, fol. B2r-v.

[184] T. GLEMMA, «Przyjęcie reformy trydenckiej», 193.

[185] Cf. J. ZUBKA, *Tytuł kanoniczny*, 42-48.60-63.71-78; J. KRACIK, «Potrydencki system rekrutacji», 744-788.

[186] Il Concilio di Trento obbligava i *rectores* delle grandi parrocchie a servirsi dei vicari. Cf. *C. Tridentinum*, sess. 21, *de ref.*, c. 4, in *COD*, 729.

La *Pastoralna* di B. Maciejowski del 1601 raccomandava ai parroci delle parrocchie più grandi d'impegnare i vicari secondo le necessità della chiesa parrocchiale e

sua parrocchia per un certo periodo di tempo, di solito fino a quando il vicario otteneva un beneficio[187]. Spesso, però, i parroci stipulavano un falso contratto di provvisione al vicariato con un candidato al sacerdozio per dargli solo un titolo canonico d'ordinazione. Tale sacerdote, privo di un ufficio ecclesiastico stabile, vagabondava per la diocesi da un luogo all'altro, cercando di trovare i mezzi di sostentamento[188].

I sinodi della diocesi di Vilna cercarono di limitare questa prassi. Per eliminare il vagabondaggio e la questua nel clero secolare, il sinodo del 1669 nell'articolo *De Provisionibus Vicariorum non deferendis* si rifaceva esplicitamente alle disposizioni del Concilio di Trento e della *Pastoralna* di Maciejowski del 1601[189]. Vietava di ammettere agli ordini sacri i candidati che non avessero un beneficio oppure una *provisio* certa e congruente e di licenziare un *provisus* dalla chiesa, anche se la provvisione fosse stata senza il parere dell'ordinario[190]. Poiché nella diocesi si usava il servirsi di titoli falsi o della frode per ricevere il presbiterato o per cambiare la parrocchia, il sinodo, volendo risanare la disciplina vigente, stabilì che nessun vicario poteva abbandonare la parrocchia senza rivolgersi all'ordinario sotto la pena di sospensione «ab exsecutione ordinum»[191]; l'ordinando venne obbligato a giurare davanti all'ordinario o all'ufficiale, nel cui territorio si trovava la chiesa, di non effettuare il trasferimento in un'altra parrocchia senza il consenso dell'ordinario dato

---

secondo la sua situazione finanziaria: «Sed et ubi, ita numerosus est populus, ut ipsemet residens rector, ministrandis sacramentis, Divinoque cultui peragendo sufficere nequeat; adiungere sibi debet unum, aut plures, pro exigentia loci, et quantitate proventuum ecclesiae, similes vicarios» (cap. *De vicariis*, 394). Nella lettera non si diceva niente del procedimento in caso di collisione di entrambe le condizioni. Cf. J. KRACIK, «Potrydencki system rekrutacji», 779.

[187] S. LITAK, «Struktura i funkcje parafii», 326.

[188] Cf. J. KRACIK, «Kler wędrowny», 59-60; K. NASIOŁOWSKI, «Samowolne migracje kleru», 33ss.

[189] Cf. nota seguente.

[190] *Acta* (1669), fol. Av-Br: «Quamvis S. Concilii Tridentini decreto et pastorali Illustrissimi olim Bernardi Maciejovii [...] Constitutione providentissime cautum est, ne Clericus saecularis dedecore ordinis mendicare aut sordidum aliquem questum facere, sedibusve incertis vagari cogatur; ideoque quamvis alias idoneus ad Ordines sacros, nisi beneficium, aut aliquam provisionem certam et congruam habere sciatur, admitti, ac Ecclesiam, in qua provisus erat incolsulto Ordinario, vel eius Officio, dimittere prohibeatur».

[191] Cf. *C. Tridentinum*, sess. 23, *de ref.*, c. 16, in *COD*, 750.

in forma scritta[192]. Il parroco che senza tale consenso assumeva un vicario, poteva essere punito con la multa di cento marchi «pro redemptione captivorum applicanda»[193].

La lettera pastorale del vescovo Pac del 1682 obbligò i *provisi* a servire i loro provveditori per il periodo di tre anni[194].

Nella lettera pastorale del 1710 il vescovo Brzostowski proibì ai parroci d'assumere nella parrocchia un commendario senza il permesso del vescovo o del suo vicario generale. Il chierico ammesso senza tale permesso *ipso facto* incorreva nella scomunica[195]. Il vescovo accennava al valore della stabilità degli uffici pastorali e stabiliva che nessun vicario, approvato dal vescovo, poteva essere rimosso dall'ufficio conferitogli senza una causa giusta[196].

Il sinodo del 1717 nel capitolo *De Provisoribus Ordinandorum et eorum Provisis* vietava ai vicari impegnati nelle parrocchie secondo l'atto di provvisione d'abbandonarle, se non dopo due anni di servizio pastorale sotto la guida del parroco, durante i quali dovevano provare la loro capacità di compiere i doveri pastorali in un'altra parrocchia; il trasferimento non era possibile senza il permesso del vescovo condizionato dalla co-

---

[192] *Acta* (1669), cap. *De Provisionibus Vicariorum non deferendis*, fol. Br: «quia tamen plerique Vicarii simul ac ad sacros Ordines promoti fuerint, Provisiones suas, ad quas ordinati sunt deferre consueverunt ac eo ipso non obscure demonstrant, se fictis et ementitis Titulis, Ordinariis, Archidiaconis, et Examinatoribus imposuisse atque in fraudem Ordines obtinuisse praesens Synodus Decretum S. Concilii Tridentini et Constitutionem Macieiovianam ad Executionem omnino deducere cupiens statuit, ut ad Vicariatus Parochialium praesertim Ecclesiarum ordinandi, non solum Ecclesiam in qua provisi fuerint inconsulto Ordinario, aut eius Officio, sub poena Suspensionis ab Executione Ordinum, non dimittant, sed etiam coram Actis Ordinarii vel Officialis, in cuius territorio est Ecclesia, cui adscribi se velle praefecerunt, iurent se absque Ordinarii vel eius Officii expresso, et in scriptis obtento consensu, Ecclesiam Provisionis non dimissuros».

[193] Cf. *Acta* (1669), cap. *De Provisionibus Vicariorum non deferendis*, fol. Br.

[194] *Modus et Ordo Boni Regiminis* (1682), cap. 100, fol. C3v: «Provisi debent inservire per Triennium suis Provisoribus».

[195] *Epistola* (1710), *Appendix*, 451: «Nullus absque Nostra, vel vicarii Nostri generalis scitu, facultate, suscipiat commendarium, vicarium; alioquin susceptus ipso facto suspensionem incurrat».

[196] *Epistola* (1710), *Appendix*, 451: «Non removeant susceptos et a Nobis approbatos pro libitu suo, nisi prius causas amovendi deferant, ne vagari cogantur ab illis remoti».

lla-zione ad un beneficio ecclesiastico che assicurasse al vicario i mezzi di sostentamento[197].

Il vescovo Zienkowicz, al sinodo del 1744, rifacendosi alle disposizioni del Concilio di Trento (sess. 23, *de ref.*, c. 16) e alla normativa del sinodo diocesano del 1669 e del concilio provinciale del 1607 inasprì le prescrizioni dei suoi predecessori[198]. Proibì ai *provisi* di abbandonare la parrocchia se non dopo tre anni di servizio in essa e solo con il permesso dell'ordinario o del suo vicario generale, sotto la pena di sospensione e di ritenzione per un mese nel collegio degli invalidi[199]. Analogamente, sotto la pena di dieci «aurei hungaricali» per lo stesso collegio, vietò ai *provisores* di licenziare i vicari, prima di scadere il periodo di tre anni, senza informare il vescovo e senza una lettera raccomandatizia sulla vita e sui costumi del vicario[200]. Però, se il vicario venisse presentato a una parrocchia con la cura d'anime e se fosse servito due anni nella parrocchia «provisionale» con il consenso del vescovo poteva trasferirsi dalla chiesa «provisionale» alla nuova parrocchia[201].

Per evitare il trasferimento illecito e il vagabondaggio del clero la lettera pastorale del 1710 raccomandava la residenza nella chiesa dove il chierico era istituito. Nessuno poteva abbandonare la diocesi o la parrocchia, sotto pene previste dal Concilio di Trento, senza il permesso dell'ordinario o del suo vicario generale (oppure del vicario foraneo, se il ricorso al vescovo era difficile). Tale licenza *in scriptis* poteva essere data solo

---

[197] *Decreta* (1717), cap. 12, n. 147: «Provisi nullo modo Ecclesias titulares, seu provisionales deserere poterunt, nisi biennio saltem, sub maturiore Provisorum disciplina exercitati, ad aliorum regimen idonei comprobentur. Sed nec tunc ab hujusmodi Ecclesiis, sine nostra facultate, transmigratio conceditur; nisi sibi de stabili vivendi modo, per collationem alicujus beneficii provideatur».

[198] Cf. *Synodus* (1744), cap. 16 *De Provisoribus Ordinandorum et eorum Provisis*, fol. Ev.

[199] *Synodus* (1744), cap. 16, fol. Ev: «Proinde innovando citata Decreta firmiter statuimus, ut ab hinc nec Provisi, quamvis post triennium impensi obsequii Ecclesiae sine Nostro aut Vicarii Nostri Generalis scitu ab illa alienari, et abscedere sub poena suspensionis ab exercitio Ordinum et detentione per mensem in Collegio Invalidorum, nec Provisores suos Provisos, nisi post triennium similiter sine nostro scitu, et sine recommendatione de vita et moribus, quam merentur, sub poena decem Aureorum hungaricalium eidem Collegio applicandorum dimittere audeant».

[200] Cf. nota precedente.

[201] *Synodus* (1744), cap. 16, fol. E2r: «Insuper si quis ex Provisis post biennium sui obsequii praesentationem Curati, aut simplicis pinguioris Beneficii obtinerit, liberum sit ipsi cum scitu tamen Nostro ab Ecclesia provisionali alienari».

per una causa grave e quando il parroco responsabile della cura d'anime procurava un idoneo sostituto[202].

Il sinodo del 1744 dichiarava girovago ogni chierico che, a piacere suo, cambiava dimora. Esso impose il dovere per i decani rurali della eventuale forzata permanenza del vagabondo per il periodo di due mesi nel collegio diocesano e ciò anche se fosse necessario, per il fermo aiuto del braccio secolare[203]. Nell'atto della fondazione del collegio del 5 maggio 1740 si parlava che il rettore del collegio poteva servirsi dei laici per rinchiudere in carcere i girovaghi, però, dopo il previo avvertimento del vescovo o del suo vicario giudiziale[204].

L'articolo *De Presbyteris pridem et noviter ordinatis* del sinodo del 1685 si preoccupò dei vicari ordinati per una chiesa parrocchiale, i quali invece di assumere il loro dovere pastorale, dopo l'ordinazione, rimanevano nella città per lucro oppure col pretesto della continuazione degli studi teologici all'Accademia di Vilna[205]. Essi giravano per le città e per tutta la diocesi e senza l'approvazione del vescovo ascoltavano le confessioni assolvendo i fedeli dei peccati riservati alla Sede Apostolica e al vescovo[206]. Per impedire questa prassi, il vescovo Kotowicz obbligò i neopresbiteri a recarsi subito dopo l'ordinazione nella parrocchia per la quale

---

[202] *Epistola* (1710), *Appendix*, 451: «Sine Nostra, vel vicarii Nostri generalis facultate, aut Decani (si difficilis sit ad nos recursus), quae facultas in scriptis haberi debet, nullus proficiscatur extra limites dioecesis, neque absentet se a parrocchia, nisi gravibus de causis et collecto idoneo sacerdote, qui parochialia exercere possit, sub poenis contra non residentes in conc. Trident. positis». Cf. *C. Tridentinum*, sess. 6, *de ref.*, c. 1-2; sess. 23 *de ref.*, c. 1.

[203] *Synodus* (1744), cap. 17 *De Clericis et Sacerdotibus fixum locum non habentibus aut ex aliena Dioecesi advenientibus*, fol. E2: «Clericos sive Sacerdotes, et locum pro suo libitu mutantes, alias vagos, si sint Dioecesis Nostrae, a Decanis captivandos, et ad Collegium Dioecesanum pro incarceratione per duos menses, etiam adhibito saeculari brachio adducendos, decernimus».

[204] Cf. J. KURCZEWSKI, *Kościół zamkowy*, vol. 3, 318.

[205] *Acta* (1685), fol. B2r: «Compertum habemus quod ordinati ad provisiones suorum Provisorum Beneficiatorum Praesbyteri, quoties alicuius seu lucri privati gratia, aut praetextu studiorum suorum Theologicorum continuandorum penes Almam Academiam Vilnensem R.R. P.P. Soc. Iesu commorentur».

[206] *Acta* (1685), fol. B2r: «et aliqui pridem Ordinati in civitate Vilnensi et per Dioecesim vagantur eo, ut supra sine et plerique non habita seu approbatione et concessione iurisdictionis ad potestatem Clavium S. Petri, poenitentium confessiones excipere, et illos a peccatis eorundem gravibus, etiam in casibus Sedi Apostolicae et Ordinarie reservatis de iure praesumant absolvere: praecipue in Ecclesiis Religiosarum Virginum hinc Nos occurrere abusui tam nefando adlaborantes».

CAP. III: LA VITA DEL CLERO NELLA LEGISL. DIOCESANA 155

sono stati ordinati[207]. Il sacerdote che aveva «privatim» un domicilio a Vilna oppure abitava in un ospizio senza informare il vescovo sul perché vi soggiornasse, oppure davanti all'ordinario presentava le raggioni insufficienti per il suo soggiorno nella città, poteva essere punito con la pena della detenzione nel carcere vescovile[208]. Secondo le prescrizioni del sinodo del 1685 e della lettera pastorale del 1710, i chierici che arrivavano a Vilna dovevano denunciare al vescovo il proprio arrivo, come pure il luogo del soggiorno, altrimenti erano trattati come vagabondi (la lettera del 1710)[209].

Per impedire il trasferimento illegale del clero, i vescovi della diocesi di Vilna si premuravano di controllare che le parrocchie fossero affidate solo con il permesso dell'autorità competente. Il vescovo J. Radziwiłł introducendo la riforma tridentina nella diocesi di Vilna vietò ai parroci d'impiegare i chierici vagabondi e pubblici criminali perché gli uffici pastorali venissero affidati ad ecclesiastici onesti, d'integra fama, ben educati ed approvati dall'ordinario[210]. Gli statuti sinodali del 1602, 1613, 1633, 1669 e 1682 vietavano di servirsi dei vicari, specie ignoti, i quali non avessero il permesso scritto dell'autorità diocesana[211].

I chierici ignoti dovevano presentare al vescovo della diocesi di Vilna le lettere di raccomandazione dell'ordinario proprio o, nel caso dei reli-

---

[207] *Acta* (1685), fol. B2r: «pro Munere Pastoralis Officii Nostri decernendum esse volumus, statuentes, ut quilibet ordinatorum de novo Presbyter, statim Vilna ad titulum Ecclesiae ad cuius provisionem ordinatus est, ex nunc se conferat, nec amplius Vilnae moretur».

[208] *Acta* (1685), fol. B2r-B2v: «Illis vero Presbyteris, qui Vilnae privatim sibi domicilium eligunt, et in hospitiis publicis vel potius diversoriis domorum propinatoriarum degunt, mandamus et sub poena carceris inhibemus, quatenus si ex nunc coram nobis non comparverint, sive officio Nostro, et suae Commorationis legitimam causam non dederint, eidem poene ut supra subiacere tenebuntur».

[209] *Epistola* (1710), *Appendix*, 451: «Venientes Vilnam praesentent se vel Nobis, vel vicario Nostro generali; alias ab Instigatore, ut vagi captivabuntur». Cf. *Acta* (1685), cap. *De Parochis et quibusvis Presbyteris saecularibus Vilnae per modum hospitum commorantibus*, fol. Bv-B2r.

[210] *Epistola* (1582), 134: «et vicarios retineant bonos, honestos, rite ordinatos et a nobis probatos, quantum fieri poterit eruditos, non regulares, non apostatas aut vagos publiceque criminosos».

[211] Cf. *Synodus* (1602), cap. *De verbi Dei praedicatione et Sacramentorum administratione*, fol. Aiijr; *Constitutiones* (1613 [1633]), cap. *Officium Parochorum in praedicatione verbi Dei et administratione sacramentorum consistit*, fol. Ar [B2r]; *Acta* (1669), cap. *De Vicariis Parochorum*, fol. Av; *Modus et Ordo Boni Regiminis* (1682), cap. 33, fol. Br e cap. 35, fol. Bv.

giosi, del loro superiore oppure un'altra testimonianza sufficiente per verificare, se fossero ordinati sacerdoti e non sospesi dagli ordini ricevuti[212].

Colui che proveniva da un'altra diocesi senza lettere sull'ordinazione oppure senza altri documenti autentici dell'ordinario del luogo o del suo vicario generale, doveva essere costretto a lasciare il territorio della diocesi di Vilna e di ritornare alla sua diocesi. A far ciò furono incaricati i decani rurali e i parroci i quali non potevano permettere a loro neanche di celebrare la messa nelle loro chiese o presso i parrocchiani[213]. Per i decani o parroci che sopportavano i chierici vaganti nel proprio territorio era prevista la multa di quindici imperiali per il collegio diocesano, invece i sacerdoti vaganti erano dichiarati sospesi *ipso facto* dalla celebrazione della messa[214].

Il vescovo B. Wojna, lamentandosi del fatto che alcuni sacerdoti celebravano la messa «non solum in privatis locis», ma anche «in profanis aedibus» dove avevano luogo conviti ed ebrietà, come pure «alia multo graviora vindictam Dei poscentia», vietò le celebrazioni nelle case private senza la licenza scritta del vescovo[215]. Il sacerdote che abusivamente celebrava l'eucaristia oppure amministrava gli altri sacramenti in luoghi profani e non approvati, incorreva nella sospensione «a Divinis»[216].

---

[212] *Synodus* (1602), cap. *De verbi Dei praedicatione et Sacramentorum administratione*, fol. Aiiijr: «Item statuimus mandantes universis etiam Cathedralis nostrae Ecclesiae Praelatis et Canonicis, Praepositis, Plebanis et quibuscunque aliis Clericis Ecclesiarum Cappelarum Rectoribus: ne ad Missas celebrandas in suis Ecclesiis et Cappelis aut Oratoriis, ullum Sacerdotum peregrinum, Monachum Apostatam, vagum et ignotum admittant: antequam litteris Episcoporum a quibus ordinati fuerunt, aut superiorum suorum ostendant: vel sufficienti vel fide digno testimonio, se in Presbyterii ordine constitutos, et ab executione ordinum non esse suspensos docuerint».

[213] *Synodus* (1744), cap. 17 *De Clericis et Sacerdotibus fixum locum non habentibus aut ex aliena Dioecesi advenientibus*, fol. E2r-E2v: «Si autem ex aliena advenerint Dioecesi non habentes Litteras suae Ordinationis; nec alias authenticas veras non fictas Testimoniales a Loci Ordinariis, vel eorum Vicariis, statim illos, sive Decani, sive Parochi, propiores Limitum exesse ex Nostra Dioecesi et reverti cogant, nec unum ipsis permittant in suis Ecclesiis, aut apud Parochianos celebrare Missae sacrificium».

[214] *Synodus* (1744), cap. 17, fol. E2v: «Qui autem per suos Decanatus aut Parochias contra praesens Decretum tales Personas vagari permiserint, multo magis ad obsequia Ecclesiarum suarum acceptaverint; quindecim Imperialibus argentea moneta ad Collegium Dioecesanum irremissibiliter per Instigatorem Officii exigens mulctabuntur. Vagantes vero cujuscunque status aut Ordinis Presbyteros, ipso facto suspensos a Sacrificiis Missarum declaramus».

[215] *Constitutiones* (1613), cap. *De Eucharistia*, fol. Bv-B2r.

[216] *Constitutiones* (1613), cap. *De Eucharistia*, fol. B2r.

CAP. III: LA VITA DEL CLERO NELLA LEGISL. DIOCESANA   157

Nonostante le severe pene, non era facile togliere l'abuso. Le norme sinodali del 1633, 1669, 1682, 1685 e 1710 dedicavano a questo problema un ampio spazio ricordando al clero la normativa vigente della Chiesa[217], ad es. nella lettera pastorale del 1710 venne inserito il decreto di Clemente XI *De Celebratione in Oratoriis privatis* del 15 dicembre 1703[218].

Schierandosi contro i girovaghi severamente fu vietato l'accattonaggio sotto pena del carcere[219]. Il capitolo *De Provisionibus Vicariorum non deferendis* del sinodo del 1669 e la lettera pastorale del 1682 vietavano d'ordinare al presbiterato i candidati senza il titolo canonico[220]. In questo modo tra l'altro s'intendeva eliminare la prassi della questua nel clero secolare.

I vescovi vennero obbligati dal Concilio di Trento ad assicurare ai vicari un sostentamento sufficiente per garantire la continuità della pastorale[221]. Questa prescrizione era molto importante anche dal punto di vista della stabilità del clero. I vicari che ottenevano uno stipendio insufficiente per il loro mantenimento erano costretti a cercare altri posti di lavoro a danno della cura d'anime[222]. E questo problema cercava di risolvere il vescovo J. Radziwiłł nella lettera pastorale del 1582 imponendo ai parroci il dovere di pagare per i vicari impegnati nelle parrocchie le *condigna salaria* perché «commode vivere possint»[223]. In caso di conflitto con il parroco il vicario poteva rivolgersi al vescovo[224].

Negli statuti del 1717 e 1744 venne specificata la somma di duecento fiorini come minimo stipendio annuale; oltre ciò i parroci vennero obbli-

---

[217] Cf. *Constitutiones* (1633), cap. *De Eucharistia*, fol. C3v; *Acta* (1669), cap. *De Sacrificio Missae in privatis aedibus non celebrando*, fol. Bv; *Modus et Ordo Boni Regiminis* (1682), cap. 63, fol. B4r; *Acta* (1685), cap. *De non celebrandis missis in aedibus privatis*, fol. Cv; *Epistola* (1710), cap. 3 *De celebratione in Oratoriis et aedibus privatis*, 431.

[218] Cf. *Epistola* (1710), cap. 3, 431. Vedi anche J. SAWICKI, *Synody*, 102.

[219] Cf. *Statuta* (1528), art. *De clericis peregrinis*, 119.

[220] Cf. sopra nota n. 191. Vedi anche *Modus et Ordo Boni Regiminis* (1682), cap. 7, fol. A2r.

[221] Cf. *C. Tridentinum*, sess. 6, *de ref.*, c. 2, in *COD*, 683; sess. 7, *de ref.*, c. 5, in *COD*, 687; sess. 21, *de ref.*, c. 4, in *COD*, 730; sess. 23, *de ref.*, c. 1, in *COD*, 745; sess. 24, *de ref.*, c. 17, in *COD*, 770.

[222] Cf. I. SUBERA, *Synody prowincjonalne*, 138.

[223] Cf. *Epistola* (1582), 134-135.

[224] Cf. *Epistola* (1582), 135.

gati a garantire ai loro collaboratori un sufficiente vitto[225]. Le condizioni finanziarie dovevano essere specificate per iscritto nel contratto di provvisione ed adempiute, in seguito, dal provvisore[226].

---

[225] *Decreta* (1717), cap. 12 *De Provisoribus Ordinandorum et eorum Provisis*, n. 147: «Quemadmodum Provisores ad suarum Ecclesiarum titulos, suscipientes idoneas personas, inscriptam iis et deservitam punctualiter exsolvant, est necesse mercedem, quae ducentis florenis annuatim cum victu tribuendis, minor esse non debet»; *Synodus* (1744), cap. 16 *De Provisoribus et eorum Provisis*, fol. E2r: «Cavemus nihilominus iisdem Provisis, quatenus ipsis Provisores sufficientem victum provideant, et pensionem ducentorum florenorum punctualiter circa exspirationem anni exsolvant, partem aliquam accidentium illis cedant». In Polonia nel XVII secolo lo stipendio medio faceva 120-200 fiorini. Cf. J. PAŁYGA, «Duchowieństwo parafialne», 35.

[226] Cf. *Decreta* (1717), cap. 12, n. 147. Vedi nota precedente.

CAPITOLO IV

Gli strumenti del rinnovamento di vita del clero

L'adeguata preparazione del clero fu questione vitale per l'attualizzazione della riforma del clero parrocchiale. Per togliere i molti abusi nella vita del clero fu realizzato nella diocesi di Vilna un programma di riforma disciplinare, elaborato dal Concilio di Trento.

1. La preparazione al sacerdozio nei seminari diocesani

Dopo il Concilio di Trento, molta importanza ebbero i passi intrapresi nel campo dell'istruzione del clero diocesano. Il vescovo J. Radziwiłł nel 1582 si occupò della fondazione del seminario diocesano anche se dal 1569 funzionava a Vilna l'Accademia condotta dai Gesuiti[1]. L'Accademia, nella quale studiava soprattutto la gioventù nobile polacca, non poteva garantire la formazione di chierici che conoscessero sufficientemente la lingua lituana, che era di massima importanza per la cura d'anime[2].

1.1 *La guida e la disciplina nel seminario*

Il vescovo Radziwiłł affidò il seminario diocesano ai Gesuiti che erano preparati molto bene, sotto il profilo organizzativo e scientifico, all'inseg-

---

[1] Fino alla fine del XVI secolo i seminari furono istituiti appena in sei diocesi polacche e cioè a Wrocław, Braniewo, Poznań, Vilna, Pułtusk e Kalisz (il seminario di Włocławek fondato nell'anno 1569 venne trasferito a Poznań — 1589). Solo nella prima metà del XVII secolo li troviamo presenti in quasi tutte le diocesi della provincia di Gniezno.

[2] Per le minoranze etniche e per gli scopi missionari è stato eretto a Vilna nel 1583 il seminario pontificio. Lì studiavano ruteni, svedesi, finlandesi, norvegesi, danesi, ungheresi, croati, tedeschi, scozzesi, tartari e altre nazionalità. Cf. J. POPLATEK, *Powstanie Seminarium Papieskiego*, 3ss; L. PIECHNIK, «Seminaria duchowne», 225-228.

namento nei diversi tipi di istituti educativi cattolici[3]. I Gesuiti, secondo il decreto vescovile del 17 febbraio del 1588 erano responsabili dell'istruzione e della formazione degli alunni[4]. Essi guidarono il seminario diocesano fino al 1652. Negli anni 1652-1736[5] e 1758-1765[6] il seminario si trovò sotto la gestione diretta del capitolo cattedrale. Negli anni 1736-1758 venne conferito ai padri Bartolomiti e dall'anno 1765 ai missionari Lazzaristi[7]. Gli alunni «ex clero secolare» studiavano anche nel «seminarium externum» sul Monte del Salvatore[8], eretto dai Lazzaristi a Vilna nell'anno 1725[9].

Il primo responsabile della formazione e dell'istruzione nel seminario era il vescovo diocesano. Lui doveva sorvegliare il seminario e visitarlo frequentemente.

Il Concilio di Trento previde la partecipazione del capitolo cattedrale nel governo del seminario diocesano. Insieme con il vescovo il capitolo vigilava sull'educazione, l'istruzione dei seminaristi e la situazione economica dell'istituto. Questo compito venne conferito al capitolo vilnense dal

---

[3] La maggior parte dei seminari diocesani postridentini era affidata ai religiosi. Cf. W. WÓJCIK, «Rozwój seminariów», 144.

[4] Cf. J. KURCZEWSKI, Kościół zamkowy, vol. 2, 92ss, vol. 3, 259-260.

[5] ID., Biskupstwo wileńskie, 329; T. KRAHEL, «Wileńskie Seminarium Duchowne, 91ss. In questo periodo si cercava d'impegnare nel seminario diocesano diversi ordini religiosi: nel 1653 i Domenicani, nel 1680 i missionari di S. Vincenzo di Paola, nel 1720 gli Scolopi e nel 1725 di nuovo i Gesuiti.

[6] L. PIECHNIK, «Seminaria duchowne», 212. T. Krahel afferma che il capitolo guidò il seminario diocesano dall'anno 1762. Cf. ID., «Wileńskie Seminarium Duchowne», 93.

[7] Nella prima metà del XVIII secolo i principali educatori del clero diocesano divennero gradualmente i missionari Lazzaristi. Nel 1750 nelle loro mani si trovavano 14 seminari su un totale di 29. Altri 6 erano diretti dai Bartolomiti, mentre i Gesuiti restarono soltanto in 4 seminari.

[8] Cf. J. KURCZEWSKI, Biskupstwo wileńskie, 334.
Negli atti della visita del vicariato foraneo di Wołkowysk del 1780 (11 parrocchie visitate) troviamo quattro sacerdoti secolari che hanno studiato nel seminario «in Monte Salvatoris» e negli atti del 1784 della visita del decanato di Wiłkomierz (21 chiese visitate) altri quattro sacerdoti. Cf. Decanalis Visitatio (1780), fol. 16r,31v,86r, 100v; Stan wszystkich Plebanii Dekanatu Wiłkomirskiego (1784), fol. 40r,59r,69r,88v.

[9] Oltre il seminario sul Monte del Salvatore i missionari Lazzaristi avevano nella diocesi di Vilna altri due seminari per il clero secolare: a Iłłukszta (1787-1842) e a Białystok (1815-1842). Cf. J. KURCZEWSKI, Biskupstwo wileńskie, 340; L. PIECHNIK, «Seminaria duchowne», 228-230.

vescovo Radziwiłł che «per viscera misericordiae Jesu Christi» supplicò i membri del capitolo di sorvegliare il seminario[10].

Per quanto riguarda la disciplina e l'istruzione dei seminaristi il vescovo doveva essere assistito da due canonici, chiamati *provisores* e nell'amministrazione del seminario da quattro deputati. Due di loro dovevano essere i membri del capitolo, di cui uno scelto dal vescovo e l'altro dal capitolo stesso[11].

Per tutto ciò che riguardava la disciplina nel seminario il vescovo si consultava con il capitolo cattedrale[12]. Il capitolo cattedrale spesso trasgrediva le sue competenze riguardo al seminario, sentendosi particolarmente responsabile di esso[13]. Però, anche i vescovi prendevano nelle loro mani la piena direzione del seminario e l'amministrazione dei poderi seminarili, non preoccupandosi delle competenze che spettavano al capitolo[14].

Le visite generali dei seminari erano abbastanza frequenti[15]. Spesso furono effettuate personalmente dai vescovi. Non di rado, però, i vescovi si servivano dei loro suffraganei o dei provveditori[16]. Il vescovo Sapieha nel sinodo del 1669 e il vescovo Brzostowski nel sinodo del 1717 delegarono i commissari a visitare il seminario nel periodo di tre mesi dopo la pubblicazione degli atti sinodali[17].

---

[10] J. KURCZEWSKI, *Biskupstwo wileńskie*, 326.

[11] Gli altri due deputati dovevano essere scelti nello stesso modo dal clero cittadino. Cf. *C. Tridentinum*, sess. 23, *de ref.*, c. 18, in *COD*, 751. Per es. nella visita *ad limina* del 1767 il vescovo Massalski informò la Santa Sede della nomina di quattro *provisores*, due membri del capitolo e due sacerdoti della città: «Provisores duos praelatos cathedralis ecclesiae, duos e clero civitatis deputavi» (*Relationes*, 205).

[12] Cf. J. KURCZEWSKI, *Kościół zamkowy*, vol. 3, 324.

[13] Nel 1697 il vescovo Brzostowski domandò al capitolo cattedrale per quale ragione esso aveva avocato a sé i diritti appartenenti al vescovo secondo le norme del Concilio di Trento. Cf. J. KURCZEWSKI, *Kościół zamkowy*, vol. 3, 269-297.

[14] Ad es. il vescovo J. Białłozor (1661-1665), che a causa delle guerre della Polonia con la Svezia e la Russia, a causa della fame e delle epidemie, trovò la diocesi notevolmente spopolata e devastata. Cf. ID., *Biskupstwo wileńskie*, 329.

[15] Nella seduta del capitolo del 25 maggio 1728 si postulava di visitare il seminario ogni trimestre. Cf. ID., *Kościół zamkowy*, vol. 3, 300.

[16] La visita del 1788 è stata effettuata dal vescovo suffraganeo A. Toczydłowski e dal canonico M. Tyszkiewicz. Cf. ID., *Biskupstwo wileńskie*, 335-336.

[17] *Decreta* (1717), cap. 19 *De Seminario Cleri*, n. 162: «Qui tempore sibi commodo, praevia ob destinatione, ad seminarium descendentes perceptorum et expensorum rationem; bonique regiminis Iuventutis praedictae ad praescriptum eiusdem Concilii cognitionem, fideliter institutas et annotatas, in spatio trium Mensium ab impressione

E' probabile che gli obblighi del vescovo verso il seminario fossero uguali alle funzioni del cancelliere dell'Accademia[18]. Come risulta dalle relazioni *ad limina* del XVIII secolo, le visite riguardavano l'osservanza della disciplina da parte degli alunni, la loro istruzione e formazione spirituale, l'amministrazione dell'istituto. Dopo tale visita, similmente alle visite delle parrocchie, si preparava il *decretum reformationis*.

L'ordinario decideva dell'ammissione dei candidati al seminario. Ampie competenze avevano anche il capitolo cattedrale e il provveditore[19]. Il capitolo si sentiva responsabile in modo speciale del reclutamento dei seminaristi e nel 1645 chiese al vescovo che gli fosse affidata l'ammissione dei candidati e raccomandò ai provveditori di non accogliere i nuovi candidati senza consultarlo (1649)[20].

Anche la decisione sulla dimissione dal seminario spettava al vescovo diocesano. Sull'iniziativa del rettore e dopo aver sentito il parere dei professori, il vescovo faceva uscire dal seminario l'alunno che aveva trasgredito gravemente le norme disciplinari. Il rettore, dopo un anno di permanenza dell'alunno nel seminario, poteva chiedere la dimissione del seminarista se lo riteneva inabile allo stato clericale. Il suo parere era di solito decisivo[21].

Come nel caso d'ammissione, il capitolo cattedrale decideva anche della eventuale dimissione del seminarista. Così, ad es., poiché la visita del seminario effettuata dai commissari capitolari nel 1622 aveva dimostrato molti abusi nella disciplina nel seminario (alcuni alunni tornavano a tarda sera e facevano poco conto alle «monita et verbera» dei superiori), il capitolo decise di dimettere uno dei seminaristi, mentre l'altro fu ammonito («ictibus et plagis melioratus»)[22].

Il capitolo cattedrale sorvegliava la disciplina interna del seminario. I suoi delegati chiarivano gli equivoci tra i moderatori del seminario e gli

---

praesentium Nobis exhibere tenebuntur». J. KURCZEWSKI, *Biskupstwo wileńskie*, 329.

[18] W. WÓJCIK, «Rozwój seminariów» (2), 186. Il vescovo vilnense secondo la relazione del 1651 fu il cancelliere dell'Accademia di Vilna: «episcopus Vilnensis semper est cancellarius (Academiae)», in *Relationes*, 90. Di questa dignità parla il privilegio del re Stefan Batory del 1579, invece la bolla del papa Gregorio XIII non menziona questo fatto. Cf. *ibid.* nota del professore Rabikauskas n. 286.

[19] Purtroppo non senza importanza era la posizione dei nobili lituani se i Gesuiti si lamentavano di essere costretti d'ammettere al seminario i minorenni presentati dai grandi protettori. Cf. J. KURCZEWSKI, *Kościół zamkowy*, vol. 3, 132.

[20] Cf. J. KURCZEWSKI, *Kościół zamkowy*, vol. 3, 138.146.

[21] Cf. L. PIECHNIK, «Seminaria duchowne», 216.

[22] Cf. J. KURCZEWSKI, *Biskupstwo wileńskie*, 327.

CAP. IV: GLI STRUMENTI DEL RINNOVAMENTO   163

alunni[23]. Il capitolo decideva anche delle pene in caso d'inosservanza del regolamento. Di solito i trasgressori erano puniti con la reclusione per qualche giorno con pane ed acqua[24]. Con la pena di dimissione dal seminario, i seminaristi erano obbligati a portare il vestito «violacei coloris, dependentes ab humeris manicas habentibus»[25].

Nel decreto del 1588 il vescovo Radziwiłł conferì l'amministrazione dei beni materiali del seminario ai Gesuiti. Però, di fatto, essi furono amministrati dal capitolo cattedrale. Questa situazione causò molti conflitti tra il capitolo e i Gesuiti. Per stabilire le competenze delle parti, il 9 maggio 1636 venne stipulata la convenzione, nella quale in due punti si precisavano i diritti degli interessati: 1) l'amministrazione dei poderi e delle fondazioni rimane nelle mani del capitolo; 2) le rendite sono amministrate secondo il parere dei Gesuiti e di questa gestione rispondono loro solo davanti ai propri superiori[26].

I provveditori vennero istituiti per il seminario di Vilna nell'anno 1584[27]. Negli anni 1584-1590 la funzione del provveditore fu esercitata successivamente dai membri del capitolo secondo l'anzianità. I provveditori cambiavano ogni anno. Questa procedura apparve inefficace. Non tutti i canonici erano in grado di compiere effettivamente questo incarico[28]. Neanche la nomina annuale fu sufficiente per garantire l'efficace amministrazione dei beni. Allora, nella seduta del 1 gennaio 1590, il capitolo decise di nominare solo le persone più adatte che garantissero un'adeguata gestione dei poderi seminariali. Venne anche esteso fino a tre anni il tempo dell'incarico[29]. Scaduto il tempo, il provveditore poteva

---

[23] ID., *Kościół zamkowy*, vol. 3, 144. Cf. M. ALEKSANDROWICZ, «Seminarium duchowne w Gnieźnie», 280. Su ordine del nunzio apostolico, i commissari del capitolo composero una vertenza tra il rettore dell'alunnato e il reggente del seminario. Cf. J. KURCZEWSKI, *Kościół zamkowy*, vol. 3, 325.

[24] Cf. L. PIECHNIK, «Seminaria duchowne», 216.

[25] J. KURCZEWSKI, *Kościół zamkowy*, vol. 3, 249.252. Cf. ID., *Biskupstwo wileńskie*, 327. Il tipo e il colore dell'abito dei seminaristi era deciso dal vescovo. Per es. gli alunni del seminario di Kamieniec e quello di Pułtusk portavano un vestito di colore viola perché si dovevano distinguere dagli altri chierici. Cf. W. WÓJCIK, «Rozwój seminariów» (2), 158.177.

[26] J. KURCZEWSKI, *Kościół zamkowy*, vol. 3, 129.

[27] J. KURCZEWSKI, *Kościół zamkowy*, vol. 1, 78.

[28] Nel 1796 il capitolo decise di elaborare un'istruzione per il provveditore del seminario. Cf. J. KURCZEWSKI, *Kościół zamkowy*, vol. 3, 401.

[29] J. KURCZEWSKI, *Kościół zamkowy*, vol. 1, 78, vol. 3, 71.

essere nominato per altri trienni[30]. Dall'analisi delle biografie dei provveditori risulta che a quest'ufficio si cercava di nominare i canonici che godevano della stima del capitolo[31].

In pratica la funzione del provveditore non era distinta in modo chiaro da quella del deputato[32]. I provveditori scelti dal capitolo erano responsabili della disciplina e dell'istruzione nel seminario, come pure si preoccupavano dell'amministrazione dei beni. Presentavano al capitolo i dati sulla situazione didattica e su quella materiale del seminario[33]. Dovevano essere presenti con i seminaristi nella cattedrale durante le celebrazioni liturgiche[34]. Scaduto il tempo del loro incarico, i provveditori presentavano al capitolo il bilancio dei redditi[35].

Le norme tridentine non regolavano precisamente la questione dei moderatori del seminario. La lasciavano ai singoli vescovi e ai provveditori. La prassi in questo campo subì diversi cambiamenti. Sotto la guida dei Gesuiti il seminario fu diretto dal prefetto (*praefectus studiorum*), assistito da un altro chierico[36]. Al prefetto spettava far sì che i seminaristi osservassero le norme del regolamento seminarile. Il maestro abitava insieme con i seminaristi e aveva cura della loro retta disciplina. Uno dei suoi doveri era anche quello d'accompagnare i seminaristi quando andavano all'accademia o nella cattedrale. Il prefetto era pagato con le rendite del seminario[37].

---

[30] J. KURCZEWSKI, *Kościół zamkowy*, vol. 3, 293.

[31] Negli atti del capitolo troviamo i nomi dei provveditori di merito: B. Wojna, successivamente vescovo di Vilna; A. Jurgiewicz, laureato all'Accademia di Vilna, famoso autore di scritti polemici; M. Żagiel, professore di filosofia e di teologia; B. Cieszyński, che rinnovò il seminario sul modello del seminario pontificio. Cf. L. PIECHNIK, «Seminarium duchowne», 203-204.207. Ugualmente fu nelle altre diocesi. Cf. ad es. M. ALEKSANDROWICZ, «Seminarium duchowne w Gnieźnie», 281.

[32] Cf. W. WÓJCIK, «Rozwój seminariów» (2), 174.

[33] Cf. J. KURCZEWSKI, *Kościół zamkowy*, vol. 3, 376.

[34] Cf. J. KURCZEWSKI, *Kościół zamkowy*, vol. 3, 146. I seminaristi non sempre si comportavano bene nella cattedrale, perciò il capitolo raccomandava ai provveditori di vigilare sul loro comportamento durante le cerimonie cattedrali. Ogni tanto ammoniva gli alunni con le pene disciplinari perché partecipassero alla messa e ai vespri solenni le domeniche e i giorni festivi. Cf. *ibid.*, 63.185.188.

[35] J. KURCZEWSKI, *Kościół zamkowy*, vol. 3, 69.

[36] Dal 1598 il prefetto del seminario diocesano svolgeva la stessa funzione anche nel seminario pontificio. Cf. L. PIECHNIK, «Seminaria duchowne», 204.

[37] Cf. J. KURCZEWSKI, *Biskupstwo wileńskie*, 327.

CAP. IV: GLI STRUMENTI DEL RINNOVAMENTO 165

La convenzione tra il vescovo suffraganeo J. Sapieha e i padri Bartolomiti stabilì che per la direzione del seminario, con i proventi seminarili dovessero essere mantenuti il *regens* e il *viceregens* del seminario[38]. Della loro nomina decidevano i provveditori, d'accordo con il vescovo[39]. Sul reggente e il vicereggente scrisse nella relazione sullo stato della diocesi del 1741 il vescovo Zienkowicz[40]. Nella relazione del 1754 vennero menzionati il rettore e il vicerettore del seminario[41].

Nelle relazioni del XVIII secolo veniva sottolineato il fatto che le lezioni nel seminario erano impartite da professori. Il loro numero oscillava tra uno e quattro[42]. Nella relazione *ad limina* del 1741 si parlava di due professori, invece nella relazione del 1754 troviamo notizia di un solo professore di teologia morale[43]. Il vescovo Massalski nel 1767 rense noto alla Santa Sede, che nel seminario diocesano insegnavano quattro professori: di teologia dogmatica, di teologia morale, di filosofia, di omiletica e delle cerimonie[44].

Gli alunni del seminario diocesano diretto dai Gesuiti frequentavano i corsi di teologia nell'Accademia di Vilna, anche dopo il conflitto tra il capitolo e i Gesuiti nel 1652. Non tutti, però, realizzavano il programma completo degli studi accademici. Solo i più dotati e i più ricchi potevano realizzare tutto il ciclo di filosofia e di teologia. La maggior parte s'accontentava del corso biennale di teologia morale e di liturgia[45]. Dal momento in cui il seminario venne affidato ai missionari Lazzaristi, tutto il piano di formazione intellettuale vi poté essere realizzato[46].

---

[38] ID., *Kościół zamkowy*, vol. 1, 198, vol. 3, 314-315.
[39] Cf. J. KURCZEWSKI, *Kościół zamkowy*, vol. 3, 300.
[40] *Relationes*, 147: «Alterum [seminarium] est dioecesanum [...] In quo [...] duo magistri superiores; Regens et Viceregens, ex sacerdotibus in communi viventibus instituti».
[41] *Relationes*, 182: «Ex his sufficiens est seminarium ad sustinendas personas 20, praeter Rectorem seminarii, socium et professorem moralis theologiae».
[42] Cf. W. WÓJCIK, «Rozwój seminariów» (2), 175.
[43] Cf. sopra note nn. 40-41.
[44] *Relationes*, 210: «Unus professorum disciplinas tradit theologicas dogmaticas. Alter moralem. Tertius philosophicam. Quartus oratoriam artem, caeremonias, rubricas et reliqua».
[45] Cf. L. PIECHNIK, «Seminaria duchowne», 202.206.211.216.
[46] Gli anni 1765-1788 furono i migliori nella storia del seminario diocesano di Vilna prima delle spartizioni della Polonia. Esso era il più grande nell'Est della Polonia e contava 50-60 seminaristi. Oltre alla teologia, gli alunni studiavano fisica, geografia, logica, matematica, geometria, storia universale, diritto naturale e le lingue

Nell'atto di fondazione del seminario vilnense, il vescovo Radziwiłł non determinò il numero degli alunni. Questo dipendeva dai mezzi finanziari che erano a disposizione del seminario. Nell'atto di donazione al seminario del podere Wozgieliszki, il vescovo espresse il desiderio che dalle rendite provenienti da questa sorgente fossero mantenuti dodici seminaristi. Però, risultò subito che i beni seminarili erano insufficienti per mantenere tanti alunni. Bisognava limitare il numero di essi e di ciò decideva il capitolo cattedrale, tenendo conto della situazione economica del seminario. A motivo della mancanza di denaro, il capitolo vietò d'ammettere al seminario i giovani che non avevano compiuto 16 anni[47]. Nel 1654 decise d'accogliere solo la gioventù d'origine nobile[48]. In questo modo venne a cessare l'osservanza del desiderio dei padri del Concilio perché nei seminari diocesani fossero formati soprattutto i giovani dalle famiglie povere[49]. Il 28 ottobre dello stesso anno, per la mancanza dei mezzi di sostentamento, propose di lasciare nel seminario solo quattro alunni e mandar via gli altri[50].

Anche per l'insufficienza dei mezzi finanziari, i responsabili del seminario diocesano non permettevano che gli alunni permanessero nel seminario per un periodo di tempo troppo lungo. Per es., il vescovo Pac nel 1675 mandò a cercare un'altra dimora per due seminaristi che abitavano da troppi anni nell'edificio seminarile[51].

Abbiamo già detto che il seminario diocesano venne fondato soprattutto per garantire l'istruzione ai candidati al sacerdozio d'origine lituana. Proprio questo fatto fu uno dei criteri più importanti per l'ammissione dei seminaristi. Al seminario potevano essere accolti solo i giovani sedicenni, lituani o quelli che avevano la conoscenza della lingua lituana[52]. Ad es. il vescovo Pac dimise dal seminario un alunno proveniente da un'altra

---

francese e tedesca. Però, anche in questo periodo i più dotati frequentavano le lezioni nell'Accademia. Cf. L. PIECHNIK, «Seminaria duchowne», 216.

[47] J. KURCZEWSKI, *Kościół zamkowy*, vol. 3, 292. A questo motivo il capitolo negò nel 1649 l'ammissione al seminario all'alunno minorenne Owsiany. Cf. ID., *Biskupstwo wileńskie*, 328.

[48] ID., *Kościół zamkowy*, vol. 3, 160.

[49] Cf. *C. Tridentinum*, sess. 23, *de ref.*, c. 18, in *COD*, 750.

[50] J. KURCZEWSKI, *Kościół zamkowy*, vol. 3, 163.

[51] J. KURCZEWSKI, *Kościół zamkowy*, vol. 3, 216.

[52] ID., *Biskupstwo wileńskie*, 328. Cf. anche ID., *Kościół zamkowy*, vol. 3, 333. 335.339.

diocesi⁵³. Nell'anno 1640 il capitolo raccomandò ai Gesuiti di ammettere alla «bursa waleriana» i candidati d'origine lituana⁵⁴.

A causa delle difficoltà nel mantenimento del seminario, il capitolo cattedrale richiese il giuramento perché i seminaristi, ricevuta l'ordinazione, prestassero servizio pastorale per la diocesi di Vilna⁵⁵. Secondo il regolamento del seminario del 1733, gli alunni, nel giuramento fatto sei mesi dopo l'accoglienza, dovevano fare la promessa che non sarebbero entrati in un convento⁵⁶. Oltre ciò il capitolo decise di richiedere dai genitori o dai curatori degli alunni la dichiarazione per iscritto sull'autenticità della vocazione sacerdotale dei loro figli⁵⁷. L'alunno che lasciava il seminario era obbligato a rimborsare i costi degli studi⁵⁸. Il seminarista dimesso pagava a favore del seminario 300 zloty polacchi⁵⁹.

Il seminario diocesano funzionava secondo il regolamento adoperato dai Gesuiti per il seminario di Braniewo in Warmia⁶⁰. Un regolamento per il seminario diocesano vilnense, che determinava le questioni disciplinari riguardo alla vita quotidiana degli alunni, alla loro formazione intellettuale e spirituale, venne emanato dal vescovo Zienkowicz nel 1733. A questo regolamento fu aggiunto l'orario seminarile per i giorni feriali e per le domeniche⁶¹. Un altro regolamento che riguardava la disciplina nel seminario fu approvato dal vescovo Massalski nel 1774⁶². Anche nel 1789 venne promulgato il regolamento insieme al nuovo programma di studi⁶³.

Oltre la possibilità dell'intervento personale, tramite il rettore del seminario o gli altri moderatori nominati dal vescovo, l'ordinario poteva intervenire nel funzionamento del seminario diocesano tramite gli statuti,

---

⁵³ J. KURCZEWSKI, *Kościół zamkowy*, vol. 3, 215.
⁵⁴ J. KURCZEWSKI, *Kościół zamkowy*, vol. 3, 130.135.
⁵⁵ J. KURCZEWSKI, *Kościół zamkowy*, vol. 3, 148.308.385.
⁵⁶ Cf. J. KURCZEWSKI, *Kościół zamkowy*, vol. 3, 308.
⁵⁷ Cf. J. KURCZEWSKI, *Kościół zamkowy*, vol. 3, 285-286.
⁵⁸ Ad es. l'alunno M. Wojna venne ammesso al seminario sotto la condizione che se non fosse stato ordinato sacerdote, avrebbe restituito le spese in quantità di 200 zloty per ogni anno di studio. Cf. J. KURCZEWSKI, *Kościół zamkowy*, vol. 3, 196.292.
⁵⁹ J. KURCZEWSKI, *Kościół zamkowy*, vol. 3, 84.
⁶⁰ In Braniewo nel 1565 fu fondato il primo seminario in Polonia, diretto dai Gesuiti. Cf. L. PIECHNIK, «Seminaria duchowne», 202.
⁶¹ Cf. J. KURCZEWSKI, *Biskupstwo wileńskie*, 332-333.
⁶² Cf. J. KURCZEWSKI, *Biskupstwo wileńskie*, 334.
⁶³ L. PIECHNIK, «Seminaria duchowne», 215.

promulgati durante i sinodi diocesani[64]. Il sinodo diocesano del 1744, richiamandosi alla coscienza del rettore e del vicerettore, pretese da loro che dirigessero il seminario con la dovuta diligenza seguendo le prescrizioni del Tridentino e la costituzione *Ubi primum* del Benedetto XIV del 3 dicembre 1744[65].

1.2 *La formazione nel seminario*

Nel processo della formazione al sacerdozio ci si rendeva conto della necessità di certe qualità previe nei candidati agli ordini sacri. Esse dovevano essere esaminate prima dell'ammissione al seminario. In seguito all'ammissione gli allievi erano obbligati almeno alla permanenza biennale nel seminario per una sufficiente istruzione e formazione spirituale. Prima delle ordinazioni, tramite l'esame davanti al vescovo, doveva essere verificata l'idoneità dei candidati e la loro preparazione teologico-pastorale.

1.2.1 I requisiti per l'ammissione al seminario

Il Concilio richiese dai candidati agli ordini sacri il possesso delle qualità di carattere e di intelletto necessarie per i futuri sacerdoti, l'intenzione sincera di prestare a Dio un fedele servizio e l'attestato del parroco o del maestro della scuola in cui erano stati educati[66]. Queste prescrizioni vennero inserite nei testi degli statuti sinodali della diocesi di Vilna.

---

[64] All'inizio del XVIII secolo quando i seminari si consolidarono, negli statuti sinodali delle diocesi polacche troviamo frequentemente cenni sui regolamenti dei seminari. W. Wójcik, «Rozwój seminariów» (1), 153.

[65] *Synodus* (1744), cap. 14 *De Seminario Dioecesano Vilnensi, Eiusque Regimine*, fol. D4v-Er: «Oneramusque conscientias Rectorum, Vice-rectorum seminarii nostri, quatenus omni diligentia et studio in spiritu et moribus conformiter ad praescriptorum S. Concilii Tridentini (sess. 18. de reform.) et recentissimam Constitutionem SSmi Domini Nostri Benedicti XIV. Papae anno 1740 die 3. Mensis Decembris editam; subiectum sibi Clerum instituant et exerceant indolem, capacitatem et profectum cuiusque subiecti assiduo contemplentur». Nella costituzione *Ubi primum* il papa Benedetto XIV ordinò tra l'altro d'assicurare al seminario i professori idonei e i mezzi per il loro mantenimento ed introdusse la visita apostolica dei seminari vescovili, prescrivendo a questo scopo uno speciale formulario. Poi sottolineò l'importanza degli esercizi spirituali per i seminaristi e vietò di ordinare sacerdoti gli alunni senza una sufficiente permanenza nel seminario. Cf. W. Wójcik, «Rozwój seminariów» (1), 142.

[66] Cf. *C. Tridentinum*, sess. 23, *de ref.*, cc. 4-5, 18, in *COD*, 746.750.

CAP. IV: GLI STRUMENTI DEL RINNOVAMENTO   169

Sospese a causa di difficoltà interne (guerre, incendi, epidemie), esse furono ristabilite dal vescovo Zienkowicz nell'anno 1744[67].

Con grande impegno il legislatore diocesano ripeteva l'importanza dei motivi di ricevere un grado clericale, vale a dire l'attitudine ad esercitare il ministero. Il vescovo Pac nella lettera pastorale del 1682 sottolineava che il desiderio di servire Dio con cuore puro, non invece il raggiungimento di un vantaggio materiale né l'intenzione di evitare una pena secolare, doveva determinare la decisione di scegliere lo stato clericale[68]. L'intenzione di sfuggire al giudizio secolare, come motivo per assumere l'abito clericale, venne condannata nel sinodo del 1717 dal vescovo Brzostowski, che promise di bloccare questa prassi abusiva che recava molti danni allo stato clericale[69].

Il vescovo Pac nella lettera pastorale del 1682, seguendo la normativa del Concilio di Trento, richiedeva per l'ammissione al seminario, l'età di almeno dodici anni[70]. Gli alunni, subito dopo l'accoglienza, erano tenuti al porto della tonsura e dell'abito ecclesiastico (*habitus talaris*)[71].

Le lettere pastorali del 1682 e 1710 precisarono che il candidato ai ministeri sacri doveva dimostrare le testimonianze dei testi sulla sua vita; se studiava lettere era tenuto a presentare la testimonianza del maestro della scuola sulla sua condotta e sulla dottrina, se invece era servitore alla corte di un signore, doveva presentare l'opinione sul suo comportamento sottoscritta da questo signore[72]. Secondo una norma del sinodo diocesano

---

[67] Cf. *Decreta* (1717), cap. 2, § 5 *De Sacramento Ordinis*, n. 129; *Synodus* (1744), cap. 15 *De Ordinandis*, fol. Er.

[68] *Modus et Ordo Boni Regiminis* (1682), cap. 1, fol. Ar. Cf. W. PRZYAŁGOWSKI, *Żywoty biskupów*, vol. 3, 57.

[69] *Decreta* (1717), cap. 2, § 5 *De Sacramento Ordinis*, n. 128: «Illud maxime cavendum est, ne ullus Fori saecularis rigorem subterfugiendo, Clericalem habitum induere praesumat, rebus compositis illum deinde positurus: collidit enim graviter iurisdictiones eiusmodi sycophantia et cursum iustitiae inhibet, et statum sanctiorem odiis, sinistrisque interpretationibus exponit. Proinde contra eiusmodi simulatores, Officio nostro procedendi iure damus negotium, ne cuiquam sua fraus prosit».

[70] *Modus et Ordo Boni Regiminis* (1682), cap. 4, fol. Av. Cf. W. PRZYAŁGOWSKI, *Żywoty biskupów*, vol. 3, 58. Abbiamo già menzionato nel paragrafo precedente che il capitolo di Vilna stabilì l'età più avanzata di sedici anni per l'ammissione al seminario.

[71] *Relatio anni 1754*, in *Relationes*, 185: «Post primam tonsuram, quae frequenter cum quatuor minoribus confertur, habitum clericis consuetum talarem induunt». Cf. anche *C. Tridentinum*, sess. 23, *de ref.*, c. 18, in *COD*, 750-751.

[72] *Epistola* (1710), cap. 8 *De Ordinandis*, 448: «quapropter sciant ordinibus initiandi se non admittendos, nisi anteactae vitae suae testes habuerint litteras, si studiis

del 1744, per l'ammissione alla tonsura come pure agli ordini minori, si richiedeva che il candidato presentasse le testimonianze «sulla sua fede» dal suo parroco e dal maestro della scuola in cui era stato educato[73].

1.2.2 Il piano di formazione

La formazione dei candidati agli ordini sacri in Polonia prima del Concilio di Trento non era unanime. In pratica essi finirono in una scuola parrocchiale o cattedrale[74]. L'istruzione e la formazione ascetica s'ispiravano ad un adeguata preparazione pastorale senza determinare tempo e programmi[75]. Il decreto tridentino sui seminari non riuscì a cambiare questa situazione[76]. Solamente dal XVIII secolo l'obbligo degli studi teologici nel seminario diventò condizione necessaria per gli ordini sacri[77]. A poco a poco si concretizzò la figura del pastore di anime educato e formato in vista del Catechismo Romano, anche se ancora difettavano nell'educazione l'aspetto intellettuale, volitivo ed affettivo[78].

Da quando il Concilio prescrisse l'obbligo di fondazione dei seminari, le scuole parrocchiali diventarono un grado preparatorio nel piano della formazione al sacerdozio. Secondo una prescrizione della lettera pastorale del Radziwiłł del 1582, i parroci vennero obbligati all'educazione e all'istruzione di un ragazzo, quello più dotato, perché continuasse gli studi

---

litterarum in scholis incubuerint, a praefectis scholarum, quo ad vitam et doctrinam; si vero aulae obsequiis addicti fuerint, ab ipso domino subscriptas, quo ad honestatem conversationis; ut ex priore informati vita, velut iactis seminibus, coniicere possimus, quanta vitae sanctioris speranda sit messis». Cf. *Modus et Ordo Boni Regiminis* (1682), cap. 3, fol. Av.

[73] *Synodus* (1744), cap. 15 *De Ordinandis*, fol. Er: «Idcirco virtute modernae Synodi innovamus praeexpressam legem, ut omnes ad primam tonsuram et minores ordines aspirantes, praeter fidem Baptismi bonum habeant testimonium a Parochis et Magistris Scholarum, in quibus versati sunt». Della necessità di presentare le testimonianze dei parroci sulla vita e i costumi prima dell'accoglienza al seminario, ricorda la relazione *ad limina* del 1754: «Ut aliquis in animum induxit transire ad statum cleri saecularis, testimoniis parochorum super vita e moribus comendatus, seminarium vel nostrum dioecesanum [...] ingreditur, ubi certius et vocatio sua, et habitudo ad statum explorata fiant», in *Relationes*, 185.

[74] B. KUMOR, «Sytuacja Kościoła», 24-25.
[75] W. WÓJCIK, «Znaczenie uchwał soboru trydenckiego», 6.
[76] A. PETRANI, «Reforma trydencka», 14.
[77] M. JABŁOŃSKI, «Teoria duszpasterstwa», 310.
[78] M. JABŁOŃSKI, «Teoria duszpasterstwa», 345-346.

CAP. IV: GLI STRUMENTI DEL RINNOVAMENTO 171

seminarili, necessari per l'ammissione agli ordini sacri[79]. Alcuni parroci detenevano i ragazzi predestinati al seminario al loro servizio, perciò il vescovo previde una esecuzione coatta di questo obbligo per mezzo di un editto regale[80].

Non si può supporre che, dopo l'erezione del seminario diocesano a Vilna, tutti i seminaristi si dedicassero allo studio completo della teologia. Bisognava provvedere soprattutto alle necessità più urgenti della diocesi, cioè dare al futuro clero parrocchiale la formazione pastorale essenziale. Nella *relatio ad limina* del 1605 venne presentata la regola generale che «seminaristae omnes obligantur esse sacerdotes»[81].

Il problema della *ratio studiorum* per il seminario diocesano, il vescovo Radziwiłł lo affidò ai Gesuiti. Loro decidevano della direzione di esso e della formazione dei candidati al sacerdozio[82].

Secondo il rapporto di Decius Striverius, che visitò il seminario nel 1619, il curricolo di studi, elaborato dai Gesuiti, iniziava con un corso introduttivo di carattere umanistico. Finito questo corso lo studente doveva, a carico suo, studiare la dialettica per poi consacrarsi allo studio biennale di teologia morale oppure al pieno studio di filosofia[83] e teologia. Durante l'istruzione di teologia morale poteva studiare la S. Scrittura e la teologia polemica[84]. Nell'Accademia i seminaristi studiavano anche il diritto canonico[85].

---

[79] *Epistola* (1582), 136: «Dent operam singuli plebani, ut unum saltem puerum selectum ex aliis, ingenio praestantem alant atque instituant, ut possint illum iam adultum addicere seminario, ubi disciplina imbuetur».

[80] *Epistola* (1582), 136: «Quoniam autem cognovimus pueros non tradi plebanis instituendos et rudes homines aegre ad ecclesiam accedere, dabimus operam, ut ad utrumque edicto regio compellantur».

[81] *Relationes*, 28.

[82] Nella maggior parte dei seminari diocesani il problema del programma di studi veniva conferito dai vescovi ai religiosi che conducevano questi seminari. Cf. W. WÓJCIK, «Rozwój seminariów» (1), 154.

[83] Il Concilio di Trento nel decreto sui seminari non parlava della filosofia. Però, il valore di questo studio, come base per gli studi teologici, fu apprezzato nei collegi dei Gesuiti. Cf. *Relatio anni 1651*, in *Relationes*, 89. Dobbiamo sottolineare che non in tutti i seminari gli alunni studiavano la folosofia. Cf. W. WÓJCIK, «Rozwój seminariów» (2), 179-180.

[84] Ai seminaristi che studiavano la retorica oppure la filosofia non potevano essere impartite le discipline teologiche e la Bibbia. Vedi L. PIECHNIK, «Seminaria duchowne», 202.

[85] Il diritto canonico fu insegnato nell'Accademia di Vilna fin dall'inizio del suo funzionamento. Cf. A. PETRANI, *Nauka prawa kanonicznego*, 204; ID., «Historia

La maggior parte degli alunni faceva nel seminario il corso di retorica e di logica[86] e poi studiava per due anni la teologia nell'Accademia[87].

Nel capitolo *De presbyteris pridem et noviter ordinatis* del 1685 venne trattato il problema della formazione liturgica dei candidati agli ordini sacri[88]. Come risulta dal capitolo stesso, alcuni chierici non conoscevano in grado sufficiente le cerimonie liturgiche e i canti previsti per la celebrazione della messa e dei vespri solenni[89]. Per migliorare la preparazione liturgica nel seminario, il sinodo decise d'obbligare i candidati al suddiaconato all'assistenza all'eucaristia solenne nel duomo, all'altare maggiore, ed al canto corale delle ore canoniche; questi esercizi dovevano svolgersi per un periodo di tre mesi continui a spese dei loro *provisores*[90]. Il sinodo obbligò il cerimoniere e il vicedecano vilnense a controllare se questa prescrizione fosse osservata dai seminaristi[91].

Il regolamento promulgato per il seminario nel 1733, oltre ai problemi di carattere disciplinare, regolava anche le cose riguardanti la formazione

---

prawa kanonicznego», 508-509.

[86] J. KURCZEWSKI, *Biskupstwo wileńskie*, 327. Nell'anno 1724 il capitolo decise di non accogliere i candidati che prima del seminario non avessero compiuto il corso di retorica o almeno di poetica, perché tali alunni, per diventare sacerdoti, dovevano studiare per molti anni e ciò aumentava i costi degli studi. Cf. ID., *Kościół zamkowy*, vol. 3, 292.

[87] Nel XVII secolo i candidati agli ordini sacri in modo consapevole sceglievano gli studi fuori del seminario diocesano, nell'Accademia di Vilna. La più approfondita istruzione accademica garantiva loro una posizione più vantaggiosa nella promozione agli uffici parrocchiali. Gli alunni del seminario dovevano aspettare di più per ottenere un beneficio. Cf. J. KURCZEWSKI, *Kościół zamkowy*, vol. 3, 132.

[88] Fin dal medioevo la partecipazione degli alunni alle celebrazioni liturgiche fu riconosciuta come scuola di liturgia e un'esperienza pastorale. W. WÓJCIK, «Rozwój seminariów» (2), 185.

[89] *Acta* (1685), fol. B2v: «Animadvertimus ex Clero Nostro Dioecesano in aliquibus personis imperitiam Caeremoniarum Ecclesiasticarum, et cantus opportuni tam ad Missam saltem, quam ad vesperas ritu solemni decantari solitas, et hanc procedere ex defectu exercitii suorum ordinum penes Ecclesiam Cathedralem Nostram Vilnensem facile acquirendi».

[90] *Acta* (1685), fol. B2v: «Revertendae Ecclesiis in Dioecesi Nostra existentibus decori per hoc ipsum augendo prospicere cupientes statuendum esse duximus, ut quilibet ordinatorum ad Subdiaconatum per tres menses continuos tam ad officia Divina ad Altare maius in Missas solemnibus, quam in choro dum de cantantur horae Canonicae semper quolibet die assistent, et cantent cum sumptibus Provisoris sui sustentatus».

[91] *Acta* (1685), fol. B2v: «Cui Decreto nostro ut debitum semper fortiatur effectum Adv: RR. DDni Magister Caeremoniarum et vice Decanus attendere omnino tenebuntur, in quo eorum oneramus conscientiam».

intellettuale e spirituale. L'istruzione teoretica degli alunni era completata dalla preparazione di carattere pratico (la catechesi, le omelie nel refettorio, la risoluzione dei *casus coscientiae*)[92].

Per il conseguimento dei fini spirituali, i seminaristi dovevano dedicarsi alla preghiera quotidiana, alla meditazione e al regolare esame di coscienza[93]. Ogni giorno dovevano partecipare all'eucaristia, le domeniche e le feste anche in cattedrale, e con frequenza erano tenuti ad accostarsi al sacramento della penitenza ed alla santa comunione[94].

La relazione *ad limina* del 1767 contiene un programma di corsi fondamentali previsto per quattro anni. Nel primo anno era impartita la teologia dogmatica, nel secondo — morale, nel terzo — filosofia, nel quarto — le cerimonie, le rubriche, l'omiletica ed altro[95]. Le materie di carattere pratico-liturgico erano studiate alla fine degli studi seminariali[96].

Nell'anno 1789 venne elaborata una *ratio studiorum* per il seminario diocesano. Il curriculo di studi doveva cominciare con un corso biennale delle scienze secolari: latino, logica, fisica, matematica e geometria[97]. Negli anni successivi gli alunni studiavano la teologia dogmatica, la teologia morale e la Sacra Scrittura[98].

Per quanto riguarda la durata degli studi essi erano compiuti di solito in due anni. I Gesuiti volevano prolungare gli studi e proponevano ai seminaristi il pieno curricolo filosofico-teologico: tre anni di filosofia e quattro anni di teologia. Il capitolo era contrario a tali iniziative ed ammoniva i Gesuiti perché non costringessero gli alunni a fare tutto lo studio accademico[99].

A questo problema tornò il sinodo del 1744. Nel capitolo dedicato al seminario diocesano stabilì che per essere ammesso agli ordini maggiori

---

[92] Cf. J. KURCZEWSKI, *Biskupstwo wileńskie*, 332; L. PIECHNIK, «Seminaria duchowne», 209.

[93] Cf. J. KURCZEWSKI, *Biskupstwo wileńskie*, 332.

[94] Cf. J. KURCZEWSKI, *Biskupstwo wileńskie*, 332.

[95] *Relationes*, 210. Un altro schema fu elaborato per il seminario di Chełmno nel 1792: 1 - la Bibbia, 2 - la storia della Chiesa, 3 - la teologia dogmatica e il trattato «de religione», 4 - il diritto canonico. W. WÓJCIK, «Rozwój seminariów» (2), 182.

[96] Il vescovo Massalski elaborò un altro programma di studi per il seminario diocesano nel 1774. Cf. J. KURCZEWSKI, *Biskupstwo wileńskie*, 334.

[97] L'insegnamento delle scienze secolari lo incontriamo frequentemente nei seminari polacchi negli ultimi decenni del XVIII secolo. Cf. W. WÓJCIK, «Rozwój seminariów» (2), 179.

[98] Il diritto canonico e la storia della Chiesa venivano impartite con il corso di teologia dogmatica e di teologia morale. L. PIECHNIK, «Seminaria duchowne», 215.

[99] Cf. J. KURCZEWSKI, *Kościół zamkowy*, vol. 3, 132.

l'alunno doveva compiere tutto il curricolo di studi. Nel caso di una malattia grave che non permetteva di completare tutto il corso di teologia speculativa, il legislatore diocesano richiedeva almeno il corso biennale di teologia morale[100]. Nel capitolo *De provisoribus ordinandorum et eorum provisis*, per la maggiore utilità della Chiesa e per assicurare la cura d'anime, prescrisse lo studio dai missionari Lazzaristi almeno per dodici mesi (anche con intervalli) e nel seminario diocesano per due anni[101].

1.2.3 La promozione agli ordini sacri

Per avere sicurezza dell'esistenza delle qualità richieste per gli ordini e per assicurarsi dei pastori veri e zelanti, il sinodo diocesano del 1605 richiese dai candidati agli ordini maggiori un buon attestato (*litterae testimoniales*) del vicario foraneo e di uno o dei parroci vicini nel luogo di dimora dei candidati. Queste testimonianze, concernenti le opinioni sull'onestà della vita e sui costumi del candidato, dovevano essere presentate al vescovo o all'arcidiacono prima dell'esame che decideva della promozione agli ordini sacri[102]. In questo modo il vescovo B. Wojna cercava di provvedere perché i candidati venissero sufficientemente istruiti[103].

---

[100] *Synodus* (1744), cap. 14 *De Seminario Dioecesano Vilnensi, Eiusq; Regimine*, fol. Er: «Nullum ad maiores Ordines recommendent, nisi completis Studiis, et si cui valetudo Studia speculativa non permiserit diutius tractare, saltem in moralibus sufficienter ad minimum per Biennium sint instructi».

[101] *Synodus* (1744), cap. 16, fol. Ev: «Pro maiori autem Ecclesiarum utilitate et salutis animarum securitate, praecisa omni spe dispensationis statuimus, ut iidem Provisi in Seminario RR. DD. Sacerdotum Congregationis Missionis ad minimum duodecim menses etsi discontinuos, in seminario autem nostro dioecesano per duos completos annos sub stricta disciplina perseverent».

[102] *Synodus* (1602), cap. *De Ordinatione*, fol. Br: «Neminem ad aliquos Ordines Maiores in posterum admitti volumus, qui litteras testimoniales Decani Ruralis, et unius aut duorum plebanorum vicinorum, eiusdem Decanatus in quo degit de vita, moribus et conversatione bona atque honesta non habuerit: easque Nobis aut Archidiacono nostro exhibere ante examen collationi Ordinum praemitti solitum, neglexit». Cf. articoli paralleli delle costituzioni del 1613 e 1633. Vedi anche *Modus et Ordo Boni Regiminis* (1682), cap. 3, fol. Av. Negli atti del capitolo cattedrale del 1661 si parla della designazione degli esaminatori perché fossero il sostegno del prelato arcidiacono negli esami dei candidati agli ordini sacri. Cf. J. KURCZEWSKI, *Kościół zamkowy*, vol. 3, 169.

[103] Le notizie sugli esami davanti all'arcidiacono e gli altri esaminatori, eletti nel sinodo diocesano, sui requisiti richiesti per gli ordini sacri, le troviamo nelle relazioni sullo stato della diocesi. Cf. *Relatio anni 1635*, in *Relationes*, 64: «Ordines item sacri requisita aetatis, confirmationis, natalibus, ac alia omnia, praevio examine per electos in synodo dioecesana facto, habentibus». Vedi anche le relazioni degli anni 1759 e

CAP. IV: GLI STRUMENTI DEL RINNOVAMENTO 175

Il vescovo Brzostowski rammentò i *requisita necessaria* previsti dalla legislazione universale, soprattutto da quella tridentina. Secondo le prescrizioni della lettera del 1710, chi attentava gli ordini sacri, usando i mezzi illegittimi, *ipso facto* incorreva nella scomunica. Era irregolare ad esercitare gli ordini ricevuti:
– colui che falsificava le lettere dimissorie o si serviva consapevolmente di documenti falsi e difettosi;
– colui che era ordinato senza un titolo al beneficio, a una pensione o a un patrimonio;
– colui che si serviva del titolo ad un beneficio fittizio, infruttifero o fiduciario;
– colui che consapevolmente falsificava l'età richiesta dal Concilio per ogni grado dell'ordine;
– colui che prima dell'ordinazione era trattenuto da un'irregolarità o era stato sottoposto a una censura ecclesiastica[104].

Nel sinodo del 1717, si raccomandava ai candidati agli ordini sacri che rimovessero tutti gli impedimenti, sia *ab iure* sia *ab homine*, prima delle pubblicazioni per la sacra ordinazione[105]. Il sinodo, però, sospese la prescrizione del Tridentino sull'annunzio pubblico sui natali, l'età, i costumi e la vita degli ordinandi[106]. Questa norma, raccomandata ancora dal vescovo Pac nella lettera del 1682, fu sospesa a causa della scarsità del clero[107]. La pratica delle pubblicazioni per gli ordini sacri venne poi

---

1767 (*ibid.*, 195.208).

[104] *Epistola* (1710), cap. 18 *De Ordinandis*, 448: «Ne igitur aliquis furtive et per fraudem in sanctuarium ingredi audeat, praesenti edicto monentur infrascripti, [...] ne accedent ad ordines suscipiendos; quod si accedere praesumpserint, eos excommunicatos ipso facto declaramus: Qui falsarunt et exhibuerunt, vel scienter usi sunt falsis, seu vitiatis litteris dimissorialibus. Qui titulum beneficii, pensionis, vel patrimonii, ad quem petunt ordinari ad sacros ordines, non possident, vel fictitium, vel infructiferum, aut fiduciarium obtinent. Qui legitimam aetatem pro unoquoque ordine, requisitam a Conc. Triden., habere falso constare fecerunt, si falsitatis conscii sunt. Qui irregulares, vel aliis ecclesiasticis censuris scienter irretiti sunt. Hi si ordinentur, ipso facto iure fiunt irregulares, ac si in ordinibus susceptis ministrassent».

[105] *Decreta* (1717), cap. 2, § 5 *De Sacramento Ordinis*, n. 129: «Admonemus quoque Sacrorum Ordinum Candidatos, ut omnia impedimenta, seu de iure, seu ab homine sibi obiicienda, removeant a se tempestive, ut secure de illis denuntiationes publicae citra periculum malignae impeditonis affigi possint».

[106] Cf. *C. Tridentinum*, sess. 23, *de ref.*, c. 5, in *COD*, 746-747.

[107] *Decreta* (1717), cap. 2, § 5 *De Sacramento Ordinis*, n. 129: «Quae denuntiationes licet hactenus dissimulatae sint, ob Cleri miserabile perpestilentiam excidium, melioribus tamen temporibus et suppleto utcunque Ecclesiarum ministerio, Deo adiuvante reassumi debebunt, ut Sanctitati Ordinis Ecclesiastici quam maxime consulatur,

ristabilita dal vescovo Zienkowicz nel sinodo del 1744. Nel capitolo *De ordinandis* il vescovo stabilì, che prima dell'ammissione al suddiaconato, i parroci dei candidati dovevano annunziare pubblicamente la loro intenzione e fare un'inchiesta sulla loro età, i costumi, la vita e la fede. La lettera con i risultati di questa indagine doveva essere trasmessa al vescovo o agli esaminatori sinodali[108].

La lettera del vescovo Pac del 1682 prescriveva l'età per i candidati ai diversi gradi ecclesiastici. La prima tonsura era conferita a quelli che avevano compiuto sette anni, l'accolitato a dodici anni compiuti, il suddiaconato a ventidue anni, il diaconato a ventitré anni e infine il presbiterato era conferito a quelli che avevano compiuto venticinque anni, osservando l'intervallo di almeno due mesi fra gli ordini minori, 5-6 mesi per il diaconato e un anno prima dell'ordinazione sacerdotale[109].

Dal punto di vista della preparazione intellettuale, i limiti per l'ammissione ai singoli gradi della gerarchia li elaborò il vescovo Pac nella sua lettera pastorale del 1682. Il suo contenuto in sostanza concordava con quello della *Pastoralna* del 1601[110]. Il chierico prima di essere promosso

---

dum nonnisi electi et undequaque probati operarii sine ullo naevo, ac labe in Vineam Domini intromittentur». Cf. W. PRZYAŁGOWSKI, *Żywoty biskupów*, vol. 3, 58.

[108] *Synodus* (1744), cap. 15, fol. Er: «Quamvis antecedentibus annis ob rationes a Praedecessoribus nostris iuste allegatas, inter alias, ob defectum cleri, pestifera lue et hostilitate sublati, et a Nobis donec Seminarium Dioecesanum sufficientibus providimus sumptibus, dilata fuit executio Legis de Ordinan: a SS. Concil: Trident: sess. 23. cap. 5. de reform: praescriptae, postquam tamen praesenti tempore multiplicavit Dominus Gentem status Nostri: [...] Qui vero ad maiores Ordines assumendi erunt; quattuor septimanas ante generalem Ordinationem ad Subdiaconatum publice Parochi eorum desiderium, seu intentionem ex suggestu in Ecclesiis suis populo denuntient de ipsorum Natalibus, aetate, moribus, et vita a fide dignis diligenter inquirant, et Litteras testimoniales in obsigillato Rotulo talem inquisitionem continentes ad Nos, vel Examinatores Synodales remittant, sine quibus amodo nullus ordinari et ad Seminaria admitti poterit».

[109] Cf. *Modus et Ordo Boni Regiminis* (1682), cap. 4 e 6, fol. Av.

[110] Il campo della formazione dottrinale accettato in genere da tutti nella Chiesa in Polonia venne definito dalla *Pastoralna* di B. Maciejowski, dalle *Reformationes generales* di M. Szyszkowski e nell'*Opusculum bipartitum* di Tylkowski. Da queste fonti risulta che il chierico degli ordini minori doveva avere la scienza di scrivere e di leggere, doveva capire il latino e le fondamentali verità della fede; per il suddiaconato e il diaconato fu richiesta la conoscenza del breviario, la capacità di spiegare il catechismo e una più profonda conoscenza del latino; per il presbiterato si esigeva oltre la conoscenza del latino un'adeguata preparazione teologico-dogmatica (nei limiti del Catechismo Romano), sacramentologica e canonica. Cf. M. JABŁOŃSKI, «Teoria duszpasterstwa», 344.

CAP. IV: GLI STRUMENTI DEL RINNOVAMENTO 177

agli ordini minori, doveva almeno saper scrivere e leggere, capire il latino e conoscere il catechismo minore[111]. Dal promovendo agli ordini maggiori, oltre la conoscenza di scrivere e di leggere, era richiesta una conoscenza elementare sulla recitazione del breviario, sui sacramenti e sulle cerimonie liturgiche[112]. Dai candidati al sacerdozio si esigeva una migliore preparazione ad insegnare ai fedeli le verità della fede e ad amministrare i sacramenti[113].

Secondo il sinodo del 1685, nessuno poteva essere ammesso al grado di presbiterato se non conosceva il canto necessario della messa e non era sufficientemente istruito nelle cerimonie ecclesiastiche[114].

La lettera del 1710 stabilì che per essere ordinato sacerdote il candidato doveva avere l'attestato sulla conoscenza delle rubriche[115]. Imponeva anche l'obbligo di conoscere le materie riguardanti il Sacramento della Penitenza e l'elenco dei casi riservati[116].

Il sinodo del 1744 tolse la speranza di poter accedere agli ordini sacri agli alunni che non avevano acquisito la dovuta conoscenza delle discipline come la teologia morale, il diritto canonico, l'omiletica, la catechetica e il canto ecclesiastico[117].

---

[111] *Modus et Ordo Boni Regiminis* (1682), cap. 2, fol. Ar-v: «Clericus promovendus ad Minores Ordines debet scire saltem legere et scribere, et intelligere linguam latinam, et Fidei Rudimenta». Cf. *C. Tridentinum*, sess. 23, *de ref.*, cc. 4 e 11, in *COD*, 746.748.

[112] *Modus et Ordo Boni Regiminis* (1682), cap. 2, fol. Av: «Ad Maiores promovendus debet scire recitare Horas Canonicas, habere Breviarium, et reddere rationem Sacramentorum saltem in genere, et esse instructus in litteris, et iis quae ad Ordinem exercendum pertinet».

[113] *Modus et Ordo Boni Regiminis* (1682), cap. 2, fol. Av: «Presbyterandi ulterius debent esse idonei, docere saltem ea populum, quae sunt necessaria omnibus ad salutem et administranda sacramenta». Cf. W. PRZYAŁGOWSKI, *Żywoty biskupów*, vol. 3, 57; J. KURCZEWSKI, *Biskupstwo wileńskie*, 330. Vedi anche *C. Tridentinum*, sess. 23, *de ref.*, c. 14, in *COD*, 749.

[114] *Acta* (1685), cap. *De Presbyteris pridem et noviter ordinatis*, fol. B2v: «et nisi tempore examinis ad altiores gradus Sacerdotii promovendus, necessarium cantum ad missam bene noverit se sciat non promoveri altius, donec addiscerit cantum necessarium et in caeremoniis Ecclesiasticis versatus fuerit».

[115] *Epistola* (1710), cap. 2 *De Sacrificio Missae*, 427: «nullus ad celebrandum primam missam admittatur, nisi [...] attestatione habita supra peritiam Rubricarum».

[116] *Epistola* (1710), cap. 18 *De Ordinandis*, 449: «In ordine diaconatus costituti, sciant se non admittendos ad presbyteratum, nisi sufficientem pro confessionibus excipiendis habuerint doctrinam et noverint casus reservatos».

[117] *Synodus* (1744) cap. 14 *De Provisoribus Ordinandorum et eorum Provisis*, fol. Ev-E2r: «Caeremonias ecclesiasticas, rectum casuum resolutionem, cantum, potissime

Il Concilio di Trento vietò severamente l'ordinazione dei candidati senza un *titulus* al beneficio. Seguendo questa prescrizione conciliare il vescovo Zienkowicz, nella visita della chiesa cattedrale del 1743, ricordò che nessun chierico poteva essere ordinato con il titolo capitolare o vicariale[118].

Più severe condizioni vennero richieste per i candidati provenienti da altre diocesi; essi prima dell'ordinazione erano obbligati a prestare il giuramento che avrebbero prestato il loro servizio nella diocesi di Vilna per almeno 12 anni[119]. Il vescovo Pac attenuò questa norma e permise il conferimento degli ordini sacri a coloro che avevano dimorato nella sede vescovile per tre anni oppure abitavano nella diocesi da dieci anni e non avevano intenzione di abbandonarla[120].

1.3. *I mezzi di sussistenza del seminario diocesano*

Sulla base del decreto tridentino *Cum adolescentium aetas*, il vescovo Radziwiłł cercava di provvedere ai redditi fissi «ad fabricam collegii instituendam», per gli stipendi ai professori e per il mantenimento degli alunni. Nel 1582 convocò a Vilna il sinodo diocesano per riformare il clero e per deliberare le tasse per il sostentamento del seminario[121]. Questa forma di sostentamento, come si poté presumere, non aveva una grande importanza. Le costituzioni sinodali e le relazioni *ad limina* non menzionano più l'imposizione degli altri tributi per il seminario[122].

---

vero praxim concionandi et catechisandi addiscant, et nonnisi hac scientiam acquisitam, ac testimonio Instructorum suorum sub conscientia ab ipsis dando; promoveri se ad ordines non sperent».

[118] Cf. J. KURCZEWSKI, *Kościół zamkowy*, vol. 1, 304.

[119] *Synodus* (1602), cap. *De Ordinatione*, fol. Br: «Qui autem ex alienis Dioecesibus hic a nobis, aut nostro Suffraganeo, provisionibus tamen acceptis, ordinari expetierint: eiusmodi non prius ad Sacros ordines promoveri volumus, quam spondeant, vel iurent, ante annos duodecim suas stationes non defuturos, migrando in alienos Episcopatus».

[120] *Modus et Ordo Boni Regiminis* (1682), cap. 8, fol. A2r: «Illustrissimus Loci Ordinarius, seu eius Suffraganeus exterum ordinare non potest nisi in Familiaritate Loci Ordinarii integro Triennio fuerit commoratus, vel Domicilium a Decem annis sine Animo ad locum Originis redeundi, habuerit».

[121] Cf. J. KURCZEWSKI, *Kościół zamkowy*, vol. 3, 63; ID, *Biskupstwo wileńskie*, 326; J. SAWICKI, *Synody*, 34.

[122] La base di questo fenomeno fu la consuetudine che funzionò nella Polonia d'allora, che si spiega con la specificità del sistema beneficiale della Chiesa polacca. Il *ius patronatus* dei laici, l'insufficienza di benefici, la povertà del clero, gli altri

Per provvedere alle necessità del seminario lo stesso vescovo Radziwiłł offrì al seminario diocesano il suo podere Wozgieliszki. Questo sostegno venne aumentato dalle donazioni da parte dello stato e delle persone private. Il re della Polonia Stefan Batory aggiunse al fondo seminarile i poderi Kołpienica e Łuki, appartenenti al beneficio di Nowogródek, e W. Jarczewski, nel 1603 donò la tenuta agricola Korkożyszki[123].

Il decreto tridentino, menzionato sopra, ammetteva l'incorporazione ai seminari dei benefici semplici di qualsiasi dignità e ordine. I vescovi polacchi molto raramente approfittavano di questa possibilità. Sotto il vescovo Zienkowicz venne incorporata al seminario, con l'approvazione della Santa Sede, la chiesa parrocchiale di Nowogródek[124]. Nel 1763 il vescovo Massalski propose al capitolo di consegnare al seminario l'*altaria* dei Wojna nella chiesa cattedrale alla quale apparteneva il podere Michniszki. Il capitolo, d'accordo con la proposta del vescovo, decise di mantenere il reggente del seminario mediante i contributi provenienti da questo beneficio[125].

Una sorgente delle rendite per il seminario era la mensa vescovile. Il visitatore apostolico A. Comuleo, preoccupato della difficile situazione del seminario, decise nel 1595 di consegnare diecimila fiorini per il mantenimento del seminario da prendersi dai redditi del vescovado di Vilna *sede vacante*[126]. Il vescovo Massalski promise al seminario nel 1763 diecimila zloty polacchi all'anno[127].

Il seminario era sostenuto anche dai membri del capitolo cattedrale e dai singoli parroci. Ad es. il parroco di Nowogródek, Gradkowski, offrì al seminario nel 1648 mille zloty polacchi[128].

---

tributi pagati dal clero potevano causare le proteste da parte del clero e dei patroni laici. L'episcopato polacco doveva tener conto delle conseguenze negative di tali decisioni. Cf. W. WÓJCIK, «Rozwój seminariów» (2), 162.

[123] J. KURCZEWSKI, *Biskupstwo wileńskie*, 326. Le donazioni a favore dei seminari da parte dei re e dei principi erano abbastanza frequenti in Polonia nel XVI-XVIII secolo. Cf. W. WÓJCIK, «Rozwój seminariów» (2), 167.

[124] «Plures longe essent personae in seminario et in futurum Deo dante sperantur, nisi pars magna proventuum esset applicata ecclesiae Novogrodensi, de nova radice ex muro solido erectae, quae ecclesia, mediante beneplacito Sanctae Sedis Apostolicae, certis conditionibus est seminario dioecesano incorporata» (*Relationes*, 127).

[125] J. KURCZEWSKI, *Biskupstwo wileńskie*, 334.

[126] Cf. par. 3.4 del capitolo II.

[127] J. KURCZEWSKI, *Biskupstwo wileńskie*, 334.

[128] J. KURCZEWSKI, *Kościół zamkowy*, vol. 3, 142.

Fin dall'inizio, però, il seminario soffriva molto la mancanza dei mezzi di sussistenza. A causa dei conflitti interni e delle guerre, l'amministrazione dei beni dava redditi insufficienti. Negli atti del capitolo cattedrale troviamo notizie sulla scarsità dei seminaristi e la penuria di qualsiasi cosa necessaria per lo studio[129].

I vescovi cercavano di riformare il meccanismo dell'amministrazione dei beni immobili appartenenti al seminario diocesano. La situazione migliorò notevolmente sotto il vescovo Zienkowicz, il grande riformatore del seminario diocesano, che nell'anno 1737 consegnò ai Bartolomiti l'amministrazione dei poderi Wozgieliszki e Korkożyszki[130]. Questa nuova convenzione fu confermata dal sinodo del 1744 nel capitolo sul seminario diocesano[131].

Anche i responsabili dell'amministrazione del seminario erano costretti a cercare altri mezzi per provvedere alle necessità dei seminaristi. Il capitolo, per rimediare ai problemi del seminario, prese in prestito nel 1590 dal parroco di Niemenczyn una somma di denaro[132]. All'inizio del XVIII secolo, quando i mezzi seminarili erano insufficienti, gli alunni erano a carico degli stessi provveditori del seminario[133].

---

[129] J. KURCZEWSKI, *Kościół zamkowy*, vol. 3, 129.138.326.

[130] Nella relazione sullo stato della diocesi del 1754 il vescovo Zienkowicz informa la Santa Sede: «Seminaria haec dioecesis duo dumtaxat recenset, alterum dioecesanum [...] cui ad reditus, praeter exiguam admodum fundationem unum beneficium olim iuris patronatus regii annexum et incorporatum est. Dictum beneficium ad curam animarum habet semper commendarium iuratum, cui pro administratione quotannis pensio 50 auri camerae [sic!] constituta est, reliqui beneficiorum fructus importantur seminario. Ex his sufficienter est seminarium ad sustinendas personas 20, praeter Rectorem seminarii, socium et professorem moralis theologiae [...] in comuni viventium» (*Relationes*, 182).

[131] *Synodus* (1744), cap. 14 *De Seminario Dioecesano Vilnensi, Eiusque Regimine*, fol. D4v: «In supplementum victus et maioris commoditatis ipsorum (regenti et viceregenti) et seminaristarum praedium Korkorzyzki cum subditis, agris, pratis et omni proventu concessimus, et in possessionem tradi mandavimus. Ex aliis autem bonis ad idem Seminarium pertinentibus quattuordecim clericos pro Dioecesi iuratos, ad ulteriorem nostram dispositionem et seminarii reparationem alendos et educandos cum consilio provisorum ornavimus».

[132] J. KURCZEWSKI, *Kościół zamkowy*, vol. 1, 78.

[133] J. KURCZEWSKI, *Kościół zamkowy*, vol. 1, 283.

2. La provvisione agli uffici ecclesiastici parrocchiali[134]

Per quanto riguarda il clero parrocchiale, sia la designazione dei candidati agli uffici parrocchiali, sia la loro presentazione all'ufficio del parroco, apparteneva ai collatori delle chiese. Tenendo in considerazione il fatto che nella diocesi di Vilna, come in tutta la Polonia, il diritto di patronato sulle chiese parrocchiali di solito apparteneva alla nobiltà, se ne deve dedurre che quest'ultima decideva dell'assegnazione degli uffici ecclesiastici parrocchiali[135]. La nobiltà, intendendo ricavare maggiori profitti, di propria iniziativa, senza preoccuparsi della necessaria approvazione episcopale dei propri candidati, impegnava spesso nelle parrocchie chierici vaghi, che si accontentavano di una certa ricompensa pagata dal collatore della chiesa[136].

La vera soluzione del problema della scelta dei rettori delle chiese poteva trovarsi soltanto in un radicale aumento del controllo dei vescovi al riguardo delle nomine agli uffici parrocchiali. Secondo le disposizioni del Concilio i vescovi potevano rifiutare i candidati presentati dai patroni, se fossero inidonei[137]. Anche se il diritto di istituzione apparteneva a persone di grado inferiore, i candidati dovevano essere sempre esaminati dal vescovo.

L'esame dei candidati agli uffici ecclesiastici venne conferito dal Tridentino agli esaminatori scelti dal vescovo e approvati dal sinodo diocesano[138]. Esempi dell'istituzione degli esaminatori li troviamo in

---

[134] In questo articolo sarà trattata la questione della provvisione canonica degli uffici pastorali che bisogna distinguere dal contratto stipulato tra i parroci e i candidati ai vicariati, chiamato anche *provisio*, che fu uno dei *titulus* all'ordine sacro. Questo problema è stato già esaminato nell'articolo dedicato ai chierici girovaghi. Cf. art. 3. del capitolo III di questo lavoro.

[135] Il re e i nobili lituani attraverso il diritto di presentazione assegnavano agli uffici parrocchiali i candidati meno degni: «Insuper fere omnes istae ecclesiae (exceptis valde paucis) sunt mancipatae et subiectae iuri patronatus tum Serenissimorum Regum, tum Magnatuum et Nobilium. Quare dum contingit eas vacare, nequit fieri concursus, sed praesentatum etiam minus dignum, omisso digniore, cogor instituere, quod tamen, quia fit iuxta praescriptum et dispositionem sacrorum canonum, fiat voluntas Dei». *Relatio anni 1733*, in *Relationes*, 126. Cf. *ibid.*, 162. Di questo problema, per quanto riguardava tutta la Polonia, abbiamo parlato nel cap. II. Cf. soprattutto nota n. 40.

[136] Cf. J. KRACIK, «Potrydencki system rekrutacji», 472.

[137] Cf. *C. Tridentinum*, sess. 25, *de ref.*, c. 9, in *COD*, 790.

[138] Nel caso di una chiesa parrocchiale vacante il vescovo, o chi aveva il diritto di patronato, poteva designare alcuni chierici idonei all'ufficio vacante. I candidati erano esaminati dal vescovo o, in caso di suo impedimento, dal vicario generale e almeno da

alcuni sinodi della diocesi di Vilna (1669, 1685, 1744) e nella lettera pastorale del 1682[139]. Dagli atti del capitolo cattedrale risulta che i candidati all'ufficio dell'esaminatore erano scelti tra i membri del capitolo nelle sedute dello stesso. Ad es., nella seduta presinodale del 10 marzo del 1669 (il sinodo si svolse il 11-13 marzo del 1669), vennero nominati all'ufficio dell'esaminatore cinque membri del capitolo: i prelati come l'arcidiacono, il custode e il cantore e due canonici Młyniecki e Żuchorski[140]. Il capitolo vigilava pure perché gli esami agli uffici beneficiali fossero realmente effettuati: nella seduta del 6 ottobre 1679 fu discusso il problema degli esami dei candidati ai benefici parrocchiali, richiesti dalle prescrizioni del sinodo di Sapieha del 1669[141].

Il sinodo del 1744, rifacendosi alla normativa canonica e soprattutto al canone 18 della sessione 24 del Concilio di Trento, richiamò la necessità di un esame davanti agli esaminatori sinodali prima dell'istituzione al beneficio e prima del conferimento della facoltà di ricevere le confessioni dei fedeli[142].

Rifacendosi al Concilio di Trento e seguendo le disposizioni della *Pastoralna* del cardinale B. Maciejowski del 1601, il vescovo B. Wojna stabilì, nelle Costituzioni del 1613[143], che nessun chierico secolare o religioso potesse tenere un beneficio, soprattutto quello con la cura d'anime, senza la legittima istituzione da parte del vescovo o del suo ufficiale

---

tre esaminatori, approvati dal sinodo diocesano. L'esame riguardava l'età, il comportamento e le capacità personali dei candidati a quell'ufficio. In caso contrario il conferimento fatto dagli inferiori era nullo. Cf. sess. 24, *de ref.*, c. 18 e sess. 25, de ref., c. 9, in *COD*, 770-771.790.

[139] Cf. *Synodus* (1669), cap. *De Examinatoribus ad Beneficia curata instituendorum*, fol. D2r; *Modus et Ordo Boni Regiminis* (1682), cap. 55, fol. C4v; *Acta* (1685), cap. *De Examinatoribus Synodalibus ad Beneficia curata et Confessiones Sacramentaliter excipiendas*, fol. Cv; *Synodus* (1744), cap. 31 *De Examinatoribus Synodalibus*, fol. F4v.

[140] J. KURCZEWSKI, *Kościół zamkowy*, vol. 3, 193; J. SAWICKI, *Synody*, 82.

[141] J. KURCZEWSKI, *Kościół zamkowy*, vol. 3, 238.

[142] *Synodus* (1744), cap. 31 *De Examinatoribus Synodalibus*, fol. F4v: Praecipientibus SS. Canon: potissime dispositioni S. Concil. Trident. sess. 24. de reform. cap. 18. alacriter obtemperantes, ut instituendi ad Beneficia et approbandi ad excipiendas Fidelium confessiones sciant, cui se pro subeundo Examine subiicere debeant».

[143] Questa norma venne poi letteralmente ripetuta dal sinodo del 1669: «Reassumimus Constitutionem Synodi Dioecesanae et servanda integre, quae in Epistola Pastorali sub Titulo de Residentia parochorum praescribuntur, Authoritate praesentis Synodi mandamus» (*Acta* del 1669, cap. *De Residentia in Beneficiis*, fol. Cr). Cf. anche *Modus et Ordo Boni Regiminis* (1682), cap. 11, fol. A2r e cap. 12, fol. A2v.

CAP. IV: GLI STRUMENTI DEL RINNOVAMENTO 183

generale. Altrimenti il possesso era riconosciuto *ipso facto* illegittimo e il beneficiato poteva essere rimosso dal beneficio[144]. Il controllo diretto sugli eventuali trasgressori di questa norma fu effettuato, per la città di Vilna, dal canonico decano del capitolo cattedrale e, fuori città, dall'arcidiacono[145].

Nella diocesi di Vilna, come in tutta la Polonia, molti danni per la pastorale e per la vita morale del clero provocava l'insufficienza dei benefici ecclesiastici. Per garantire al clero diocesano i mezzi di sostentamento, il sinodo diocesano del 1685 elaborò le norme contro il conferimento dei benefici locali ai chierici provenienti dall'estero o dalle altre diocesi. Il tenore di questa norma è molto forte. Vi si parla dei danni subiti dal clero oriundo della Lituania a causa delle presentazioni ai benefici diocesani dei sacerdoti provenienti dalle altre diocesi[146]. E, per garantire al clero locale un degno sostentamento, si chiedeva al re della Polonia che presentasse ai benefici della fondazione regale i chierici oriundi della Lituania[147]. Per quanto riguarda la collazione dei benefici da

---

[144] *Constitutiones* (1613), cap. *De Institutione ad Beneficia Ecclesiastica et Residentia in Curatis*, fol. F1r: Innixi Sacrorum Canonum statutis, nec obstante quapiam immemorabili consuetudine, ordinamus et volumus, quod persona ecclesiastica, quaecunque Regularis aut Secularis, Ecclesiam aut beneficium aliquod iurisdictioni nostrae in hac Dioecesi annexum maxime vero curatum, de caetero tenet, vel regendum recipiat aut susceptum tenere praesumat, nisi a Nobis aut Officiali Nostro Generali fuerit legitime instituta ac investita; cum alias non habeat claves ligandi vel solvendi; contrarium facientes ipso facto tanquam nullo iure possidentes ab illis beneficiis erunt removendae».

[145] *Constitutiones* (1613), fol. F1r: «Animadversores autem istius decreti nostri, alterum in Urbe Reverendum Dominum Decanum Ecclesiae Nostrae Cathedralis, alterum extra Urbem Reverendum Dominum Archidiaconum praecipimus».

[146] *Acta* (1685), cap. *De non admittendis Presbyteris ad Beneficia curata et simplicia ex alienis Dioecesibus*, fol. B3r: «Singulare et principale in Clero Nostro Dioecesano observavimus gravamen et praeiudicium, quod multorum insigniorum virorum, vitae probate et doctrina conspicuorum ex Lithuania oriundorum postpositione ex aliis Dioecesibus Presbyteri, victum sibi et commoda necessaria quaeritantes se praesentari a Patronis legitimis ad Beneficia Ecclesiarum in Dioecesi nostra et promoveri saepissime contendunt, prout multi in hac Dioecesi ad talia Beneficia promoti extranei, indebite panem lithuanicum comedunt, ipsis Lithuanis Presbyteris in sua Patria famelicis existentibus».

[147] *Acta* (1685), fol. B3r: «Quocirca statuimus Authoritate praesentis Synodi ex quo satis numerosus clerus in Dioecesi nostra reperitur, alimentis et sustentatione congrua suo Clericali statu carens, et indignus S.R.M. praesentis Synodi congregatione nomine per Nos et Nuncios Almi et venerabilissimi Capituli Vilnensis supplicatum iri, ut imposterum eadem S.R. Mstas ad Beneficia Ecclesiastica curata et simplicia non alios Presbyteros; praeterquam ex Lithuania oriundos praesentare dignari velit».

parte degli altri patroni laici, il vescovo li avvertiva che avrebbe ammesso solo i candidati provenienti dalla diocesi di Vilna[148]. Fissava altresì il termine di sei mesi per la presentazione del candidato; se entro questo termine non fosse stato presentato dal patrono un degno sacerdote, il diritto di scelta passava al vescovo[149].

Il sinodo del 1669, su iniziativa del capitolo cattedrale e di tutto il clero diocesano, stabilì che non si potevano conferire i benefici ecclesiastici ai sacerdoti stranieri perché il loro servizio, per la mancanza della conoscenza della lingua lituana e di quella polacca, non era utile per il bene dei fedeli[150].

Per avere sicurezza dell'esistenza delle qualità richieste per la cura d'anime, cioè per assicurarsi dei vicari idonei, era vietato ai parroci di

---

[148] *Acta* (1685), fol. B3r: «Alios vero in Dioecesi Nostra Collatores et Patronos Beneficiorum Ecclesiasticorum, monitos et certificatos esse cupimus et praecavemus; Nos nullum alium praesentatum ad Ecclesias illorum Collationi et Patronatui reservatas et subiectas nisi ex Dioecesi nostra Originem trahentes admissuros et ad institutionem Canonicam singuli beneficii Ecclesiastici illiusque integralem possessionem permissuros».

[149] *Acta* (1685), fol. B3r-v: «Verum si aliquis ad Ecclesiam tali ut praefertur Collationi et Praesentationi subiectum intra spatium sex mensium idoneum Presbyterum ex Dioecesi Nostra non praesentaverit Nos pro iure Nostro pro hac vice nobis suffragante, idoneum Parochum vacanti cuipiam providebimus».

[150] *Acta* (1669), cap. *De non admittendis ad quaevis Beneficia Ecclesiastica alienigenis*, fol. D2r: «Ad instantiam Venerabilis Capituli, quam etiam totius Cleri Nostri Dioecesani decernimus et statuimus non posse abhinc obtinere quaevis Beneficia Ecclesiastica in Dioecesi Nostra Vilnensi alienigenas Presbyteros, quod parvum vel certe nullum emolumentum ob imperitiam linguae Lithuanicae et Polonicae adferre Manifestum est».
Riguardo al bene dei fedeli è molto interessante per la dottrina la pratica di conferire uffici ecclesiastici in Lituania solo per gli indigeni di Lituania. Il privilegio del 1447 dispose che il Granduca non avrebbe proposto per l'ufficio episcopale nessun altro «nisi Magni Ducatus nostri Lithuaniae indigenam». Il significato della espressione *Lithuanus* contiene non solo lituani di razza ma anche polacchi, tedeschi e russi. Bisogna non perdere di vista queste cose, se si vuole capire il conflitto (1591-1598) a proposito della nomina alla cattedra vescovile di Vilna del vescovo di Łuck Bernard Maciejowski († 1608). La Lituania si opponeva a questo trasferimento perché Maciejowski era nato a Corona. In questa maniera i privilegi come pure le decisioni sinodali salvaguardavano i diritti della lingua lituana anche nella chiesa e nella scuola: Cf. lo statuto *De Magistris* del 1528 che ordinò nella sua prima parte che l'insegnamento impartito «pariter utroque Lithuano e Polono idiomate» e nella seconda parte, relativa ai vicari parrocchiani, dice: «ubi etiam lingua Lithuana vernacula est, habenda cura diligenter, ut vicarius sit linguae peritus ob sacramentorum administrationem» (*Statuta* del 1528, 131).

CAP. IV: GLI STRUMENTI DEL RINNOVAMENTO 185

servirsi dei sacerdoti che non avessero presentato il permesso scritto del vescovo, che il chierico otteneva dopo l'esame sulla sua preparazione teologico-pastorale. Questo esame doveva assicurare la serietà delle provvisioni ed era garanzia sulla preparazione del candidato e sulla capacità di esercitare bene l'ufficio pastorale[151]. Secondo la lettera pastorale del 1582 i parroci dovevano impiegare solo vicari sufficientemente educati ed approvati dall'ordinario[152]. Della necessità di un previo esame parlano gli statuti del 1603, 1613, 1633, 1669 e 1744. Da queste prescrizioni risulta che gli esaminatori si preoccupavano soprattutto della preparazione dei candidati all'amministrazione del sacramento della penitenza[153].

3. La formazione degli ecclesiastici

Seguendo le norme tridentine, i vescovi della diocesi di Vilna rivolgevano l'attenzione alla formazione del clero anche dopo gli studi nel seminario. Essi dettero un grande rilievo a questo impegno indicando la necessità di degni lavoratori nella Vigna del Signore. Perciò, i vescovi raccomandavano ai chierici lo studio della Bibbia e dei Padri della Chiesa, la lettura delle opere teologiche e canoniche. Sottolineavano il valore dell'approfondimento dell'istruzione degli ecclesiastici e la possibilità della correzione dei loro costumi per mezzo delle congregazioni decanali. Per il conseguimento del progresso nella vita di fede dei loro sacerdoti propagavano anche la pratica degli esercizi spirituali.

---

[151] Nella dottrina pastorale del tempo, negli statuti sinodali e nelle lettere pastorali era sviluppata l'opinione che gli ordini maggiori, la facoltà di confessare e di predicare e la concessione del beneficio fossero un occasione per esaminare la preparazione pastorale del clero. Cf. M. JABŁOŃSKI, «Teoria duszpasterstwa», 343-344.

[152] Cf. *Epistola* (1582), 134.

[153] Cf. *Synodus* (1602), cap. *De verbi Dei praedicatione et Sacramentorum administratione*, fol. Aiijr; *Constitutiones* (1613 [1633]), cap. *Officium Parochorum in praedicatione verbi Dei et administratione sacramentorum consistit*, fol. Ar [B2r]; *Acta* (1669), cap. *De Vicariis Parochorum*, fol. A4v: «Usitatum quoque esse intelleximus plerosque parochos in Verbi Dei praedicatione et sacramentorum Administratione, praesertim vero Sacramenti Poenitentiae Vicariorum Suorum Operam substituere: unde graves plerumque et intolerabiles errores, maxime ab ignotis non sine magno Fidelium scandalo, et incommodo committi notum est. Huic ergo malo occurrere volentes, statuimus ne in posterum ullus Plebanus, vicariam ullius Sacerdotis in Sacramentorum Administratione, et Praedicatione Operam ausit supponere, nisi prius admissus per expressum in scriptis, fuerit a Nobis; aut a Vicario Nro Generali, et Emissimo Examine diligenti, idoneus ad tale munus obeundum (praesertim circa Confessiones Poenitentium excipiendas) fuerit repertus et admissus». Cf. sopra nota n. 142.

3.1 *L'autoformazione dei sacerdoti*

I chierici, anche dopo essere divenuti sacerdoti, non dovevano tralasciare gli studi personali seguendo la dottrina della Chiesa. I sinodi dei secoli XVII - XVIII raccomandavano ai chierici lo studio personale per approfondire la loro formazione intellettuale e spirituale che molto spesso fu insufficiente.

Già gli statuti sinodali del 1528 sollevarono la questione del materiale didattico-pastorale per i sacerdoti, raccomandando la lettura dei Padri e dei Dottori della Chiesa come S. Cipriano, S. Girolamo, S. Agostino, S. Ambrogio. S. Gregorio Magno, S. Giovanni Crisostomo, S. Attanasio e S. Basilio[154]. Il vescovo Jan permetteva anche l'uso degli argomenti attinti dalle opere di Socrate, Cicerone, Vergilio, Seneca, Esopo e Catone come mezzi utili per la preparazione delle omelie[155].

Il vescovo J. Radziwiłł nella lettera pastorale del 1582 destinata ai parroci della sua diocesi raccomandava loro di provvedersi oltre che dei libri liturgici (il messale romano, l'antifonario, l'agenda, il graduale e il breviario), delle costituzioni dei concili della provincia di Gniezno e della *Postilla super Evangelia*, che, come si afferma nel testo della lettera, fu da acquistare a Vilna[156]. Nella recita della liturgia delle ore i chierici dovevano usare il breviario romano e seguire le rubriche[157], invece nell'amministrazione dei sacramenti dovevano essere osservati i riti previsti dai libri liturgici[158]. Inoltre i parroci dovevano studiare la bolla *in Coena*

---

[154] Cf. *Statuta* (1528), art. 5 *De clericis non residentibus*, 121.

[155] *Statuta* (1528), art. 5, 121.
Il primate W. Łubieński nella lettera pastorale del 1761 riconosceva nocivo e inutile l'uso degli scritti degli autori pagani. Questa opinione rappresenta il cambiamento della mentalità dell'episcopato polacco della prima metà del XVIII secolo riguardo a quello del XVI secolo. Cf. M. JABŁOŃSKI, «Teoria duszpasterstwa», 343.

[156] *Epistola* (1582), 135: «Missale Romanum, Breviarium, Antiphonarium, Agenda, Graduale, Constitutiones Synodi Gneznensis, Postilla super Evangelia et imprimis nobis probatur, quae a reverendissimo domino episcopo Camenecensi nuper est edita et Vilnae extat venalis».

[157] Il vescovo promise di stampare la *Rubricella* dal mese seguente alla promulgazione della lettera pastorale, cioè dal marzo 1582: «In recitandis horis urantur Breviario Romano et adhibeant Ordinem sive Rubricellam, quam nos imprimi iussimus ad praesentem annum, incipiendo a mense Martio, sequentibus annis alias Deo iuvante edituri» (*Epistola* del 1582, 136).

[158] *Epistola* (1582), 136: «In administratione sacramentorum utantur ratione in libro Agendarum praescripta». Nell'amministrazione dei sacramenti il clero diocesano seguiva le norme liturgiche universali e le pratiche locali. Si serviva delle agende e dei

CAP. IV: GLI STRUMENTI DEL RINNOVAMENTO 187

Domini e conoscere i casi riservati al vescovo[159]. Nel testo della lettera pastorale venne inserito l'elenco delle riserve episcopali[160].

E' molto interessante l'elenco dei libri prescritti per i pastori d'anime conservata negli statuti sinodali del vescovo B. Wojna. Il sinodo 1602 e le Costituzioni del 1613 specificavano i seguenti autori: T. Stapleton, l'autore del *Promptuarium morale* sui vangeli per le domeniche e della *Principiorum fidei doctrinalium demonstratio methodica*; L. Granatensis; H. Osorius, l'autore dei commentari alla Bibbia; M. de Azpilcueta (Navarrus), l'autore del *Manuale sive enchiridion confessariorum et penitentium* e delle *Consilia et responsa*; e E. Sa, l'autore degli *Aphorismi confessariorum*. Inoltre il vescovo Wojna raccomandava ai sacerdoti l'uso del catechismo romano di P. Canisio o di Ladesma nella versione lituana. Non vennero dimenticati libri dei celebri autori polacchi: la *Postilla* di J. Wujek, le Omelie (*Kazania*) di P. Skarga e per l'amministrazione dei sacramenti *Liber Agendorum* di H. Powodowski[161].

---

rituali. Nella diocesi di Vilna erano in usanza tre agende liturgiche: l'*Agenda sive exequiale divinorum sacramentorum per venerabilem virum Martinum canonicum Vilnensis dioecesis* di Marcin da Radom (ed. 1499), l'*Agenda parva* di H. Powodowski (ed. 1616, 1630) e il *Rituale sacramentorum* del 1633. Cf. T. KRAHEL, «Zarys dziejów», 56-57. Per quanto riguarda l'amministrazione dei sacramenti dell'iniziazione cristiana vedi: S. HOŁODOK, *Sacrament chrztu, bierzmowania i Eucharystii*, 57ss.

[159] *Epistola* (1582), 137: «Habeant prae manibus bullam in Coena Domini, etiam norint casus episcopales».

[160] Cf. *Epistola* (1582), 138. Quasi tutte le costituzioni sinodali contengono la lista dei casi riservati al vescovo. Vedi *Synodus* (1602), *Casus quorum Reverendissimus Dominus Episcopus absolutionem sibimet reservavit*, fol. Biiijr-v. Cf. J. SAWICKI, *Synody*, 39.43.66.81.90.100.

[161] *Synodus* (1602), cap. *De verbi Dei praedicatione et Sacramentorum administratione*, fol. Aiijr: «Quoniam ex officio Ecclesiarum Parochialium Rectoribus incumbit populo curae suae comisso, Verbum Dei pure et secundum sensum S. Romanae Ecclesiae praedicare, et Sacramenta rite, cum debita reverentia, devotione, atque diligentia administrare: quare, ut commodius et accuratius ab omnibus id perfici possit, volumus ut singuli Parochi habeant Postillam super Evangelia, Dominicarum et Festorum, per annum currentium, alicuius authorum probatorum: ut sunt Stapletoni, Granatensis, Osorii, vel in vulgari Conciones Patris Iacobi Wuieci vel Patris Petri Scargae Societatis Iesu Theologorum: librum Agendorum nuper ex Decreto Synodi Provincialis opera Reverendi Domini Hieronimi Powodowski editum: in quo interrogationes, et Catecheses circa Sacramentorum administrationem adhiberi solitas, in lingua Lithuanica factas loco Cathechismum et interrogationum Germanicarum poni curabimus: Compendium Navarri, aut Aphorismos Confessariorum Emmanuelis Sa de Societate Iesu: Missale Romanum: Cathechismum Canisii vel Ladesmae Lithuanice translatum». Vedi anche gli articoli paralleli delle costituzioni del 1613 e 1633.

Una simile proposta della letteratura per i sacerdoti venne formulata dal vescovo

Il vescovo Sapieha raccomandò ai parroci e a tutti gli altri che avevano la cura delle anime di dedicarsi allo studio della *Pastoralna* di B. Maciejowski e dell'*Instructio pro confessariis* di S. Francesco di Sales[162]. Invece, negli statuti sinodali del 1717, il vescovo Brzostowski consigliò l'uso del catechismo romano e la lettura del *Cathechismus* di R. Bellarmino o del *Nucleus Cathecheticus* di P. Bernardinus Mercator[163].

3.2 *Le congregazioni decanali*

All'inizio del XVII secolo apparve nella diocesi di Vilna l'organizzazione decanale come avveniva da tempo nelle strutture ecclesiastiche in Polonia[164]. L'istituzione della rete decanale aveva lo scopo di riformare la vita del clero parrocchiale e di migliorare l'azione pastorale secondo, le esigenze del Concilio di Trento.

Nel sistema del controllo diretto sulle parrocchie e sul clero dei singoli vicariati foranei possiamo specificare congregazioni decanali che avevano un ruolo particolare nel completare l'istruzione e migliorare la disciplina dei sacerdoti[165]. Esse erano imperniate sulla promulgazione delle norme stabilite dai sinodi diocesani ed esecuzione delle decisioni dei vescovi in ordine alla condotta del clero, all'amministrazione dei sacramenti ed alla liturgia in genere[166].

---

della diocesi di Wrocław A. Jerin († 1596). Cf. M. JABŁOŃSKI, «Teoria duszpasterstwa», 342.

[162] *Acta* (1669), cap. *De officio Curatorum*, fol. A4r: «Proinde in Virtute S. Obedientiae universis et singulis nostrae Ordinariae Iurisdictioni subiectis, specialiter vero Parochis, Commendariis, Curatis, aut quocunque modo curam Animarum exercentibus, et dictam Epistolam (Bernardi Macieiowski) unam cum Instructione pro Confessoriis S. Francisci Salesii Episcopi Genevensis reinpressam Vilnae ad praesens iuxta Mandatum Nostrum anterius, emptam, ut iterum atque relegant». Vedi anche *ibid.*, cap. *De vita et Honestate Clericorum*, fol. Dv. Cf. J. KURCZEWSKI, *Biskupstwo wileńskie*, 130.

[163] *Decreta* (1717), cap. 3 *De praedicatione verbi Divini etc.*, n. 131: «Ad doctrinam quoque Christianam habeant accomodatum librum, qualis est Cathechismus Romanus, ex Decreto Concilii Tridentini, Canisii quoque Cathechismus aut Bellarmini, vel certe Nucleus Cathecheticus P. Bernardini Mercatoris». Cf. J. FIJAŁEK, «Uchrześcijanienie Litwy», 314.

[164] Cf. par. 1.2 del capitolo II.

[165] Cf. W. MÜLLER, «Djecezje», 180-181; W. GÓRALSKI, «Postulaty duchowieństwa», 93.

[166] Cf. *Relationes*, 28.49.60.67.129.163.208.

CAP. IV: GLI STRUMENTI DEL RINNOVAMENTO 189

Le congregazioni decanali, secondo le disposizioni del diritto universale canonico, dovrebbero essere effettuate due volte all'anno[167]. Questa norma non è stata osservata nella diocesi di Vilna nella prima metà del secolo XVII. Gli statuti di questo periodo parlavano dell'obbligo della convocazione delle congregazioni decanali solo una volta all'anno: ciò, secondo le costituzioni sinodali del 1602, 1613 e 1633, doveva avvenire dopo la festa della Purificazione della Vergine Maria[168]. Solamente il sinodo del 1669, rifacendosi alla *Pastoralna* del 1601 e alle altre normative dei concili provinciali[169], stabilì che le congregazioni decanali fossero celebrate due volte l'anno: la prima nella settimana dopo la festa del Corpus Domini e l'altra dopo la festa di S. Lucia[170]. Anche il sinodo del 1717 raccomandò la pratica di convocarle almeno due volte all'anno senza precisare, però, i termini fissi della loro celebrazione[171]. Essi erano stabiliti secondo il parere dei decani «non longe a quattuor temporibus anni»[172]. Negli atti sinodali del 1744 si parlava soltanto dell'obbligo di partecipare alle congregazioni decanali convocate «solitis temporibus»[173].

---

[167] Cf. L. THOMASSIN, Pars I, Lib. II, c. 5; W. GÓRALSKI, «Postulaty duchowieństwa», 93; S. NASIOROWSKI, *"List pasterski"*, 187.

[168] *Synodus* (1602), cap. *De Decanis Ruralibus et officio eorum*, fol. Br-Bijr: «Semel etiam in anno, nempe post festum Purificationis Beatissimae Virginis, in locum assignatum a nobis, in quolibet Decanatu cum suis Parochis conveniant, et Synodum suam celebrent Decanalem». Cf. *Constitutiones* 1613 e [1633], cap. *De Vicariis Foraneis et eorum Officio*, fol. Gv [E3r]. Cf. anche J. KURCZEWSKI, *Biskupstwo wileńskie*, 128.

[169] Gli autori degli statuti diocesani si riferivano in modo generico a questa normativa: «Integre universa et singula in Pastorali Epistola consistit Provincialis sub eodem ut supra titulo servari et executioni absque ullis dilationibus mandari volumus», in *Acta* (1669), cap. *De Congregationibus Cleri per Decanatus Rurales faciendis*, fol. Dv. Cf. anche J. SAWICKI, *Synody*, 80.

[170] *Acta* (1669), cap. *De Congregationibus Cleri per Decanatus Rurales faciendis*, fol. Dv: «Tempus celebrandis Congregationibus primam hebdomadam immediate Octavam Sanctissimi Corporis Christi consequentem, aut illa solennibus festis impedita sequentem, et alterum Terminum hebdomadam post festum S. Luciae imminentem assignamus». Cf. J. KURCZEWSKI, *Biskupstwo wileńskie*, 132.

[171] Cf. *Modus et Ordo Boni Regiminis* (1682), cap. 93, fol. C3r.

[172] *Decreta* (1717), cap. 1 *De Executione Epistolae Pastoralis et aliarum Sanctionum Synodalium auxilio Decanalium Congregationum*, n. 116.

[173] *Synodus* (1744), cap. 18 *De Officio Decanorum*, fol. E2v.

Nelle relazioni sullo stato della diocesi si riferiva che le congregazioni erano convocate *semel in anno*[174], *quotannis*[175], *singulis sex mensibus*[176], *saepius*[177], *frequenter*[178].

Il compito di convocare le congregazioni decanali fu affidato ai vicari foranei[179]. Nel sinodo del 1744, il vescovo M. Zienkowicz consapevole del fatto che alcuni dei vicari foranei trascuravano questo dovere, non solo si richiamò alla loro coscienza, ma stabilì la pena di privazione dell'ufficio e le altre pene arbitrarie contro i decani negligenti[180].

Le congregazioni decanali inizialmente furono indette nel luogo indicato dal vescovo[181]. In seguito si svolsero normalmente nelle chiese del decanato designate *per turnum* dal vicario foraneo[182]. Il parroco della parrocchia dove veniva convocata la congregazione del vicariato foraneo, in

---

[174] *Relatio anni 1605*, in *Relationes*, 28.
[175] *Relatio anni 1614 e 1746*, 49.163.
[176] *Relatio anni 1625*, 60.
[177] *Relatio anni 1733*, 129.
[178] *Relatio anni 1767*, 208.
[179] I vescovi reclutarono gli ecclesiastici più competenti nei vicariati foranei perché dessero un tono nuovo alla vita ecclesiastica con particolare impegno in ordine alla condotta ed all'adempimento degli obblighi del proprio stato da parte dei sacerdoti del decanato. I vicari foranei furono considerati come *vigiles* ed il loro ufficio era effettuato nel nome del vescovo secondo il giuramento previsto dalla legge canonica. Cf. *Acta* (1669), cap. *De Congregationibus Cleri per Decanatus Rurales faciendis*, fol. Dr; *Decreta* (1717), 47-48; M. Przybyłko, «Urząd dziekana», 202-204. Dobbiamo accennare che i vicari foranei ossia decani (*decani rurales*), come rappresentanti del vescovo, dipendevano molto da lui e costituivano lo strumento efficace per l'esecuzione delle disposizioni vescovili. Cf. *Decreta* (1717), 22.59; M. Przybyłko, «Urząd dziekana», 134-138.158-161.
[180] *Synodus* (1744), cap. 18 *De Officio Decanorum*, fol. E2v: «Iam vero Illustres decanos, ex quibus plures hactenus negligentes experti sumus, non tantum sub onere coscientiae, verum et sub privatione Officiorum aliisque arbitrariis poenis obligamus, quatenus vigiles et operosos se exhibeant [...] et Congregationes [...] instituant». Cf. *Decreta* (1717), cap. 1 *De Executione Epistolae Pastoralis et aliarum Sanctionum Synodalium auxilio Decanalium Congregationum*, n. 116.
[181] «in locum assignatum a nobis». Cf. *Synodus* (1602), cap. *De Decanis Ruralibus et officio eorum*, fol. Bijr; *Constitutiones* (1613 e [1633]), cap. *De Vicariis Foraneis et eorum officio*, fol. G1r [E4v].
[182] *Decreta* (1717), cap. 1 *De Executione Epistolae Pastoralis et aliarum Sanctionum Synodalium auxilio Decanalium Congregationum*, n. 118: «Celebrentur vero Congregationes per Ordinem, quem sibi primo apud Decanum praescribent».

CAP. IV: GLI STRUMENTI DEL RINNOVAMENTO 191

caso di difficoltà, per le cose di maggiore importanza doveva rivolgersi direttamente al vescovo o alla curia diocesana[183].

La partecipazione alle congregazioni del vicariato foraneo fu per il clero obbligatoria. All'obbligo di parteciparvi erano tenuti tutti i rettori delle chiese parrocchiali, i commendari, i vicari, gli insegnanti delle scuole e i cantori[184]. Chi non era presente, se non aveva esposto una giusta causa della sua assenza, tramite una lettera o un avviso, incorreva in congrua pena a giudizio del vescovo, applicata in favore di un luogo sacro[185].

Gli statuti precisavano lo svolgimento delle congregazioni decanali: dopo la santa messa votiva allo Spirito Santo, che doveva essere celebrata da parte di un intervenuto alla congregazione, alla quale erano tenuti a partecipare tutti i presenti, aveva luogo un dibattito che riguardava l'impegno pastorale nel decanato e la disciplina di ciascuno nelle rispettive parrocchie[186].

Riguardo alle materie trattate durante le congregazioni decanali, esse vennero elaborate in modo complesso dal sinodo del 1717 nel capitolo *De executione epistolae pastoralis et aliarum sanctionum synodalium auxilio decanalium congregationum*[187].

---

[183] *Decreta* (1717), cap. 1, n. 118: «Caeterum quidquid difficultatis occurrerit in rebus maioris momenti, ille Parochus ad Nos, sive ad Officium nostrum deferat, in cuius Parochia illa congregatio celebrabitur».

[184] Cf. *Constitutiones* (1633), cap. *De Vicariis Foraneis et eorum Officio* (Ex novis), fol. Fr-v: «omnes et singulos in quocunque Decanatu Parochiarum rectores, Commendarios, Vicarios, Magistros Scholarum et Cantores, necessario convocabunt»; *Modus et Ordo Boni Regiminis* (1682), cap. 93, fol. C3r. Questa norma si basa sulla lettera pastorale di B. Maciejowski. Cf. S. NASIOROWSKI, *"List pasterski"*, 187-188.

[185] *Constitutiones* (1613), cap. *De Vicariis Foraneis et eorum Officio*, fol. G1r: «Absentes a praedicta congregatione, nisi iustas absentiae suae causas litteris, nunciisque exposuerint, puniantur mulcta nummaria, statuenda pro culpa cuiusque et alicui loco pio ex iudicio nostro applicanda». Cf. *Modus et Ordo Boni Regiminis* (1682), cap. 93, fol. C3r; *Synodus* (1744), cap. 18 *De Officio Decanorum*, fol. E2v.

[186] *Modus et Ordo Boni Regiminis* (1682), cap. 93, fol. C3r; *Synodus* (1744), cap. 18 *De Officio Decanorum*, fol. E2v: « et Synodum suam Decanalem, cantata prius ab omnibus missa de Spiritu Sancto, celebrabunt, in eaque de scandalis submovendis, morum correctione, et id genus negotiis occurrentibus sedulo pertractabunt».

[187] *Decreta* (1717), cap. 1 *De Executione Epistolae Pastoralis et aliarum Sanctionum Synodalium auxilio Decanalium Congregationum*, nn. 115-118. A questo statuto si richiamò il vescovo Zienkowicz negli atti sinodali del 1744. Cf. *Synodus* (1744), cap. 18 *De Officio Decanorum*, fol. E2v-E3r: «et Congregationes methodo in Synodo Brzostowiana praescripta instituant». Cf. M. PRZYBYŁKO, «Urząd dziekana», 119-120.

L'osservanza delle leggi canoniche era strettamente connessa con una sufficiente conoscenza di esse[188]. Affinché questo scopo potesse essere raggiunto, nelle congregazioni del clero, al vicario foraneo spettava la lettura e il chiarimento dei cosiddetti *casus conscientiae*, cioè dei determinati casi che riguardavano la teologia morale oppure il diritto canonico[189]. Il sinodo del 1669, nel capitolo *De officio Curatorum*, raccomandava la lettura della *Pastoralna* di B. Maiejowski del 1601 e dell'istruzione ai confessori di S. Francesco di Sales[190]. Il sinodo del 1717 raccomandava di scegliere per la discussione dei *casus coscientiae*, quelli più importanti e più difficili[191]. Consigliava anche la lettura di un brano dalla lettera pastorale del 1710 che doveva essere così programmata, perché tutto il testo con l'appendice potesse essere studiato dal clero che si radunava nelle congregazioni decanali nel periodo di un anno[192]. Essa doveva essere accompagnata da un'analisi dei singoli capitoli e dei paragrafi, e dalla spiegazione del modo dell'osservanza di essi[193]. Oltre a ciò il vicario foraneo aveva il dovere di leggere e di spiegare brevemente l'elenco delle riserve, cioè dei peccati e delle censure riservate alla Santa Sede e al vescovo, d'esaminare gli impedimenti dirimenti e impedienti il matrimonio e di presentare l'indice delle sentenze proibite, inserito alla fine dei testi sinodali[194].

---

[188] Cf. *Decreta* (1717), cap. 1 *De Executione Epistolae Pastoralis et aliarum Sanctionum Synodalium auxilio Decanalium Congregationum*, n. 115: «Frustra leges conduntur, nisi et serventur. Servari autem nequeunt, nisi in memoria tenaci vigeant».

[189] Cf. W. GÓRALSKI, «Kongregacje dekanalne», 168.

[190] Cf. *Acta* (1669), fol. Av: «Eandem Epistolam et instructionem in Congregationibus Decanalibus et visitationibus praesentaturi». Cf. sopra nota n. 156.

[191] *Decreta* (1717), cap. 1 *De Executione Epistolae Pastoralis et aliarum Sanctionum Synodalium auxilio Decanalium Congregationum*, n. 117: «Fiat Conferentia de Casibus Conscientiae, unum, alterumve Casum ex iis, qui maxime occurrere solent, resolvendo».

[192] *Decreta* (1717), cap. 1, n. 116: «praeleguntur Capita Epistolae Pastoralis ex Ordine, ut scilicet per Annum totius Epistolae cum appendice textus percurratur».

[193] *Decreta* (1717), cap. 1, n. 116: «Ad singula vero capita, earumque paragraphos subsistendo, fiat disquisitio, an et quomodo observentur, tum ratio ineatur efficax, quomodo deinceps observari queant».

[194] *Decreta* (1717), cap. 1, n. 116: «2do. legantur cum brevissima ad singulos explicatione Casus reservati tam Papales ex Bulla Caena Domini etc. quam Episcopales. 3tio. legantur pariter impedimenta Matrimonii, tam dirimentia, quam impedientia. Item index sententiarum in praxi prohibitarum, quorum tabula in Calce Synodi exhibetur».

CAP. IV: GLI STRUMENTI DEL RINNOVAMENTO

Per far conoscere al vescovo il comportamento dei singoli chierici, a chiusura della congregazione decanale, avevano luogo i cosiddetti *scrutinia* effettuati dai decani rurali[195]. A proposito di questa istituzione canonica, il primo sinodo del vescovo B. Wojna del 1602 stabilì che i decani foranei, per riformare la condotta e la morale dei chierici, dovevano svolgere con diligenza un'inchiesta sugli scandali nella loro vita[196]. Dovevano indagare anche sulla dottrina degli ecclesiastici e sull'amministrazione dei sacramenti[197]. Questo dovere riguardava in modo particolare il Sacramento dell'Eucaristia che doveva essere celebrata secondo i rituali, senza aggiungere qualcosa[198]. I vicari foranei dovevano controllare l'osservanza delle agende liturgiche da parte degli ecclesiastici[199].

Nelle costituzioni sinodali del 1613 si precisava che tali *scrutinia* dovevano essere compiuti dai decani con carità verso il clero sottoposto[200]. Per non screditare nessuno ed evitare lo scandalo, i decani dovevano procedere nei giusti limiti. L'inchiesta doveva essere effettuata in modo che non fossero divulgati al pubblico i risultati delle investigazioni segrete sul comportamento dei chierici[201].

---

[195] Lo *scrutinium* era un tipo di inchiesta sulla vita morale, sui costumi e sull'opera pastorale del clero parrocchiale. Cf. W. GÓRALSKI, «Kongregacje dekanalne», 168.

[196] *Synodus* (1602), cap. *De Decanis Ruralibus et officio eorum*, fol. Bijr: «in eaque de scandalis submovendis, morum correctione, et id genus negotiis ocurrentibus, sedulo pertractabunt».

[197] *Synodus* (1602), fol. Bijr: «Ipsorum quoque muneris erit, inquirere de doctrina Parochorum et eorum qui Vicarias apud eos functiones obeunt: et an faciant debite Sacramenta administrare: an denique Sacrificii Missae ritus et caeremonias in Rituali Romani Missalis descriptas, ad amussim calleant et observent». Cf. gli articoli paralleli del 1613 e 1633.

[198] Cf. *Constitutiones* (1613), cap. *De Vicariis Foraneis et eorum Officio*, fol. G2r-v: «Observatum est enim plerosque, nescimus qua lege insufflationes ternas, in modum Crucis inter proferendam formam consecrationis hostiae et calicis facere genibus procubitis Domine non sum dignus, etc. dicere, expansionem aut complicationem manuum ultra modum praescriptum in rituali servare, et his similia pleraque. Qua de re graviter monemus, ut curent a praescripta norma, ne uno ut aiunt ungue discedere».

[199] *Constitutiones* (1613), fol. G2r: «ac Agendarum ad amussim calleant, et observent, quod et in ipsa praxi debent experiri».

[200] *Constitutiones* (1613), fol. G2v: «hortamur [...], ut [...] scrutinia in charitate perficiant».

[201] *Constitutiones* (1613), fol. G2v: «Insuper deligentissime caveant ne quid de bona existimatione alicuius detrahant, aut quod secreta investigatione pro morum correctione deprehenderunt, cum scandalo, quod absit, in publicum proferant».

Nella correzione fraterna, il legislatore raccomandava ai vicari foranei la comprensione e la perseveranza[202]. Se il decano non era in grado di risolvere un caso concreto, poteva trasmetterlo al vescovo con le sufficienti informazioni al riguardo[203].

Secondo i decreti del sinodo del 1717 i decani furono incaricati di rendere conto della debita e fedele esecuzione delle sentenze del vescovo: le decisioni emanate dall'ordinario dovevano essere lette, comprese e adeguatamente osservate dai chierici. Se così non fosse stato, i vicari foranei dovevano esortare gli interessati a comportarsi secondo la volontà dei superiori. Oltre a ciò il vescovo Brzostowski (anche nella lettera pastorale del 1710) obbligò i decani a badare alle lettere circolari (*processus*) spedite dalla curia vescovile se fossero pervenute a tempo debito nelle parrocchie[204].

Durante la riunione del clero del decanato si esaminava anche la situazione materiale delle singole chiese parrocchiali. Si discuteva dei problemi economici delle parrocchie per assicurare in modo migliore il funzionamento di esse[205].

---

[202] *Constitutiones* (1613), fol. G2v: «Putent enim illud sibi dictum, rogamus vos fratres, corripite inquietos, consolamini pusillanimes, suscipite infirmos, patientes estote ad omnes». Cf. anche *Constitutiones* (1633), cap. *De Vicariis Foraneis et eorum Officio* (Ex novis), fol. Fv.

[203] *Synodus* (1602), cap. *De Decanis Ruralibus et officio eorum*, fol. Bijr: «Quibus vero malis ipsi per se consulere aut obviare non poterunt de his ad nos recepta summaria et sufficienti informatione deferent». Cf. *Constitutiones* (163), cap. *De Vicariis Foraneis et eorum Officio*, fol. G1r.

[204] *Decreta* (1717), cap. 1 *De Executione Epistolae Pastoralis et aliarum Sanctionum Synodalium auxilio Decanalium Congregationum*, n. 117: «Si qui Processus a Nobis emanaverint, accurate perlegantur (in Congregationibus Decanalibus), intellectoque quid sonent ac velint, disquiratur: an Via Cursoria rite sint communicati et ad executionem deducti, cuiusve vitio aliquid negligentiae sit commissum ab eaque negligentia mutus se cohortatione desve faciant». Cf. *Epistola* (1710), *Appendix*, 453: «Processus quicunque ad illos ordinantur, sine mora mittant per decanatum via cursoria more antiquo». Nella seconda metà del secolo XVII e all'inizio del secolo XVIII sconfitte e regressi sul piano politico che su quello economico avevano portato alla rovina i servizi di comunicazione all'intero dello stato e tra l'altro la posta e per questo motivo i sinodi diocesani obbligavano i vicari foranei di occuparsi della corrispondenza diocesana. Cf. M. PRZYBYŁKO, «Urząd dziekana», 184-193.

[205] *Decreta* (1717), cap. 1 *De Executione Epistolae Pastoralis et aliarum Sanctionum Synodalium auxilio Decanalium Congregationum*, n. 117: «Consultationem instituant de statu Ecclesiarum, Oeconomiarumque suarum, semper in melius promovendo». Cf. *Synodus* (1744), cap. 18 *De Officio Decanorum*, fol. E2v: «in negotiis Ecclesiarum suarum prudenter consulant».

CAP. IV: GLI STRUMENTI DEL RINNOVAMENTO 195

I vicari foranei avevano il dovere di trasmettere al vescovo le proposte e i desideri del clero condecanale. Questa prassi, frequente in tutta la Chiesa della Polonia, derivava dalla convinzione che i suggerimenti dei sacerdoti impegnati nella cura delle anime potessero contribuire al miglioramento dell'azione pastorale nelle parrocchie di tutta la diocesi[206].

Una volta all'anno i vicari foranei erano incaricati di informare il vescovo o il suo vicario generale sullo stato dei benefici parrocchiali e soprattutto sulla vita dei beneficiati e degli altri chierici nei singoli decanati[207]. Durante la visita nella curia diocesana il decano poteva dare informazioni all'ordinario su tutto quello che poteva essere importante dal punto di vista dell'attività pastorale nella diocesi: sulla situazione materiale delle chiese parrocchiali e soprattutto sulla vita del clero parrocchiale e dei fedeli. Grazie a tale contatto con i vicari foranei, il superiore acquistava una migliore conoscenza della situazione pastorale nella diocesi e del clero diocesano e poteva più facilmente trovare soluzioni per eliminare gli abusi ed introdurre le dovute riforme[208].

3.3 *Gli esercizi spirituali*

Dall'inizio del secolo XVIII cominciò a diffondersi la pratica degli esercizi spirituali per i sacerdoti[209] in uno dei monasteri stabiliti dagli ordinari[210]. Essa fu propagata dal primate Łubieński, che richiamando gli esempi dei dottori della Chiesa e dei pastori del suo tempo, ad es. Carlo Borromeo, Francesco di Sales e Filippo Neri, proponeva di farli ogni anno[211].

---

[206] Cf. M. PRZYBYŁKO, «Urząd dziekana», 206-207.

[207] *Synodus* (1744), cap. 18 *De Officio Decanorum*, fol. E3r: «Post [...] Congregationem Parochorum suo tempore peractum, quilibet Decanus pro facienda Nobis aut Vicario Nostro Generali relatione de statu Beneficiorum, et maxime de vita Beneficiatorum, totiusque Cleri in suo Decanatu degentis semel in anno compareat». Gli esiti delle inchieste erano presentati al vescovo per iscritto. Cf. W. GÓRALSKI, *I primi sinodi di San Carlo Borrmoeo*, 139; S. NASIOROWSKI, *"List pasterski"*, 188-189

[208] M. PRZYBYŁKO, «Urząd dziekana», 204-205.

[209] Un grande ruolo per la propagazione degli esercizi spirituali in Polonia svolsero i Gesuiti che proposero come regole da seguire gli *Esercizî* di S. Ignazio di Loyola. I ritiri spirituali tendevano verso la formazione della spiritualità sacerdotale meglio strutturata. Cf. M. JABŁOŃSKI, «Teoria duszpasterstwa», 348.

[210] Per es. secondo la disposizione del vescovo di Chełmno S.J. Święcicki i suoi sacerdoti erano tenuti a fare il ritiro spirituale una volta a ogni due anni nel collegio dei Gesuiti a Krasnystaw. Cf. M. JABŁOŃSKI, «Teoria duszpasterstwa», 348.

[211] M. JABŁOŃSKI, «Teoria duszpasterstwa», 348.

Solo gli ultimi due sinodi della diocesi di Vilna svolti prima della spartizione della Polonia, quelli del 1717 e 1744, parlarono di esercizi spirituali. Il sinodo del 1717 nel capitolo *De vita et honestate clericorum* raccomandava ai chierici di fare il ritiro spirituale, se non fosse possibile ogni anno, almeno ogni due anni in un convento religioso[212]. Il tempo dedicato al silenzio interiore e alla preghiera era considerato dal vescovo K.K. Brzostowski come il mezzo migliore e più efficace per un'adeguata formazione spirituale dei sacerdoti: l'ecclesiastico doveva allontanarsi dalle cose mondane e, vivendo lo spirito della fede, correggere i propri costumi e il proprio comportamento[213].

Anche secondo la norma del capitolo *De recollectionibus annuis* del sinodo del 1744, nella quale il vescovo Zienkowicz si riferiva alle disposizioni del sinodo precedente, il clero secolare era tenuto a fare gli esercizi spirituali annuali o almeno ogni due anni[214]. L'articolo fissava i luoghi per i ritiri spirituali, ai chierici dei sigoli decanati, nei collegi dei Gesuiti oppure nelle chiese dei missionari più vicine:
- i collegi dei Gesuiti che si trovavano a Vilna o il convento dei missionari sul Monte del Salvatore per il clero dei decanati di Vilna, Pobojsk, Troki, Wiłkomierz, Raduń, Kupiszki, Świr e Bracław;
- il collegio dei Gesuiti a Żodziszki per il decanato di Oszmiana;
- il collegio dei Gesuiti a Nowogródek per il clero del vicariato foraneo di Nowogródek;

---

[212] *Decreta* (1717), cap. 15, n. 154: «Quatenus Personae Ecclesiasticae, si non singulis annis, saltem quolibet biennio, ad aliquod Religiosum domicilium sese conferentes, in eo exercitia Spiritualia, sub perito aliquo artis huius ex fonte Magistro, absolvant». Cf. J. KURCZEWSKI, *Biskupstwo wileńskie*, 136.

[213] Cf. *Decreta* (1717), cap. 15, n. 154: «Non est certe felicior modus, ac medium efficacius, ad excutiendas profanas levitates, ad saeculares fumos, ac vanitates dissipandas, ad Deum sibi sincera pietate solidisque virtutibus adstrigendum, ad totam denique vitae et honestatis regularem, et ordinatissimam sui status dispositionem componendam; quam haec Sacra et Divinissima solitudo, quae si toto pectore sinceroque ad Divinos amplectendos instinctus, animo suscipiatur; impossibile videtur quempiam sine divite Spiritus Sancti fructu morumque suorum duratura emendatione de hoc asceterio rediturum».

[214] *Synodus* (1744), cap. 25, fol. F2r: «Efficacissimum ad obtinendum clerum Status Nostri, assiduo cum saecularibus conversantem, in timore Dei et spiritu Ecclesiastico medium agnoscendo, nempe annuas in aliquo Domicilio Religioso Recollectiones, de illis ad minimum quolibet Biennio per Sacerdotes sive curatos, sive non curatos, omnino absolvendis innovamus Statutum Synodalem Praedecessorum Nostrorum». Cf. J. KURCZEWSKI, *Biskupstwo wileńskie*, 140.

- il collegio dei Gesuiti a Kowno per i decanati di Kowno, Siemno e Olwita;
- il collegio dei Gesuiti a Grodno per i vicariati foranei di Grodno, Lida, Augustów e Knyszyn;
- il collegio dei Gesuiti a Słonim per il clero dei decanati di Słonim e Różana;
- il collegio dei Gesuiti a Witebsk per il vicariato foraneo di Witebsk;
- il collegio dei Gesuiti a Orsza per il decanato di Orsza;
- il collegio dei Gesuiti a Mińsk per il clero dei decanati di Mińsk e Radoszkowice;
- i collegi dei Gesuiti a Bobrujsk e a Słuck per i chierici dei vicariati foranei di Bobrujsk[215].

Il legislatore diocesano non vietava, però, di fare gli esercizi spirituali in un collegio diverso da quello previsto per ogni vicariato foraneo. In questo caso s'invogliava il chierico a fare qualche offerta per il convento dove doveva fare il ritiro[216].

Perché il vescovo potesse accertarsi che i sacerdoti avevano assolto a questo obbligo, ogni ecclesiastico doveva presentargli il certificato degli esercizi compiuti. Chi avesse trascurato questo dovere poteva essere privato, dall'ordinario o dal suo vicario generale, della facoltà di amministrare i sacramenti, e in particolare di ricevere le confessioni[217].

---

[215] Cf. *Synodus* (1744), cap. 25, fol. F2r: «et pro adimpiendo illo designamus: Decanatui Vilnensi, Poboyscensi, Trocensi, Wilcomiriensi, Radunensi, Kupiscensi, Svirensi et Braclaviensi Collegia Societatis Jesu Vilnensia et Domum in Monte Salvatoris RR. DD. Sacerdotum Congregationis Missionis. Decanatui Oszmianensi, Collegium Zodziscense Societatis Jesu. Decanatui Novogrodensi Collegium Novogrodense Societatis Jesu. Decanatui Semnensi, Caunensi, Olvietensi Collegium Caunense Societatis Jesu. Decanatui Grodnensi, Lidensi, Augustoviensi, Knyszynensi Collegium Grodnense eiusdem Societatis Jesu. Decanatui Slonimensi, Rozanensi Collegium Slonimense Societatis Jesu. Decanatui Vitebscensi Collegium Vitebscense Societatis Jesu. Decanatui Orszene Collegium Orszene Societatis Jesu. Decanatui Radoszkoviensi, Minscensi Collegium Minscense Societatis Jesu. Decanatui Bobroyscensi Slucense et Bobroyscense Collegia».

[216] *Synodus* (1744), cap. 25, fol. F2r: «non arcendo volentes satisfacere huic obligationi etiam in illo Collegio, quod proprius erit, quamvis diversi Decanatus, et animando ad Eleemosynas proppose tribuendas illi Collegio, in quo absoluturi sunt ista Exercitia Spiritualia».

[217] *Synodus* (1744), cap. 25, fol. F2r-v: «ex eodem autem Collegio unusquisque obtinere teneatur Testimonium absolutae Recollectionis suae, ita ut sine illo Gratias Nostras seu Facultates pro administrandis, praecipue Poenitentiae, sciat esse denegandas sibi a Nobis et Vicario Nostro».

Un altro problema erano gli esercizi spirituali prima delle ordinazioni. Il vescovo Pac prescrisse nella lettera pastorale del 1682 che tutti i candidati che dovevano essere promossi a qualche ordine, erano obbligati ad attendere agli esercizi spirituali per dieci giorni, dai padri Gesuiti[218]. Nella lettera pastorale del vescovo Brzostowski del 1710 si prescriveva l'obbligo degli esercizi spirituali prima della celebrazione della prima s. messa[219]. Della necessità del ritiro spirituale prima del conferimento degli ordini minori o maggiori parlano anche le relazioni dei vescovi sullo stato della diocesi[220]. Nella relazione del 1754 s'afferma che i seminaristi facevano gli esercizi spirituali ogni anno[221].

4. Le visite pastorali

Il concilio provinciale di Varsavia del 1561 obbligò i vescovi a visitare ogni anno o almeno ogni due anni le chiese loro sottoposte[222]. Inoltre i vescovi effettuavano le visite della diocesi prima della convocazione del sinodo diocesano[223]. Questo dovere doveva essere compiuto personalmente oppure per mezzo di un visitatore[224]. Dal punto di vista della persona che visitava le parrocchie possiamo distinguere le visite pastorali generali tenute dai vescovi personalmente o dai loro delegati, o dagli arcidiaconi e le visite decanali effettuate dai decani rurali[225].

---

[218] *Modus et Ordo Boni Regiminis* (1682), cap. 6, fol. Av-A2r: «Et antequam ordinetur debet primo absolvere exercitia spiritualia apud R.R. P.P. Soc. Iesu ante quemlibet Ordinem decem dies exercitiorum spiritualium persolvat».

[219] *Epistola* (1710), cap. 2 *De Sacrificio Missae*, 427: «nullus ad celebrandum primam missam admittatur, nisi praemissis exercitiis spiritualibus».

[220] Cf. *Relationes*, 195.208. Vedi anche la nota seguente.

[221] «Nullus ad maiores ordines suscipiendos admittitur, nisi prius spiritualibus exercitiis per aliquot dies vacet. Idem quotannis toto suo collegio omnes simul facere obligati sunt» (*Relationes*, 185).

[222] Cf. M. PRZYBYŁKO, «Urząd dziekana», 193.

[223] S'è già detto che in Polonia la visita della diocesi forniva di solito la base per lo svolgimento del sinodo diocesano (par. 2.2.2. del cap. I). Cf. W. MÜLLER, «Diecezje», 178-179.

[224] Cf. *C. Tridentinum*, sess. 24, *de ref.*, c. 3, in *COD*, 762.

[225] Cf. S. LITAK, «Akta wizytacyjne parafii», 44

4.1 Le visite generali della diocesi

L'istituzione delle visite pastorali nelle diocesi polacche venne rinnovata e ottenne il suo massimo sviluppo alla fine del secolo XVI e all'inizio del XVII secolo.

4.1.1 L'effettuazione delle visite generali

Dai dati storici risulta, però, che l'obbligo di fare la visita non era compiuto con la frequenza richiesta dalle norme del Concilio e dalle norme del diritto particolare della Chiesa in Polonia. La maggior parte dei vescovi visitava la diocesi solo una volta durante la loro vita e quasi sempre tramite un delegato[226]. Per quanto riguarda la diocesi di Vilna le visite generali della diocesi erano effettuate spesso in relazione alla convocazione dei sinodi diocesani.

A quanto ci è dato sapere dai dati storici conservati, la prima visita generale della diocesi venne fatta sotto il vescovo Jan *ex ducibus Lithuaniae* dal canonico cattedrale Jan Albinus nell'anno 1522[227]. Negli atti della visita si trovano notizie sulle 102 chiese parrocchiali, soprattutto le copie dei documenti di fondazione delle parrocchie e gli inventari. Un'altra visita generale di tutta la diocesi venne effettuata prima del sinodo diocesano del 1528[228].

Dopo il Concilio di Trento le prime visite della diocesi di Vilna vennero effettuate dal vescovo J. Radziwiłł dopo il sinodo del 1582 e nel 1590[229]. Il vescovo B. Wojna nelle relazioni *ad limina apostolorum* degli anni 1605 e 1609 informava la Santa Sede dell'attuazione delle visite pastorali[230]. Nelle relazioni del 1609 e 1614 egli precisava che per

---

[226] Nelle diocesi polacche le funzioni di visitatori venivano esercitate da speciali delegati dell'ordinario, la cui partecipazione personale restò minima. Personalmente i vescovi visitavano di solito la chiesa cattedrale e le chiese parrocchiali più note. Le visite generali erano effettuate dai vicari generali, dai membri del capitolo cattedrale oppure dagli arcidiaconi. Le competenze di questi ultimi, nel periodo che ci interessa, erano limitate proprio alle sole visite pastorali effettuate sull'incarico del vescovo. La funzione del visitatore veniva esercitata in qualche maniera anche dai decani. Cf. W. MÜLLER, «Diecezje», 179.

[227] Cf. J. KURCZEWSKI, «Stan kościołów» (2), 119-120.

[228] Cf. cap. II, par. 1.5.

[229] J. KURCZEWSKI, *Biskupstwo wileńskie*, 39; ID., *Kościół zamkowy*, vol. 3, 71.

[230] *Relatio anni 1605*, in *Relationes*, 24: «Clerus huius ecclesiae cathedralis, prout et aliarum parochialium et non parochialium, totus est ab episcopo visitatus». Cf. *ibid.*, 35.

visitare la diocesi intera ci volevano almeno tre anni[231]. Il vescovo B. Wojna fece probabilmente la visita pastorale di tutta la diocesi prima della convocazione del sinodo del 1606[232] e nel 1612 per mezzo del visitatore, l'arcidiacono G. Święcicki[233]. Del vescovo E. Wołłowicz c'è una notizia della sua intenzione di visitare la chiesa cattedrale e le altre chiese di Vilna, conservata nel protocollo della seduta del capitolo cattedrale del 10 ottobre 1617[234]. J. Kurczewski parla delle visite generali di tutta la diocesi nella prima metà del XVII secolo sotto i vescovi A. Wojna, J. Tyszkiewicz[235]: il canonico cattedrale G. Zaliwski, delegato dal A. Wojna, visitò 68 parrocchie della diocesi negli anni 1633, 1641 e 1645,[236] invece sotto il vescovo Tyszkiewicz si fece la visita generale della diocesi negli anni 1653-54[237]. Sotto il vescovo A. Sapieha nell'ottobre e novembre del 1668 furono fatte le visite dei tre vicariati foranei Różana, Wołkowysk e Słonim, per mezzo del canonico della chiesa cattedrale di Vilna A. Kotowicz[238]. Il vescovo suffraganeo M. Słupski, a nome dell'ordinario S.M. Pac, riuscì a visitare quasi tutte le chiese parrocchiali della diocesi di Vilna negli anni 1674-77[239]. L'8 ottobre 1674, prima di

---

[231] *Relatio anni 1614*, 48: «Universalis visitatio dioecesis huius etsi ob sui tantam vastitatem, quanta est superius declarata, quolibet anno fieri non possit integre, attamen, adiuvante Deo Optimo Maximo, partim per me, partim per Archidiaconum de triennio in triennum perficitur, iuxta sanctiones ab Apostolica Sede quoad praesens negotium factas pro nostris regionibus, et Archidiaconus quidem, quae sua pervigilanti lustratione cognoscit, ea strictim omnia ad me pro ratione obligationis suae perfert».

[232] W. PRZYAŁGOWSKI, *Żywoty biskupów*, vol. 2, 45-46; J. SAWICKI, *Synody*, 40.

[233] Negli atti capitolari del 10 e 27 maggio 1612 ci sono i cenni della visita della diocesi fatta dall'arcidiacono Święcicki. Cf. J. KURCZEWSKI, *Kościół zamkowy*, vol. 3, 81.83.

[234] J. KURCZEWSKI, *Kościół zamkowy*, vol. 1, 102.

[235] Cf. ID., «Stan kościołów parafialnych» (2), 120.

[236] *Acta Visitationis* (1633, 1641, 1645).
Nella relazione sullo stato della diocesi del 1644 A. Wojna parla delle frequenti visite del suo clero secondo le norme del diritto: «Clerus meus dioecesanus per frequentes ex mente canonum visitationes in disciplina et officio quia continetur» (*Relationes*, 83).

[237] *Acta Visitationis Generalis* (1653-54).

[238] *Acta Visitationis Generalis* (1668). Cf. J. KURCZEWSKI, «Stan kościołów parafialnych» (1), 120; J. SAWICKI, *Synody*, 75.

[239] *Acta visitationis archidiaconalis* (1674). Gli atti di questa visita generale vennero riassunti dal J. Kurczewski. ID., «Stan kościołów parafialnych» (1), 119-124; (2), 59-63; (3), 162-169. Cf. J. FIJAŁEK, «Uchrześcijanienie Litwy», 218; J. SAWICKI, *Synody*, 86.

CAP. IV: GLI STRUMENTI DEL RINNOVAMENTO

visitare le singole parrocchie, il Słupski indirizzò una lettera ai chierici. In essa si faceva appello agli ecclesiastici perché durante la visita fossero presenti presso le loro chiese e avessero preparato da presentare al visitatore tutti i libri parrocchiali[240]. Il vescovo K.K. Brzostowski fece la visita di una parte della sua diocesi (circa 200 chiese) nei primi due anni dopo il trasferimento da Smoleńsk a Vilna nel 1687[241]. Il vescovo non riuscì a visitarla tutta a causa della vastità del territorio della diocesi e a motivo dei suoi obblighi pubblici e della sfavorevole situazione politica del Granducato della Lituania[242]. Di nuovo quasi tutta la diocesi venne visitata prima del sinodo del 1717[243]. Il vescovo M. Zienkowicz nella relazione 1749 affermava che le parrocchie della diocesi di Vilna erano visitate dai suoi delegati ogni anno[244]. C'è notizia che la diocesi venne visitata prima e dopo il sinodo diocesano del 1744[245]. Durante questa visita generale il vescovo visitò personalmente la chiesa e il clero cattedrale di Vilna il 13 maggio 1743[246]. Anche il vescovo I.J. Massalski visitò la diocesi per mezzo dei visitatori[247] e lasciò una descrizione della

---

[240] Cf. J. KURCZEWSKI, «Stan kościołów parafialnych» (1), 121.

[241] *Relatio anni 1697*, in *Relationes*, 96: «Primo et secundo anno a sui translatione orator diligenter incubuit visitationi ecclesiarum suae dioecesis, praesertim vicinorum ad numerum ducentarum ascendentium». Cf. anche J. KURCZEWSKI, *Biskupstwo wileńskie*, 50.

[242] *Relatio anni 1697*, 96: «Remotiores vero ecclesias adire et invisere non potuit, partim propter vastitatem suae dioecesis [...], partim propter dietas seu comitia Regni annuatim indicta, in quibus tanquam primus Lithuaniae senator adesse debuit [...], partim propter superventos ut supra motus cum dicto Generali Lithuaniae».

[243] Cf. *Acta visitationis generalis* (1716); *Decreta* (1717), Pars Prima, cap. Imum *De Synodi Inductione*, 1-2. Cf. J. SAWICKI, *Synody*, 96.

[244] *Relationes*, 174-175: «Visitationem quotannis expediri curo, eamque egomet pro viribus instituo, adhibitis in partem operis idoneis viris».

[245] *Synodus* (1744), *Accessus ad Synodum*, fol. A3v. Cf. J. SAWICKI, *Synody*, 107.
Delle visite della diocesi parlano i testi delle relazioni *ad limina*: «Nihilominus dictam dioecesim, ipsos decanos foraneos ac eorum ipsisque commissas ecclesias maiori ex parte, tam ante quam post celebratam synodum meam, iam ego ipse in persona mea, iam per delegatos a me archidiaconos, aliosque idoneos et providos e gremio Capituli mei electos praelatos et canonicos, anno immediate elapso visitavi et, que erant reformanda, reformare et corrigere curavi». *Relatio anni 1746*, in *Relationes*, 164. Cf. anche le relazioni del 1733 e 1741 (*ibid.*, 129.148-149).

[246] Cf. il riassunto dalla *Visitatio generalis Ecclesiae Cathedralis Vilnensis*, in J. KURCZEWSKI, *Kościół zamkowy*, vol. 1, 279-304.

[247] Cf. *Relatio anni 1754*, in *Relationes*, 183: «Totam dioecesim ubi per me non possum, visito quotannis per episcopos suffraganeos, alterum Albae Russiae, qui in ea regione vicarius meus est, alterum Samogitiae in hac cathedra praelatum Archidiaco-

diocesi di Vilna completa e pregevole dal punto di vista storico, etnografico e topografico[248].

Un ruolo importante per l'attuazione delle visite in tutta la diocesi o nelle sue parti lo ebbero i vescovi suffraganei, gli arcidiaconi e gli altri membri del capitolo cattedrale. Dei vescovi suffraganei[249], degli arcidiaconi[250] e dei canonici del capitolo cattedrale[251] impegnati nelle visite, si parla nelle relazioni *ad limina apostolorum*[252]. Le visite degli anni 1633, 1641, 1645, 1653-54 e 1668 furono effettuate per mezzo dei canonici cattedrali[253].

Il visitatore faceva la visita pastorale servendosi di un questionario tipico, preparato prima della visita generale. Seguendo questo modulo, compilava i protocolli della visita. Il questionario riguardava generalmente i seguenti problemi: 1) il territorio della parrocchia e la sua appartenenza amministrativa; 2) gli edifici sacri: la chiesa parrocchiale, le chiese non parrocchiali e gli altri luoghi di culto, le case religiose; 3) gli istituti e i gruppi che funzionavano presso la parrocchia; 4) il clero e le altre persone impegnate nella parrocchia; 5) la cura d'anime e le feste patronali; 6) i parrocchiani; 7) la situazione materiale della parrocchia[254].

La parte dedicata al clero (*visitatio personae parochi*, *visitatio personae commendarii*, *visitatio personae vicarii*) conteneneva un curricolo della vita del chierico con i dati riguardanti gli ordini ricevuti. Nell'atto della visita il visitatore annotava il possesso (o la mancanza) dei documenti sulla prima tonsura e sugli ordini minori e quelli maggiori. Spesso inseri-

---

num». Della visita della diocesi parlano gli atti del capitolo del 1765. Cf. J. KURCZEWSKI, *Kościół zamkowy*, vol. 3, 348.

[248] Cf. ID., *Biskupstwo wileńskie*, 57.

[249] *Relationes*, 175.183.

[250] Cf. *Relationes*, 118.143.170.183.

[251] Cf. *Relationes*, 129.148.164.

[252] Come, ad es., nel caso della visita generale del 1674-77 che fu effettuata a nome dell'ordinario dal vescovo suffraganeo. Cf. sopra.

[253] Vedi sopra, soprattutto le note 236 e 238.

[254] Dal punto di vista delle materie trattate durante la visita, si distinguono due categorie di visite generali: 1) interiori che riguardavano la morale e la condotta del clero; 2) esteriori che si riferivano all'aspetto materiale, istituzionale e sociale della parrocchia. Cf. S. LITAK, «Akta wizytacyjne parafii», 44; W. MÜLLER, «Diecezje», 179. Si deve sottolineare il fatto che lo schema dei questionari non era sempre uguale. La scelta dei problemi dipendeva dalla situazione della diocesi e dalle esigenze concrete ad es. i problemi previsti da risolvere nel nuovo concilio della provincia. Cf. S. LITAK, «Akta wizytacyjne parafii», 45-46.

CAP. IV: GLI STRUMENTI DEL RINNOVAMENTO   203

va la data dell'ordinazione e il nome del vescovo ordinante, il certificato della presentazione al beneficio e quello della provvisione canonica[255]. Controllava se i vicari avevano la licenza scritta dal vescovo per ricevere le confessioni ed amministrare gli altri sacramenti[256]. Nel caso dei sacerdoti provenienti dalle altre diocesi, richiedeva il possesso delle lettere dimissorie dall'ordinario di provenienza[257].

Gli atti delle visite pastorali, nelle parti dedicate ai chierici, contengono tra l'altro le caratteristiche riguardanti la condotta del clero parrocchiale (il vestito, i costumi, ad es. la castità e la sobrietà)[258].

Per quanto riguardava l'aspetto pastorale della vita del clero, il visitatore presentava la sua opinione anche nella parte intitolata *visitatio administrationis sacramentorum*. Qui o nella valutazione della persona dell'ecclesiastico inseriva la notizia sulla residenza[259] e sull'eventuale dispensa apostolica in caso del cumulo di benefici[260], lodava lo zelo pastorale dei singoli pastori o disapprovava i negligenti[261]. S'interessava anche dei libri

---

[255] Cf. ad es. *Acta Visitationis* (1633, 1641, 1645): fol. 23v,30r,39r,87v,92v-93v, 111v,143r-144r,149r,208v,243v,266r; *Acta Visitationis Generalis* (1653-54): 72.314; *Acta Visitationis Generalis* (1668): fol. 2v,7r,10v,37v,44v,63r; J. KURCZEWSKI, «Stan kościołów parafialnych» (3), 169.

[256] Cf. ad es. *Acta Visitationis* (1633, 1641, 1645), fol. 30r,39r,76v,93v,101v, 239r; *Acta Visitationis Generalis* (1653-54), 212; *Acta Visitationis Generalis* (1668), 7r,37v,75r,116v.

[257] Cf. *Acta Visitationis* (1633, 1641, 1645), fol. 30r,87v,224v; *Acta Visitationis Generalis* (1653-54), 335; *Acta Visitationis Generalis* (1668), fol. 12v.

[258] Vedi ad es. *Acta Visitationis* (1633, 1641, 1645), fol. 208v; *Acta Visitationis Generalis* (1653-54): 87.99.147.229.252.267.288.403; *Acta Visitationis Generalis* (1668), fol. 44v,78v; Cf. J. KURCZEWSKI, «Stan kościołów parafialnych (2), 61.

[259] Vedi *Acta Visitationis* (1633, 1641, 1645), fol. 29v,72v,87v,100v,118v, 122r,135v-136r,149r,160r,189r,204r,214r; *Acta Visitationis Generalis* (1653-54), 304; *Acta Visitationis Generalis* (1668), fol. 16v,28v,44v,48v,60v,64v,76v,108v,116v; J. KURCZEWSKI, «Stan kościołów parafialnych» (1), 123; *ibid.* (2), 63; *ibid.* (3), 163.

[260] Cf. ad es. *Acta Visitationis* (1633, 1641, 1645), fol. 262r; *Acta Visitationis Generalis* (1668), fol. 82r; J. KURCZEWSKI, «Stan kościołów parafialnych» (1), 124.

[261] Vedi ad es. *Acta Visitationis* (1633, 1641, 1645), fol. 9r,32r,63r-v,72v,149v, 160r, 166r,175v,228v; *Acta Visitationis Generalis* (1653-54), 136.366.628; *Acta Visitationis Generalis* (1668), fol. 2v,10v. Cf. J. KURCZEWSKI, «Stan kościołów parafialnych» (2), 59.62-63; *ibid.* (3), 163-169.

liturgici e dell'archivio parrocchiale[262] ed accennava alla eventuale mancanza dei decreti sinodali e delle lettere pastorali dei vescovi[263].

Alla fine del protocollo il visitatore formulava il cosiddetto decreto riformatorio (*decretum reformationis*) che diventava la norma obbligatoria per il parroco perché in qualche modo definiva la sua attività e il suo comportamento fino alla prossima visita[264].

Nel decreto di riforma il visitatore non solo esprimeva parole di riconoscenza nel caso di pastori esemplari, ma soprattutto, nei casi degli abusi nel comportamento del clero e nell'attività pastorale, ammoniva i colpevoli obbligando loro alla correzione della vita. Di solito raccomandava una vita sobria[265], casta[266] ed onesta, del tutto esemplare e degna dello stato clericale[267]. Condannava l'avidità[268], la mancanza della tonsura e l'indossare un vestito troppo raffinato o sporco e trascurato[269], l'uso del tabacco[270] e i litigi con i parrocchiani[271]. In caso di mancanza dei documenti richiesti per adempiere un ufficio pastorale o per il cumulo dei benefici incompatibili, stabiliva il termine nel quale il sacerdote negligente doveva adoperarsi ad ottenere i dovuti documenti o dispense[272]. Obbligava i chierici alla residenza[273] condannando la mendicità e il vagabondaggio[274]. Raccomandava ai curati il possesso e la lettura degli statuti sinodali e

---

[262] Vedi ad es. *Acta Visitationis* (1633, 1641, 1645): fol. 18r,28r,32r,61v,135v-136r,144r,149v,238v; *Acta Visitationis Generalis* (1668): fol. 2v. Cf. J. KURCZEWSKI, «Stan kościołów parafialnych» (3), 168.

[263] *Acta Visitationis* (1633, 1641, 1645), fol. 24r; J. KURCZEWSKI, «Stan kościołów parafialnych» (3), 166.

[264] Cf. S. LITAK, «Akta wizytacji parafii», 44.

[265] *Acta Visitationis* (1633, 1641, 1645), fol. 4v,77r,88v.

[266] *Acta Visitationis* (1633, 1641, 1645), fol. 4v,172v.

[267] *Acta Visitationis* (1633, 1641, 1645), fol. 4v,77r,139v,145v.

[268] *Acta Visitationis Generalis* (1668), fol. 17v.

[269] *Acta Visitationis* (1633, 1641, 1645), fol. 139v; *Acta Visitationis Generalis* (1653-54), 88.229.290.424.

[270] *Acta Visitationis Generalis* (1653-54), 465.

[271] *Acta Visitationis Generalis* (1653-54), 281. Il visitatore raccomandava trattare in modo adeguato i parrocchiani. Cf. J. KURCZEWSKI, «Stan kościołów parafialnych» (2), 60-61.63; *ibid.* (3), 166.168.

[272] *Acta Visitationis* (1633, 1641, 1645), fol. 32r,184r,193r,244r; *Acta Visitationis Generalis* (1653-54), 174; *Acta Visitationis Generalis* (1668), fol. 83v,103v.

[273] *Acta Visitationis* (1633, 1641, 1645), fol. 209v; *Acta Visitationis Generalis* (1668), fol. 61r,68r,103v.

[274] *Acta Visitationis* (1633, 1641, 1645), fol. 184r.

CAP. IV: GLI STRUMENTI DEL RINNOVAMENTO 205

della lettera pastorale del cardinale Maciejowski del 1601[275], come anche il possesso dei libri liturgici postridentini[276]. Avvisava i contumaci che in caso di disubbidienza sarebbero stati puniti con le pene previste dal Concilio di Trento, dalle costituzioni della provincia, dagli statuti diocesani o secondo l'arbitrio del vescovo[277].

In caso di gravi abusi, il visitatore inseriva nel decreto una clausola di esecuzione (*demandatio executionis decretorum*), tramite la quale imponeva al vicario foraneo, sotto la pena di scomunica, l'obbligo di controllare, durante la visita pastorale del decanato, se i decreti di riformazione fossero realizzati dai chierici a lui sottoposti[278].

Nel caso in cui non fosse necessario formulare un nuovo decreto, il visitatore faceva solo cenno che non l'aveva fatto[279].

Per quanto riguardava gli obblighi dei vicari foranei, con speciale cura, i visitatori controllavano lo svolgimento delle congregazioni e delle visite decanali (*visitatio congregationis decanalis*). Essi, nei casi di negligenza da parte dei vicari foranei, nei *decreta reformationis* raccomandavano ai decani di convocare le congregazioni decanali nel tempo stabilito dalle

---

[275] *Acta Visitationis* (1633, 1641, 1645), fol. VIIIr,145v,163r.

[276] *Acta Visitationis Generalis* (1653-54), 229.

[277] *Acta Visitationis* (1633, 1641, 1645), fol. 31v,95r,139v,209v. *Acta Visitationis Generalis* (1668), fol. 37v.

[278] *Acta Visitationis*, (1633, 1641, 1645), fol. 24v: «Huiusmodi autem decreta, ut quatenus debite Executioni demandentur dictus Illus Dnus Visitator decrevit, quatenus Decanus Ruralis Volcoviscensis intra cuius Decanatus Ecclesia Repla existit, tempore visitationis suae Decanalis sedulo inspiciat et animadvertat An praedicta Reformationis Decreta sortita sint suum effectum. Praeterea, ut negligentes, et non parentes hiuusmodi Decretis incontinenti post expeditam suam Visitationem Decanalem Illmo Dno Loci Ordinario, vel Illmo Dno Officiali deferat, statuit et ordinavit sub poena Excommunicationis contra remissum et negligentem Decanum decernenda». Cf. *ibid.*, fol. 36r,62r; *Acta Visitationis Generalis* (1653-54), 295.337.639. La decisione del visitatore poteva essere espressa più semplicemente: «Executio eorundem Decretorum demandata est Rmo Dno Decano Niesviesensi [Białłostocensi], in *Acta Visitationis* (1633, 1641, 1645), fol. 164r [199v].

[279] *Acta Visitationis* (1633, 1641, 1645), fol. VIIIv [08. 07. 1645, Porozów]: «Decreta reformationis nova non datur in hac visitatione».

costituzioni sinodali e nel luogo solito e ricordavano che gli atti delle congregazioni o delle visite dovevano essere trasmessi al vescovo[280].

4.1.2 Le visite generali nella legislazione diocesana

Nella lettera pastorale del vescovo Radziwiłł del 1582 troviamo notizia dei *decani rurali* chiamati anche *visitatores* che come delegati dell'ordinario del suo mandato visitavano le parrocchie. Il Radziwiłł prescriveva ai parroci di ricevere i suoi rappresentanti con dovuto rispetto. In spirito di obbedienza, essi erano obbligati a rispondere secondo verità alle domande legittimamente poste dal visitatore[281]. Il vescovo, da parte sua, prometteva ai parroci un appoggio nelle loro difficoltà personali o pastorali.

Secondo un'altra prescrizione della lettera del 1582, il visitatore doveva controllare se il beneficiato possedesse le *littere institutionis* al beneficio[282]. Inoltre doveva provvedere perché una copia dell'inventario delle suppellettili della chiesa fosse spedita al vescovo[283].

Gli statuti del sinodo diocesano del 1602 e della costituzione del 1613 parlano dell'obbligo pastorale del vescovo di effettuare la visita delle chiese nella diocesi[284].

Le costituzioni del A. Wojna del 1633 rispetto a quelle precedenti del 1613 contengono un capitolo *ex novis*, dedicato ai visitatori della diocesi. In questo statuto veniva trattata la prassi abusiva dei visitatori che, durante la visita, chiedevano ai parroci più di quello che era dovuto di dirit-

---

[280] Cf. *Acta Visitationis* (1633, 1641, 1645), fol. 102v (Słonim 1633): «Congregationes Decanales intra suum Decanatum celebret tempore in Constitutionibus praescripto et in loco solito. Acta vero huiusmodi Synodi Decanalis fideliter conservari [...] et post expeditam huiusmodi Congregationem ad Illustrissimum Dominum Loci ordinarium transmitti curet» e fol. 163r (Nieśwież 1633): «Congregationes Decanales iuxta praescriptum Constitutionum Synodalium celebret, cuiusdem Congregationum Acta ad Illiustrissimum Dominum Loci ordinarium deferat». Cf. anche le *Acta Visitationis Generalis* (1653-54), 290.337.639.

[281] *Epistola* (1582), 139: «Decanos rurales seu visitatores a nobis deputatos cum honore recipiant iisque obediant, nihil eos celando, quod de mandato nostro sciscitabuntur et cum eis communicent vel sua vel ecclesiae incommoda, quibus, quantum in nobis erit, providere curabimus».

[282] Cf. *Epistola* (1582), 134.

[283] *Epistola* (1582), 135: «Paramenta, ornatus, stolae aliaque ad celebrantis ornatum necessaria. Sacrae supellectilis ecclesiae fiat diligens inventarium et servetur apud plebanum cum sigillo tum suo tum vitricorum aut aliorum probatorum hominum, unum etiam simile visitator ad nos mittendum curabit».

[284] Cf. paragrafo seguente.

CAP. IV: GLI STRUMENTI DEL RINNOVAMENTO   207

estese a tutte le altre persone delegate dal vescovo per fare la visita della diocesi[286].

Lo statuto sinodale *De Constitutionibus Synodalibus Dioecesanis* del 1685, richiamando il clero all'osservanza delle norme sinodali, avvertì i parroci che, se nel caso della visita generale non avessero posseduto il testo delle costituzioni sinodali, sarebbero stati puniti con gravi pene[287]. Il sinodo del 1744, nel capitolo *De observatione statutorum synodalium*, mise la debita esecuzione delle norme sinodali anche nelle mani dei visitatori generali[288].

4.2 *Le visite decanali*

All'inizio del paragrafo sulle conferenze decanali, s'è detto che lo scopo dell'istituzione della rete decanale era quello di rendere più agevoli da un lato la formazione e dall'altro il controllo del clero parrocchiale.

Il decreto tridentino che ordinava l'esecuzione di visite decanali non passò inosservato: nelle costituzioni del 1602 e 1613 il vescovo B. Wojna affermò che a causa della vastità del territorio della diocesi, delle difficoltà interne e degli obblighi personali, aveva dovuto istituire nella diocesi di Vilna i decani rurali affinché il dovere vescovile di visitare la diocesi fosse compiuto adeguatamente[289]. Seguendo la normativa del Concilio di

---

[286] *Constitutiones* (1633), cap. *Ex novis: De Visitatoribus*, fol. L2r: «Quare futuris gravaminibus Cleri obviare volentes, praesentis nostrae Synodi ordinatione, iura antiqua, Constitutionesque potissimum provinciales, de electione et officio Archidiaconi, omnia etiam ad alios forte delegandos extendendo innovamus, easdemque per omnia et in omnibus, quo ad qualitates et potestatem servari mandamus».

[287] *Acta* (1685), fol. D4r-v: «Ita ut quilibet Parochorum in subsequenti visitatione Generali Nostra et semper subsequentibus debeant producere Nostras Constitutiones Synodales typo impressas sub poenis arbitrariis gravissimis, idque manu Perillustris et Adm. Rndi Dni Cancellarii Nostri Dioecesani pro maiore certitudine subscriptas».

[288] *Synodus* (1744), cap. 34, fol. W3v: «Denique exactam Decreti istius prout et aliorum Synodalium Statutorum Nostrorum executionem, tum D.D. Visitatoribus Generalibus, tum Decanis Foraneis committimus».

[289] *Constitutiones* (1613), cap. *De Vicariis Foraneis et eorum Officio*, fol. Gv: «Etsi Nostri Pastoralis Officii est, Ecclesias et earum Rectores visitare, diligenterque de omnibus, tam circa cultum Divinum ordinate peragendum, quam de Pastorum diligentia et honestate inquirere, atque adeo omnibus eius necessitatibus providere; attamen, quia et Dioecesis ipsa longissime, latissimeque patet et angustiis temporis ob plurima Reipublicae negotia, quam maxime premimur, ideo Vicarios Foraneos, quos communi vocabulo appellamus Decanos Rurales, in partem sollicitudinis nostrae, per Dioecesim nostram instituimus, ad visitationis (ac potius ad executionem decendorum Decretorum per Nos, vel per Archidiaconum nostrum in Visitatione factorum) munus accurate

Trento, impose ai vicari foranei l'obbligo di visitare le parrocchie e il clero parrocchiale almeno una volta all'anno dopo la festa di S. Michele[290].

In merito alla frequenza dell'effettuazione delle visite decanali ne troviamo notizie nelle relazioni sullo stato della diocesi. Esse non sono unanimi. Nella relazione del 1605 il vescovo B. Wojna rende noto che i decani rurali effettuavano le visite delle parrocchie due volte all'anno[291], invece in quella del 1609, che le facevano una volta all'anno[292]. Il vescovo E. Wołłowicz nella relazione del 1625 scrisse che le norme sinodali obbligavano i decani a fare le visite delle parrocchie e del clero ogni tre mesi[293]! Nelle relazioni del 1635, 1733, 1741 e 1746 si parlava dell'obbligo annuale delle visite decanali[294].

Le visite decanali furono considerate come uno strumento di controllo della debita esecuzione delle decisioni prese durante le visite generali, riguardo all'amministrazione dei sacramenti, alla predicazione della parola di Dio e alla disciplina del clero[295]. Lo statuto dell'anno 1685 ricordò in modo particolare ai decani il dovere di vigilanza sul pagamento da parte del clero dei tributi e degli altri oneri per lo stato[296].

---

obeundum». Cf. *Synodus* (1602), cap. *De Decanis Ruralibus et officio eorum*, fol. Biv.

[290] *Synodus* (1602), fol. Biv: «Hi itaque Ecclesiarum sibi assignatarum semel in anno, hoc est post festum Sancti Michaelis facient eiusmodi visitationem; singulis earum absolutis, personaliter nos accedent ac de omnibus, quae in Visitatis Ecclesiis, et earum Parochis, laude vel vituperio digna invenerint, certiores nos facient».

[291] *Relationes*, 28: «Dioecesis haec in quinque distincta est partes, quibus aliquot proprii praesunt decani rurales, quorum quilibet suae provinciae tenetur bis in anno visitare paroecias et postea episcopo reddere rationem».

[292] *Relationes*, 40: «Qui quotannis suos percurrunt decanatus revidentque, an decreta ab episcopo in visitatione facta suum sortita fuerint effectum».

[293] *Relationes*, 60: «Quorum inter caetera officia, per synodus dioecesanas praescripta, praecipuum munus est singulas eius territorii seu decanatus parochiales ecclesias earumque rectores singulis tribus mensibus semel visitare, relationemque visitationis suae mihi seu Vicario mei in spiritualibus generali exhibere».

[294] *Relationes*, 67: «decani, qui lustrationes suas semel in anno absolvant...»; 128: «Dioecesim hanc in eaque contentas ecclesias, licet quidem vicarii foranei seu decani rurales singulis annis visitent et de omnibus, quae aguntur ubique, per acta sua me aut Vicarium meum generalem informent». Cf. *ibid.*, 148.163.

[295] Cf. *Constitutiones* (1613), cap. *De Vicariis Foraneis et eorum Officio*, fol. Gv; *Acta* (1685), cap. *De Officio et Obligatione singulari Decanorum*, fol. D4r; *Synodus* (1744), cap. *De Officio Decanorum*, fol. E3r; *Relationes*, 40.

[296] *Acta* (1685), cap. *De Officio et Obligatione singulari Decanorum*, fol. D4r: «Itaque illorum oneramus conscientiam, hocque specialiter attendant, ut clerus integre persolvat capitatia et alia onera Reipublicae ad nervum eiusdem».

CAP. IV: GLI STRUMENTI DEL RINNOVAMENTO 209

Dopo ogni controllo i decani, come prescriveva la normativa tridentina[297], erano tenuti a presentarsi personalmente dal vescovo con il rapporto sulla situazione nelle parrocchie visitate[298].

In caso di inosservanza della norma sull'effettuazione delle visite decanali, che obbligava «sub onere coscientiae», il decano poteva essere privato dell'ufficio o punito con altra pena a giudizio dell'ordinario[299].

Non di rado accadeva che i parroci, i vicari e gli altri chierici beneficiati mancassero di rispetto ai loro vicari foranei e non dessero loro ascolto durante le visite delle parrocchie. I vescovi B. Wojna e M.S. Pac obbligarono i rettori delle chiese a ricevere i decani con il dovuto rispetto e nello spirito di obbedienza a rispondere alle loro domande[300]. Perché il clero avesse rispetto per i decani rurali, il vescovo A. Wojna li obbligò a munirsi della lettera di istituzione dalla cancelleria vescovile[301].

Per quanto riguarda il modo di fare le visite decanali, il visitatore si serviva, come nel caso delle visite generali, di un questionario. Anche negli atti delle visite decanali ci sono le osservazioni sulla vita e sulla disciplina del clero. Il visitatore investigava sulla condotta degli

---

[297] Cf. *C. Tridentinum*, sess. 24, *de ref.*, c. 3, in *COD*, 762.

[298] Cf. *Synodus* (1602), cap. *De Decanis Ruralibus et officio eorum*, fol. Biv; *Constitutiones* (1613), cap. *De Vicariis Foraneis et eorum Officio*, fol. Gv; *Modus et Ordo Boni Regiminis* (1682), cap. 94, fol. C3r; *Synodus* (1744), cap. 18 *De Officio Decanorum*, fol. E3r; *Relationes*, 28.40.60.67.128.148.163.185.

[299] *Epistola* (1710), *Appendix*, 453: «R. D. Decani visitent temporibus assignatis, sub poena amissionis officii et aliis». Cf. *Synodus* (1744), cap. 18 *De Officio Decanorum*, fol. E2v.

[300] *Synodus* (1602), cap. *De Decanis Ruralibus et officio eorum* fol. Bijr: «Parochialium vero Ecclesiarum Rectores cum honore Decanos tanquam vices nostras obeuntes suscipiant atque obediant fideliter et syncere, ad omnia respondentes, de quibus nostro nomine ab illis fuerint interrogati» (cf. l'articolo parallelo delle Costituzioni del 1613, fol. Hr). Vedi anche *Modus et Ordo Boni Regiminis* (1682), cap. 94, fol. C3r.

[301] Cf. *Constitutiones* (1633), cap. *De Vicariis Foraneis et eorum Officio* (Ex novis), fol. F3r-v: «Cognovimus ex relatione multorum, Parochos, Commendarios, Vicarios, Clericosque nec non scholarium Rectores, in certis Decanatibus Dioecesis nostrae Beneficia obtinentes, ad eum, qui Decanis ruralibus debetur, honorem et obedientiam deferendam, remissiores esse: quasi de eorum officio in visitatione et congregatione decanali, diligenter ac fideliter exercendo, et exequendo dubitent. Idcirco ordinamus, ut omnes Decani rurales, litteras Institutionum e Cancellaria nostra expediant; in quibus eorum potestas, locus etiam ad quem circumlato processu, prout melius absque gravamine et molestia Parochorum aliorumque iure vel consuetudine obligatorum, expedire iidem Decani iudicaverint».

ecclesiastici anche dal punto di vista delle decisioni formulate durante la visita generale che si trovavano nel *decretum reformationis*[302].

Dagli atti dalle visite decanali della prima metà del XVIII secolo risulta che i visitatori controllavano con grande attenzione la vita morale del clero e il possesso delle costituzioni sinodali, soprattutto il testo della lettera pastorale del 1710[303]. Nelle visite dopo l'anno 1717 venne seguito il metodo indicato dagli statuti del sinodo diocesano tenuto quell'anno.

Nelle visite decanali effettuate sotto il vescovo Massalski si rivolgeva l'attenzione sullo zelo pastorale dei sacerdoti e sulla loro capacità di compiere i doveri pastorali (l'abilità di predicare e d'insegnare al popolo)[304]. Seguendo il modulo (*modelusz*), il visitatore annotava il seminario dove studiava il chierico (di solito il seminario diocesano o quello dei missionari *in Monte Salvatoris*) e il tempo della permanenza in questi collegi. Faceva pure qualche osservazione sullo stile di vita del sacerdote[305]. Una delle rubriche del questionario era dedicata ai religiosi e alla loro condotta[306].

---

[302] Nell'archivio di ogni parrocchia dovevano essere conservate le copie degli atti dalle visite generali.

[303] Cf. *Inwentarze i wizytacje* (1716-1799); *Visitatio Decanalis In Brzostowica* (1737); *Acta Visitationis Decanalis et Status Totius Decanatus Poboyscensis* (1726).

[304] Cf. *Descriptio Status Ecclesiae Parochialis Jałovcensis* (1780); *Akt wizyty generalnej dziekańskiej expedyowaney w Kościeniewiczach* (1785); *Decanalis Visitatio* (1780); *Wizyta dekanatu połockiego* (1782); *Stan wszystkich Plebanii Dekanatu Wiłkomirskiego* (1784); *Opisanie kościoła parafialnego kowieńskiego* (1782).

[305] Per es. il visitatore loda la ricca biblioteca del parroco M. Będzkowski ove ha trovato le poesie di J. Kochanowski. Cf. *Wizyta dekanatu połockiego* (1782), fol. 93v.

[306] Vedi ad es. la nota del visitatore sui Scolopi di Poniewierze, il quale seguendo il *modaliusz* di Massalski, si lamenta del fatto che loro danno fastidio ai parrocchiani della parrocchia di Remigoła da lui visitata. Cf. *Stan wszystkich Plebanii Dekanatu Wiłkomirskiego* (Remigoła 1784, 20 Jan.), fol. 69r.

CONCLUSIONE

Lo scopo della nostra ricerca era quello di presentare la riforma tridentina della vita del clero nella diocesi di Vilna negli anni 1564-1796. Conformemente ad esso si possono ora delineare, a modo di sintesi, alcuni elementi fondamentali.

La vera riforma tridentina nella diocesi di Vilna venne inaugurata dal vescovo J. Radziwiłł che, basandosi nella sua attività sulle esperienze di S. Carlo Borromeo, iniziò dall'anno 1582 a realizzare le idee del Concilio nell'ambito della sua diocesi. Nel primo bimestre del 1582 fondò il seminario diocesano e convocò il sinodo diocesano. Per rivolgere l'attenzione dei chierici alle idee nuove proposte dal Tridentino, dopo il sinodo, pubblicò la lettera pastorale, dedicata al clero diocesano.

Il movimento di rinnovamento della vita dei ministri sacri nel periodo postridentino ebbe nella diocesi di Vilna, come in tutta la Polonia, due aspetti: l'aspetto riformista interno, precedente la riforma protestante, e quello controriformistico.

L'accoglienza della riforma tridentina fu notevolmente condizionata dalla situazione religiosa della diocesi. Occorre ricordare soprattutto l'influsso esercitato dal protestantesimo sui nobili lituani che avevano *ius patronatus* nella maggioranza delle parrocchie. Il recupero delle chiese occupate dai protestanti dipendeva spesso dalla previa conversione alla fede cattolica dei loro patroni.

Un ruolo di primo piano nell'attività riformatrice fu tenuto dagli Ordinari della diocesi di Vilna. I vescovi si servivano del sistema sinodi diocesani-visite pastorali, il cui obiettivo era l'attuazione nella realtà della Chiesa locale delle riforme volute dal Concilio di Trento.

L'attività riformatrice dei vescovi trovava appoggio nel capitolo della cattedrale di Vilna, composto spesso da ecclesiastici istruiti e zelanti.

I sinodi diocesani avevano un carattere tipicamente riformatorio. Dall'abbondante materiale legislativo sinodale che si basava sui decreti conciliari e sulle altre norme ecclesiastiche universali e particolari risulta che nell'elaborazione di esso generalmente prevalsero gli scopi pratici. Nei relativi statuti, infatti, furono incluse norme intese a reprimere comportamenti abusivi ed azioni indegne del clero, oltre che importanti norme di carattere riformista utili alla Chiesa nel periodo della riforma protestante.

Negli statuti sinodali venne sottolineato con grande forza l'obbligo dell'abito ecclesiale e della tonsura. I chierici erano richiamati ad astenersi dalle attività e dagli impegni che erano in contrasto al loro stato. I concubinari furono costretti a licenziare le concubine ed inoltre, per evitare scandalo, fu imposto ai chierici di lasciare la compagnia delle donne, soprattutto se sospette. Si cercava di trovare i rimedi legislativi per eliminare o almeno per limitare il vagabondaggio del clero. Non venne tralasciato il problema della residenza dei chierici e il divieto del cumulo dei benefici.

Per la riforma dei costumi del clero venne rilevato il valore della preghiera, del breviario, della confessione, degli esercizi spirituali nonché della adeguata lettura teologica e spirituale.

Seguendo lo sviluppo degli statuti sinodali del periodo da noi analizzato, possiamo osservare che le stesse norme che regolavano diversi aspetti della vita e della condotta dei chierici venivano richiamate più volte. Questo significa che le nuove leggi non sempre erano osservate. Il clero parrocchiale si inseriva lentamente nel difficile lavoro pastorale di nuovo tipo. Ci volle tempo per fare entrare le riforme volute dal Concilio nella prassi quotidiana del clero parrocchiale. Anche se l'attribuzione dei benefici di fatto continuava a dipendere dal collatore, sempre più grande rilevanza aveva la funzione del parroco come pastore della sua parrocchia.

Nelle relazioni *ad limina apostolorum* dei vescovi della diocesi di Vilna si menzionavano gli ostacoli che rendevano difficile la riforma della vita del clero parrocchiale. Tra questi erano enumerati: il vasto territorio della diocesi, l'instabilità politica e i continui pericoli di guerre, gli obblighi pubblici dei vescovi, le pestilenze e la povertà del clero. Queste difficoltà affrontavano i Nunzi e i Legati che fra l'altro dovevano anche promuovere l'osservanza della disciplina ecclesiastica secondo i decreti del Concilio di Trento.

Uno dei problemi principali per la riforma della vita del clero era la formazione dei chierici perché una efficace cura pastorale poteva raggiungere il suo scopo solo tramite pastori degni, completi e seguaci della disciplina ecclesiastica. Bisognava formare un clero che si sentisse responsabile delle anime a lui affidate e che fosse in grado di prestare degnamente il servizio pastorale per i parrocchiani. Diversamente da quel che era nel medioevo, il parroco doveva essere non soltanto un amministrato-

CONCLUSIONE

re, ma soprattutto un pastore che conosceva i fedeli affidati alla sua sollecitudine pastorale.

Nell'istruzione e nella formazione dei candidati al sacerdozio un ruolo molto importante fu tenuto dai seminari diocesani. Purtroppo l'insufficienza dei mezzi limitò notevolmente lo sviluppo del seminario diocesano di Vilna fondato nel 1582. Per ricevere gli ordini sacri molti alunni studiavano nell'Accademia di Vilna.

Si intensificò anche il sistema di controllo della preparazione teologico-pastorale del clero impegnato nelle parrocchie. Un'occasione per esaminare l'idoneità e la preparazione dei chierici erano l'ammissione agli ordini sacri, il conferimento della facoltà di confessare e di predicare, e la concessione del beneficio.

Il sistema di reclutamento dei candidati doveva impedire l'accesso al sacerdozio a persone indegne, venali, prive di fede e di morale. Sistematicamente e gradatamente ai candidati erano richieste testimonianze sulla loro vita ed inoltre s'impose la prassi di rendere pubblica notizia dei candidati agli ordini sacri, perché potessero essere rivelati eventuali impedimenti giuridici o mancanze morali.

La riforma trovò un appoggio nella struttura organizzativa della diocesi, e soprattutto in quella decanale. La rete decanale fornì le basi per le visite pastorali delle singole parrocchie e per le congregazioni decanali, cioè istituti rinnovati nell'epoca del Concilio di Trento per facilitare il controllo e la formazione del clero in vista dell'introduzione della riforma.

Un grande peso nell'attuazione della riforma tridentina nella diocesi di Vilna e nella lotta alla riforma protestante lo ebbero gli ordini religiosi, in particolare modo i Gesuiti. Questo problema sembra molto importante e potrebbe essere esaminato in altra sede per completare il quadro della riforma della vita del clero nella diocesi di Vilna.

SIGLE E ABBREVIAZIONI

AALS	*Archivio dell'Accademia Lituana delle Scienze*
AC	*Analecta Cracoviensia*
ad es.	ad esempio
AK	*Ateneum Kapłańskie*
Anal. Praemostr.	*Analecta Praemostratensia*
Apollinaris	*Apollinaris. Commentarium iuris canonici*
art.	articulus, articolo
ASL	*Archivio Storico della Lituania*
ACdC	*Archivio della Congregazione del Concilio*
serie:	*Lib. decret. - Liber decretorum*
	Lib. litt. - Liber litterarum
	Lib. visit. lim. - Liber visitationum liminum
Bull. Rom.	*Bullarium diplomaticum et privilegiorum Sanctorum Romanorum Pontificium*, ed. Taurinensis 1857-1872
BUV	*Biblioteca dell'Universita di Vilna*
C.	*Concilium*
c., cc.	canone, canoni
cap.	caput, capitolo
cf.	confronta
CCSL	*Corpus Christianorum. Series Latina*, Turnhout 1953ss
COD	*Conciliorum Oecumenicorum Decreta*, ed. G. Alberigo – G.L. Dossetti – P.P. Joannou – C. Leonardi – P. Pordi, Bologna 1991
Col. Theol.	*Collectanea Theologica*
Crit. stor.	*Critica storica*
CT	*Concilium Tridentinum. Diariorum, actorum, epistolarum, tractatuum nova collectio*, ed. Soc. Goerresiana, voll. 1-13, Friburgi Brisgoviae 1901-1938
Czas. Prawno-Hist.	*Czasopismo Prawno-Historyczne*
DDC	*Dictionnaire de droit canonique*, voll. 1-7, Paris 1935-1965
decr.	decretum

de ref.	*de reformatione*
DTC	*Dictionnaire de théologie catholique*, voll. 1-15, Paris 1930-1950
DTK	*Dzieje Teologii Katolickiej w Polsce*, ed. M. Rechowicz, voll. 1-3, Lublin 1974-1976
ed.	edizione
ed. it.	edizione italiana
Enc. Kośc.	*Encyklopedia Kościelna*, ed. M. Nowodworski, Warszawa – Płock 1873-1911
fol.	foglio, fogli
Fonti	*Fonti. Discipline generale antique (II-IX s.)*, ed. P.P. Joannou, voll. 1-2, Roma 1962
Fs.	Festschrift
ibid.	ibidem
IC	*Ius Canonicum*
ID.	Idem
KDKW	*Kodeks Dyplomatyczny Katedry i Diecezji Wileńskiej*, ed. J. Fijałek – W. Semkowicz, vol. 1, Kraków 1948
Kom. Maz.-Warm.	*Komunikaty Mazursko-Warmińskie*
KTW	*Kwartalnik Teologiczny Wileński*
lib.	liber
Mansi	*Sacrorum Conciliorum nova et amplissima Collectio*, ed. J.D. Mansi, voll. 1-31, Florentinae – Venetiis 1759-1798
Mon. Eccl.	*Monitor Ecclesiasticus*
ms.	manoscritto
n., nn.	numerus, numero, numeri
par.	paragrafo
Periodica	*Periodica de re morali canonica liturgica* (dal 1991: *Periodica de re canonica*)
PL	*Patrologiae cursus completus. Series Latina*, ed. J.P. Migne, Paris 1857-1866; Ind. 1928-1936
PK	*Prawo Kanoniczne*
PUG	*Pontificia Universitas Gregoriana*
RH	*Roczniki Humanistyczne*
RTK	*Roczniki Teologiczno-Kanoniczne*
SCC	*La Sacra Congregazione del Concilio. Quarto centenario dalla fondazione (1564-1964). Studi e ricerche*, Città del Vaticano 1964
sess.	sessio
SH	*Studia Historyczne*, voll. 1-3, Lublin 1968
ss.	seguenti
ST	*Studia Teologiczne*

StGra	*Studia Gratiana*
St. Pat.	*Studia Patavina*
tit.	titulus
TTZ	*Trierer theologische Zeitschrift*
Uchan.	*Uchańsciana, czyli zbiór dokumentów wyjaśniających życie i działalność Jakuba Uchańskiego*, ed. T. Wierzbowski, voll. 1-4, Warszawa 1884-1892
vilnen.	*vilnensis*
WKAB	*Wiadomości Kościelne Archidiecezji w Białymstoku*
vol., voll.	volume, volumi
ZN KUL	*Zeszyty Naukowe KUL*

BIBLIOGRAFIA

1. Fonti

1.1 *Fonti manoscritte*

1.1.1 Archivio della Congregazione per il Clero

Liber decretorum, ms. 16, 90, 108, 110, 124.
Liber litterarum, ms. 17.
Liber visitationum sacrorum liminum, ms. 5, 6.

1.1.2 Archivio dell'Accademia Lituana delle Scienze

Acta Capituli Vilnen., ms. 15 (F43-223)[1].

Acta visitationis generalis Ecclesiarum et Parochiarum Decanatus Bobruyscensis ex mandato Domini Dni Constantini Casimiri Brzostowski [...] *descripta ad Normam Processus Publici Die 4ta Martii Anno Praesenti* [...] *fideliter vero et ordinate in Visitatione Decanali Ante Synodali Actis Publicis Dioecesanis tradita Anno Dni 1716 Me. 7/bris Die 6ta* (F43-7677).

1.1.3 Archivio Storico della Lituania

Decanalis Visitatio Litterarum Orginalium Fundationis Omniumque per decanatum Wołkowyscensem, Cuiusvis Ecclesiae Parochialis ac Altariae [...] *per me subscriptum* [Ignatium Malczewski] *peracta est Anno Dni 1780, Mensis Junii, Die 27* (F694-1-3474).

Inwentarze i wizytacje 1716-1799 [Gli inventari e gli atti delle visite 1716-1799] (F694-1-3381).

Opisanie kościoła parafialnego kowieńskiego 1782 [La descrizione della chiesa parrocchiale di Kowno] (F694-1-3493).

---

[1] Le abbreviazioni indicate tra le parentesi indicano la collocazione dei manoscritti negli singoli archivi.

Stan wszystkich Plebanii Dekanatu Wiłkomirskiego według Dyspozycyi Modeluszu podanego od Xcia Ignacego Massalskiego Biskupa Wileńkiego Roku 1784 sporządzony y zweryfikowany [La descrizione delle chiese del vicariato foraneo di Wiłkomierz fatta secondo il *modelusz* del vescovo di Vilna I. Massalski nell'anno 1784] (F694-1-3507).

Wizyta dekanatu połockiego r. 1782 podług wydanego modeluszu od J.O. Xcia Ignacego Massalskiego Biskupa Wileńskiego przez Xdza Bazylego Fedorowicza Kanonika Smoleńskiego Dziekana Połockiego czyniona [La visita del decanato di Połock del 1782 effettuata secondo il *modelusz* del vescovo di Vilna I. Massalski dal B. Fedorowicz canonico di Smoleńsk e decano di Połock] (F694-1-3487).

1.1.4 Biblioteca dell'Università di Vilna

Acta visitationis archidiaconalis sub Ilmo et R.mo D.no D. Nicolao Słupski Dei et apostolicae sedis gratia ep.po Gratianopolitano A.R. Archidiacono Vilnen. per me Iacobum Klein publicum S. apostolica authoritate et suae Il-mae et R-mae Dominationis Visitatoris notarium conscripta et confecta ab a. salutis humanae 1674 (F-57-B53-43).

Acta Visitationis Decanalis et Status Totius Decanatus Poboyscensis ex mandato Carli Petri Pancerzyński Episcopi Vilnensis 1726 (F-57-B53-1229).

Acta Visitationis Ecclesiarum Dioecesis Vilnen. per Visitatorem Illustrem et Ad modum Rndum Dnum Gasparum Zaliwski Canonicum Vilnensem Sub Illustrissimo Domino Abrahamo Woyna Episcopo Vilnen. Anno Dni 1633, 1641, 1645 (F-57-B53-40).

Acta Visitationis Generalis 1653-54 (F-57-B53-42).

Acta Visitationis Generalis In tribus Decanatibus scilicet in Rozanensi, Volkoviscensi, Slonimensi Eclesiarum Dioecesis Vilnensis existentium ex mandato Illustrissimi et Reverendissimi Domini Alexandri in Macieiow Sapieha Dei Gratia Episcopi Vilnensis per Perillustrem et ac modum Reverendum Dominum Alexandrum Kotowicz Scholasticum Praelatum Vilnen. S.R.M. Secretarium et Maioris Cancellariae Regentem Visitatorem. A. 1668 Mensibus Octobris, Novembris Instituta et Expedita (F-57-B53-41).

Akt wizyty generalnej dziekańskiej expedyowaney w Kościeniewiczach roku 1785 w Decembrze [Gli atti della visita decanale di Kościewicze effettuata nel dicembre del 1785] (F-57-B53-583).

Descriptio Status Ecclesiae Parochialis Jałovcensis in Decanatu Wołkowyscensi permanenti, sub [...] Ignatio Iacobo Massalski [...] Episcopo Vilnensi Anno Dni 1780 Mensis 9bris die 7. (F-57- B53-1204).

Visitatio Decanalis In Brzostowica Maiori Ecclesiae Parochialis... secundum formam Synodi Dioecesani sub auspiciis [...] Joannis Michaelis

Zienkowicz Episcopi Vilnensis Anno Dni 1737 Die 5 Novembris (F-57-B54-173).

1.2 *Fonti edite*

Acta, Constitutiones et Decreta Synodi Vilnensis, Praesidente Illustrissimo Ac Reverendissimo Domino Domino Alexandro Michaele Kotowicz Dei et Apostolicae Sedis Gratia Episcopo Vilnensi Almae Vilnensis Academiae Cancelario, Anno Domini Millesimo Sexcentesimo Octogesimo Quinto, Die Ima, 2da et 3tia Mensis Septembris Celebratae. Typis Academicis Impressa Anno ut supra (1685).

Acta Nuntiaturae Polonie, ed. M. Korolko – H.D. Wojtyska, vol. 9/1, Roma 1994.

Acta Synodi Dioecesis Vilnensis. Praesidente. Illustrissimo ac Reverendissimo Domino D. Alexandro in Macieiów Sapieha Dei et Apostolicae Sedis gratia Episcopo Vilnensi. Vilnae Anno Dni. Millesimo Sexcentesimo Sexagesimo Nono, Die 11.12 et 13 Mensis Martii Celebratae. Ibidem. Typis Academicis impressum Anno ut supra (1669).

Alexandri Comulei ad Septentrionales Principes Nuncii Apostolici et Visitatoris sede vacante in E.atu Vilnen. provisio seminarii aliendis vigintis Lituanis et Bursae Valerianae meloratio. Ristampa in J. KURCZEWSKI, *Kościół zamkowy*, vol. 2, Wilno 1910, 97-99.

Bullarium diplomatum et privilegiorum Sanctorum Romanorum Pontificium, ed. Taurinensis, vol. 6, 1860, vol. 7, Taurini 1862, vol. 8, Taurini 1863, vol. 9, Taurini 1865.

Codicis Iuris Canonici Fontes, ed. P. Gasparri, vol. 5, Romae 1930.

Conciliorum Oecumenicorum Decreta, ed. G. Alberigo – G.L. Dossetti – P.P. Joannou – C. Leonardi – P. Prodi, Bologna 1991.

Concilium Tridentinum. Diariorum, actorum, epistolarum, tractatuum nova collectio, ed. Soc. Goerresiana, voll. 1-13, Friburgi Brisgoviae 1901-1938.

Constitutiones Synodorum Dioecesis Vilnensis Diversis temporibus celebratarum Iussu Ill^{mi} Domini D. Abrahami Woyna Dei et Apostolicae Sedis gratia Episcopi Vilnen: Editae Vilnae MDCXXXIII (1633).

Constitutiones Synodorum Dioecesis Vilnensis Per Illustrissimum Et Reverendissimum In Christo Patrem Ac Dominum D. Benedictum Woyna, Dei et Apostolicae Sedis Gratia Episcopum Vilnensem diversis temporibus in sua Metropoli celebratae. Vilnae In Officina Iozephi Karcan. Servitoris eiusdem Illustriss: ac Reverendissimi Domini loci Ordinarii. Anno 1613.

Constitutiones synodorum Metropolitanae Eccl. Gnesnen. Provincialium Authoritate Synodi Provincialis Gembicianae per Deputatos recognitate;

Jussu vero et opera Illmi ac Rndmi Domini D. Joannis Wężyk Dei et Apostolicae Sedis Gratia, Archiepiscopi Gnesnen. [...] edictae Cracoviae [...] Anno Dni MDCXXX (1630).

Corpus Christianorum. Series latina. Concilia Galiae, ed. D. Norberg, vol. 140, Brepolis 1982; C. Munier, vol. 148, C. De Clercq, vol. 148a, Brepolis 1963.

Corpus Iuris Canonici, ed. Ae. L. Richter – Ae. Friedberg, voll. 1-2, Graz 1959.

Corpus Iuris Civilis, ed. A. Herrmann – E. Osenbrueggen, voll. 1-3, Lipsiae 1861.

Decreta Sanctiones et Universa Acta Synodi Dioecesanae Ab Illustrissimo, Excellentissimo, ac Reverendissimo Domino D. Constantino Casimiro Brzostowski Dei et Apostolicae Sedis Gratia Episcopo Vilnensi. Sanctissimi Domini Nostri, D. Clementis Divina Providentia Papae eius Nominis XI. Praelato Domestico et Pontificii Solii Assistentiae Anno Salutis MDCCXVII. Sub diebus 3tia, 4ta et 5ta Mensis Februarii, in sua Cathedrali Ecclesia Vilnae. Celebratae Et per me Alexandrum Joannem Zebrowski S. Theol: et J.U. Doctorem, Archidiaconum Albae Russiae Praesentis Synodi Secretarium Connotata. Vilnae Typis Academicis Societatis Jesu (1717).

Epistola pastoralis ad parochos Bernardi Macieiovski S.R.E. presbyteri cardinalis, Archiepiscopi Gnesnensis, primatis Regni etc. Reimpressa A.D. 1669. Vilnae (typis) academicis Societatis Jesu. Ristampa in J. KURCZEWSKI, *Biskupstwo wileńskie*, Wilno 1912, 387-422.

Epistola Pastoralis. Impressa Vilnae Typis Universitatis Soc. Jesu Anno Domini 1710. Ex Mandato Illustrissimi Loci Ordinarii. Ristampa in J. KURCZEWSKI, *Biskupstwo wileńskie*, Wilno 1912, 423-455.

Fonti. Discipline générale antique (IV-IX s.), ed. P.P. Joannou, voll. 1/1-2, Roma 1962.

Germanicus Maretio Malaspina Dei et apostolicae sedis gratia e.pus S. Severi ac utriusque signaturae Referendarius S. D. Clementis Divina providentia Papae VIII ac eiusdem S. sedis apostolicae ad serennissimum Sigismundum Poloniae regem omniaque eius dominia cum potestate legati de latere Nuntius. R.mo D.no Alexandro Cumuleo Abbati Nonen. Salutem a D.no Sempiternam, in J. KURCZEWSKI, *Kościół zamkowy*, vol. 2, 95-96.

Illustriss. Et Reverendiss. In Christo Patris Et Domini D. Georgij Radivili, D.G. Episcopi Vilnensis, Ducis Olycae et Niesvisi ad Parochos Dioecesis Vilnen. Epistola. Qua Breviter Traduntur Ea quae in Synodo Vilnensi die Xii, Februarii tractata sunt, ab omnibus curam animarum habentibus seruanda. Vilnae Typis Illustriss. Domini D. Nicolai Christoph. Radivili Ducis Olycen: et Nesvis: etc: M.D.L. Supr: Marschalci.

Anno Domini M.D. LXXXII. Ristampa in J. SAWICKI, *Concilia Poloniae. Źródła i studia krytyczne. Synody diecezji wileńskiej*, vol. 2, Warszawa 1948, 133-140.

Kodeks Dyplomatyczny Katedry i Diecezji Wileńskiej [Il codice diplomatico della cattedrale e della diocesi di Vilna], ed. J. Fijałek - W. Semkowicz, vol. 1, Kraków 1948.

Lex Romana Visigothorum, ed. G. Haenel, Aalen 1962.

Materiały do historii ustawodawstwa synodalnego w Polsce w w. XVI. Archiwum Komisji Prawniczej Uniwersytetu Jagiellońskiego [Materiale per la storia della legislazione sinodale in Polonia nel secolo XVI. L'Archivio della Commissione Giuridica dell'Università di Cracovia], ed. B. Ulanowski, vol. 1, Kraków 1895.

Modus et Ordo Boni Regiminis In Dioecesim Vilnensem Introducendi Sancitus et ex Mandato Illustrissimi Reverendissimi, et Excelentissimi Domini D. Nicolai Stephani Pac Episcopi Praeconisati et Administratoris Ecclesiae et Episcopatus Vilnensis. Traditus Typo. Anno 1682 Die 13. Februarii. Vilnae. Typis Academicis Soc: Jesu.

Quinque Compilationes Antique nec non Collectio Canonum Lipsiensis, ed. Ae. Friedberg, Graz 1956.

Relationes status dioecesium in Magno Ducatu Lituaniae. Dioeceses Vilnensis et Samogitiae (*Fontes historiae Lithaniae*), ed. P. Rabikauskas, vol. 1, Roma 1971.

Sacrorum Conciliorum nova et amplissima collectio, ed. J.D. Mansi, voll. 1-32, Parigi 1902.

Statuta ecclesiae antiqua, in *Les statuta ecclesiae antiqua. Édition-études critiques*, ed. C. Munier, Paris 1960, 75-100.

Statuta Vilnen. Dioecesis: sinodaliter per Illustrissimum Principem et Reverendissimum Dominum dominum Ioannem ex ducibus Lithuaniae. Dei gratia Episcopum Vilnen. cum suo Capitulo de totius Cleri eiusdem Dioecesis pro Sinodo diocesana congregati consensu ac voluntate edita atque approbata. Impressum Cracoviae per Mathiam Scharffenbergk. Anno domini Mil. D. XXVIII. Ristampa in J. SAWICKI, *Concilia Poloniae. Źródła i studia krytyczne. Synody diecezji wileńskiej i ich statuty*, vol. 2, Warszawa 1948, 115-132.

Synodus Dioecesana Episcopatus Vilnensis Celebrata Vilnae Per Illustrissimum Et Reverendissimum In Christo Patrem ac Dominum D. Benedictum Woynam, Dei et Apostolicae sedis gratia Episcopum Vilnensem, tertia Martii, Anno Domini millesimo sexcentesimo secundo. Vilnae Anno Domini (1602). Vilnae, In Officina Academiae Vilnensis Societatis Iesu, 6 Maii, Anno Domini, 1602.

Synodus Dioecesana Vilnensis Ab Illustrissimo, Excelentissimo ac Reverendissi-

mo Domino D. Michaele Joanne Zienkowicz Dei et Apostolicae Sedis Gratia Episcopo Vilnensi. In Ecclesia Cathedrali Sua. Anno Dni MDCCXLIV. Diebus 10,11,12. M. Febr: Celebrata. Typis Mandata. Vilnae Sacr: Reg: Maiestatis Academ: Soc. Jesu.

Uchańściana, czyli zbiór dokumentów wyjaśniających życie i działalność Jakuba Uchańskiego [Uchańściana, cioè la raccolta di documenti riguardanti la vita e l'attività di Jakub Uchański], ed. T. Wierzbowski, voll. 1-4, Warszawa 1884-1892.

Visitatio generalis Ecclesiae Cathedr. Vilnen. ab Illmo Excelmo ac Rndo Dno Michaele Ioanne Zienkowicz Episcopo Vilnensi Loc: Ord: Anno Dni 1743 die 13 Mai expedita ae per me Victorinum Alexandrum Hryncewicz Can. Liv. Auditorem causarum curiae Illmi Loc: Ord: Eiusdem Visitationis Generalis Notarium in sequentia acta redacta, in J. KURCZEWSKI, *Kościół zamkowy*, vol. 1, Wilno 1908, 279-304 (il riassunto).

2. Letteratura

ABRAHAM, W., «Stan ustawodawstwa Kościoła polskiego w chwili wybuchu reformacji» [La legislazione della Chiesa in Polonia all'inizio della riforma protestante], in *Pamiętnik Zjazdu historyczno-literackiego imienia Mikołaja Reja*, Kraków 1910.

———, «Polska a chrzest Litwy» [La Polonia e la cristianizzazione della Lituania], in *Polska i Litwa w dziejowym stosunku*, Kraków 1914, 3-36.

ALBERIGO, G., «Prospettive nuove sul Concilio di Trento», *Crit. stor.* 5 (1966) 267-282.

ALEKSANDROWICZ, M., «Seminarium Duchowne w Gnieźnie w latach 1602-1718» [Il seminario di Gniezno negli anni 1602-1718], in *SH*, vol. 1, Lublin 1968, 267-291.

ALEKSANDROWICZ, P., «Przyjęcie przez króla i senat uchwał Soboru Trydenckiego w Parczewie w 1564 r.» [L'accettazione dei decreti del Concilio di Trento da parte del re e del senato a Parczew nell'anno 1564], in *PK* 3-4 (1966) 363-381.

AUBENAS, R. – RICARD, R., *La Chiesa e il Rinascimento (1449-1517)*, ed. it. a cura di C. Dolza, Storia della Chiesa, vol. 15, Torino 1963.

BANASZAK, M., «Reformacja i reforma katolicka w diecezji wileńskiej (1527-1591)» [La riforma protestante e la controriforma cattolica nella diocesi di Vilna (1527-1591)], in *ST* 5-6 (1987-1988) 293-322.

BAZIELICH, A., «Kardynał Jerzy Radziwiłł» [Il cardinale Jerzy Radziwiłł], in *SH*, vol. 1, Lublin 1968, 163-265.

BEDNARSKI, S., «Geneza Akademii Wileńskiej» [La genesi dell'Accademia di Vilna], in *Księga pamiątkowa ku uczczeniu CCCL rocznicy założenia i X wskrzeszenia Uniwersytetu Wileńskiego*, vol. 1, Wilno 1919,1-22.

BENDISCIOLI, M., «La riforma cattolica nelle nuove testimonianze e nella nuova storiografia», in M. MARCOCCHI, *La riforma cattolica. Documenti e testimonianze*, vol. 1, Brescia 1967, 7-31.

BENEDICTUS XIV, *De synodo diocesana libri tredecim*, voll. 1-4, Mechliniae 1842.

BERNHARD, J. – LEFEBVRE, CH. – RAPP, F., *L'Époque de la Réforme et du Concile de Trente*, in *Histoire du Droit et des Institutions de l'Église en Occident*, ed. G. Le Bras – J. Gaudemet, vol. 14, Paris 1990.

BEYER, J., «De synodo dioecesana», in *Periodica* 81 (1992) 381-423.

BIAUDET, H., *Les Nonciatures apostoliques permanentes jusqu'en 1648*, Helsinki 1910.

BIONDI, B., *Il diritto romano cristiano*, voll. 1-3, Milano 1952.

BLOMMEVEEN, P., *Enchiridion sacerdotum*, Coloniae 1532.

BOBER, P., «Z dziejów synodów dawnej diecezji krakowskiej XIV, XV, XVI w.» [Dalla storia dei sinodi della diocesi di Cracovia XIV, XV, XVI sec.], in *RTK* 3 (1956) 75-117.

BOUIX, D., *Tractatus de episcopo ubi et de synodo dioecesana*, vol. 2, Parisiis 1859.

BUKOWSKI, J., *Dzieje reformacji w Polsce od wejścia w jej do Polski aż do jej upadku* [La storia della riforma protestante in Polonia dal suo inizio fino al declino], vol. 1, Kraków 1883.

CARRO, V.D., *El maestro Fr. P. de Soto y las controversias politico-teologicas en el siglo XVI*, P.I. *(Actuacion politico-religiosa de Soto)*, in *Biblioteca de Teologos Espanoles*, vol. 1, Salamanca 1931.

CEPIENE, K. – PETRAUSKIENE, I., *Vilniaus Akademijos Spaustuves leidiniai 1576-1805* [Le pubblicazioni della tipografia dell'Accademia di Vilna 1576-1805], Vilnius 1979.

CHODKIEWICZ, A., «Kościół litewski XVI-XVIII wieku» [La Chiesa lituana del XVI-XVIII secolo], in *Chrześcijanin w świecie* 171 (1987) 26-28.

CHODYŃSKI, S., «Kolęda», in *Enc. kośc.*, ed. M. Nowodworski, vol. 10, Warszawa 1877, 499-512.

———, «Synody Kościoła Polskiego» [I sinodi della Chiesa in Polonia], in *Enc. kośc.*, ed. M. Nowodworski, vol. 27, Warszawa 1904, 394-419.

CLAEYS-BOUUAERT, F., «Clerc», in *DDC*, III, 827-872.

CLERVAL, A., *De Judoci Chlichtovei Neoportunensis vita et operibus (1472-1543)*, Paris 1894.

CONGAR, Y., «Status Ecclesiae», in *StGra* 15 (1972) 1-31.

CONGAR, Y., «Modéle monastique et modéle sacerdotal en Occident de Gregoire VII (1073-1085) à Innocent III (1198)», in *Etudes d'ecclésiologie médiévale*, London 1983, 153-160.

CORBELLINI, G., *Il sinodo diocesano nel nuovo Codex Iuris Canonici*, Roma 1986.

CRISTIANI, L., *La Chiesa al tempo del Concilio di Trento*, ed. it. a cura di A. Galuzzi, Storia della Chiesa, vol. 17, Torino 1977

CROUZEL, H., «Le célibat et la continence dans l'Église primitive: leurs motivations», in *Sacerdote et célibat. Études historiques et théologiques*, ed. J. Coppens, Gembloux - Louvain 1971, 333-371.

CROVELLA, H., «De libro visitationum sacrorum liminorum», in *SCC*, Città del Vaticano 1964, 423-446.

DAMASI, *Apparatus in Concilium Quartum Lateranense*, in *Constitutiones Concilii Quarti Lateranensis una cum Commentariis glossatorum (Monumenta Iuris Canonici. Series A: Corpus Glossatorum)*, ed. A. Garcia y Garcia, vol. 2, Città del Vaticano 1981, 419-458.

DEL RE, N., *La Curia Romana. Lineamenti storici giuridici*, Roma 1970.

DE MOREAU, E. - JOURDA, P. - JANELLE, P., *La crisi religiosa del secolo XVI* (ed. it.), Storia della Chiesa, vol. 16, Torino 1968.

DENTE, G., «Premessa allo studio del diritto sinodale», in *Diritto, persona e vita sociale. Fs. Orio Giacchi*, vol. 1, Milano 1984, 625-633.

DE PAOLIS, V., *Il Codice del Vaticano II. I beni temporali della Chiesa*, Bologna 1995.

DESHUSSES, J., «Costume ecclésiastique», in *DDC*, IV, 701-709.

DESLANDRES, P., *Le Concile de Trente et la réforme du clergé catholique au XVIe siècle*, Paris 1907.

DE SOTO, P., *Tractatus de institutione sacerdotum qui sub episcopis animarum curam gerunt*, Venetiis 1617.

DIONISIUS CARTUSIANUS, *De vita et moribus canonicorum*, Coloniae 1670.

DUSINI, A., «Il decreto dogmatico sul sacramento dell'Ordine sacro promulgato nella sessione XXIII del Concilio di Trento», in *Il Concilio di Trento e la Riforma Tridentina*, vol. 2, Roma 1965, 577-613.

FAIVRE, A., *Naissance d'une hiérarchie. Les premières étapes du cursus clérical*, Paris 1977.

FERRARIS, L., *Prompta bibliotheca canonica, iuridica, moralis, theologica nec non ascetica, polemica, rubricistica, historica*, voll. 1-3, Venetiis 1782.

FIJAŁEK, J., «Średniowieczne ustawodawstwo synodalne biskupów polskich. Życie i obyczaje kleru w Polsce średniowiecznej na tle ustawodawstwa synodalnego» [La legislazione medievale dei vescovi polacchi. La vita e i costumi del clero in Polonia medievale nel contesto della legislazione sinodale], in *Rozprawy Akademii Umiejętności. Wydział Historyczno-Prawny*, vol. 5, Kraków 1894, 181-239.

FIJAŁEK, J., *Studia do dziejów Uniwersytetu Krakowskiego i wydziału teologicznego w XV w.* [Gli studi per la storia dell'Università di Cracovia e della facoltà di Teologia nel XV secolo], Kraków 1899.

——, «Kościół Rzymsko-katolicki na Litwie. Uchrześcijanienie Litwy przez Polskę i zachowanie w niej języka ludu pod koniec Rzeczpos-politej» [La Chiesa cattolica in Lituania. Cristianizzazione della Lituania tramite Polonia e conservazione della lingua volgare], in *Polska i Litwa w dziejowym stosunku*, Kraków 1914, 258-333.

——, «Pierwszy synod diecezji wileńskiej w katedrze św. Stanisława 1520/21 r.» [Il primo sinodo della diocesi di Vilna nella cattedrale di san Stanislao del 1520/1521], *KTW* 1-2 (1923-24) 81-88.

——, «Pastoralna ks. Bernarda Maciejowskiego w redakcji rzymskiej z roku 1608, zatwierdzona przez papieża Urbana VIII w roku 1629» [La lettera pastorale di Bernard Maciejowski nella redazione romana del 1608, approvata dal papa Urbano VIII nel 1629], in *Pamiętnik IV Zjazdu Powszechnego Historyków Polskich w Poznaniu 6-8 grudnia 1925*, vol. 4, Lwów 1925, 1-12.

FILIPPI DE HARVENG, *De institutione clericorum tractatus sex*, in *PL* 203, 665-1206.

FLICHTE, A. – THOUZELLIER, CH. – AZAÏS, Y., *La cristianità romana (1198-1274)*, ed. it. a cura di M. da Alatri, Storia della Chiesa vol. 10, Torino 1968.

FORNÈS, J., *La noción de «status» en el Derecho Canónico*, Pamplona 1975.

FUENTES CABALLERO, J.A., «El sinodo diocesano. Breve recorrido a su actuacion y evolucion historica», *IC* 21 (1981) 543-566.

GALLAGHER, C., *Canon Law and the Christian community. The Role of Law in the Church According to the Summa Aurea of Cardinal Hostiensis*, Roma 1978.

GARCIA Y GARCIA, A., *Historia del derecho canónico*, vol. 1, Salamanca, 1967.

GAUDEMET, J., «Gratien et le célibat écclésiastique», *StGra* 13 (1967) 351-369.

——, *Église et cité. Histoire du droit canonique*, Paris 1994.

GLEMMA, T., «Przyjęcie reformy trydenckiej w Kościele polskim» [L'accoglienza della riforma tridentina nella Chiesa polacca], in *Historia Kościoła w Polsce*, vol. 1/2, Poznań – Warszawa 1974, 173-207.

GÓRALSKI, W., «Postulaty duchowieństwa diecezji płockiej przed synodem piotrkowskim z 1589 roku» [I postulati del clero della diocesi di Płock prima del concilio provinciale di Piotrków dell'anno 1589], in *RTK* 5 (1981) 89-99.

GÓRALSKI, W., *I primi sinodi di San Carlo Borromeo. La riforma tridentina nella provincia ecclesiastica milanese*, Milano 1989.

——, «Kongregacje dekanalne w ustawodawstwie kard. Karola Borromeusza» [Le congregazioni decanali nella legislazione del card. Carlo Borromeo], *PK* 3-4 (1991) 165-192.

GRYSON, R., *Les origines du célibat ecclésiastique du premier au septéme siécle*, Gemloux 1970.

GUILIELMUS PARISIENSIS, *Tractatus de collatione beneficiorum*, in GUILIELMUS ALVERNUS, *Opera omnia*, vol. 2/2, Parisiis 1674, 248-282.

HARTLEB, K., «Zagadnienie reformacji na ziemiach polsko-litewskich» [Il problema della riforma protestante in Polonia e Lituania], in *Pamiętnik VI Zjazdu Historyków Polskich w Wilnie*, vol. 1, Lwów 1933, 329-337.

HEMPEREK, P., «Oficjalaty okręgowe w Polsce» [Gli ufficialati regionali in Polonia], *RTK* 5 (1971) 51-73.

HERMAN, É., «Célibat des clercs. II. En droit oriental», in *DDC*, III, 145-156.

HINSCHIUS, F., *System des katholischen Kirchenrechts*, Graz 1959.

HOŁODOK, S., *Sakrament chrztu, bierzmowania i Eucharystii w diecezji wileńskiej w XVI-XVIII wieku* [Il sacramento del Battesimo, della Confermazione e dell'Eucaristia nella diocesi di Vilna nei secoli XVI-XVIII], Lublin 1980 (dattiloscritto).

HOSTIENIS (Henricus de Segusio), *Summa Aurea*, Venetiis 1631.

ISIDORI (SANCTI) EPISCOPI HISPANENSI, *De ecclesiasticis officiis*, CCSL 113, ed. Ch.M. Lawson, Brepolis 1989, 1-108.

IVINSKIS Z., *Lietuvos istorija iki Vytauto Didžiojo mirties*[La storia della Lituania fino alla morte di Vitautas il Grande], Roma 1978.

IVO CARNUTENSIS, *Prologus in Decretum a se concinnatum et partibus seu libris septem ac decem digestum*, PL 161, 47-60.

JABŁOŃSKI ,M., «Teoria duszpasterstwa» [La teoria della pastorale], in *DTK*, vol. 2/1, Lublin 1975, 307-359.

JANCZAK, Ł., «Smoleńskie biskupstwo» [Il vescovado di Smoleńsk], in *Enc. kośc.*, ed. M. Nowodworski, vol. 26, Warszawa 1903, 31-38.

JEDIN, H., *Il tipo ideale di vescovo secondo la riforma cattolica*, Brescia 1950.

JEDIN, H., *Riforma cattolica o controriforma? Tentavivo di chiarimento dei concetti con riflessioni sul concilio di Trento*, Brescia 1957.

JEDIN, H., «Domschule und Kolleg. Zum Ursprung der Idee des Trienter Priesterseminars», *TTZ* 67 (1958) 210-223.

———, «Der Kampf um die bischöfliche Residenzpflicht 1562-63», in *Il concilio di Trento e la riforma tridentina. Atti del convegno internazionale Trento 2-6 settembre 1963*, vol. 1, Roma – Freiburg-Basel 1965, 2-25.

———, «Il Concilio di Trento ha creato l'immagine-modello del prete?», in *Sacerdozio e celibato. Studi storici e teologici*, Milano 1975, 147-175.

———, *Storia del Concilio di Trento* (ed. it.), vol. 1^3, Brescia 1987, vol. 4/2, Brescia 1981.

———, *Storia della Chiesa* (ed. it.), voll. 1-2, Milano 1988^4, vol. 3, Milano 1988^3, vol. 6, Milano 1985^3.

JOANNIS ANDREAE, *In sextum Decretalium librum Novella Commentaria*, Venetiis 1681.

JOANNIS TEUTONICI, *Apparatus in Concilium Quartum Lateranense*, in *Constitutiones Concilii Quarti Lateranensis una cum Commentariis glossatorum* (Monumenta Iuris Canonici. Series A: Corpus Glossatorum), ed. A. Garcia y Garcia, vol. 2, Città del Vaticano 1981, 187-270.

JOMBART, E., «Célibat des clercs. I. En droit occidental», in *DDC*, III, 132-145.

———, «Cohabitation», in *DDC*, III, 970-982.

JUDOCI CLCHTHOVEI NEOPORTUNENSIS, *De vita et moribus sacerdotum, opusculum singularem eorum dignitatem ostendens et quibus ornati esse debeant virtutibus explanans*, ed. G.J. Waffelaert, Brugis 1903.

KACZOROWSKI, W., «Biskupi, wojewodowie i kasztelanowie wileńscy na sejmach za panowania Zygmunta III Wazy» [I vescovi, i palatini e i castellani vilnensi nelle sedute del parlamento sotto Sigismondo III Waza], in *Wilno-Wileńszczyzna jako krajobraz i środowisko wielu kultur*, vol. 2, Białystok 1992, 53-72.

KAKOWSKI, A., «Synody Kościoła katolickiego w Polsce» [I sinodi della Chiesa cattolica in Polonia], in *Podręczna encyklopedia kościelna*, vol. 37-38, Warszawa 1913, 310-327.

KAŁWA, P., «Rys historyczny prowincjalnego ustawodawstwa synodalnego w Polsce przedrozbiorowej» (La storia della legislazione provinciale in Polonia anteriore alle ripartizioni), in *Księga pamiątkowa ku czci Jego Ekscelencji X. Biskupa Mariana Fulmana*, vol. 1, Lublin 1939, 126-155.

KOSMAN, M., «Pogaństwo, chrześcijaństwo i synkretyzm na Litwie w dobie przedreformacyjnej» [Il paganesimo, il cristianesimo e il sincretismo in Lituania nell'epoca pretridentina], *Kom. Maz.-Warm.* 1 (1972) 103-137.

KOSMAN, M., *Reformacja i kontreformacja w Wielkim Księstwie Litewskim w świetle propagandy wyznaniowej* [La riforma e controriforma nel Granducato della Lituania nella propaganda confessionale], Wrocław 1973.

———, *Historia Białorusi* [La storia della Bielorussia], Wrocław 1979.

KOZŁOWSKA-BUDKOWA, Z., «Odnowienie jagiellońskie Universytetu Krakowskiego (1390-1414)» [La rinascita dell'Università di Cracovia sotto gli Jagielloni], in *Dzieje Uniwersytetu Jagiellońskiego w latach 1364-1764*, vol. 1, Kraków 1964, 37-43.

KRACIK, J., «Potrydencki system rekrutacji duchowieństwa w diecezji krakowskiej XVI-XVIII wieku» [Il sistema postridentino del reclutamento del clero nella diocesi di Cracovia del XVI-XVIII secolo], *AC* 10 (1978) 471-493.

———, «Kler wędrowny w Małopolsce XVI-XVIII wieku. Problem źródeł i metod» [I chierici girovaghi nella Piccola Polonia del XVI-XVIII secolo. Il problema delle fonti e del metodo], *RTK* 4 (1981) 53-76.

KRAHEL, T., «Historiografia (archi)diecezji wileńskiej do 1939 roku» [La storiografia della (arci)diocesi di Vilna fino all'anno 1939], in *Studia z historii Kościoła w Polsce*, vol. 5, Warszawa 1979, 9-179.

———, «Kościół katolicki na Litwie na przełomie XV, XVI w.» [La Chiesa cattolica in Lituania del XV e XVI secolo], *AC* 16 (1984) 43-55.

———, «Wileńskie Seminarium Duchowne po 1652 roku» [Il Seminario di Vilna dopo l'anno 1652], *WKAB* 10 (1984) 91-99.

———, «Die anfängliche Organisation der Kirche in Litauen», in *La cristianizzazione della Lituania. Atti del colloquio internazionale di storia ecclesiastica in occasione del VI centenario della Lituania cristiana (1387-1987) Roma 24-26 giugno 1987*, Città del Vatcano 1987, 159-174.

———, «Zarys dziejów (archi)diecezji wileńskiej» [La storia dell'(arci)diocesi di Vilna (in linee generali)], *ST* 5-6 (1987-88) 7-72.

KUMOR, B., «Dzieje ustroju kościelnego w Polsce» [La storia del sistema ecclesiastico in Polonia], in *Historia Kościoła w Polsce*, vol. 1/2, Poznań - Warszawa 1974, 100-114.241-259.446-458.

———, «Protestancka reforma na ziemiach poskich» [La riforma protestante in Polonia], in *Historia Kościoła w Polsce*, vol. 1/2, Poznań - Warszawa 1974, 43-70.

———, «Synod piotrkowski w roku 1577» [Il Concilio provinciale di Piotrków del 1577], in *Historia Kościoła w Polsce*, vol. 1/2, Poznań - Warszawa 1974, 174-179.

KUMOR, B., «Sytuacja Kościoła w Polsce na początku XVI wieku» [La situazione della Chiesa in Polonia all'inizio del XVI secolo], in *Historia Kościoła w Polsce*, vol. 1/2, Poznań - Warszawa 1974, 21-43.73-97.

———, «Ze statystyki ludności na Litwie w połowie XVIIIw.» [Dal censimento della popolazione in Lituania nella metà del XVIII secolo], *Przeszłość demograficzna Polski* 8 (1975) 57-67.

———, «Początki metropolii wileńskiej» [Le origini della provincia ecclesiastica di Vilna], *ST* 5-6 (1987-88) 73-97.

KURCZEWSKI, J., «Wileńskie biskupstwo» [Il vescovado di Vilna], in *Enc. kośc.*, ed. M. Nowodworski, vol. 31, Płock 1911, 271-275.

———, *Biskupstwo wileńskie* [Il vescovado di Vilna], Wilno 1912.

———, «Stan kościołów parafialnych w diecezji wileńskiej po najściu nieprzyjacielskim 1655-1661 r.» [La situazione delle chiese parrocchiali nella diocesi di Vilna dopo l'aggressione armata del 1655-1661], *Litwa i Ruś* 1 (1912) 119-124, 2 (1912) 59-63, 3 (1912) 162-169.

———, *Kościół zamkowy czyli katedra wileńska w jej dziejowym liturgicznym, architektonicznym i ekonomicznym rozwoju* [La Chiesa di Vilna nel suo liturgico, architettonico ed economico sviluppo], vol. 1, Wino 1908, vol. 2, Wilno 1910, vol. 3, Wilno 1916.

KURTSCHEID, P.B., *Historia iuris canonici. Historia institutorum*, Romae 1951.

KUTNER, S., *Harmony from Dissonance*, Pennsylvania 1960.

LAUDAGE, J., *Priesterbild und Reformpapsttum im 11. Jahrhundert*, Köln - Wien, 1984.

LE BRAS, G., *Le istituzioni ecclesiastiche della cristianità medievale*, ed. it. a cura di P. Ciprotti - L. Presdocimi - A. Giacobbi - G. Pelliccia, Storia della Chiesa, vol. 12/1, Torino 1973.

LIOTTA, F., *La continenza dei chierici nel pensiero canonistico classico*, Milano 1971.

LITAK, S., «Akta wizytacyjne parafii z XVI-XVIII wieku jako źródło historyczne» [Gli atti delle visite delle parrocchie del XVI-XVIII secolo come le fonti storiche], *ZN KUL* 1 (1962) 41-58.

———, «Parafie w okresie od końca XVI do XVIII w.» [Le parrocchie dalla fine del XVI fino al XVIII secolo], in *Księga 1000-lecia katolicyzmu w Polsce*, Lublin 1969, 99-109.

———, «Struktura i funkcje parafii w Polsce» [La struttura e le funzioni della parrocchia in Polonia], in *Kościół w Polsce*, Kraków 1969, 261-481.

———, *Struktura terytorialna Kościoła w Polsce w 1772 roku. Mapy* [La struttura territoriale della Chiesa in Polonia nel 1772. Le mappe], Lublin 1979.

LONGHITANO, A., «La recente riflessione sui ministeri e i riflessi sulla concezione degli stati giuridici dei battezzati», *Mon. Eccl.* 106 (1981) 411-436.

——, «La normativa sul sinodo diocesano dal Concilio di Trento al Codice di diritto canonico», in *Il sinodo diocesano nella teologia e nella storia*, Acireale 1987, 35-85.

MARCOCCHI, M., *La riforma cattolica. Documenti e testimonianze*, vol. 1, Brescia 1967.

MASSAUT, J.P., «Vers la Réforme catholique. Le célibat dans l'idéal sacerdotal de Josse Clichtove», in *Sacerdote et célibat. Études historiques et théologiques*, ed. J. Coppens, Gembloux – Louvain 1971, 459-506.

MEERSSEMAN, G.G., «Il tipo ideale del parroco secondo la riforma tridentina nelle sue fonti letterarie», in *Il concilio di Trento e la riforma tridentina. Atti del convegno internazionale Trento 2-6 settembre 1963*, vol. 1, Roma – Freiburg – Basel 1965, 27-44.

MEIER, J., *Der priestliche Dienst nach Johannes Gropper (1503-1559)*, Münster 1977.

«Mikołaj z Błonia» (voce), in *Enc. kośc.*, ed. M. Nowodworski, vol. 14, Warszawa 1881, 329-330.

MORAWSKI, K., *Historia Uniwersytetu Jagiellońskiego* [La storia dell'Università di Cracovia], vol. 1, Kraków 1900.

MORAWSKI, M., «Synod diecezjalny w dawnej Polsce» [Il sinodo diocesano nella lontana Polonia], *AK* 39 (1937) 223-249.355-374.

MÜLLER, W., «Diecezje w okresie potrydenckim» [Le diocesi nell'epoca postridentina], in *Kościół w Polsce*, vol. 2, Kraków 1969, 55-258.

NASIŁOWSKI, K., «Samowolne migracje kleru w świetle polskiego prawa kościelnego przed Soborem Trydenckim» [Le migrazioni abusive del clero nella luce del diritto della Chiesa in Polonia prima del Concilio di Trento], *Czas. Prawno-Hist.* 11 (1959) 9-49.

NASIOROWSKI, S., *"List pasterski" kard. Bernarda Maciejowskiego* ["La lettera pastorale" del card. Bernard Maciejowski], Lublin 1992.

NAVARRI, *Consiliorum seu responsorum in quinque libros, iuxta numerum et titulos Decretalium distributorum tomi duo*, Venetiis 1621.

NAZ, R., «Synode», *DDC*, VI, 1134-1140.

«Nikolaus de Plowe» (voce), *DTC*, XII/2, 2405.

NIKOLAUS DE PLOWE, *Lavacrum conscientiae*, Coloniae 1504.

NITKIEWICZ, K., *La pratica della Sacra Congregazione del Concilio circa il cumulo di benefici in Polonia (1564-1752)*, Roma 1991.

OCHMAŃSKI, J., *Biskupstwo wileńskie w średniowieczu. Ustrój i uposażenie* [Il vescovado di Vilna nel medioevo. La sua struttura organizzativa e la situazione economica], Poznań 1972.

OCHMAŃSKI, J., *Historia Litwy* [La storia della Lituania], Wrocław 1982.

—, *Dawna Litwa* [La Lituania antica], Olsztyn 1986.

O'DONOHOE, J.A., «Tridentine Seminary Legislation. Its Sources and Its Formation (*Bibliotheca Ephemeridum Theologicarum Lovaniensium*)», vol. 9, Louvain 1957, 89-120.

OLCZAK, S.K., «Rozwój sieci parafialnej w diecezji wileńskiej do II poł. XVIII w.» [Lo sviluppo dell'organizzazione parrocchiale nella diocesi di Vilna nella metà del XVIII secolo], *ST* 5-6 (1987-88) 102-117.

OLIVERI, M., *Natura e funzioni dei legati pontifici nella storia e nel contesto ecclesiologico del Vaticano II*, Città del Vaticano 1982.

OSUCHOWSKI, W., *Rzymskie prawo prywatne* [Il diritto romano privato], Warszawa 1988^3.

PAŁYGA, J., «Duchowieństwo parafialne dekanatu kazimierskiego w XVII i XVIII wieku» [Il clero parrocchiale del decanato di Kazimierz nel XVII e XVIII secolo], *RH* 14 (1966) 7-57.

PANORMITANUS (Nicolaus De Tudeschis), *Commentaria in tertium decretalium librum*, tit. *De vita et honestate clericorum*, in ID., *Omnia quae extant*, vol. 6, Venetiis 1588.

PAWIŃSKI, A., «Synod piotrkowski w roku 1577» [Il Concilio di Piotrków del 1577], in *Źródła dziejowe*, vol. 4, Warszawa 1877.

PETRANI, A., «O zadaniach i znaczeniu zebrań dekanalnych» [I compiti e l'importanza delle congregazioni decanali], *AK* 31 (1933) 375-380.

—, *Nauka prawa kanonicznego w Polsce w XVII i XIX w.* [L'insegnamento del diritto canonico in Polonia nel XVIII e XIX secolo], Lublin 1961.

—, «Reforma trydencka (w czterechsetlecie zakończenia soboru trydenckiego)» [La riforma tridentina (nel quattrocentenario della chiusura del Concilio di Trento)], *PK* 3-4 (1964) 1-20.

—, «Kanonistyka» [La dottrina canonista], in *DTK*, vol. 1, Lublin 1974, 359-399.

—, «Historia prawa kanonicznego (wiek XVI-XVIII)» [La storia del diritto canonico nei secoli XVI-XVIII], in *DTK*, vol. 2/1, Lublin 1975, 505-515.

PIECHNIK, L., *Początki Akademii Wileńskiej 1570-1599* [Gli inizi dell'Accademia di Vilna 1570-1599], Roma 1984.

—, «Seminaria duchowne w diecezji wileńskiej do 1939r.» [I seminari nella diocesi di Vilna fino all'anno 1939], *ST* 5-6 (1987-88) 201-231.

PLÖCHL, W.M., *Storia del diritto canonico* (ed. it.), voll. 1-2, Milano 1963.

POLK, I., «Legaci i nuncjusze w Polsce» [I legati e i nunzi in Polonia], in *Enc. kośc.*, ed. M. Nowodworski, vol. 12, Warszawa 1879, 27-32.

POPLATEK, J., *Powstanie Seminarium Papieskiego w Wilnie* [L'erezione del Seminario Pontificio a Vilna], Wilno 1930.

PRZYAŁGOWSKI, W., *Żywoty biskupów wileńskich* [Biografie dei vescovi di Vilna], voll. 1-3, Petersburg 1860.

PRZYBYŁKO, M., «Urząd dziekana w polskim ustawodawstwie synodalnym XVIII w.» [La funzione del decano foraneo nella legislazione sinodale polacca nel XVIII secolo], *PK* 1-2 (1966) 113-211.

PRZYGODZKI, S., «Bulla Papieża Sykstusa V "De visitandis liminibus apostolorum" i stanowiska wobec biskupów polskich» [La bolla del papa Sisto V "De visitandis liminibus apostolorum" e la posizione riguardo ai vescovi polacchi], *Col. Theol.* 13 (1932) 298-323.

RABANUS MAURUS, *De institutione clericorum libri tres*, ed. A. Knoepfler, München 1900.

RABIKAUSKAS, P., «Die Gründungsbulle der Universität Vilnius (30 October 1579)», in *Archivium Historiae Pontificiae* 16 (1978) 113-170.

———, «La cristianizzazione della Samogizia», in *La cristianizzazione della Lituania. Atti del colloquio internazionale di storia ecclesiastica in occasione del VI centenario della Lituania cristiana (1387-1987) Roma 24-26 giugno 1987*, Città del Vatcano 1987, 219-233.

RADZISZEWSKI, F., *Ustawy synodu diecezjalnego wileńskiego z roku 1744* [Le costituzioni del sinodo di Vilna del 1744], Wilno 1936, (manoscritto).

RAIMUNDUS DE PENNAFORTE, *Summa de iure canonico* (*Universa Bibliotheca Iuris*), ed. X. Ochoa - A. Dies, vol. 1, Roma 1976.

———, *Summa de paenitentia* (*Universa Bibliotheca Iuris*), ed. X. Ochoa - A. Dies, vol. 1, Roma 1976.

RECHOWICZ, M., «Po założeniu wydziału teologicznego w Krakowie (wiek XV)» [Dopo la fondazione della facoltà di teologia a Cracovia (XV secolo)], in *DTK*, vol. 1, Lublin 1974, 95-148.

RIZZI, M., «De synodis dioecesanis et constitutionibus synodalibus», *Apollinaris* 3-4 (1955) 292-315.

ROCCA, A., *Il sacerdote cattolico nella riforma tridentina*, Roma 1948 (Excerpta ex Dissertatione ad lauream in Facultate Theologica **PUG**).

ROLEVINCK, W., *Formula vivendi sacerdotum*, Coloniae 1509.

SÄGMÜLLER, J.B., *Lehrbuch des katholischen Kirchenrechts*, Freiburg 1909.

SAVAGNONE, G., «Le origini del sinodo e "l'interpretatio" alla C. 23 Th XVI.», in *Studi in onore di Biagio Brugi*, Palermo 1910, 567-599.

SAWICKI, J., *Concilia Poloniae. Źródła i studia krytyczne. Synody diecezji wileńskiej i ich statuty* [Concilia Poloniae. Le fonti e gli studi critici. I sinodi della diocesi di Vilna e i loro statuti], vol. 2, Warszawa 1948.

SEMKOWICZ, W., *Mapa historyczna diecezji wileńskiej* [La mappa storica della diocesi di Vilna], Lwów 1936.

SILNICKI, T., *Biskup Nanker* [Il vescovo Nanker], Warszawa 1953.

———, *Sobory powszechne a Polska* [I concili ecumenici e Polonia], Wrocław 1962.

STICKLER, A.M., *Il celibato ecclesiastico. La sua storia e i suoi fondamenti teologici*, Città del Vaticano 1994.

STRYJKOWSKI, M., *Kronika polska, litewska, żmudzka i wszystkiej Rusi* [La cronaca polacca, lituana, di Żmudź e di tutta la Rutenia], Warszawa 1848.

SUBERA, I., *Synody prowincjonalne arcybiskupów gnieźnieńskich* [I sinodi provinciali degli arcivescovi di Gniezno], Warszawa 1981.

TELCH, P., «La teologia del presbiterato e la formazione dei preti al Concilio di Trento e nell'epoca post-tridentina», *St. Pat.* 18 (1971) pp 343-389.

THOMAE S. AQUINATIS, *Summa theologica*, in ID., *Opera Omnia.*, voll. 1-6, Parisiis 1871-1873.

THOMASSIN, P., *Vetus et nova ecclesiae disciplina circa beneficia et beneficiarios distributa in tres partes sive tomos, quae et ipsae in tres libros singulae distributae sunt*, voll. 1-3, Lucae 1728.

TRICHET, L., *Le costume du clergé. Ses origines et son évolution en France d'après les réglements de l'Église*, Paris 1986.

———, *La tonsure. Vie et mort d'une pratique ecclésiastique*, Paris 1990.

ULLMAN, W., *A Medieval Idea of Law*, London 1949.

UMIŃSKI, J., «"Przeciwreformacja" w Litwie» [La "controriforma" in Lituania], in *Pamiętnik VI Zjazdu historyków polskich w Wilnie 17-20 września 1935 r.*, Lwów 1935, 353-361.

VARSÀNYI, G., «De competentia et procedura Sacrae Congregationis Concilii ab origine ad haec usque nostra tempora», in *SCC*, Città del Vaticano 1964, 51-161.

VETRI, M., «L'ideale di vita sacerdotale presso Filippo de Harveng», *Anal. Praemonstr.* 17 (1961) 5-30.177-231.

VETULANI, A., «Les bénéfices en Pologne», in *DDC*, II, 596-629.

VINCENTII HISPANI, *Apparatus in Concilium Quartum Lateranense*, in *Constitutiones Concilii Quarti Lateranensis una cum Commentariis glossatorum (Monumenta Iuris Canonici. Series A: Corpus Glossatorum)*, ed.

A. Garcia y Garcia, vol. 2, Città del Vaticano 1981, 287-384.

WALF, K., *Die Entwicklung des päpstlichen Gesandtschaftswesens in dem Zeitabschnitt zwischen Decretalenrecht und Wiener Kongress (1159-1815)*, München 1966.

WERNZ, F.X., *Jus decretalium*, voll. 2/1-2, Romae 1906.

WERNZ, F.X. – VIDAL, P., *Ius canonicum*, vol. 2/2, Romae 1928.

WIŚNIOWSKI, E., «Organizacja parafialna w Polsce średniowiecznej» [L'organizzazione parrocchiale nella Polonia medievale], in *Księga 1000-lecia katolicyzmu w Polsce*, Lublin 1969, 80-89.

WOJTYSKA, H.D., *Papiestwo-Polska* [Papato- Polonia], Lublin 1977.

———, «L'influsso in Polonia e Lituania», in *San Carlo e il suo tempo*. Atti del Convegno Internazionale nel IV centenario della morte (Milano 21-26 maggio 1984), vol. 1, Roma 1986, 527-549.

WÓJCIK, W., «Znaczenie uhwał soboru trydenckiego dla historii prawa kanonicznego» [L'importanza delle dichiarazioni del Concilio di Trento per la storia di diritto canonico], *ZN KUL* 8 (1965) 3-12.

———, «Kościelne ustawodawstwo partykularne w Polsce przedrozbiorowej na tle powszechnggo prawodawstwa kościelnego» [La legislazione particolare della Chiesa in Polonia prima delle ripartizioni nel contesto della legislazione della Chiesa universale], in *Księga 1000-lecia katolicyzmu w Polsce*, Lublin 1969, 423-502.

———, «Wizytacje biskupów polskich "ad limina" do roku 1911» [Le visite "ad limina" dei vescovi polacchi fino all'anno 1911], *PK* 3-4 (1975) 131-184.

———, «Zwoływanie synodów w świetle relacji biskupów polskich "ad limina" do XX wieku» [La convocazione dei sinodi diocesani secondo le relazioni "ad limina" dei vescovi polacchi], *PK* 1-2 (1976) 149-184.

———, «Rozwój seminariów trydenckich w Polsce w świetle sprawozdań biskupich "ad limina" do XX wieku» [I seminari tridentini in Polonia secondo le relazioni "ad limina" dei vescovi fino al XX secolo], *PK* 3-4 (1978) 137-155, 1-2 (1979) 157-201.

———, *Ze studiów nad synodami polskimi* [Dagli studi sui sinodi polacchi], Lublin 1982.

ZUBKA, J., *Tytuł kanoniczny do święceń dla duchowieństwa diecejalnego* [Il titolo canonico agli ordini sacri per il clero diocesano], Lublin 1935.

INDICE DEGLI AUTORI

Abraham: 64, 70
Alberigo: 40
Aleksandrowicz: M., 163, 164
Aleksandrowicz: P., 76
Aubenas, Ricard: 33, 34, 38
Banaszak: 66, 67, 68, 69, 70, 74, 78
Bazielich: 79
Bednarski: 78
Bendiscioli: 33
Benedictus XIV: 53, 56, 57, 58, 96, 100
Bernhard, Lefebvre, Rapp: 42, 44, 46, 47, 49, 50, 51
Beyer: 54
Biaudet: 109
Biondi: 11, 14, 16
Blommeveen: 36, 37
Bober: 94
Bouix: 96
Bukowski: 65, 66
Carro: 37
Cepiene, Petrauskiene: 78
Chodkiewicz: 69
Chodyński: 71, 118
Claeys-Bouuaert: 9, 11, 22, 23, 25
Clerval: 35
Congar: 10, 25
Corbellini: 54, 55, 56, 58
Cristiani: 41, 42, 46, 47, 49
Crouzel: 12
Crovella: 96, 101
Damasus: 32
Del Re: 105

De Moreau, Jourda, Janelle: 38
Dente: 54
De Paolis: 22
Deshusses: 14, 15
Deslandres: 43, 45, 50, 51
De Soto: 37, 38
Dionisius Cartusianus: 26, 27, 30, 31, 32
Dusini: 41
Faivre: 10
Ferraris: 25, 31
Fijałek: 27, 28, 29, 43, 64, 65, 71, 72, 94, 188, 200
Filippus de Harveng: 25, 26
Flichte, Thouzellier, Azaïs: 16
Fornés: 10
Fuentes Caballero: 54
Gallagher: 24, 28, 32
Garcia y Garcia: 17, 23, 54
Gaudemet: 13, 14, 15, 17, 19, 20, 21, 22
Glemma: 94, 150
Góralski: 188, 189, 192, 193, 195
Gryson: 19, 20
Guilielmus Parisiensis: 25, 26, 28, 29
Hartleb: 69
Hemperek: 64
Herman: 19
Hinschius: 20, 52
Hołodok: 187
Hostiensis: 24, 26, 28, 29, 30, 32, 54
Innocentius I: 14

Isidoro di Siviglia: 30
Ivinskis: 60
Ivo Carnutensis: 25
Jabłoński: 65, 93, 113, 170, 176, 185, 186, 188, 195
Janczak: 136
Jedin: 14, 19, 22, 33, 34, 38, 41, 45, 46, 49, 50, 55
Joannis Andreae: 27, 28, 29, 30, 31, 32
Joannis Teutonicus: 29, 30
Jombart: 19, 20, 21, 22
Judoco Clichthove: 35
Kaczorowski: 90
Kakowski: 71
Kałwa: 77
Kosman: 61, 69, 70
Kozłowska-Budkowa: 64
Kracik: 150, 151, 181
Krahel: 60, 62, 63, 64, 66, 69, 75, 81, 99, 160, 187
Kumor: 60, 61, 65, 66, 67, 68, 70, 77, 80, 88, 93, 121, 170
Kurczewski: 63, 64, 65, 70, 71, 72, 76, 77, 78, 79, 80, 81, 82, 83, 84, 85, 86, 87, 88, 95, 106, 108, 111, 136, 138, 139, 143, 144, 149, 154, 160, 161, 162, 163, 164, 165, 166, 167, 172, 173, 174, 177, 178, 179, 180, 182, 188, 189, 196, 199, 200, 201, 202, 203, 204
Kurtscheid: 19
Kutner: 11
Laudage: 20
Le Bras: 9, 12, 22
Liotta: 21
Litak: 60, 68, 124, 151, 198, 202, 204
Longhitano: 10, 54, 55, 57, 58
Marcocchi: 34, 38
Massaut: 36

Meersseman: 35, 37, 38, 39, 41, 46
Meier: 33, 35, 38
Morawski, K.: 64
Morawski, M.: 83, 89, 104
Müller: 63, 64, 77, 100, 188, 198, 199, 202
Nasiłowski: 151
Nasiorowski: 94, 135, 189, 191, 195
Navarrus: 45, 49, 51
Naz: 54
Nikolaus de Plowe: 35
Nitkiewicz: 82
Ochmański: 60, 61, 62, 64, 65, 66, 67, 80, 144
O'Donohoe: 39
Olczak: 62
Oliveri: 109, 111
Osuchowski: 11
Pałyga: 158
Panormitanus: 26, 29, 31, 32
Pawiński: 77
Petrani: 50, 53, 72, 82, 84, 92, 170, 171
Piechnik: 159, 160, 162, 163, 164, 165, 166, 167, 171, 173, 175
Plöchl: 10, 11, 13, 14, 15, 16, 17, 19, 22, 23, 52, 57, 58
Polk: 110
Poplatek: 159
Przyałgowski: 64, 76, 80, 85, 86, 87, 118, 130, 137, 142, 169, 176, 177, 200
Przybyłko: 190, 191, 194, 195, 198
Przygodzki: 97, 99
Rabanus Maurus: 26
Rabikauskas: 60, 78, 97, 98, 99, 100
Radziszewski: 124
Raimundus de Pennaforte: 27, 28, 29, 30, 31, 32
Rechowicz: 64
Rizzi: 53, 54, 56, 58
Rocca: 44

Rolevinck: 34
Sägmüller: 10, 14, 16
Savagnone: 54
Sawicki: 62, 64, 68, 71, 72, 75, 76, 78, 79, 83, 84, 85, 86, 87, 91, 92, 95, 135, 146, 157, 178, 182, 187, 189, 200, 201
Semkowicz: 60
Silnicki: 52, 58, 76
Siricius: 14, 20
Stickler: 19, 20, 21
Stryjkowski: 69
Subera: 75, 77, 146, 159
Telch: 41
Thomassin: 14, 15, 18, 26, 189
Tommaso d'Aquino: 30
Trichet: 11, 14, 15, 20, 29, 31, 43, 44
Ullman: 11
Umiński: 62, 77, 81
Varsànyi: 96, 105
Vetri: 25, 26
Vetulani: 65, 66
Vincentius Hispanus: 30, 31
Walf: 109
Wernz: 11, 23, 28, 29, 43, 52, 96
Wernz, Vidal: 44
Wiśniewski: 66
Wojtyska: 79, 80, 109, 110
Wójcik: 70, 83, 89, 90, 92, 93, 96, 104, 105, 160, 162, 163, 164, 165, 168, 171, 172, 173, 179, 181
Zubka: 150

INDICE GENERALE

INTRODUZIONE 5

CAPITOLO I: **La normativa della Chiesa universale
sulla disciplina del clero** 9

**1. Lo sviluppo della disciplina per i chierici
nel diritto canonico medievale** 9
   1.1 *La legislazione del Corpus Iuris Canonici* 10
   1.2 *La dottrina dei canonisti* 24

2. La «vita et honestas clericorum» nel Concilio di Trento 32
   2.1 *I tentativi di riforma prima del Concilio* 33
   2.2 *Le direttive generali nelle sessioni conciliari* 40
      2.2.1 Il ritratto del pastore d'anime 41
      2.2.2 I mezzi del rinnovamento 46

3. Il Sinodo diocesano come strumento della riforma 53

CAPITOLO II: **L'accoglienza della riforma tridentina
nella diocesi di Vilna** 59

1. La Diocesi di Vilna prima della riforma tridentina 59
   1.1 *Il territorio e la popolazione* 60
   1.2 *La struttura organizzativa della diocesi* 62
   1.3 *Il clero parrocchiale* 64
   1.4 *La riforma protestante in Lituania* 68
   1.5 *I tentativi di rinnovamento della vita del clero
prima del Concilio di Trento* 71

**2. La posizione della Chiesa di Vilna
di fronte alla disciplina tridentina** 76
   2.1 *I vescovi* 77

  2.2 *Il capitolo cattedrale* 80
  2.3 *L'attività sinodale* 83
   2.3.1 Lo svolgimento dei sinodi e le costituzioni sinodali 83
   2.3.2 Gli ostacoli nella convocazione dei sinodi 89
   2.3.3 Le fonti della legislazione sinodale 90
  2.4 *Le lettere pastorali* 93
3. **Il ruolo della Santa Sede**
 nell'attuazione della riforma nella diocesi di Vilna 95
  3.1 *Le visite «ad limina apostolorum»* 96
   3.1.1 L'effettuazione delle visite apostoliche 97
   3.1.2 La problematica delle relazioni
     sullo stato della diocesi 100
   3.1.3 Le risposte della Congregazione del Concilo
     in occasione delle visite «ad limina apostolorum» 102
  3.2 *Il controllo dell'attività sinodale della diocesi di Vilna* 104
  3.3 *I decreti e le lettere della Congregazione del Concilio* 105
  3.4 *Il ruolo dei rappresentanti della Santa Sede* 109

CAPITOLO III: **La vita del clero nella legislazione diocesana** 113

1. **La figura del sacerdote negli statuti sinodali** 113
  1.1 *La dignità dello stato clericale* 114
  1.2 *Il carattere pastorale dei ministeri parrocchiali* 117
  1.3 *Le qualità richieste nei chierici* 126
2. **La condotta del clero parrocchiale** 133
  2.1 *La tonsura e l'abito ecclesiastico* 134
  2.2 *Gli impegni e le attività non consentite al clero* 140
  2.3 *La continenza e l'obbligo del celibato* 146
3. **I chierici girovaghi** 150

CAPITOLO IV: **Gli strumenti di rinnovamento**
      della vita del clero 159

1. **La preparazione al sacerdozio nei seminari diocesani** 159
  1.1 *La guida e la disciplina nel seminario* 159
  1.2 *La formazione nel seminario* 168
   1.2.1 I requisiti per l'ammissione al seminario 168
   1.2.2 Il piano di formazione 170

  1.2.3 La promozione agli ordini sacri 174
 1.3 *I mezzi di sussistenza del seminario* 178
2. La provvisione agli uffici ecclesiastici parrocchiali 181
3. La formazione dei sacerdoti 185
 3.1 *L'autoformazione dei sacerdoti* 186
 3.2 *Le congregazioni decanali* 188
 3.3 *Gli esercizi spirituali* 195
4. Le visite pastorali 198
 4.1 *Le visite generali della diocesi* 199
  4.1.1 L'effettuazione delle visite generali 199
  4.1.2 Le visite generali nella legislazione diocesana 206
 4.2 *Le visite decanali* 207

CONCLUSIONE 211

SIGLE E ABBREVIAZIONI 215

BIBLIOGRAFIA 219

INDICE DEGLI AUTORI 237

INDICE GENERALE 241

TESI GREGORIANA

Dal 1995, la collana «Tesi Gregoriana» mette a disposizione del pubblico alcune delle migliori tesi elaborate alla Pontificia Università Gregoriana. La composizione per la stampa è realizzata dagli stessi autori, secondo le norme tipografiche definite e controllate dell'Università.

Volumi pubblicati

1. RUESSMANN, Madeleine, *Exclaustration*. Its Nature and Use according to Current Law, 1995, pp. 550.

2. BRAVI, Maurizio Claudio, *Il Sinodo dei Vescovi. Istituzione, fini e natura*. Indagine teologico-giuridica, 1995, pp. 397.

4. FORCONI, Maria Cristina, *Antropologia cristiana come fondamento dell'unità e dell'indissolubilità del patto matrimoniale*, 1996, pp. 199.

5. KOVAČ, Mirjam, *L'orizzonte dell'obbedienza religiosa*. Ricerca teologico-canonica, 1996, pp. 364.

6. KAKAREKO, Andrzej, *La riforma della vita del clero nella diocesi di Vilna dopo il Concilio di Trento (1564-1796)*, 1996, pp. 243.

Riproduzione anastatica: 5 luglio 1996
Tipografia Poliglotta della Pontificia Università Gregoriana
Piazza della Pilotta, 4 – 00187 Roma